教育部人文社会科学重大攻关项目
《知识产权制度的变革与发展》
[04JZD0016]

· 知识产权制度国际化问题研究

· 知识产权制度现代化问题研究

· 知识产权制度战略化问题研究

· 知识产权制度法典化问题研究

知识产权制度
变革与发展丛书
总主编 吴汉东

Research on Codification
of Intellectual Property Rights

知识产权制度
法典化问题研究

曹新明 张建华 主编

北京大学出版社
PEKING UNIVERSITY PRESS

图书在版编目(CIP)数据

知识产权制度法典化问题研究/曹新明,张建华主编.—北京:北京大学出版社,2010.11

(知识产权制度变革与发展丛书)

ISBN 978-7-301-17969-7

Ⅰ.①知… Ⅱ.①曹… ②张… Ⅲ.①知识产权法-法典-研究 Ⅳ.①D913.04

中国版本图书馆 CIP 数据核字(2010)第 205547 号

书　　　名:知识产权制度法典化问题研究
著作责任者:曹新明　张建华　主编
责 任 编 辑:邓丽华　周素梅
标 准 书 号:ISBN 978-7-301-17969-7/D·2713
出 版 发 行:北京大学出版社
地　　　址:北京市海淀区成府路 205 号　100871
网　　　址:http://www.pup.cn
电　　　话:邮购部 62752015　发行部 62750672　编辑部 62752027
　　　　　　出版部 62754962
电 子 邮 箱:law@pup.pku.edu.cn
印　刷　者:北京大学印刷厂
经　销　者:新华书店
　　　　　　965 毫米×1300 毫米　16 开本　26.75 印张　485 千字
　　　　　　2010 年 11 月第 1 版　2010 年 11 月第 1 次印刷
定　　　价:50.00 元

本卷撰稿人

导　论:吴汉东

第一编:曹新明　张建华　胡淑珠　何　华

第二编:曹新明　何　华

第三编:曹新明　赵家仪　张耀明　何　华　卢海君

作者简介

（以撰写章节顺序）

吴汉东：法学博士，中南财经政法大学知识产权研究中心教授，博士生导师
曹新明：法学博士，中南财经政法大学知识产权研究中心教授，博士生导师
张建华：国务院法制办科教文卫司司长
胡淑珠：法学博士，江西省高级人民法院副院长
何　华：法学博士，中南财经政法大学知识产权研究中心讲师
赵家仪：法学博士，中南财经政法大学知识产权研究中心教授
张耀明：法学博士，国务院法制办教科文卫司副司长
卢海君：法学博士，对外经贸大学法学院讲师

总　序

呈现在读者面前的这四卷作品，是教育部人文社会科学重大攻关项目《知识产权制度的变革与发展》的最终成果。丛书虽已定稿，即将付梓，本人作为项目首席专家却心潮难平，与课题组成员同甘共苦的日日夜夜依然历历在目。

新千年伊始，本人尝试在知识产权的国际化、现代化、法典化和战略化等方面进行探索，相关论文也忝列于国内外核心刊物。2004 年，我将多年思考升华为“知识产权制度的变革与发展”这一选题，申报了教育部人文社会科学重大攻关项目，并有幸获得批准。此课题是我所在的中南财经政法大学知识产权研究中心被教育部授予人文社会科学重点研究基地后的第一个重大攻关项目。研究中心全体同事上下一心，积极准备，制定了科学、合理的研究框架和研究思路。同时，本课题还邀请到了国内外顶尖的知识产权专家加盟：国际方面的专家有德国马普知识产权研究所前主任 Straus 教授、德国汉堡大学 Ulrich Karpen 教授、日本北海道大学田村善之教授、日本国立东北大学工学院科技管理系长平彰夫教授、美国密歇根大学 Peter K. Yu 教授；国内方面的专家有我国已故著名知识产权专家郑成思教授、中国人民大学郭寿康教授、台湾地区知名法学专家王泽鉴教授、潘维大教授、刘江彬教授、谢哲胜教授、林宇光教授等。他们或亲自贡献研究成果，或担任子项目主持人，或出任课题组顾问，使本课题具备了跨学科、跨院系、跨学校、跨地区、跨国家的优势，为课题的顺利进行打下了坚实基础。

从 2004 年立项到 2008 年结项，课题进程历经四载。其间中国知识产权事业高潮迭起，我国于 2004 年、2005 年分别成立了“国家保护知识产权工作组”和“国家知识产权战略制定工作领导小组”；2006 年 1 月，胡锦涛总书记在全国科学技术大会上提出建设创新型国家的战略目标；同年 5 月，胡锦涛总书记在中央政治局集体学习时强调：“加强知识产权制度建设，提高知识产权创造、运用、保护与管理能力，是增强自主创新能力，建设创新型国家的迫切需要”；2008 年 6 月，国务院发布《国家知识产权战略纲要》。为了顺利实现纲要所确定的战略目标，我国进入到新一轮立法、修法时期，《专利法》第三次修订刚刚完成，《商标法》、《著作权法》的修订工作正在进行，民间文学艺术、传统知识以及遗传资源保护的立法工作有序展开。面对我国如火如荼的知识产权制度发展进程，课题研究并没有局限在“形而上”的层面，而是将实证研究与理论研究结合起来，将服务社会与高端咨询结合起来，以积极主动的态度参与其中。在课题组全体成员的努力下，课题研究立足基础理论，紧扣具体制度，总结他国经验，回应本国问题，无论是在知识产权战略制定和实施中，还是在相关立法和修法进程中，课题组结合相关内容推出了多样化的阶段性成果。其中既有在权威期刊上发表的学术论文，也有向相关政府机关提交的咨询报告。课题组提交的《国家知识产权战略纲要》(专家建议稿)、《信息网络传播权条例》(建议稿)、《专利法修正案》(建议稿)、《商标法修正案》(建议稿)等，也都体现在了相关立法文件中。2006 年 5 月 26 日的中共中央政治局进行第三十一次集体学习，本人有幸作为主讲人之一，就本课题涉及的研究成果向党和国家领导人做了汇报，对我国知识产权制度建设和国际知识产权制度现状和趋势进行了系统梳理，并从学者的角度向我国最高决策层面提出了应对方略建议。胡锦涛总书记对于相关内容作了充分肯定并发表了重要讲话，将中国的知识产权事业推上了又一个新台阶。

课题组成员所付出的辛勤劳动得到了知识产权界的认可，本课题在 2006 年的中期检查中广受好评，同年《中国教育报》关于教育部重点研究基地“十五”建设成就以及高校“十五”哲学社会科学成就的报道中，专门肯定了课题组成员在咨询决策和服务社会方面的成绩。2008 年，课题组完成了以下预定的工作计划：筹建“知识产权制度变革与发展”数据库；推出各种形式的阶段性研究成果，其中，在《法学研究》、《中国法学》等权威或核心刊物上发表学术论文 48 篇，向国家保护知识产权工作组、国务院法制办、司法部等部门提交咨询报告 8 篇；提交最终研究成果，即 48 万字的最终成果“知识产权制度变革与发展研究”和 4 个子课题成果，共计 160 余万字的《知识产权制度国际化问题研究》、《知识产权制度现代化问题研究》、《知识产权制度法典化问题研究》和《知识产权制度战略化问题研究》。在此基础上，课题以优秀等级结项。课题结项后，为反映国内外最新研究成果，本书在送交出版前又结合新问题作了增补。课题的结束绝不意味着对知识产权理论和实践的探索停止，我们全体课题组成员会将其视为一个新的起点，为中国的知识产权事业继续贡献力量！

吴汉东
2009 年盛夏于武昌晓南湖畔

目　录

第一编

知识产权制度法典化基本问题

第一章
知识产权制度法典化概述

一、法典概述

（一）法

东汉许慎所著《说文解字》解析，“法”的古体字是“灋”。具而言之，“灋，刑也；平之如水，从水；廌所以触者不直者去之，从去也。”可见，古代有“法”和比它出现得更早的“刑”（罪罚也，从井从刀）是通用的，表示“法”包含着惩罚的含义。“法”以水作偏旁，比如平之如水，代表公平，是衡量人之行为是否符合“公平”之准绳。“灋”字中的“廌”，传说中是一种头长独角，秉性公正的奇兽（也作“豸”、“獬豸”），故而“古者决讼，令触不直”。这不仅反映了古时盛行的神明裁判，同时也表明当时的人们相信法是正直、正义的准则。因此，“法”之词义就是“公平”地裁判行为之是非，决定所罚之依据。①

在我国古代文献中，“法”除了与“刑”通用外，还与“律”通用。据我国《尔雅·释诂》记载，在秦汉时期，“法”与“律”二字已同义，都有常规、均布、划一的语义。《唐律疏议》更明确地规定：“法亦律也，故谓之律。”②

在其他国家的词汇中，有与“法”相对应含义的词，也有比“法”更宽含义的词，如英语中的“Law”，与汉语中广义的“法”和狭义的“法律”相对应，但应视具体情况而定。欧洲大陆国家大多以两个词分别表示广义的“法”和狭义的“法律”，如拉丁文的“Jus”和“Lex”，法语中的“Droit”和“Loi”，德语中的“Techt”和“Desetz”，俄语中的“право”和“закон”等，它们同汉语中的“法”一样都具有公平、正义或正直的意思。另一方面，西文中的“法”或者“法律”的词义中兼含有“权利”的意思，而我国的“法”却没有这个含义，只好另外创造“权利”这个词。③

---

① 卢云主编：《法理学》，四川人民出版社 1993 年版，第 25 页。

② 徐显明主编：《法学基本范畴研究》，中国政法大学出版社 1993 年版，第 28 页。

③ 卢云主编：《法理学》，四川人民出版社 1993 年版，第 27 页。

现在,我们所说的"法",实际上就是法律规范。具而言之,法是由国家制定或认可的、由国家强制力保证实施的、规定人们权利和义务、用以调整人们行为的规范。[①] 因此,法具有这样几个基本特征:第一,法是一种调整人们行为的规范性文件;第二,法不仅规定人们不可为之行为,同时还规定人们可为之行为,即既规定了人们应当履行的义务,也规定了人们应当享受的权利;第三,法是由国家制定或者认可的,所以,它是一种具有普遍约束力的规范;第四,法是由国家强制力保证实施的规范,即不论是谁,只要违反法律的规定,就要依法承担相应的法律责任。

知识产权法,是国家制订或者认可的法律规范,授予自然人、法人或者其他组织对其智慧创作物享有独占性的权利;其他任何人,未经知识产权所有人许可,不得擅自实施其智慧创作物。[②] 它所调整的对象就是由智慧创作物所产生的各种社会关系,所保护的客体是智慧劳动者独立创作的智慧创作物。

(二) 法典

法典不是单一的法律,也不是法律的简单汇编,而是对同一部门法律规范进行科学系统编纂的成果,是对法学和法律的提炼与综合。从纯语义的角度看,法典,即法律典章,是指经过整理而形成的比较完备、系统的某一类法律的总称。[③] 与"法典"一词相对应的英文是 code,是法律规范的系统编排与综合汇编之义,与之相对应的拉丁文是 Codex。该词的最初含义与"书(libro)"的相同,其所演变为"法典"之义的过程是:

在羊皮纸尚未被广泛使用时,地中海沿岸国家的人们主要以纸莎草制成的纸卷作为记录载体,但阅读此种纸卷所记载的东西十分不便。为了找到书写在纸卷上的某一内容,就要将纸卷反复地展开、卷起。另外,纸莎草制成的纸卷,其柔韧性较差,使用时易卷边、断裂或破损。为避免对它们造成损坏,运输时须将其装进特制的小夹子里,而这些小夹子的容量又非常有限,无法满足人们的正常需要。为了克服这些缺点,人们后来就改用羊皮纸,将羊皮纸折叠起来缝

---

① 沈宗灵主编:《法学基础理论》,北京大学出版社 1994 年版,第 32 页。

② 众所周知,知识产权具有两个方面的权利:一是其消极权利,一是其积极权利。知识产权的消极权利就是禁止他人未经许可,擅自以营利目的实施其知识产权。知识产权中的积极权利,则是授权他人实施其知识产权的权利。随着传统知识保护问题的提出和网络时代对知识产权产生的影响,西方许多学者认为,知识产权中的消极权利可能会逐渐转化一种利益分配权。该项权利的基本含义是:知识产权所有人不必对他人实施其知识产权的行为行使禁止权,而只是通过一个集体管理组织收取相应的使用费,由知识产权所有人参与分配即可。但是,对于现实空间中的传统知识产权种类,是否会发生这样的变化,则有待研究。

③ 〔意〕桑德罗·斯奇巴尼:《法典化及其立法手段》,丁玫译,载《中外法学》2002 年第 1 期。

制的“书”使用起来就很方便。也就是说,这样的书翻动起来很容易,即使阅读一篇内容较长、相关要点较多而诸要点彼此相距又较远的文章,也不像以前那样麻烦了。书合起来时,变得既紧密且坚实,易于搬运;此外,这种书的装帧本身对书就具有良好的保护作用。至公元2世纪末,羊皮纸被广泛采用,用这种纸制作成的书也就成了“书”的主流。公元3世纪至公元4世纪,地中海沿岸国家的出版业得到了极大的发展,文学、哲学、法学、历史和科学等著述被抄到了“书”上再版。这时,“codex”的含义就是书。

公元4世纪至公元5世纪,法学家们开始了编纂皇帝宪令的尝试。首次被编纂成册的宪令汇编是以“书”的方式出版的,它们就是“艾尔莫折尼亚诺法典”(Codice Ermogeniano)和“格来高利亚诺法典”(Codice Gregoriano)。公元5世纪,狄奥多西皇帝制定了一个编制一部完整、系统的皇帝宪令和法学家著作的官方汇编的庞大计划。然而,狄奥多西皇帝的计划只完成了第一部分,即皇帝宪令——狄奥多西法典(Codice Teodosiano,公元438年)的编纂工作。公元5世纪时,语言学上“Codice”一词,除了一般意义上的“书”的含义以外,又增加了一个新的、特殊的含义——“完整、系统的法律汇编”。

公元6世纪,优士丁尼主持编纂了《优士丁尼法典》(codex)、《优士丁尼学说汇纂》(digesta)和《优士丁尼法学阶梯》(institutiones)三部完整的法律汇编,也被称为“Codice”,由此确定了“Codice”在罗马法系中法律术语的含义——法典。①

从罗马法开始,“法典”一词就在广义和狭义上被使用。狭义上的法典以《优士丁尼法学阶梯》为源头,是一种“编纂”意义上的法典,而广义上的法典除了“法典编纂”外,还包括了“法律汇编”的意思。一般来说英美法系的大多数学者是在宽泛意义上对法典进行定义的。《美国法律辞典》就认为“法典是法律和法规的集成,即把某一类法律全部集中起来构成单一的全集,也就是法律法规的大汇编”。② 而大陆法系的法学家则大多从“法典编纂”的意义上对法典进行定义。近现代意义上的“法典”概念是由英国人边沁最早确立的。边沁将法典定义为“一套内容十分完整、具有严格的逻辑顺序并且用语精确的综合性法律规定的总和”。他认为,真正称得上法典的法律文件至少必须具备两个条件:(1)必须使用严格一致的术语,结构严谨,各部分内容不能相互冲突。(2)对一切有可能发生的案件都应该作出明确规定,内容十分完整以至于无需

---

① 〔意〕桑德罗·斯奇巴尼:《法典化及其立法手段》,丁玫译,载《中外法学》2002年第1期。

② 〔美〕彼德·G.伦斯特洛姆:《美国法律辞典》,贺卫方等译,中国政法大学出版社1998年版,第10页。

用注释或判例的形式加以补充。[①] 此后,大陆法系各国法学家大都是在边沁的基础上来表达自己对"法典"这一概念的看法。

综合各家观点,可以大致认为现代法典具有以下一些特征:

1. 现代法典是理性的体现,具有体系完备、逻辑推理严密、概念清晰的特点

"西方的法典原是为信奉理性主义的社会制定的,法典的抽象性结构是西方笛卡尔主义思想的产物"[②]。理性主义认为,人类凭借理性能够发现一个确定的、永恒的规则体系,在这个体系的基础上通过纯粹的逻辑运算构建出一个包罗万象的、每个细条都完美无缺的社会秩序来。不管是自然科学,还是道德、法律,都可以通过这种方式经由人类的刻意思考而被设计出来,立法者的任务就是用法典的形式推广这种理论。[③] 法典编纂理论甚至认为,只要通过理性的努力,法学家们就能塑造出一部作为最高立法智慧而由法官机械运用的完美无缺的法典。[④]

在法典逻辑推理的构造中,主要运用的是演绎法,此时概念的重要性就显现出来。因为要实现精确的法律推理,法律概念是前提和核心,法律概念的内涵大小决定了这一推理适用的范围大小。"位于金字塔的顶端的是法的概念。从其往下人们能够推导出公理以及工具,之后推导出具体的权利(即法律制度),最后用演绎的方法得出具体的法律规则。……从最高级别的法律概念到主观权利及其规范之间都存在必然的逻辑链条……法律规范不过是对概念进行的'科学推论的产物'。"[⑤]出于这种思想的指导,法典编纂者都十分注重法律概念的精确性,这种重视在《德国民法典》上达到了顶峰。

2. 现代法典具有普遍性

理性主义者在考察事物时,习惯于从众多各异的事物中寻求它们背后共同的本质("多"——"一"),或是从变幻莫测的运动变化中寻求永恒不变的东西("动"——"静")。法典要想实现对社会的全面调整和控制,从理论上讲可以采用两种方法。第一种方法为列举法,即针对每个具体的问题进行一一列举,将所有可能的情况全部罗列出来。但世界是丰富多彩的,与之相比,立法者的思维能力是有限的,不太可能考虑到所有的细微情况,采用这种方法将会使法典成为一个因法律条文的简单堆积而形成的大杂烩,人们的找法和用法工作都

---

① Postema GJ. Bentham and the Common Law Tradition. Oxford Clar-endonPress, 1986, p. 423.

② 〔法〕勒内·达维德:《当代主要法律体系》,漆竹生译,上海译文出版社 1984 年版,第 505 页。

③ 〔美〕罗斯科·庞德:《普通法的精神》,唐前宏等译,法律出版社 2001 年版,第 101—102 页。

④ 〔美〕罗斯科·庞德:《法律史解释》,曹玉堂等译,华夏出版社 1989 年版,第 13 页。

⑤ 〔德〕伯恩·魏得士:《法理学》,丁小春、吴越译,法律出版社 2003 年版,第 209 页。

会遇到很大的困难。同时每一种新情况的出现都会使得法典进行频繁修改，法典的制定将会失去实际意义。因而就必须采取另外一种方法，即归纳和演绎法，首先从各种复杂情况中归纳出它们本质性的东西，确立高度概括的概念和原则，而后通过演绎方法将这些概念和原则运用到具体情况中去。理性主义者充满自信地认为，立法者可以从所有个别的、具体的事物中总结出一般性的规律和原则，世界上各种特殊的、突发性的情况都可以通过这种方法得到解决。

3. 现代法典专门调整某一部门的法律关系

古代法律一般都是采用诸法合体的形式，希望能够在一部法律里解决所有领域的问题。以《优士丁尼法典》为例，它是一部涉及法的各个领域的法典。它在形式上未整编为一部法典，而是由《优士丁尼·法典》、《优士丁尼·学说汇纂》和《优士丁尼·法学阶梯》三部分组成。它不是按照学科而是按照收集的内容（宪令或学说）和时间顺序进行分类编排的。《优士丁尼法典》是一部统一的法律大全。[①] 但在近现代法典化过程中，随着对各类法律关系特殊性认识的逐步深入，立法者逐渐放弃了这种"大一统"的努力。1794 年的《普鲁士总法典》是最后一部包括所有部门法的法典。而以 1756 年的《巴伐利亚民法典》为开端，开始了多元法典的时代。立法者按照不同的法律部门分别编纂法典，如民法典、刑法典、诉讼法典等。将总法典按照法律部门划分为不同种类的法典并不意味着，也不应当意味着割裂法，因为法典化的目的是制定一部统一法或保持这种统一，而不是相反。按照不同的法律部门进行法典的编纂是立法技术的需要，是更好地体现不同法律部门基本原则特殊性的需要。[②]

4. 现代法典是国家权威性和学理性的结合体

法典作为法律的渊源之一，其本身就存在着一个"合法性"的问题，即这部法典必须要被国家立法机关所接受，然后再以国家的名义向全国颁布，由全体国民无条件地遵守。与此同时，由于法典不是法律规范的简单集合，而是形式理性的体现，那么如何从纷繁复杂的事物中进行抽象概念的把握和构造，完成由法律概念至法律原则、由法律原则到法律制度、再由法律制度到法律规范的逻辑推理过程，必须由经过专门训练、具备专业素质的人员来完成，这就决定了法典的制定工作只能以法学家为主来进行。萨维尼曾把法律的发展分为三个阶段：第一阶段是自然法或习惯法，存在于民族的共同意识之中；第二阶段是学术法，通过法学家的意识而体现出来，具有双重性，即它既是民族生活的一部分，又是法学家的一门特殊科学；第三阶段是法典编纂。[③] 可见在萨维尼那里，学术

---

① 〔意〕桑德罗·斯奇巴尼：《法典化及其立法手段》，丁玫译，载《中外法学》2002 年第 1 期。
② 同上。
③ 王哲：《西方政治法律学说史》，北京大学出版社 1998 年版，第 410 页。

法是职业法学家集团来完成的一种法律科学化，而法典的产生是其必然结果。因此，从法典的产生过程看，我们可以认为它是国家权威性和学理性的结合体。

虽然法典是一种制定法，也是国家议会通过立法程序制定的法律规范，但是，它又不同于一般的制定法。法典与一般制定法的区别大致有以下三点：

1. 发展阶段不同

由法律发展过程可知，法起源于自然法或习惯法，而后演进到成文法，再到法典法。① 即一般制定法属于成文法范畴，先于法典法，或者说法典法是一般制定法的系统化、一体化和规范化的结果。

2. 调整的范围和社会关系不同

相对于法典法而言，一般制定法所调整的范围或者所调整的社会关系更具体、更狭窄或者更特殊、更零散或者更现实一些，法典法则更抽象、更一般、更普遍、更系统化或者体系化、更具前瞻性一些。以知识产权法为例：现在所指的"知识产权法"并不是一部具体的法，而是著作权法、专利法、商标法以及其他相关法律的总称。实际上，知识产权法的每一个组成部分就是一部具体的法，即一般制定法。每一部法所调整的社会关系非常明晰，非常具体。而《知识产权法典》所调整的社会关系就要抽象得多、系统得多、普遍得多。它不仅要调整著作权法律关系、专利权法律关系、商标权法律关系，还要调整由一切智慧创作物所产生的各种社会关系，如植物新品种产生的法律关系、集成电路所产生的法律关系、商业秘密所产生的法律关系等。同时，它还应当具有前瞻性，即调整在今后一个相对长的时间内可能被创造出的新型种类的智慧创作物所产生的社会关系。

3. 效力不同

相对于一般制定法而言，法典法更具有稳定性、权威性和普适性。从积极意义上讲，法典法的稳定性强，权威性高，以及适用性广，有利于法的实施，有利于司法的一致性和连续性。但是，从消极意义上讲，在现代社会，新型的法律关系层出不穷，法典法有限的前瞻性也难以将今后可能出现的一切变化解决殆尽。法典法的过于稳定可能会制约其灵活性；过分的权威性可能会制约法官裁判的机动性；广泛的适用性可能会制约对特殊案例的针对性。因此，一般制定法与法典法的优劣好坏，不能简单地下结论，要因时因地而论。在法律制度的初创时期，宜以各个击破的方式创建一般的制定法；此种情况下，一般制定法优于法典法。但是，一旦制定法相当充分以后，就应当使其升华，编纂成法典法。

---

① 梁慧星：《关于制定中国民法典的思考》，载《人民法院报》2000 年 2 月 5 日和 2000 年 2 月 12 日。

换言之,法典法是一般制定法升华的结果。国际上关于民法典的编纂情形,即可以说明此命题之真。

世界各国先后发生过三次民法典编纂热潮:第一次是发生在6世纪的罗马法编纂,产生了罗马法大全;第二次是发生在19世纪的欧洲民法典编纂运动,产生了以《法国民法典》、《德国民法典》、《瑞士民法典》等为代表的一大批著名的民法典;第三次民法典编纂热潮从20世纪90年代开始,产生了1992年的新《荷兰民法典》、1994年的《俄罗斯民法典》、《蒙古民法典》、1996年的《越南民法典》等。据不完全统计,现在世界上有一百多个国家制定了民法典。此外,还有若干国家正在制定民法典。值得注意的是,1989年的欧洲议会已提出制定一部欧洲民法典的要求。依照欧洲议会的决议,1996年的欧洲合同法原则将来要纳入欧洲民法典。即使是实行判例法制度的美国和加拿大,也有若干个州制定了自己的民法典,如《加利福尼亚民法典》和《魁北克民法典》。可见,制定民法典是现代法治的一个共同经验。自20世纪初开始至今,我国也一直在为民法典的编纂而努力。新中国成立以来,先后进行过三次不成功的民法典编纂尝试,现在正在进行第四次民法典编纂工作。

二、法典化

有学者认为,20世纪仍然是一个法典化的世纪[①]。现在的21世纪还是法典化世纪吗?这个问题的关键在于,在法律规范日益增加且更为复杂的情形下,传统民法所涉及的内容再融入一部民法典的必要性有多大?是不是还有替代这种“一体化”的更好模式?对此,国外有学者提出了不同的看法。例如,西班牙的一位法学家早就提出过“后法典化”时代的概念;而意大利的一位法学家1978年出版了一本专著《非法典化时代》,公开向法典化传统挑战[②]。要解决法典化与非法典化的问题,首先应当回答什么是法典化。

与作为静态概念的法典相比,法典化是一个动态的概念,如果将其作为名词看,相对应的英文为“codification”,如果将其作为动词看,相对应的英文单词为“codify”。[③] 不过在英文著述中使用频率较高的还是“codification”,中文又可将其译为“法典编纂”。按照《布莱克法律辞典》的解释,法典编纂是指“一个国家对属于同一法律部门或调整特定领域的法律、法规进行系统收集和整理的过

① 高富平:《民法法典化的历史回顾——民法法典化研究之一》,载《华东政法学院学报》1999年第2期。

② 同上。

③ 曹新明:《中国知识产权制度法典化研究》,中国政法大学出版社2005年版,第29页。

程，其目的在于产生一部法典。”[1]而《中国大百科全书》（法学卷）则将法典编纂解释为“重新审定某一法律部门的全部现行法律规范，废除已经旧的，修改相互抵触的部分，弥补其缺陷或空白，使之成为基于某些共同原则、内容协调一致、有机联系的统一法律的活动。这种法律就称为法典。法典较单行法规系统、完备，是一种新的立法文件。随着法典的颁布，相应的单行法规即被废除”。[2]

通过上述定义，我们可以得知法典编纂具有以下特征：(1) 法典编纂是一种立法过程和活动，而法典则是这一过程和活动的目的和产物。法典不是凭空产生的，而是某种立法活动的结果，而这种立法活动就是法典编纂。同时，制定一部法典也是进行法典编纂活动的重要目的。(2) 法典编纂是一种最高级别的立法活动。在立法活动逐渐频繁、立法主体不断多元的今天，可以说法典编纂是一种最高级别的立法活动，只能由国家最高立法机关来进行。具体到我国，法典的编纂只能由全国人民代表大会来进行，除此以外的任何其他机关都无权进行法典编纂。(3) 法典编纂必须遵循一定的程序或步骤进行。从立法学角度看，立法程序的完备与否在很大程度上决定了其立法结果的完备性，也即一部优秀的法典是完善的立法程序的必然结果。这些程序性的要求，既是现代国家高度重视法典编纂活动的表现，又是法典编纂工作严肃性、科学性、稳定性和高效率的保证。[3] (4) 法典编纂以现有的相关领域的单行法规为活动对象。现存法律的复杂和浩繁一向是敦促编纂法典的一种强大的动力。[4] 法典编纂本身是一个对现有的法规进行整理和归纳并予以系统化的活动过程，只有具备了相当数量的单行法规才有可能进行该领域的法典编纂活动。因此，在进行法典编纂活动之前，一般都存在一个大规模制定各种单行法规的立法活动阶段。

但如果超越单纯的立法层面，将法典的编纂放到广泛的社会历史背景中考察，我们则可以认为“法典编纂是一个复杂的社会历史现象”[5]。虽然法典是法典编纂活动的最终产物，但立法者进行法典编纂的目的却不仅仅只是为了制定一部具体的法典，而是要通过法典编纂来体现立法者所期望的社会价值，而这就是法典化高于法典编纂之处。可以说，法典化源于法典编纂但却高于法典编纂，属于法典编纂的上位概念。法典化与法典编纂的核心区别就在于，法典编

---

① Black's Law dictionary. St Paul Minn: west Publishing Co. Fifth edition. 1979, p. 23.

② 《中国大百科全书》（法学卷），中国大百科全书出版社 1984 年版，第 90 页。

③ 封丽霞：《法典编纂论——一个比较法的视角》，清华大学出版社 2002 年版，第 21 页。

④ 〔美〕艾伦·沃森：《大陆法系的演变及形成》，李静冰、姚新华译，中国政法大学出版社 1992 年版，第 146 页。

⑤ Varga Csaba: Codification as a socio-historical phenomenon, Akadémiai Kiadó, Budapest 1991, p. 322.

纂追求的是一种结果价值,即制定出一部优秀的法典;而法典化追求的则是一种过程价值,作为动词的法典化,其价值取向和目的,则不只是为了编纂出一部法典,更可能是为了对现有的法律规范进行价值判断、内部整合、理论研究和法学教育,从而达到重组相应的司法执法体系,重构相应的法学理论体系,提高相应的法律权威的目的。[①] 就以《法国民法典》的编纂为例,“民法典的编纂不仅是法国统一国内法的成果,而且在拿破仑创建欧洲政治新体制的过程中也发挥了巨大的作用”。[②] 立法者在法国民法典中导入了主体平等、意思自治、三权分立、遗产的平均分配、婚姻的世俗化、彻底废除封建负担等内容,其目的在于打破封建特权等级制度,实现私法统一,同时宣扬“自由、平等、博爱”的资产阶级革命思想。从这个意义上说,《法国民法典》又可以称为一部“权利宣言书”。此后,在输出革命的战争中,《法国民法典》常常紧随在拿破仑的军旗之后,被作为“革命的法典”而强加予被征服国[③],对资产阶级革命思想在欧洲的传播起到了巨大的作用。而与德国民法法典化进程紧密伴随的则是以萨维尼和蒂堡为代表人物的激烈的学术论战,七十多年的法典化进程极大地推动了德国民法学研究和教育的发展,也为德国在政治上的统一进行了法律准备。

法典化是大陆法系的传统理念,“一部法典,照罗马—日耳曼法系的观念,不应寻求解决实践中出现的所有问题。它的任务是作出一些充分概括、形成体系、易找易学的规定,以便使法官和公民们从这些规定中,通过尽可能简单的劳动,轻而易举地推出这个或那个具体困难应该怎样解决的方法。”通过法典化,“把整个法律精简成一个袖珍本,以便使每一个人都能带着他自己的律师。”这是对法典化理念最形象的表述。[④]

通过这个“对法典化理念最形象的表述”,我们可以对“法典化”初步作出这样的理解:

(一) 法典化是大陆法系的传统理念

这个界定应当说是非常准确的,其可资确证的依据主要是:大陆法系(西方法学家多称之为民法法系,而我国法学家则称之为大陆法系)法典化的实践。它是指包括欧洲大陆大部分国家从 19 世纪初以古罗马法为基础建立起来的,以 1804 年《法国民法典》和 1900 年《德国民法典》为代表的法律制度,以及效仿

---

① 曹新明:《中国知识产权制度法典化研究》,中国政法大学出版社 2005 年版,第 29 页。

② 〔日〕大木雅夫:《比较法》,范愉译,法律出版社 1999 年版,第 175 页。

③ 同上书,第 175—179 页。

④ 韩世远:《论中国民法的现代化》,载《法学研究》1995 年第 4 期。

这种法律制度的其他国家或地区的法律制度的总称。[①] 大陆法系是历史发展的产物，经历了一个漫长的形成和发展过程：起源于公元前6世纪的古代罗马法，以《优士丁尼民法大全》[②]为大陆法系创始之标志。《优士丁尼民法大全》集罗马法之大成，是古代最发达、影响最大的法典，对后世的影响十分深远，为大陆法系的最后形成奠定了基础。大陆法系形成于11世纪末至16世纪初，以罗马法在欧洲大陆的复兴为标志。它的兴盛和成熟则是在18世纪末至20世纪初，以《法国民法典》和《德国民法典》的编纂完成为标志。因此，我们可以将大陆法系最显著的特征归纳为法律规范的成文法典化、高度抽象化和概括化。[③]

（二）法典化是对现有法律规范进行抽象化和系统化的过程

法典化，虽然也是一种立法活动，是国家立法机关依照法定程序进行的一种立法活动，但是，它并不是一种简单的创新式的立法活动。从《优士丁尼民法大全》的编纂完成，到《法国民法典》和《德国民法典》的编纂成功，都能证明法典化是一种对现有法律规范进行抽象化和系统化的过程。优士丁尼于公元528年2月13日发布关于编纂新法典的谕令，任命了一个由10人组成的委员会，由前司法大臣乔万尼主持，成员包括出类拔萃的法学家。法典编纂委员会对相互矛盾和重复的法律进行删减，对已经废止不再应用的内容加以剔除，对全部法律通过划分、编排、删略、补充及必要的修改后，于528年4月7日完成《优士丁尼法典》的编纂，同年4月16日生效。以后的《学说汇纂》、《法学阶梯》和《新律》等都是以这样的方式编纂出来的。[④]

抽象化，是法典化过程一个非常重要的环节，实际上就是去粗取精，去伪存真。系统化则是将经过抽象化以后的整个法律体系按照一定的范式和体例加以逻辑化、条理化和一体化。《法国民法典》只有三编：总则编、财产及对于财产所有权的各种限制编和有关取得财产的各种方法编，但它所包含的内容却十分丰富。虽然不能说它囊括了私权领域的所有权利，但在当时的历史条件下，所遗漏者极其有限。它之所以对后世各国民法典的编纂产生了巨大影响，其原因在于它逻辑严谨的法律体系、简明生动的法律语言、鲜明突出的法典范式。这应当归功于抽象化和系统化的编纂技巧。

---

① 靳宝兰：《比较民法》，中国人民公安大学出版社1995年版，第22页。

② 《优士丁尼民法大全》，又译为《优士丁尼国法大全》、《罗马法大全》、《法学汇纂》和《法学阶梯》。它是优士丁尼继承王位后，组织一批法学家于公元528年编纂的《优士丁尼法典》、《优士丁尼法学阶梯》和《优士丁尼学说汇纂》，以及以后汇纂的《新律》等四部法律的总称。

③ 靳宝兰：《比较民法》，中国人民公安大学出版社1995年版，第24—33页。

④ 皮继增：《法学家的成长与法典编纂》，载杨振山主编：《罗马法、中国法与民法法典化》，中国政法大学出版社1995年版，第99页。

（三）法典化是实现法律现代化的手段

如果我们以现实为原点，以时间为横轴，空间为纵轴，建立一个平面坐标系，那么，整个人类社会生活中的每一个人、每一件事、每一种社会关系、每一部法律规范就可以按照自己的规则在该坐标系中找到自己的运行轨迹。这个轨迹是直线还是曲线，是连续的还是间断的，与时间和空间相关。如果将整个法律体系放在这个坐标的原点，即在此时此地的现实社会中，它有其合理性，因为“存在就是合理的”。但是，假如我们让这个法律体系沿着时间坐标向正方向移动，那么，该法律体系就会因相互之间的牵制力，形成矛盾和冲突，制约其适应度。在该法律体系不被重组的前提下，要使该法律体系随着时间运动而不发生解体且不发生矛盾和冲突，唯一可能的情形是整个法律体系内部已经融合为一个整体。要使该法律体系形成一个统一的整体，最有效可行的方式就是将该法律体系法典化，或者说，使其整个体系抽象化和系统化。换言之，法律体系的法典化，也就是法律体系的与时俱进，或者说是法律体系的现代化，即法律体系与时代的发展同步。

从法理角度看，法是国家制定或认可的，具有国家强制力，规定人们权利和义务，调整人们行为的规范。未经法典化的法律体系，就是由各自独立的不同法律规范构成的体系。同一体系内的各个具体的法律规范所调整的社会关系是相互交叉但不重合的社会关系。在这个法律体系中的各个具体法律对彼此不交叉之社会关系的调整，所采用的调整方式、所指向的价值目标、所适用的保护措施等是否一致，姑且将其忽略，但其中的交叉点即相互共同调整的社会关系，至少在理论上应当是一致的或者基本一致的。否则，就是相互矛盾或者相互抵触的。这种具有内部矛盾或者冲突的法律体系，是不可能与时俱进的，或者说，在时间坐标上运动，必然会导致分崩离析的后果。改变这种矛盾与冲突的做法，当然是多种多样的，如对相互矛盾或者冲突的法律规范进行逐个修订，使其一致。这样的做法，虽然也能够在某种程度上解决问题，但成本可能太高，不经济。另一种做法就是将该法律体系法典化、现代化，让它们融合为一个统一的整体，彻底解决这种不协调。这种做法的原始成本可能也很高，但终极成本不会很高，是划算的。换言之，一次投入的成本可能很高，但是，在法典化工作完成后，可以节约许许多多的开支，降低其他的成本，是具有效益的。

经过法典化的法律体系，随着空间或者地域范围的变化，还会产生本土化的问题。例如，我国参加或者加入的知识产权国际条约，不仅对我国有法律约束力，而且对其他各个缔约方都具有同样的约束力。但是，各个缔约方在严格遵循国际条约所规定的基本原则和最低标准的前提下，可以根据各自的客观现实,以最适合于自己的方式实施之,使之本土化。另一方面,对于其他国家或者地区的知识产权法律规范,如果有值得借鉴的,也可以将它拿来变成自己的法律规范,使之本土化。法典化的法律体系,不仅要全面考察、慎重编排、仔细删略自己现有法律规范,而且要认真地吸收国际条约和其他国家或者地区相应的法律规范,使之为我所用。

(四) 法典化是对现有法律规范的精炼化和权威化

以我国《合同法》的编纂为例。我国现行《合同法》于 1999 年 3 月 15 日由第九届全国人民代表大会第二次会议通过,同年 10 月 1 日开始施行。该法共有总则、分则和附则三部分,23 章 428 条。在此之前,我国有三部调整合同法律关系的法律:《经济合同法》、《涉外经济合同法》和《技术合同法》。除此之外,还有许多法律和行政规章对合同法律关系进行调整。它们的条款总和不仅远远多于《合同法》的条款数,而且相互之间存在着矛盾、冲突和不协调,引起学术界一些不必要的争论,也引起了司法、执法过程中不必要的麻烦。经过法典化的《合同法》使整个合同法律规范体系得到了高度的精炼,调整对象明晰,基本原则清楚,基本规则周全,具体合同齐整。因此,提高了其法律的地位,确保其应有的权威性。

现在正在进行的民法法典化工程,同样是对现有法律规范的精炼化和权威化。我国主要的民事法律规范有:《民法通则》、《合同法》、《婚姻法》、《继承法》、《收养法》、《著作权法》、《专利法》、《商标法》和《物权法》等,再加上最高人民法院颁布的《关于执行〈中华人民共和国民法通则〉若干问题的意见》、《关于执行〈中华人民共和国合同法〉若干问题的意见》等,十分庞杂,同时也非常零散。无论是法官、律师,还是学者、教师,要想查找、援用一个法律规定,必须同时拥有几大部法律汇编,才可能找到自己所需要的条款,很不方便。经过民法法典化,被编纂成民法典后,庞杂的法律体系就精炼化了,同时也将产生绝对的权威。在我国,虽然具体的法官(每个审理个案的法官)不能造法,但抽象的法官(最高人民法院以及省级法院)却在不断地造法。现实情况是:最高人民法院所造之法,不仅比国家立法机关所立之法数量多,而且似乎更具有权威性。在目前的条件下,作为一种拾遗补缺的应急措施,似乎无可厚非,但是,如果长此以往,法将不法,其权威性将受到严重挑战。因此,从一般意义上说,法典化就是将现有法律规范精炼化和权威化。

由上分析可知,法典化即是对现有法律体系进行全面考察、认真推敲、严格删略、严谨编排的审查过程,最终结果是编纂出一部具有抽象性、系统性和权威性的现代化、精炼化的法典。

三、知识产权制度法典化

法典是法典化或法律编纂的结果和产物。[①] 关于该命题的逆命题是否成立呢？换言之，法典化或法律编纂的结果或产物是否一定就是法典？通过前面的研究，我们基本可以认为这个逆命题也是成立的。如果这两个命题都成立，那么，下面这个命题也应当是成立的，即法典化的目的就是要编纂出一部具有抽象性、系统性和权威性的现代化、精炼化的法典。

鉴于以上三命题均为真，于是可以说，知识产权制度法典化的目的就是为了对现有的知识产权法律规范进行整合，以编纂出一部优秀的知识产权法典。

但是，关于该命题成立的条件则需要进行单独讨论，因为它涉及对知识产权制度法典化的认识论问题。更广义地说，法典化难道就是为了编纂出一部法典吗？将"法典化"作为名词看，相对应的英文为"codification"；将"法典化"作为动词看，相对应的英文单词是"codify"。作为名词的法典化，应当是指对现有法律规范进行抽象、归纳、整理、编排而成的结果，就是一部具体的法典。从某种意义上说，这也就是法典化的目的所在。但是，作为动词的法典化，其价值取向和目的，则不只是为了编纂出一部法典，其目的更可能是为了对现有的法律规范进行价值判断、内部整合、理论研究和法学教育，从而达到重组相应的司法执法体系，重构相应的法学理论体系，提高相应的法律权威的目的。以法国民法法典化为例说明之：首先，法国制定民法典的一个动机就是要借助国家法，废除所有旧法，并统一全国私法。法国革命前，同其他欧洲国家一样，是一种地方割据、地主或贵族当政的社会，来源于国家之外的共同法起重要作用。通过民法法典化可以解决这些不利于巩固革命成果的干扰势力。第二，解决法律世俗化的影响。法律一向为职业法学家和律师所掌握。如同所有革命对待法律的态度一样，法国大革命也存在这样一种企图，就是使法律变得简明易懂，而不要太复杂、太技术化或专业化。而实现这一目的的方法便是将所有的法律简明清晰地陈述在一部法律中，以使普通公民能够理解法律，知道自己的权利和义务是什么，从而不需要找律师和诉诸法院。立法者企图使民法典作为一种通俗读物出版，可像《圣经》一样，摆放于家庭书架上。因此，法典以白话语言写成，具有清楚的结构和体系，成为公民可借以了解自身权利和义务的"公民手册"。第三，法国民法法典化也是在否认司法机关立法权的指导思想下制定的。法国政治体制贯彻彻底的三权分立，将所有制定法律的权力交给立法机关，因而否认

① 封丽霞：《法典编纂论——一个比较法的视角》，清华大学出版社 2002 年版，第 16 页。

了司法机关的立法权。因为立法权交由立法机关,司法权交出司法机关,各自的权责分明,各司其职,就可以避免法出多门,擅自立法的现象,所以,立法机关所制定的法律规范就应当全面、一致、清楚,使法官的职能仅限于针对具体案件从法律规范中选择可适用的规定即可。[①] 因此,作为动词的法典化与作为名词的法典化其功能和价值目标具有明显的差异。

此外,以日本为例说明知识产权制度法典化的表现形态。进入 21 世纪后,为了保持其世界经济强国的地位,在知识产权保护方面,日本政府采取了一系列的积极应对措施。

(一) 制定《知识产权基本法》

日本国会于 2002 年 11 月 27 日通过了政府制定的《知识产权基本法》,该法在三个月内实施。日本《知识产权基本法》由 4 章 33 条组成,旨在有计划地集中推动知识产权相关措施的实施,以提高日本企业的国际竞争力,促进经济持续发展。该基本法明确了国家、地方团体、大学、企事业单位的不同职责;规定了有关研究开发、成果转让、加快授权、改善诉讼程序、反侵权、国际协调、新技术保护、人才保障等各方面的基本措施;更为重要的是该法规定在内阁设立由政府首脑——首相任部长的知识产权战略本部,作为统一推行知识产权战略的司令部;同时该战略本部还将调查、审议和统一调整知识产权重要措施。该基本法通过法律形式将知识产权从部门主管的事务上升至国家性事务,为 2002 年 4 月提出的"知识产权立国"提供了法律保证,为知识产权立国打下了基础。以政府首脑为本部长的知识产权战略本部的成立,将为知识产权战略的推行及相关措施的实施提供强有力的保障机制。

(二) 制定《知识产权战略大纲》

为了谋求经济复国的国家战略,2002 年 1 月,日本首相小泉纯一郎在施政方针演说中表明了设立知识产权战略会议的主张;同年 6 月,知识产权战略会议制定了日本的"知识产权战略大纲"。该《知识产权战略大纲》的主要内容有:(1) 在 2003 年国会召开前整理好"知识产权基本法案",以便向国会提交;(2) 基本法的内容为把扩大知识产权的创造、保护、利用环境作为国家目标;设立知识产权战略本部;制定知识产权战略计划;(3) 知识产权立国的重点政策是加强取得"世界专利"的工作;从实质上增强"专利法庭"的功能;下功夫对付

---

① 高富平:《民法法典化的历史回顾——民法法典化研究之一》,载《华东政法学院学报》1999 年第 2 期。

盗版;加强对企业之商业秘密的保护;让大学走出"象牙塔";培养知识产权的专门人才。其主要战略包括:对大学的发明者施行奖励制度;对从业人员的发明制度进行修订;制定专利审查计划;加强对企业之商业秘密的保护;实现专利法庭的功能;制定防止伪造品流入的制度。日本的这一战略大纲旨在把研究开发的成果、电影动画以及数字信息等知识资源作为一种财产,以此推动知识经济,从而激活长期低迷的日本经济,增强日本经济的世界竞争力。该《大纲》主要有四大支柱,即知识财产的创造、保护、应用和人才培育。在知识财产的创造方面主要是把竞争原理引入大学,让大学走出"象牙塔";对通过技术转移创收多的教师施行研究费重点分配的方针,促进产学联合,放宽限制,改善税制,让国立大学和自治体更易于合作。

(三) 成立知识产权专门法院

日本知识产权战略委员会于 2001 年提出了对与知识产权相关内容进行战略修正的大纲。该大纲建议日本政府成立一个独立的高级法院——知识产权法院,专门处理知识产权诉讼,并提供向当事人推荐具有专业知识和经验的法官和律师等服务。据此,日本法务省向议会提交议案,申请修改民法相关法则,从 4 月份开始不用再将所有诉讼递交到东京高级法院。① 2004 年 6 月 11 日,日本国会通过了《知识产权高等法院设置法》,该法已于 2005 年 4 月 1 日起实施。依据该法,日本在东京高等法院内设立知识产权高等法院。

日本所进行的这一系列措施,日本人自己并未使用知识产权制度法典化的概念,事实上,它就是在进行知识产权制度法典化工作,产生了知识产权制度法典化的效果。

如果我们认为,知识产权制度法典化的目的仅仅是为了编纂出一部优秀的知识产权法典,那么,更准确或者更恰当的概念应当是"知识产权法典编纂",不宜说成是知识产权制度法典化。因此,对知识产权制度法典化从动态角度或者过程上考察,可能更具有现实意义。严格地讲,知识产权制度法典化与知识产权法典编纂,具有相互关联性,但也具有相互分别性。两者的关联性在于:如果知识产权制度法典化产生出了一部符合法典标准的知识产权法典,那么,在知识产权制度法典化过程中,已经完成了知识产权法典的编纂程序。换言之,知识产权法典编纂是知识产权制度法典化的一个方面,是整个过程中的一个部分,而且是一个极其重要的部分。在绝大多数情况下,知识产权制度法典化都

---

① 《专利、版权受日本政府高度重视》,资料来源于:http://www.sznews.com/n/ca342388.htm。

应当产生出一部高质优秀的知识产权法典,但绝不仅此而已。两者的分别性在于:知识产权制度法典化是一项非常重要、非常复杂的系统工程,它应当对整个知识产权法律体系进行全方位的透视、对重点问题进行专题研究、对存在的不足进行抽样分析、对与现实相冲突的内容进行删节,最终再生一个体魄健全的生命体——知识产权法典;而知识产权法典编纂才真正是以知识产权法典的诞生为终极目的的。

第二章
知识产权制度法典化的历史过程

一、知识产权制度法典化的历史发展

人类对事物的认识总是经由个别到一般，通过对个别事物之间共性的把握和归纳而达到认识的升华，这同时也是一个理性化不断发展的过程，而法典就是人类理性的集中体现。知识产权法典则是人类理性在知识产权领域的集中体现。纵观知识产权法律体系的发展历史，也是一部人们对各类知识产权认识不断深入、对知识产权之共性不断提炼的历史。根据笔者归纳，在知识产权法律的发展历程中，大致出现过以下五种立法形态：

（一）针对具体个人颁发特许令状

知识产权起源于封建社会的“特权”。这种特权，或是由君主个人授予，或是由封建国家授予，或是由代表君主的地方官授予。[①] 在知识产权萌芽的历史时期，早期的智力劳动创造者对其智慧创作物所享有的专有权利一般是由统治者颁布的特许令而予以彰显的。这个时期的特许令具有一个明显的特征，即统治者是针对具体的个人请求而颁发的。

在专利权方面，为避免某些先进技术外流，1331 年，英王爱德华三世曾经授予佛兰德的工艺师约翰·卡姆比在缝纫和染织技术方面“独专其利”的权利。1421 年，意大利佛罗伦萨的建筑师布鲁内莱西为运输大理石而发明的“带吊机的驳船”，也曾经获得类似英国早期的专利。[②] 现在，人们公认的最早的发明专利出现在 1449 年，当时亨利四世授予一位名叫约翰的人对一种玻璃制造方法享有 20 年的垄断权。作为对这种垄断权的回报，约翰必须将他的技术传授给英国本土的工匠。[③] 在多铎王朝统治时期，统治者向商人和工匠授予发明专利

---

① 郑成思：《知识产权论》，法律出版社 2003 年版，第 2 页。

② 同上书，第 3—4 页。

③ 参见张韬略：《英美和东亚三国（地）专利制度历史及其启示》，载《科技与法律》2003 年第 1 期。

特许令状的情况十分普遍。依照英国专利局提供的数字,在 1561 年到 1590 年的 30 年间,在位的伊丽莎白女王共授予了 50 件专利,覆盖了包括肥皂、毛料、制盐、纸、铁、硫黄等 12 个项目的商品生产和流通部门。①

在著作权方面,15 世纪末,威尼斯共和国授予印刷商冯·施贝叶在威尼斯印刷出版的专有权,有效期 5 年。这被认为是西方第一个由统治者颁发的、保护翻印之权的特许令。在此之后,罗马教皇于 1501 年、法国国王于 1507 年、英国国王于 1534 年,都曾经为印刷出版商颁发过禁止他人随便翻印其书籍的特许令。②

由于王室觊觎授予专利带来的额外收入,开始滥用这种特权,专利对象被扩大到一些过时技术甚至日用品上,有时还被用以封赏宠臣,这严重破坏了市场的竞争秩序。③ 由于严重影响自己的利益,新兴的资产阶级反对垄断、倡导经济自由的呼声日益高涨。而随着欧洲资产阶级力量的逐渐强大,封建王权的力量开始受到限制,体现封建王权的特许令也不可避免地受到冲击。英王伊丽莎白一世于 1601 年在议会发表"黄金演说"(Golden Speech),宣布自己不再签署任何授予垄断权的证书。④ 1610 年,詹姆斯一世被迫宣布废除了先前授予的所有专利的效力。⑤ 议会中新兴的资产阶级代表开始一次又一次尝试以立法来取代由君主赐予特权的传统。这个目的终于在 1624 年英国《垄断法规》中得以实现。⑥ 从此,知识产权由封建统治者所赋予的特权转向了由法律所赋予的私权。

(二)针对特别事项立法

在近代知识产权制度产生之初,人们对于不同知识产权制度之间的关系还缺乏一个清晰的认识,著作权法和设计法之间、设计法和专利法之间的交叉重叠的现象较为普遍。当时的许多法律评论者甚至一些专家经常用"发明版权"、"艺术专利"、"商标版权"甚至"版权专利"等语言来叙述知识产权制度⑦,以现在的眼光看,这些不可思议的现象在当时的情况下并非不可理解,这也从一个

---

① 参见张韬略:《英美和东亚三国(地)专利制度历史及其启示》,载《科技与法律》2003 年第 1 期。

② 郑成思:《知识产权论》,法律出版社 2003 年版,第 22 页。

③ 参见文希凯、陈仲华:《专利法》,中国科学技术出版社 1993 年版,第 15 页。

④ 〔日〕富田彻男著:《市场竞争中的知识产权法》,廖正衡等译,商务印书馆 2000 年版,第 5 页。

⑤ 参见张韬略:《英美和东亚三国(地)专利制度历史及其启示》,载《科技与法律》2003 年第 1 期。

⑥ 郑成思:《知识产权论》,法律出版社 2003 年版,第 23 页。

⑦ See Brad Sherman and Lionel Bently, *The Making of Modern Intellectual Property Law*, Cambridge University Press, 1999, pp. 97—98.

侧面反映出当时人们对知识产权本体性质认识尚处于初级阶段。

这一时期知识产权法律主要是由对某些行业中所发生的特定问题的特别回应组成的。一直到19世纪上半叶之前，法律所采取的形式还是以调整对象为基础偶然形成的，每一项立法都反映了推动该项立法的利益集团（无论它是某个特定的行会、某个特定的行业部门或者以利益为基础的某个社会集团）的利益。① 比如对药剂师威廉姆·库克沃西授予特权，以独家使用和行使其对于制造瓷器的某些材料的发现，或者授予技师詹姆斯·瓦特以在蒸汽或者火力引擎上的独家使用和财产权。② 我们从这一时期英国制定的法律名称就可以看出端倪：1690年的《鼓励从玉米中蒸馏白兰地和酒精法》、1710年的《为鼓励知识创作而授予作者及购买者就其已经印刷成册的图书在一定时期内之权利法》③、1735年的《通过在规定时间内授予发明人和雕工以财产权而鼓励设计、雕刻、蚀刻历史性以及其他印版之技术法》、1742年的《保护技术能手约翰·拜罗姆对由其发明之速记技术和方法在一定年限内享有独家出版权法》和1787年的《通过在有限时间内授予设计人、印花工和所有权人以财产权而鼓励亚麻布、棉布、白棉布和平纹细部的设计、印花技术法》等。④ 以至于后世学者在论述英国的这一立法现象时讽刺道："如果我们为文学财产制定一部法律，就没有任何理由不应当为每一种财产都制定一部特别的法律，所以，我向你们提议制定一部针对以下各种财产的法律：在帽子上的财产、在桃子上的财产、在桃酒上的财产、在属于M.安吉斯的绿帽子上的财产"⑤。一直到19世纪50年代之前，并不存在任何的（现代意义上的）著作权法、专利法、外观设计法或商标法，当然也没有任何的知识产权法。至多存在着这样的一致意见，即法律承认并授予在智力劳动上的财产权。⑥

（三）相关领域比较体系化的单行法

随着人们对智慧创作物认识的不断加深，不断地有新的财产形式被纳入知识产权范围之类。在针对特别事项立法的情况下，立法者的首要任务就是把将

① 〔澳〕布拉德·谢尔曼、〔英〕莱昂内尔·本特利：《现代知识产权法的演进（1760—1911英国的历程）》，金海军译，北京大学出版社2006年版，第86页。

② 同上书，第20页。

③ 该法因为安娜女王在位时所颁布，所以又称《安娜法》。该法被公认为是世界上第一部版权法。但该法的重要意义主要体现在它是第一次以制定法的形式将保护重点由印刷出版者的利益转向作者的利益，其实它并没有对版权相关内容进行全面、系统的规定。

④ 〔澳〕布拉德·谢尔曼、〔英〕莱昂内尔·本特利：《现代知识产权法的演进（1760—1911英国的历程）》，金海军译，北京大学出版社2006年版，第7页。

⑤ 同上书，第89页。

⑥ 同上书，第4页。

要获得保护的对象与已经获得保护的对象进行比较,看其是否能够被已经颁布的法律所涵盖,如果没有的话,则可以颁布一个新的法律。“当一种新的情况要把财产权保护扩张至一个新的对象时,它一般是通过与先前存在的保护模式进行类比而做到的。更具体地说,这是通过显示新的对象与那些已经获得保护的对象之间具有相似的特征而完成的。”①就这样,在知识产权法所调整的范围不断扩大的同时,通过这种新旧保护对象之间的比较,各类智慧创作物间的相似点和共同点被越来越多地归纳和总结出来。久而久之,专利权、著作权和商标权等知识产权的基本类型也逐渐被区分和确定下来。

而且,随着人们对知识产权认识的深入以及知识产权立法水平的不断提高,知识产权法律体系混乱的局面也在逐渐得到改善。随着19世纪上半叶概念法学在欧洲的兴起和传播,人们开始更多关注知识产权法律外在的形式美感,制定时就已经开始尽可能简单、统一和精确,为此许多立法技术被采纳,其中一个重要方面就是用尽可能抽象的语言界定知识产权的保护客体,以便提高法律适用上的弹性,从而间接提高法律的稳定性。②

以英国版权为例,至1710年《安娜法》后,英国又陆续颁布了许多与著作权有关的法律,这些法律大多是针对具体事项立法,主要有1734年的《雕刻版权法》、1814年的《雕塑版权法》、1833年的《戏剧版权法》及1862年的《美术作品版权法》等。这一时期的英国版权体系是如此的琐碎,以至于有人说到“它杂乱无章,不完美,十分晦涩,有时甚至是相互矛盾。一个人不经过苦心研究是不可能明白法律所表达的意思的,……它属于低层次的法律,其体系还根本没有建立起来”。③ 针对这种糟糕的状况,立法者也不得不在立法上作出应对。1911年,英国议会通过了《版权法》(Copyright Act of 1911),这部法律对以前所颁布的诸多法律作了一次清理,将它们置于一部统一的法律之中,实现了版权领域内一部单行法独掌大局的状况。而在此之前,英国分别于1905年颁布《商标法》(Trademark Act),1907年颁布《专利与外观设计法》(Patents and Designs Act),对商标权和专利权领域的法律进行了清理。这三部法律分别在版权、专利权、商标权领域建立了完善的、统一的权利体系。在此前后,美国、法国、德国、日本等国也纷纷制定了本国的专利法、著作权法和商标法,而这些知识产权

---

① 〔澳〕布拉德·谢尔曼、〔英〕莱昂内尔·本特利:《现代知识产权法的演进(1760—1911英国的历程)》,金海军译,北京大学出版社2006年版,第20页。

② See Brad Sherman and Lionel Bently, *The Making of Modern Intellectual Property Law*, Cambridge University Press, 1999, pp. 74—75.

③ See Stephen stewart, *Two Hundred Years of English Copyright Law*, *Two Hundred Years of English and American Patent*, Trademark and Copyright Law, (American Bar Association), p. 88.

单行法的出现标志着知识产权体系化已经走进了完善阶段。一直到现在，世界上大多数国家的知识产权法还是采取这一形态，即相关领域比较体系化的单行法并存，由它们来共同构建知识产权法律体系。

（四）工业产权法典的出现

从19世纪80年代开始，由于知识产权研究的不断发展，人们也逐渐认识到各类具体权利在适用领域、权利产生等方面的特点与差别。通过不断的研究与总结，在理论界产生了一种愈来愈强烈的趋势，要把知识产权分为两大类：以著作权为一类，而以工业产权（外观设计、专利和日益增多的商标）为另一类。[①]这种把知识产权分为两大类的做法，得到了当时知识产权国际条约的认可，1883年缔结的《巴黎公约》和1886年缔结的《伯尔尼公约》就是对这种分类法的一种反映。

最早在国内立法上反映这种分类法的是葡萄牙。葡萄牙曾经于1837年颁布《发明专利法》，1883年颁布《商标法》。葡萄牙在1884年加入《巴黎公约》后，随即在国内立法上作出了相应的调整。1896年5月，葡萄牙颁布《工业产权法典》，其调整对象包括专利权与商标权，这是世界上第一部工业产权法典。此后，同位于伊比利亚半岛的西班牙也于1926年颁布《工业产权法典》。在葡萄牙、西班牙两国的影响下，许多国家也纷纷采用了这种立法形态。工业产权法典的立法形态不仅在深受葡、西两国影响的前殖民地拉丁美洲诸国如墨西哥、巴西、巴拿马、秘鲁等国被采纳，而且阿尔巴尼亚、波兰、肯尼亚等非拉丁语系国家也先后采纳了这种立法模式，纷纷制定了本国的工业产权法典。世界上最新的一部工业产权法典由意大利于2005年3月颁布。

工业产权法典的出现，使各类工业产权得到了归类保护，在知识产权领域形成了“工业产权法典＋著作权法”的立法保护模式，也标志着知识产权法体系化的进一步深入。

（五）知识产权法典的出现

自法国学者卡普佐夫于17世纪中叶创造出“知识产权”一词后[②]，在两百多年的时间里，“知识产权”却仅仅只是一个法学名词而不是法律名词。虽然人们逐渐认识到知识产权的重要性，从理论上对“知识产权”进行详尽的研究和论述，并将越来越多的具体权利类型纳入其范围，但各国立法重点还是集中在如

---

① 〔澳〕布拉德·谢尔曼、〔英〕莱昂内尔·本特利著：《现代知识产权法的演进（1760—1911英国的历程）》，金海军译，北京大学出版社2006年版，第191页。

② 吴汉东主编：《知识产权法》，中国政法大学出版社2004年版，第1页。

何对知识产权的各类具体权利进行规范这一层次，并未提升到从整体上对知识产权进行规范，至多也只是提升至“工业产权”层次。各国存在着以专利权、商标权、著作权等知识产权下位权利概念冠名的法律，也出现过以工业产权冠名的法律，却从未存在“知识产权”这样一个法律文件。[①] 这种知识产权理论体系与法律体系相脱节的尴尬状况直到20世纪下半叶才有所改变。

1967年7月14日签订的《成立世界知识产权组织公约》是第一部出现“知识产权”概念的国际公约，以法律文件的形式将知识产权的具体权利类别固定下来。斯里兰卡1978年加入世界知识产权组织后，参照该公约的规定，1979年颁布其知识产权法典，为世界上第一部知识产权法典，将以往由单独立法调整的专利权、工业设计权、商标权、著作权、商号权、反不正当竞争等具体权利类型全部归由一部法律调整。此后，法国于1992年、菲律宾于1997年、越南于2005年也先后制定其知识产权法典，对知识产权实行统一规定和调整，将各类知识产权纳入同一立法框架之中，形成了一股知识产权制度法典化的潮流。

知识产权法典将知识产权立法层次在工业产权法典的基础上进一步提升，是理论上对各类具体权利共性把握的最终结果。知识产权法典的诞生标志着知识产权法体系化达到了高峰期，也标志着知识产权终于作为一个法律名词在法律体系中取得了一席之地。

二、知识产权制度法典化的前提、基础与诱因

（一）知识产权制度法典化的前提

知识产权制度经过五百多年的发展[②]，基本完成了从习惯到习惯法，然后由习惯法到成文法的历史过程，现在应当是从成文法到法典法（即该对知识产权法进行法典化）的时候了。法国、菲律宾、越南、斯里兰卡等国的实践已经证明，法典化不仅可行，而且应当如此而行。

法国，不仅率先编纂了世界上第一部现代民法典，而且在20世纪末（1992年）又编纂了《知识产权法典》。紧随其后的菲律宾，以其单行法为基础，1997

---

① 虽然西班牙存在以“知识产权”命名的法律，但在西班牙，知识产权法实际上是著作权法的代称。具体参见郑成思：《知识产权论》，法律出版社2003年版，第26页。

② 据史料记载，到目前为止，世界上最早的知识产权法是1474年的《威尼斯专利法》，至今已有五百多年的历史。资料来源于WIPO网站：http://www.wipo.int。

年完成了《知识产权法典》[①]的编纂。在编纂法典前，法、菲两国都有完备的知识产权单行法。法国的知识产权制度始建于18世纪末（以法国1791年的《表演权法》和1793年的《复制权法》为起点），至其《知识产权法典》颁布差不多经历了200年的发展，其观念和理念、立法技巧和经验、制度的成熟与完备，足以使其完成从制定法到法典的跨越。在知识产权保护方面，菲律宾的历史甚至还比我国还要短[②]，但它能够完成《知识产权法典》的编纂，就表明知识产权保护历史的长短，并不是能否法典化的决定性因素。保护知识产权，促进知识产权发展，是菲律宾政府的一项战略决策[③]。在它第一部关于知识产权保护的法律颁布正好50年之后的1997年6月6日，其《知识产权法典》编纂完成，成为"共和国第8293号法"。我国的知识产权制度在一百多年的时间内，虽然经历了一个曲折的发展过程，但总体趋势仍然是向前进的。尤其是近30年，我国的知识产权制度可以说是站在"前人的肩膀"上再创的，起点高，发展快，取得的成就也很明显。按照现有的情况看，基本上具备了进行知识产权制度法典化的条件[④]。

（二）知识产权制度法典化的基础

知识产权制度自诞生以来，始终朝着一个方向在螺旋式地前进。最早期的专利权和版权是一种特权形式，由国王或者地方诸侯给作者（或者出版商）和能工巧匠（发明者）颁发的、不具有普遍适用性的独占权利。后来，随着资产阶级革命的胜利，逐渐以法定权利取代君授特权，由特殊性向普遍性转变。大约在18世纪至19世纪中叶，这种转变基本完成。19世纪末，随着《巴黎公约》和《伯尔尼公约》的缔结和实施，法定形式的知识产权基本为先进国家所接受（与之平行存在的可能还有普通法上的权利）。进入20世纪以后，尤其是1967年《建立世界知识产权组织公约》的缔结以及世界知识产权组织的成立，知识产权就正

---

① 《菲律宾知识产权法典》的英文名称是"Intellectual Property Code of the Philippines"。该法典于1997年6月6日颁布，于1998年1月1日生效。资料来源于：http://www.chanrobles.com/legal7history.htm。

② 菲律宾第一部知识产权保护法于1947年颁布，为《共和国第165号法》，其名称是"创立专利局，规定其权力与职责，授权其颁发专利并管理专利基金法"。参见 Intellectual Property Rights in the Philippines, Brief Background。资料来源于：http://www.chanrobles.com/legal7history.htm。

③ 菲律宾1973年《宪法》规定："分别授予发明者、作者和艺术家对其发明、作品与艺术创作物享有一定期限的独占权。"1987年《宪法》又明确规定国家保护知识产权。资料来源同上。

④ 根据各国进行知识产权法典编纂的经验，我们认为"知识产权制度法典化应当具备的条件"有四个方面：一是知识产权保护所需要的单行法基本完备，并且均与国际标准接轨；二是知识产权保护意识已深入人心，对知识产权保护有迫切的需求；三是知识产权理论体系已基本建构完成，而且产生了法典化所需要的理论巨匠；四是知识产权实践已经积累了丰富的经验，做好了实施知识产权法典的必要铺垫。此四个条件须同时具备，不可或缺。

式担负起了促进国家经济发展的角色。WIPO 前任总干事 Kamil Idris 认为知识产权是国家经济增长的强有力武器①;美国参议院对外关系委员会就政府的知识产权促进工作进行的听证会上,委员们认为,知识产权对一个国家的科学技术进步、技术的研发(R&D)和国家的经济发展具有至关重要的影响力②。现在,我国政府、知识产权理论与实务工作者以及企业家等也都认识到知识产权是国家经济发展的核心竞争力。

知识产权发展史证明,知识产权制度的建立和完善,不仅需要丰富的理论支撑,更需要积极大胆的实践。1710 年英国颁布了世界上第一部版权法(《安娜法》)所依据的一般哲学理论是"利益补偿论"。该理论的基本含义是:作品的创作发起人、创作者要为自己的创作进行投资,要承担相应的经济风险,因此,授予他们对其创作和经营的作品在一定期限内的独占权,使他们有机会收回其投资,并获得适当的利益回报。只有给他们授予一定期限的独占权,为他们提供法律保护,他们才会冒着经济风险,进行这种投资。假如没有法律制度为他们提供保护,那些不必承担这种投资风险的人就会进行疯狂复制,以非常低廉的价格出售,占领由投资者开拓的市场。一旦出现这种现象,就会严重伤害作品投资者或者创作者的投资热情,造成作品创作源的枯竭,使公众失去获得更多好作品的机会。③ 正是在这样的理论支持下,英国才能从强大的印刷商或书商那里将版权还给作者。

1791 年,法国的《表演权法》诞生,它以"自然权利论"或者说"天赋人权论"作为其法哲学基础。天赋人权的概念来自于法国 1789 年的《人权与公民权利宣言》(简称《人权宣言》)。《人权宣言》虽然只有 17 条,但明确宣布"自由、平等、财产和安全"是天赋的神圣不可侵犯的人权、"主权在民"原则、"资产阶级的基本民主权利"以及"私有财产神圣不可侵犯"。《人权宣言》的发表,打碎了君权神授的神话,否定了封建等级制,激发了革命人民的巨大热情,起到了动员、组织人民群众参加反封建斗争的作用。人们高举"人权"的旗帜,给封建特权阶级与封建专制制度以沉重的打击,促进了大革命的深入发展。《人权宣言》成为法国大革命彻底性和典型性的重要标志。法国不仅以此理论为支撑,于 1791 年建立起作者权制度,而且还以此理论为基础,于 1793 年建立了专利

---

① Kamil Idris: Intellectual Property—A Power Tools for Economic Growth. WIPO Published 2003. 资料来源于:http://www.wipo.int。

② Examining the Theft of American Intellectual Property at Home And Abroad, Hearing before the Committee on Foreign Relations of the United States Senate. 资料来源于:http://www.chanrobles.com/legal7.htm。

③ International Copyright & Neighboring Rights, by S. M. Stewart Butterworth & Co. Ltd. 1989, p. 8.

制度。

美国是当今世界上唯一的超级大国,这与它始终如一地执行知识产权制度具有密切关系。早在其建国初期,它就以"利益平衡论"作为法哲学基础,建立了版权制度和专利制度。

法哲学理论是建立知识产权制度的基础,因此,建立在不同理论基础上的知识产权制度,其表现形式也是不同的。没有相应的理论作支撑,就不可能建立相应的制度。在讨论我国现在能否进行知识产权制度法典化时,有些学者认为我国的知识产权理论尚未建立起来,或者认为尚不完备、不系统。这样的观点,在某种角度看,当然有其合理性,但是,其片面性也是非常明显的。如果没有相应的理论作支撑,我国的知识产权制度就不可能建立起来,即使勉为其难地拼凑而成,也无法适应如此复杂纷繁的社会需要。现在的事实是,我国不仅建立了自己的知识产权制度,而且还具有相当可观的保护水平。除少数国家外,绝大多数国家的制度不会比我国的更好。

我国建立知识产权制度的宪法依据是第47条,即"中华人民共和国公民有进行科学研究、文学艺术创作和其他文化活动的自由。国家对于从事教育、科学、技术、文学、艺术和其他文化事业的公民的有益于人民的创造性工作,给以鼓励和帮助"。关于建立知识产权制度的理论基础存在着多种观点,但主要有:

1. 鼓励创作理论

该理论认为,给著作权、专利权、商标权以及其他各种知识产权提供法律保护,有利于鼓励智力劳动者的创作热情,繁荣我国的文化、科学事业,促进经济发展。该理论成立的依据有我国现行的《著作权法》和《专利法》等。它们在第1条开宗明义地规定,保护著作权或者专利权等,就有利于鼓励创作和发明创造。基于这样的指导思想,制订了我国的知识产权制度。在某种意义上说,"鼓励创作理论"与西方国家的"利益激励理论"有异曲同工之妙,它符合我们中华民族善于采用含蓄、隐晦、曲折、迂回之方式来表达其思想的文化传统。从形式上看,表意者具有非常崇高的情操和道德。一般来说,西方国家所采用的则是坦率、明了的表意方式,不用拐弯抹角,是什么就说什么,让人一目了然。这是文化差异决定的,并没有本质的不同。

2. 利益平衡理论

我国也有学者认为,整个知识产权制度实际上就是一架精密的天平,或者称之为利益均衡器,始终协调着智力劳动者和社会公众之间的利益关系;法律所作的每一次修改,也是因为该利益均衡器已经发生了失衡现象,而进行的校正行为。给智力劳动者授予一定期限的独占权,是为了鼓励其进行创作;对知识产权加以限制,使社会公众能够得到更多的精神产品。没有知识产权保护,人们就不会投入更多的时间、精力、资金进行创作,社会公众就没有可能得到足够充分的精神产品。因此,知识产权制度是以利益平衡理论为基础建立的。有学者认为,全部版权法的内容被认为是平衡,即在作品创作层面上,一次作者与二次作者之间、作品的创作者与投资者之间;在作品的传播层面上,著作权人与作品的使用者之间、作者与投资产业商之间;在公益与私利层面上,著作权人的利益与社会公众的利益之间,都存在利益平衡关系。所以,著作权法是一个精巧的平衡机制。①

3. 物质补偿理论

我国是一个文明古国,知识分子进行智力创作活动所企求的并不只是为了经济利益,更重要的是为了将自己的聪明才智贡献给社会,即在于立言,而不在于谋利。建立知识产权制度,就是为了将智慧创作物最大限度地转化为生产力,促进经济发展;与此同时,给智力劳动者授予的独占权利是为了使其所付出的投入得到适当的补偿。在我国恢复建立知识产权制度之初(大约在 20 世纪 70 年代末和 80 年代初),该理论非常具有现实意义。当时,人们在观念上还难以接受经济利益、物质刺激、利益平衡、天赋人权等过分超前的理论,而物质补偿理论非常温和且符合实际。这样的理论,既可使智力劳动者能够从其时间、精力和劳力的投入中获得一定的利益回报,又不至于在观念上引起过于强烈的刺激,是一种中庸哲学。

有人认为我国知识产权理论体系尚不完备、不系统、不深入,是影响知识产权制度法典化的重要因素。这种观点的积极意义在于,它时刻提醒着知识产权研究者,要积极进行符合中国国情的知识产权理论研究,因为它们"尚不完备、不系统、不深入"。但是,从另一个角度看,判断理论体系是否完备、系统、深入的标准是相对的,具有时代特征。到现在为止,无论任何理论都不可能放之四海而皆准,都有其局限性、相对性、时代性和地域性。任何理论都是实践经验的总结与升华,总是与时代同行,由实践推拉而动。事物的发展性决定了理论的发展性,事物发展变化的多样性决定了理论对客观事物反映的多样性;人们认识能力的有限性决定了理论的相对性。当今中国需要的理论,是中国气魄和时代品格相统一的理论,是人类文明的中国化和中国传统文化的现代化。② 与时俱进,理论创新,正是对理论的科学态度。到现在为止,我国知识产权制度的理论体系基本建构完备,支撑着我国现行的知识产权制度。在此前提下,对现有

---

① 参见袁泳:《数字版权》,资料来源于博格中国网:http://www.blogchina.com/new/display/351.htm。

② 参见邓先荣:《坚持与时俱进,推进理论创新》,资料来源于:http://www.snweb.com/gb/dadi/2002/23-24/a2324003.htm。

理论进行创新是必要的，但是，这种理论的创新和发展，并不是人为地将知识产权制度凝固在某一个时间点或者某一个空间点，而是需要在法典化的过程中提出并创建新的理论，因为“理论源于实践。适合于自己的理论，最主要的是来源于自己的独特实践，是对实践经验的概括和总结，是对实践中提出的各种问题回答的产物，又反过来指导自己的实践。什么是最宝贵的？自己的经验是最宝贵的！对于一个国家、民族、政党来说，最重要、最宝贵的就是对自己的实践经验的概括和总结。任何理论都是实践的经验总结，必须随着实践的发展而发展。”①如果我们不进行法典化实践，试图从纯粹的理论研究来创新理论、发展理论，则是一种虚幻的构想。另一方面，我们有理由相信，我国现有的知识产权理论足以支撑法典化实践。通过实践、认识到总结，再将总结的理论用于指导新的实践，通过新的实践来丰富和发展理论。这是一个循环，并无明确的起点和终点。在创始之初，理论与实践呈胶着状态；在发展过程中，理论与实践则是循环的，并不需要在哪一个阶段停止实践而专门研究理论，当然也不可能脱离理论的指导而盲目实践。通过实践推动理论研究的发展，反过来，由发展的理论来指导实践。“摸着石头过河”理论，就是鼓励创新，大胆实践，同时也是在实践的基础上总结出来的。该理论指导了中国的社会主义建设，同样能够指导我们的知识产权制度法典化。

我国驰名商标制度的建立就是一个非常典型的例子。驰名商标的保护起源于20世纪初，以1925年《巴黎公约》的海牙文本对驰名商标进行保护为标志，到现在已有八十多年的历史。在1911年修改《巴黎公约》的华盛顿外交大会上，法国就已经意识到并率先提出了驰名商标的保护问题，即驰名商标的所有人可能因为种种原因，没有来得及在有关国家注册，但事实上该商标所有人在该国的相关公众中，已被普遍认为是该商标的真正拥有者。因此，如果绝对坚持“不注册则不保护”的原则，对驰名商标的所有人就可能不够公平。法国当时的建议是，在原属国已经注册的商标只要在其他成员国首先使用，即使后来有人注册了这一商标，首先使用者也有权在该成员国内继续使用。该建议由于受到了只给注册商标提供保护的国家反对，最后未获通过。在1925年海牙外交大会上，荷兰和保护知识产权联合国际局(BIRPI)再次提出保护驰名商标的建议，经过激烈讨论，终于在公约中增补了专门保护驰名商标的第6条之二，使驰名商标保护成为《巴黎公约》各成员国应当履行的义务。②

---

① 参见李铁映：《在实践基础上大胆进行理论探索》，资料来源于：http://www.ynce.gov.cn/content.asp? ARTID=2206&COLID=144。

② 参见黄晖：《驰名商标保护的起源与发展趋势》，资料来源于：http://chanye.finance.sina.com.cn/zf/2003-01-15/131262.shtml。

我国1982年颁布的《商标法》,建立了不同于以往的商标制度,但对于驰名商标保护却经历了从空白到明确、从一般到特殊的过程。具体而言,1982年《商标法》没有关于驰名商标的规定,因此,对驰名商标保护在立法上是一项空白。但是在当时,一些国际知名品牌已经相继进入中国市场,且相关权利人对于其驰名商标的保护也提出了明确要求。因此,我国在事实上不仅承认驰名商标的特殊法律地位,而且给予了应有的保护,例如,可口可乐、三菱①等国际知名商标,我国就给予了特殊的保护。

1993年修改《商标法》时仍然没有明确对驰名商标的法律保护。同年7月国务院对《商标法实施细则》进行了修改,增设了对“公众熟知的商标”(以下简称“熟知商标”)给予保护的规定。尽管“熟知商标”之称呼不同于驰名商标,但是驰名商标可以作为熟知商标加以特殊的保护。换言之,1993年修订的《商标法实施细则》所保护的“熟知商标”是一个比驰名商标所包含的范围更加宽泛的概念,它不仅包括驰名商标,而且还包括著名商标②等。为加强对驰名商标的管理及保护,1996年8月14日,国家工商行政管理局进而制定了《驰名商标认定和管理暂行规定》(以下简称《规定》)。该《规定》明确了驰名商标的构成条件、申请手续、认定程序以及特殊保护等事项。根据该《规定》,驰名商标系指在市场上享有较高声誉并为相关公众所熟知的注册商标③。自该《规定》颁布至《商标法》第二次修改决定生效止的五年多时间内,国家工商行政管理局总共认

---

① 1995年,日本三菱电机株式会社多次向广州市工商行政管理局投诉,指控广州市某企业未经其授权许可,擅自使用其“三菱”注册商标作为该企业字号,使消费者误认为该企业是日本三菱电机株式会社在广州市设立的机构,严重影响了日本三菱电机株式会社的利益和声誉,请求广州市工商行政管理局责成该企业停止使用带有“三菱”文字的企业字号。广州市工商行政管理局经调查核实认为,“三菱”商标是日本三菱电机株式会社在我国注册的商标,该商标的电器产品在我国广大消费者中具有很高的知名度,根据《保护工业产权巴黎公约》中对驰名商标和厂商名称给予保护的有关规定,对未经“三菱”注册商标所有人许可,擅自将“三菱”文字作为企业字号使用的行为应予纠正。1996年2月29日,国家工商行政管理局作出如下批复:“三菱”商标是日本三菱电机株式会社在电视机、收录放机、空调设备等电器商品上的注册商标,注册号为第178754号、第182615号。三菱商事株式会社在空调设备等商品的维修服务项目上注册了“三菱”服务商标,注册号为第778338号。上述注册商标受法律保护。1996年年中,广州市工商行政管理局下达文件,在广州市辖区范围内,凡未经“三菱”电器商品和电器维修服务商标注册人的许可,其企业名称中带有“三菱”文字字号的,有关工商行政管理局要立即责令其停止在企业名称字号中使用“三菱”文字,限期更改企业名称。资料来源于:http://markbook.nease.net/tmcase/case_cmsb/cmsb_19960229.htm。

② 国际上,有的国家也将驰名商标称为“著名商标”(Famous Trademarks),如英国商标法就是使用的Famous Trademarks,而不是Well-known Trademarks。在我国,著名商标是各省市地方工商行政管理局为了给本地范围内为公众熟知的商标以某种特殊保护,或者为了本地区商标战略的实施而评选出来的一种不同于普通商标的商标。这是在特定历史条件下的特殊做法。

③ 参见国家工商行政管理总局1996年8月14日颁布的《驰名商标认定和管理暂行规定》第2条。

定驰名商标两百多件，但其中的绝大部分属我国厂商所有，仅有少数是中外合资企业的。虽然上述规定对驰名商标的保护提供了更明确具体的规范，但由于国家工商行政管理局并未完全开放接受外国企业请求认定其商标为驰名商标的申请，以致国际知名商标仍无法依据该《规定》取得驰名商标的认定，进而享受驰名商标的特殊保护。

为了加入世界贸易组织及配合 WTO 框架下知识产权保护的要求，2001 年 10 月 27 日我国再次对《商标法》进行了修改，并于次年 9 月颁布《商标法实施条例》，对驰名商标的保护力度有了明显的加强及完善。依据《商标法》第 13 条规定，就相同或者类似商品申请注册的商标是复制、摹仿或者翻译他人未在我国注册的驰名商标，容易导致混淆者，不予注册并禁止使用。就不相同或者不相类似的商品申请注册的商标是复制、摹仿或者翻译他人已经在我国注册的驰名商标，误导公众，致使该驰名商标注册人的利益可能遭受损失者，不予注册并禁止使用。由上述规定观之，我国《商标法》不仅对尚未在我国注册的驰名商标提供具体保护，对于已经注册的驰名商标的保护，还能扩展至不相同或者不相类似的商品。2003 年 4 月 17 日国家工商行政管理总局发布《驰名商标认定与保护规定》，使驰名商标保护制度得以完善。

到现在为止，我国的驰名商标保护制度才算建构完成，其中经历了一个从空白到暂行保护，再到完全明确保护（实际上就是一个从实践到认识，再上升到理论，然后再从理论到实践）的发展过程。如果没有当初的大胆实践，就不可能有现在基本成熟的驰名商标保护理论，更不可能有现在基本符合国际标准的保护制度。除了驰名商标的保护有这样的经历之外，在我国知识产权保护领域，还有许多其他的制度也是这样发展完成的，例如，现行专利制度中的无效宣告制度，经历了一个从异议程序与无效宣告制度并存、撤销程序与无效宣告制度并存到现在的单独存在的无效宣告制度。如果没有大胆的探索和实践，我们可能还没有专利制度，更不可能有现在这样完善的专利制度。

（三）知识产权制度法典化的诱因

从法律制度发展的一般规律看，首先是习惯，而后是习惯法，再是成文法或者制定法，最后才是法典法。从成文法到法典法的过程，或者称为法典化，或者称为法典编纂。在某种意义上，法典编纂与法典化能够产生相同的结果即法典，但两者并非完全相同：法典化更注重对各单行法进行全面系统的分析、考察、研究和检讨，以便“去粗取精，去伪存真”。因此，我们可以说单行法的完备引诱着人们进行法典化，也可以称之为诱因。就我国的民事法律制度而言，现在之所以到了法典化阶段，或者说编纂民法典的时机已基本成熟，其理由就在于我国应有的各民事单行法已基本完备。我们现在称之为民法典鼻祖的《优士丁尼民法大全》,也是在当时的罗马民事法律规范、民事法律学说、民事法律制度非常充分的情况下进行编纂的。

法国《知识产权法典》的编纂,大约经过了五六年的时间,自1987年开始至1992年终。动议者认为,他们的知识产权制度已经历了近200年的发展,其基本理论、基本制度、基本构架已近成熟。相对而言,现行的各单行法既繁杂又缺乏应有之协调性,很难适应现代科学技术迅速发展的需要,因此,建议进行知识产权制度法典化。该项动议,尽管得到了广泛的支持,但是,也有少数人持异议。异议者认为:第一,知识产权保护虽然已被人们普遍接受,但知识产权法只是一个虚拟的法律概念,所指向的对象并不十分明确。尽管《建立世界知识产权组织公约》明确规定了"知识产权"的范围,但随着科学技术的发展,越来越多的新对象都对知识产权提出了挑战,因此,难以用知识产权法这个虚拟概念将所有的智慧创作物囊括殆尽。第二,人们现在指称的各种类型的知识产权是否具有统一的共性特征,以及现在所归纳的共性特征是否与知识产权的本质相符,将它们硬性地凑合在一起是否科学、完整,仍然存有疑虑。第三,知识产权体系是开放的、发展的,随着科学技术、经济建设和文化娱乐诸方面的发展,不断会有新的权利或者对象产生。以现在这种单行法模式,可以非常灵活地制定新型的法律规范,增加新的权利类型,为它们提供适时适当的保护;如果编纂成法典,这样的灵巧、弹性就不复存在了,反而会使知识产权法律体系成为一个僵化、教条的框架。这些异议虽然未能动摇法国编纂法典的决心,但却为法典化提供了良好的建议。正是由于这些异议,法国的知识产权法典没有设立总则性规定,即没有对知识产权所具有的共性特征作概括性规定,而只是将已经存在的各单行法进行了适当的归纳和整理,使其初步法典化。法国知识产权法典编纂后的几年时间里,它对该法典已经进行过大大小小的修订有八次之多,差不多每隔一两年就要进行一次修改。这印证了知识产权法律体系是一个与时俱进的、开放的、发展的体系。法国《知识产权法典》的编排结构严谨、层次清晰、系统完整,是当之无愧的法典范例,其保护对象包括版权与相关权(邻接权)、数据库制作者权、外观设计与实用新型权、发明专利权、半导体芯片权、植物新品种权、商标、服务标记与原产地标志权等,几乎包括当前知识产权保护的所有主要对象。

菲律宾《知识产权法典》的编纂比法国晚了6年,此间,国际上的知识产权保护发生了非常重大的变化。第一,《知识产权协定》的缔结并生效实施,提升了知识产权的保护水平,更重要的是该协定本身就是以知识产权法典的形式出现的,比之以前的任何知识产权保护国际公约更加全面、系统。第二,20世纪

90年代，在知识产权领域出现四个方面的新内容：(1) 互联网的发明和应用，对知识产权制度提出了最严峻的挑战。(2) 人类基因组工程的完成，使基因能否产生知识产权保护的问题，突然地凸显出来；与此相伴的是生物多样性与知识产权保护的关系，使问题变得更加复杂。(3) 传统知识的知识产权保护问题，随着WTO将知识产权保护与贸易的联姻，突出地摆上了谈判桌面。这个问题可能直接动摇知识产权制度的基础，如知识产权的独占性、时间性和知识产权主体的确定性等都将要重新考察和研究。(4) 域名的保护以及它与其他知识产权的相互关系，特别是与商标、企业名称等冲突的协调解决，又成为这一时期知识产权领域的重大课题。面对这些新课题，菲律宾的《知识产权法典》采取了简单处理和回避的态度，基本上没有作出相应的对策性处理。在法典化的过程中，菲律宾虽然也遇到了一些问题，但反对者的声音不是那么的强烈。他们认为，知识产权单行法的充分就标志着法典化时机的到来，如果不及时进行法典化，今后将面临更多的麻烦。

我国现阶段的情况，与菲律宾编纂知识产权法典时的情形基本相似。具而言之，现阶段，我国知识产权单行法已基本齐备，除商业秘密和地理标志等少数几个对象外，其他知识产权保护都有了相应的法律法规。如果不及时法典化，那么知识产权体系的零散、冲突、矛盾以及疲软等问题就会妨碍知识产权发挥提升国家综合国力和企业核心竞争力的作用。关于这类问题，学者们已经和正在进行广泛和深入的研究，其他成果已多见诸媒体。

知识产权各单行法(包括知识产权法律和法规)，有的是全国人民代表大会常务委员会制定的法律，如《著作权法》、《专利法》、《商标法》和《反不正当竞争法》等；有些是国务院制定法规，如《植物新品种保护条例》、《集成电路布图设计保护条例》等。从形式上看，各单行法律规范，或者是国家立法机关制定的，或者是国家最高行政机关依据其职权制定的，彼此之间具有相对的一致性、统一性和协调性。但是，由于各单行法的起草者不同以及制定的时间不同等，其调整的法律关系又相对独立于其他的法律关系，因此，它们各自不可避免地带有一定的局部利益色彩，相互之间的冲突、矛盾或者不协调也就随之而产生。

面对着这些问题，最具有效益的解决方案就是进行知识产权制度法典化，编纂知识产权法典。因此，制定法或者单行法的完备，诱引着人们尽快进行法典化。

本章从多角度、多层面讨论了社会、经济、政治、文化等制度的变迁与法律模式的关系，尤其是与知识产权法律模式的关系，以及前者对后者的决定性作用和后者对前者的能动性反应。在某种意义上，知识产权制度是一种弱势制度,它不可能也无必要对一个国家的社会、经济、政治、文化等诸制度的形成、发展、变化与变迁产生更替性的作用,只能趋附。换一个角度看,知识产权制度实际上就是对它们的服务。在人类社会的初级阶段,社会存在的经济模式只能是农业经济、自然经济或者传统经济,政治上是专制的、独裁的、暴力的,文化上是单调的、附庸的、趋势的,因此,没有知识产权制度存在的土壤和条件。到了资本主义初期,经济形态逐渐从农业经济、自然经济或者传统经济模式向工业经济、商品经济或者新型经济转变,有了知识产权制度萌芽,这以12、13世纪英国等授予的特许权为标志。然后,自中世纪到19世纪末,随着工业经济、商品经济或者新型经济的逐渐成熟,对知识产权保护的需求越来越强烈,特许权形式的保护已经不能满足人们的需要,于是制定法便登台出场,并渐渐从国内向国外、从双边向多边的保护发展,以至于19世纪末,缔结了《巴黎公约》和《伯尔尼公约》。到了20世纪末,后工业经济、知识经济或者网络经济的出现,知识产权保护模式露出了法典化的端倪,以法国和菲律宾为执旗者,以《知识产权协定》的缔结为代表,拉开了新一轮法律建构序幕。

在此整个发展过程中,我国始终处于被动地位,循迹而踪,亦步亦趋。19世纪末,当西方资本主义列强已经开始从国内向国外扩张、由双边向多边伸展时,我们才在西风劲吹下苏醒,意识到知识产权保护的必要(是否重要姑且不论);20世纪上半叶,我国的知识产权制度发展有了一定进步,基本架构(如《著作权法》①、《专利法》②和《商标法》③)已经搭就。这样的体制与模式适用于当时的中国。1949年新中国成立,原有的法律制度与法律模式已经不能被适用了,全部放进了历史博物馆。为了适应中国的公有制经济、计划经济体制,原来那种建立在私有制基础上的法律模式,包括知识产权法律模式,被全部废止,因此而生的是公权性知识产权模式,即知识产权并不具有私人财产权属性,专利权、版权充其量只能作为创作者的一项荣誉,商标权归国家或者集体所有,由企业使用。由于企业是国家的或者集体的企业,所以,国家或者集体所有的商标,任何

---

① 1910年清政府颁布了我国第一部著作权法《大清著作权律》,该法的主要内容影响了1915年北洋政府颁布的《著作权法》和1928年国民政府颁布的《著作权法》。参见蒋志培:《知识产权历史一瞥》,载《四川统一战线》2003年第8期。

② 我国第一部专利法的雏形应为清"戊戌变法"中光绪皇帝颁布的《振兴工艺给奖章程》。民国第一部专利法的雏形为1911年底由工商部颁布的《奖励工艺品暂行章程》,其中载有"先申请原则"、"权利转让"、"法律责任"等理念。1932年颁布的《奖励工业技术暂行条例》及其实施细则、《奖励工业技术审查委员会规则》等构成了比较完整的体系。1944年我国第一部真正以《专利法》命名的法律诞生。参见蒋志培:《知识产权历史一瞥》,载《四川统一战线》2003年第8期。

③ 对注册商标的保护始自晚清时对外国商标的保护,清政府的第一部商标法是英国人于1904年起草的。1923年当时的北京政府颁布了《商标法》44条,同年又颁布37条实施细则,是我国首部付诸实施的商标法。参见蒋志培:《知识产权历史一瞥》,载《四川统一战线》2003年第8期。

一家企业都可以随心所欲地使用,根本上没有独占或者专有属性。这种法律模式适用于我国特定历史阶段下的特定情形,是一种现实的必然,历史的偶然。该状况持续了近 30 年,至 1982 年的《商标法》诞生为止。

随着改革开放的深入和市场经济体制的建立,我国的知识产权保护逐渐走上与国际接轨的道路,而且与国际接轨的速度越来越快,到 2001 年 10 月 27 日,整个接轨工程基本完成。这是市场经济、知识经济或者网络经济的客观要求,制度的变迁决定了法律模式。

现在,知识产权法律模式进入了法典化时期,社会的需求、理念的成熟、理论的铺垫以及制定法的完备,为我国进行知识产权制度法典化创造了充分的良好的条件,并将其向着这个目标诱引。理论和实践都需要我们进行法典化。

第三章
知识产权制度法典化的模式选择

一、知识产权法在法律体系中的地位

2002年12月23日，第九届全国人民代表大会常务委员会对《民法典》草案进行了审议。尽管人们对草案给予的批评多于表扬，但却充分肯定了审议《民法典》草案这件事本身所具有的意义①。对《民法典》（草案）进行审议标志着我国第四次编纂《民法典》的序幕正式拉开，由此激发了人们就《民法典》编纂而展开的一系列研究与讨论。在《民法典》编纂过程中，已经遇到或者将要遇到的重大课题非常多，例如《民法典》的指导思想、基本原则、目标取向、基本范式、具体制度、编排布局以及与相关法律的关系等。作为私权之一的知识产权法与民事基本法的关系尤其引人注目，有众多学者就此发表了非常精彩的见解，构筑出了一幅幅绚丽蓝图②，蔚为壮观。本章在对国际上的著名民法典③和新型民法典④进行分析以及对许多精彩见解综观的基础上，就知识产权法与民事基本法连接之具体模式进行了归纳整理，提出了分、合、交、融四种模式，然后对其优劣良拙进行解析，最后作出合理选择。这一章就知识产权法与民事基本法连接关系的研究，旨在为我国《知识产权法典》的编纂做铺垫。

---

① 中华人民共和国成立以来，我国正在进行的《民法典》编纂活动是第四次，开始于20世纪90年代末。此前，我们已经进行过三次民法典编纂工作，因不同原因均告流产。第一次始于1954年，止于1958年；第二次始于1962年，止于1966年；第三次始于1979年，止于1986年。尽管每次未成之原因不同，但结果都一样，即民法典未能诞生。而且前三次《民法典》编纂都未曾由全国人民代表大会常务委员会对草案进行过审议。

② 例如，中国社会科学院知识产权研究所的郑成思教授曾提出过编纂知识产权法典的建议，因此主张民法典不应将知识产权整体纳入，但因各种原因的限制，最终又同意将知识产权编入《民法典》；中南财经政法大学知识产权研究中心主任吴汉东教授，在2003年的《中国法学》上发表文章，就知识产权与民法典的关系展陈了自己的构想。此外，还有梁慧星教授等民法领军人物也就此发表自己的高见，徐国栋教授则以实际行动说话，他在《中国"绿色"民法典》草案中将知识产权作为财产权下的一个部分编入。

③ 国际上公认的经典民法典为《法国民法典》、《德国民法典》等。

④ 关于新型民法典，国际上或者国内并无统一标准，但至少是20世纪60年代以后编纂的民法典，如《俄罗斯联邦民法典》、《越南民法典》、《蒙古国民法典》、《荷兰民法典》等。

到目前为止，除法国、菲律宾、斯里兰卡、越南等国有了以“知识产权”命名的法典[①]外，在其他国家知识产权法只不过是一个学科概念，并不是一部具体的制定法。我国亦是如此。这种现象造成了在知识产权领域进行国际交流与合作的许多麻烦与障碍。在GATT的乌拉圭回合谈判过程中，当以美国为首的西方国家首次提出将知识产权保护的议题纳入谈判日程时，许多国家的第一反应是困惑和不解，接着是反对和抗议[②]。对美国的提议，许多国家之所以产生如此强烈的反应，其原因虽然是多方面的，包括知识产权制度发展历史短暂、知识产权保护范围宽广、知识产权法所调整的法律关系错综复杂等，但知识产权法定性与定位的不一致或者模糊性是其中的重要原因。因此，我们认为，研究知识产权法与民事基本法的连接关系，有必要首先澄清知识产权法的模糊定位。

一个国家的法律结构由三个层次构成：第一层次的法为母法或根本法，即宪法；第二层次的法为基本法，即刑法、民法、经济法、行政法、环境法、社会保障法、科教法、军事法和诉讼法等部门法[③]；第三层次的法为调整各种具体社会关系的法律规范，如民法中的合同法、物权法、婚姻法、继承法等。这样的层次划分基本得到了法学界的认同。就知识产权法而言，其位阶处于第三层次，应当是没有争议的。因此，知识产权法定位的模糊性在于它应当属于哪一个上位法律范畴？

首先，从法律规范位阶的角度看，知识产权法在我国位次于民事基本法[④]，同时又是著作权法、专利法、商标法等法律规范的一个上位概念[⑤]，但却没有独立的法律地位。

其次，从调整对象的角度看，知识产权法不仅调整平等主体之间的财产关系和人身关系，而且还调整某些非平等主体之间的行政关系。例如，在专利确

---

① 法国于1992年编纂了世界上第一部《知识产权法典》。紧随其后，菲律宾于1996年完成了《知识产权法典》的编纂，并于1998年1月1日开始施行。

② 李文乾：《中国加入WTO法律文件解读》，地震出版社2002年版，第43—52页。

③ 徐显明：《法理学教程》，中国政法大学出版社1994年版，第207—208页。

④ 我国的民事基本法是《民法通则》，其中的第五章第三节为“知识产权”，因此，知识产权属于民事权利的一个组成部分。由此推之，知识产权法位次于民事基本法。根据《越南民法典》、《蒙古民法典》、《俄罗斯联邦民法典》的规定，也可以得出知识产权法位次于民事基本法的结论。在其他国家，尤其是英、美、法、德等，却并不一定能够得出一样的结论，因为英、美没有民事基本法，法、德虽然有民法典，但其民法典并未涉及知识产权。

⑤ 关于知识产权法作为著作权法、专利法、商标法等法律规范的上位概念，根据我国学者对知识产权所作的理论研究，应当说是一种共识；根据《民法通则》的规定，这样的结论在法律规定上也是成立的。在国际范围内，根据《建立世界知识产权组织公约》和《知识产权协定》，这样的结论也是正确的。

权程序中，国家专利行政部门对专利申请的审查、专利复审委员会对专利复审请求的审查，均是作为私权利主体的专利申请人、专利复审请求人与作为公权力主体的国家行政机关之间发生的法律关系，而该法律关系仍然由知识产权法（具体是专利法）来调整。在商标注册过程中，同样存在着这样的法律关系。另一方面，对知识产权进行行政管理，是许多国家或地区共有的做法[①]。这种做法不仅有利于提高知识产权保护力度，而且有利于稳、准、狠地打击各种侵犯知识产权的行为。由此而发生的法律关系虽然属于知识产权范畴，但显然是非平等主体之间的法律关系。除此之外，反不正当竞争法或竞争法所调整的对象还涉及经济法领域的法律关系。既然知识产权法所调整的社会关系并不限于平等主体之间的法律关系，那么，它就不能单纯地划归民事法律范畴，而应当属于民事、行政、经济等法律规范的交叉领域。

再次，从法历史的角度看，民法的历史渊源在罗马法，以《优士丁尼民法大全》为标志。此后，1804 年的《法国民法典》和 1900 年的《德国民法典》均为罗马法的现代化典范。然而，这两部民法典都未对知识产权作只言片语的规定。罗马法中唯一可找到的一个与知识产权有关的概念是“无形的”物，但它并不包括知识产权[②]。盖尤斯在《法学阶梯—法学总论》中说：“再者，有些物是有形的，有些物是无形的。有形物是指那些可触摸的物品，例如土地、人、衣服、金银以及其他无数物品。无形物是那些不可触摸的物品，它们体现为某些权利，比如遗产继承权、用益权、使用权以及以任何形式缔结的债权。”[③]尽管知识产权是一种权利，可归属于“某些权利”的范畴，但是，由于当时还没有关于知识产权的概念，因此可认定盖氏当时所指的“无形物”是不包括知识产权的。

最后，从权利属性的角度看，知识产权是一种私权，属于民事权利范围。学者们对此没有异议。但是有学者认为，从知识产权的私权性并不能必然得出知识产权法属于民事法律范畴的结论，因为法律部门的划分取决于法所调整的社会关系而非其所保护权利的属性。

上述观点，各自从一个角度或侧面对知识产权法的定位进行了分析，有利于对它进行全面、科学、客观的认识。但是，其中有许多问题值得商榷。首先，知识产权法的调整对象十分宽广，既包括平等主体之间的法律关系，也包括非

---

① 《知识产权协定》对各成员是否采取行政手段给知识产权提供保护也是持许可态度的。该协定第 49 条“行政程序”规定：“在以行政程序确认案件的是非并责令进行任何民事救济时，该行政程序应符合基本与本节之规定相同的原则。”该条只是要求各成员在采用行政程序时，要基本符合该协定所规定的原则。

② 之所以认为罗马法上的“无形物”不包括知识产权，是因为在当时知识产权尚未诞生。另一方面，在盖氏对“无形物”所作的列举中，确实没有知识产权。

③ 〔古罗马〕盖尤斯：《法学阶梯—法学总论》，张企泰译，商务印书馆 1989 年版，第 59 页。

平等主体之间的某些法律关系，其法律价值在于使更多的智慧创作物取得知识产权，为知识产权提供更加充分的保护，缺少其中任何一个方面的法律关系，其体系就是残缺的或者不完整的。[①] 因此，知识产权法虽然调整某些特殊的非平等主体之间的法律关系，但它仍然应当被整体定位于民事法律范畴。其次，关于法律部门的划分标准，法学界进行了长期的探索和讨论，至今并没有完全一致的意见。多数人认为，根据法所调整的社会关系即以其调整对象为依据，才把法划分为不同的法律部门。但法律所调整的社会关系是十分广泛的，可能涉及许多领域，跨越不同的法律部门，在某些不同的部门法之间出现了复杂的交错关系，给法律部门的划分也带来了一定的困难。因此，在划分法律部门时，应以其所调整的社会关系的主要方面及其特征来确定，再辅之以调整方法作为补充标准[②]。再次，从法历史的角度看，民法渊源于罗马法。虽然罗马法中没有知识产权的踪影，但是它已经带上了知识产权的基因，即已经肯定了"某些权利"为无形物。这个基因经过两千余年的繁衍、进化，现在已经变成了现实的物，即非物质形态的智慧创造物或者说智慧创作物。现代民法已经对知识产权作了明确规定，例如，1994 年的《俄罗斯联邦民法典》第 2 条第 1 款规定："民事立法规定民事流转参加者的法律地位、所有权和其他物权、智力活动成果的专属权（知识产权）产生的根据和现实的程序……"该法第 8 条第 1 款第 5 项又规定："科学、文学、艺术作品的创作、发明和其他智力活动成果"是民事权利和义务产生的根据。最后，保护知识产权的若干单行法之间具有内在的关联性，它们所调整的法律关系具有的共同属性[③]，以及各单行法所共同遵守的原则决定了它们应当具有一个共同的上位法——知识产权法。其理由是：著作权法、专利法、商标法、商业秘密法等单行法所调整的法律关系具有的共同属性是由智慧创作物产生的各种社会关系，是对人类运用其智慧、知识和劳动创作出来的非物质形态成果的保护。另一方面，每一单行法调整的社会关系，则是由不同的智慧创作物产生的社会关系。然而，各单行法的拼加，无论如何也不能覆盖知识产权之整体，例如，知识产权体系内权利的重叠、重复与冲突，任何一部单行法都无力调整[④]，因此需要一个上位法。

上述分析确定了知识产权法归属于民事法律范畴，应当与物权法、债权法、

---

① Donald S. Chisum Michael A. Jacobs: *Understanding Intellectual Property Law* Mathew Bender & Co. 1996, p.20.

② 徐显明：《法理学教程》，中国政法大学出版社 1994 年版，第 204—207 页。

③ 知识产权各单行法，如著作权法、专利法、商标法、商业秘密法等，所调整的社会关系所具有的共同属性是由智慧创作物所产生的各种社会关系，是对人类运用其智慧、知识和劳动所创作出来的非物质形态的成果的保护。

④ 参见曹新明：《试论知识产权冲突协调原则》，载《法学研究》1999 年第 3 期。

人身权法、亲属法等平行。然而这只是一种应然性分析,实然性效果能成立吗?即知识产权法能够与物权法、债权法等部门法平行吗?知识产权法应当独立成典,自成一体吗?这些问题仍然需要我们作出解答。

二、知识产权法与民事基本法的连接方式

如上所述,既然知识产权法定位于民事法律范畴,那么,编纂民法典时,起草者就必然要认真研究知识产权法与民事基本法的连接方式。事实也的确如此。

梁慧星教授认为:"考虑到现行专利法、商标法和著作权法已构成一个相对独立的知识产权法律体系,因此,建议民法典不设知识产权编,而以专利法、商标法和著作权法作为《民法典》外的民事特别法。"①也有学者认为知识产权非常重要,应当在民法典中专设知识产权编,以强调知识产权在我国《民法典》中的地位。徐国栋教授主持的《中国绿色民法典》就是这种模式的代表。② 郑成思教授在考虑知识产权法是否编入民法典时,起初持否定态度,不主张将知识产权整体纳入民法典,而应当将知识产权制度法典化,制定单独的知识产权法典;但是,客观现实使其改变了这种立场,同意将知识产权法纳入民法典。③ 吴汉东教授则认为,不宜在民法典中设立知识产权编,而主张在民法典中以一个或几个高度概括性的条款对知识产权进行原则性规定,然后在民法典之外单独编纂知识产权法典。④

由上所述可知,我国民法学者和知识产权学者都非常关注知识产权法与民事基本法的关系,并提出了自己的主张。将上述观点与其他学者的意见进行综合,大致可以将知识产权法与民事基本法的连接方式概括为以下四类:

1. 分离式

该模式将知识产权法与民事基本法相分离,其理由是:知识产权已经自成体系,其个性特征非常突出,难以与物权、债权、人身权等融合为一个有机的整体。法国的做法是典型的范例:《法国民法典》只字未提知识产权,而是单独编纂知识产权法典。作为新型民法典代表的《荷兰民法典》原本打算将知识产权

---

① 梁慧星:《当前关于民法典编纂的三条思路》,载徐国栋主编:《中国民法典起草思路论战》,中国政法大学 2001 年版,第 15 页。

② 徐国栋主编:《绿色民法典草案》,第二编 "财产关系法" 第六分编 "知识产权",社会科学文献出版社 2004 年版。

③ 王家福、郑成思、费宗祎:《物权法、知识产权法与中国民法典》,参见法学时评网,http://www.lawintime.com。

④ 吴汉东:《知识产权立法体例与民法典编纂》,载《中国法学》2003 年第 3 期。

法纳入其中，但最后的结果却完全将知识产权排除在外，拟编纂独立的知识产权法典。

2. 纳入式

该模式将知识产权全部纳入民法典，使其与物权、债权、人身权等平行。此种主张的理论基础是：与其他种类的民事权利相比，知识产权虽然有其独特的个性，但共性还是主要的。尤其应当注意：在整个民事法律体系中，每一类权利都有自己独特的个性，但仍然能够和平共处于民法典，几乎所有的民法典都是如此。由于知识产权体系成长的时间比较短暂，未能在法、德等传统民法典中占到其位置，但在一些新编民法典（如《越南民法典》①）中，其地位便得到了肯定。我国《民法典》既然要成为新世纪的国际代表作，就必须敢于创新，大胆尝试，将知识产权整体纳入其中。

3. 链接式

该模式将知识产权法与民事基本法链接。该种模式认为，民法典是市民权利宣言书，或者说是私权宣言书，因此，民法典应当为一切私权提供保护，一切私权都应当在民法典中有其地位。将知识产权排除在民法典之外，无异于是对知识产权私权性的否定，这显然欠妥当；但是将知识产权全面纳入《民法典》，与物权、债权、人身权等并列，则又无法突显知识产权之个性特征，可能会使民法典扭曲变形。因此，最合理、最有效的做法是将知识产权法与民事基本法进行链接。具而言之，民法典在民事权利体系中对知识产权作出概括性、原则性规定，然后再单独编纂知识产权法典，使知识产权法典与民法典成链接状。

4. 糅合式

该模式将知识产权作为一种无形物权，与普通物所有权进行糅合，使其与普通物权结合成一个有机的整体，其结果使知识产权完全融入民法典之中，只见知识产权之神韵，不见知识产权之身影。这种模式首先在理论上有一个重大突破，即将智慧创作物和普通物同化，并不需要单独创立新理论为其作支撑；其次在实践上也有一个突破，即单独为知识产权保护所创设的一系列特别机构能够尽可能地减少。这种模式的典型代表为《蒙古国民法典》②。例如，关于知识产权的取得，尤其是专利权、商标权的取得，该法第 136 条规定："除非法律另有

---

① 吴尚芝译：《越南社会主义共和国民法典》，中国法制出版社 2002 年版。该法典第六编为"知识产权与技术转让"，共三章 78 条对知识产权进行了规定。

② 该法于 1994 年 11 月 1 日通过并颁布，1995 年 1 月 1 日开始生效实施。《蒙古国民法典》将智力成果与物平行对待，在所有权编规定了知识产权，然后在将知识产权与其他物之所有权等同地进行规定，即将知识产权化整为零地规定在民法典中。参见徐国栋：《蒙古国民法典》，海棠、吴振平译，中国法制出版社 2002 年版。

规定，智力创作成果者的所有权，自创作此等成果之时起产生。智力成果所有权根据依法定程序进行的登记确定。”

上述诸种模式既有理论支撑，又有相应的立法范例，所以，各自的合理性无可置疑。我国《民法典草案》[①]所采用的即为链接模式。具而言之，《草案》对知识产权只用了一个条款作概括性规定。至于是保留现行的单行法模式，还是编纂独立的知识产权法典，则是另外的话题，不属于《民法典》关注的问题。

三、对各连接方式的分析

（一）方式一：知识产权与民事基本法分离

将知识产权与民事基本法分离，是传统《民法典》所采用的体例。具言之，采此种体例的《民法典》只对物权、债权、人身权等民事权利作规定，而让知识产权或者以单行法存在，或者以法典形式存在。采此种模式的主要代表是法国、德国等。该模式的形成是历史的客观反映。众所周知，传统民法渊源于罗马法。[②] 很多人相信，现代法律并没有远离罗马法世界。在法律变革中，罗马法传统仍起着主要作用。现在民法法系中的大多数仍然将《法国民法典》、《德国民法典》视为《优士丁尼民法大全》的承袭，甚至普通法系也在一定程度上受到了它的影响。因此，可以说“罗马法对世界文明最伟大的贡献就在于，它向世人表明，以不同民族以及不同发展阶段都能够接受的常识为基础，建立一套法律体系是完全可能的”[③]。

关于罗马法传统论的论据，大致可以归结为：

1. 现代私法制度在整体上仍受罗马法的影响，现代民法典在结构和内容等方面的安排上直接承袭于罗马时代的《优士丁尼民法大全》。例如，《法国民法典》与《法学阶梯》、《德国民法典》与《学说汇纂》的结构和内容具有类同性。此种现象即可说明现代民法法系的私法尚未走出罗马法的基本设计。

2. 当代民法法系国家普遍接受了私法概念，即罗马法创造的私法模式和理念直到今天仍然具有重要的影响力。罗马法在形式和内部结构上极具魅力，尽管后人对私法的系统性和抽象性作了令人瞩目的完善，但仍未脱离罗马法创造的基本概念和制度结构。例如，物权理论中对所有权的种类、形式都有深刻的

---

① 《中华人民共和国民法典》（草案）第一编第六章第 89 条。

② 罗马法对于民法（私法）制度的形成及发展，有过重大影响，一向为世人所公认。参见杨振山、龙卫球：《论罗马法的成就对人类的基本贡献》，载杨振山主编：《罗马法、中国法与民法法典化》，中国政法大学出版社 1995 年版，第 12 页。

③ 〔英〕劳森：《罗马法对西方文明的贡献》，黄炎译，载《比较法研究》1988 年第 2 期。

论述，并有相应的规定，特别是对所有权的各种权能和自物权、他物权的划分及其相互关系的理论；在债权理论方面，罗马法表现出相当高的抽象[①]。但是，罗马法没有与知识产权有关的任何规定。在这样的背景下，那些固守传统、讲究血缘关系的法学家，对知识产权这样的新生儿所产生的那种特殊心理，是可以理解的。

另一方面，知识产权虽然是私权，与物权、债权等同属于民事权利范畴，彼此具有许多共性，但的确具有很多不同之处。首先，一般情况下，知识产权主体都是私主体，法律地位平等。但是，知识产权法律关系中的当事人，在某些特殊情况下，其法律地位却并不平等[②]，这不同于物权、债权法律关系。其次，除著作权等少数种类的知识产权可以自动产生之外，绝大多数知识产权的取得都需要国家行政部门依照法律规定的程序进行审查授权，而物权、债权的产生则不必经过这样的程序。再次，知识产权的保护方式，不仅有一般的民事措施，而且还有行政措施，这也不同于普通的物权和债权。

因此，将知识产权法与民事基本法分离，既不会破坏传统民法结构和体系，也不会影响知识产权的独立性和完整性，而且也不会增加民法典编纂的困难。这种“一石三鸟”的效果，当然是经济且具有效率的。但是，因为《民法典》具有私权宣言书的地位，如果它只字不提及知识产权，至少容易让人们产生这样的一种错觉：知识产权要么不属于私权范畴，要么不属于民法典调整的范围。然而，知识产权的私权性是不容置疑的，《知识产权协定》给出了明确的答案。世界各个国家和地区，不论是否已经加入 WTO，都承认了这个事实。那么，根据逻辑推理，我们就只能得出“知识产权不属于民法典调整的范围”之结论。显然，这个结论更没有人愿意看到。

（二）方式二：知识产权整体纳入民法典

纳入模式，是指将知识产权法作为一个独立编纳入民法典。具而言之，知识产权作为一编，与物权、债权、人身权等平行地出现在民法典中。此模式的典型代表是越南，其《民法典》将知识产权作为一个独立编纳入其中。《越南民法典》于 1995 年 10 月通过。该法典共 7 编，它们分别是：第一编总则，第二编所有权规范，第三编民事债和民事合同规范，第四编继承规范，第五编土地使用权移

---

① 杨振山：《罗马法　中国法与民法法典化》，中国政法大学出版社 1995 年版，第 13—15 页。

② 受理、审查专利申请和商标注册申请的国务院专利行政部门、商标局等是公权力主体，并且在进行专利申请审查和商标注册审查程序中也是以公权力主体身份进行的。在此种知识产权法律关系中，当事人的法律地位是不平等的。除了这样少数特殊情况外，知识产权法律关系中的绝大多数情况下的当事人法律地位是平等的，即都为私主体。

转规范,第六编知识产权和技术转让,第七编涉外民事法律关系。该《民法典》所采用的就是将知识产权法整体纳入的一种模式。后来,越南国会又于2005年6月14日通过了新《民法典》,并于2006年1月1日起生效。越南2005年新《民法典》延续了1995年旧《民法典》的做法,还是在第六编"知识产权与技术转让"中对知识产权的内容作了规定。

另外,这种模式也是《绿色民法典(草案)》[①]所采用的。该法典草案将知识产权作为财产编的一个分编(与物权法、债法平行),与《越南民法典》的模式大体相同,所不同的是《绿色民法典(草案)》将知识产权法置于财产法下,即将知识产权作为一种财产权或者无形财产权对待。这种观念与《蒙古国民法典》对待知识产权的态度相似。

纳入模式与分离模式刚好相反,其基本理念是:知识产权虽然未能进入罗马法,是一种后生的民事权利,但它毕竟是私权大家庭中的一员,与其他早生的私权具有许多相同特征,因此,应当让它回归。另一方面,罗马法没有对知识产权作规定,并不是其编纂者有意想遗弃之,而是因为在编纂《优士丁尼民法大全》时,知识产权尚未诞生,既无相关著述,亦无保护之法律规范。[②] 在《优士丁尼民法大全》编纂完成前,以及在此后的很长一段时间,都没有知识产权的踪影。现有资料表明,知识产权制度发端于12、13世纪的欧洲国家,最初以君王的赐令授予能工巧匠们对其特殊工艺以特许权。最早的一部专利法是1474年威尼斯共和国颁布的《专利法》,然后是1624年英国实施的《垄断法规》,1710年颁布的《安娜法》等,直到18世纪末,美国、法国为代表的一些西方国家颁布的专利法、版权法,标志着知识产权制度已基本形成。19世纪末,《巴黎公约》和《伯尔尼公约》的缔结,标志着知识产权制度不仅得到了许多国家的重视,而且开始进入国际保护阶段。1967年在斯德哥尔摩成立的世界知识产权组织,标志着知识产权国际保护已走向规范化。1995年1月1日正式成立的世界贸易组织,标志着知识产权保护从平面状态走向了立体状态,使知识产权与经济贸易正式联姻。

由此可见,在传统民法典中,不仅《优士丁尼民法大全》不可能前瞻一千多年地将知识产权纳入其中,就是《法国民法典》和《德国民法典》也难有所为。前者的编纂工作始于18世纪末,成于19世纪初,实施于1804年。当时,知识产权制度还处于初生阶段,法典编纂者对知识产权的认识刚刚起步,对其整体样态缺乏足够的了解,更何况法国编纂民法典的主要动机并不为了全面保护市民

---

① 徐国栋:《绿色民法典(草案)》,社会科学文献出版社2004年版。

② 〔意〕彼德罗·彭梵得:《罗马法教科书》,黄风译,中国政法大学出版社1992年版,第1—2页。

的私权利，而是试图通过对私权利的保护来达到巩固其革命成果的政治目的。也就是说，前者之首要目的是进一步巩固政权，确立资本主义私有制，促使资本所有制顺利发展。[①] 后者比前者晚近百年，但是，在后者编纂时，知识产权制度才刚刚为一些主要的资本主义国家所接受，并且正处在向国际保护发展的起步时期，其整体架构及其法律性质，还不确定。更何况，后者之编纂者师承的是罗马法中的《学说汇纂》体例，不可能接受知识产权。此外，19 世纪 70 年代，德国处于割据状态，各地的民事立法相当混乱，法律不统一，每个邦各自为政。[②] 而且德国当时的知识产权保护水平非常低，无法形成统一的概念、标准和模式，因此，其民法典未涉及知识产权。

但是，现代民法典，如 1942 年的《意大利民法典》、20 世纪 60 年代的《苏联民法典》、1995 年的《越南民法典》、1994 年的《蒙古国民法典》等，都将知识产权纳入其中，因此，知识产权归属于民法典已成趋势。

纳入模式有以下优点：

1. 将知识产权纳入民法典，凸显立法者的创新精神以及民法典的与时俱进特色。传统民法典固然没有将知识产权纳入，但那是时代局限性造成的，并非立法者刻意排斥。如果现代立法者仍固守传统模式，或者表明民法典僵化，或者表明立法者顽固，除此之外，不可能说明其他。将知识产权纳入民法典，虽然可能增加法典编纂的难度，但却创造出了一个全新的体系。无论中国还是外国，如果对民事法律理论没有深入研究，对民法典的整体架构没有充分了解，对民事权利新体系没有精深探求，立法者就不可能编纂一部全新的民法典。

2. 将知识产权纳入民法典，使长期游离于民法典的知识产权有了"回家"的感觉。传统民法典未能将知识产权纳入，甚至只字未提知识产权，对知识产权而言，是完全可以理解和接受的，因为在当时它尚不存在或不成熟。但是，如果现代民法典仍然排斥它，让它继续游离于外，就会使知识产权的私权性受到质疑。早期的知识产权的确与物权、债权等有明显的区别，因为它是一种特许权，是君王的恩赐。但是，现代知识产权早已与最初的知识产权发生了异化，成为了名副其实的私权。作为私权宣言书的《民法典》责无旁贷地要为知识产权提供保护，而纳入模式正好使该目标得以实现。

3. 将知识产权纳入民法典，表明民法典古而不老，固而不封。据现有历史

---

① 靳兰宝：《比较民法》，中国人民公安大学出版社 1995 年版，第 90 页。

② 同上书，第 97 页。

资料考证,民法典是人类社会古老的法典之一①,到现在已经历了两千多年的演绎。在两千多年的演进历程中,民法典始终与时代同发展,与社会共进步。最初的《优士丁尼民法大全》经《法国民法典》和《德国民法典》继承和发展,其影响至今不衰;其后,又有《日本民法典》、《意大利民法典》、《俄罗斯联邦民法典》、《荷兰民法典》和《越南民法典》等进一步的承袭与效仿,使民法典真正成为了私权或者市民权利宣言书。现在的民法典又将知识产权纳入,使民法典的生命常青。

然而,此种模式又具有不易克服的缺点:

1. 将知识产权整体纳入,可能破坏民法典整体的协调性和严谨性。一般而言,传统民事权利(如物权、债权等)的取得,不必经过国家行政机关的审批授权,如劳动者对其劳动成果的所有权,货币储蓄者对其孳息的所有权等。而知识产权的取得,尤其是专利权、商标权等工业产权的取得,基本上需要国家行政机关的审批授权。将知识产权法整体纳入民法典,那么,民法典就需要对此行政授权程序进行规范,从而导致传统民法典固有的协调性和严谨性被破坏。

2. 将知识产权整体纳入,有可能泯灭知识产权的独特个性,削弱知识产权的保护力度。在空间效力方面,知识产权受地域范围的限制;在独占性方面,知识产权具有抽象的排他效力;在权利的存续方面,知识产权受到时间限制。知识产权的这些独特个性,不同于传统的物权。将知识产权整体纳入民法典时,如果迁就知识产权的这些个性特征,必然使民法典变形走样;如果保持传统民法典的优美架构形态,则难以表现知识产权的独特个性。这种两难困境,使民法典的编纂变得异常艰难。

(三)方式三:知识产权与普通物权糅合

从制度层面讲,与纳入模式一样,糅合模式也是将知识产权整体编入民法典;但是,从结构层面讲,该模式下的知识产权不是独立的一编,而是被传统的民事法律制度吸收,只见其神韵,不见其身影。这种模式的主要代表是 1995 年 1 月 1 日开始实施的《蒙古国民法典》。

该法典共 7 编,依次为“总则”、“所有权”、“债的通则”、“合同责任”、“非合同责任”、“继承权”以及“涉外民事关系”。这 7 个编目中没有“知识产权”的身

---

① 据现有资料考证,比《罗马法》还要早的法典有《汉穆拉比法典》和《十二表法》等。《汉穆拉比法典》是古代楔形文字法中的一部具有代表性的著名法典,它是古巴比伦王国第六代王汉穆拉比在位时(公元前 1792—前 1750 年)颁布的,故称《汉穆拉比法典》。《十二表法》也称《十二铜表法》,产生于公元前 5 世纪中叶,是古罗马第一部成文法典,也是世界古代法中最著名的法典之一。参见曲可伸主编:《世界十大著名法典评介》,湖北人民出版社 1990 年版。

影。如果不仔细查阅其具体内容,人们就不知道它对知识产权作了规定。该编目的结构或体例,比较接近《德国民法典》,但不同于《德国民法典》。从总体上看,《蒙古国民法典》有创意,但对传统民法典未作突破。其创意表现为它非常大胆地将知识产权整体糅合于传统民事权利体系。

首先,《蒙古国民法典》"总则"第3条规定"创作智力成果"是民事权利义务关系发生的根据之一,与其他几种法律事实平行地编排在一起。[①] 此规定既突出了"创作智力成果"作为一种法律事实的特殊性,同时又肯定了"创作智力成果"与其他传统民法典规定的法律事实的平行性,为知识产权与传统物权或者所有权的糅合作了铺垫,为整个民法典体系的协调性作了准备。

然后,《蒙古国民法典》"所有权编"第76条规定"智力成果"是"所有权的客体",与传统的实体物和某些财产权客体同等对待。众所周知,《优士丁尼法学阶梯》早已将有形物和无形物(此处的"有形物"就是实体物,即是占有一定的物理空间,看得见、摸得着的物质;此处的"无形物"就是不可触摸的物,实际上是财产性权利,如遗产继承权、用益权、使用权、土地使用权等[②])作为物权的客体,但是,"智力成果"却没有法律明确将它作为所有权或物权的客体。《蒙古国民法典》的做法无疑是具有创新性的大胆尝试,其理论基础是扩展"无形物"的内涵与外延。

知识产权的客体是智慧创作物,各国有比较一致的共识,几乎没有什么争议。知识产权的客体本身就是无形物,将其纳入《优士丁尼法学阶梯》所指的"无形物"范围,那么,知识产权之物权性就有了历史依据。换言之,在罗马法时代,由于还没有诞生知识产权,人们对当时已经存在的智慧创作物(如作品等)在数百年或者上千年后能否成为重要的保护对象,缺乏认识环境,故而未涉及之。但是,先人却给我们创造了一个极具前瞻性的概念"无形物",为一千多年后的知识产权归属提供了依据。《蒙古国民法典》正好为此作了注解,将无形的智力成果与有形的动产和不动产同等对待,作为所有权的客体,是很好的一种新创意。

《蒙古国民法典》"所有权的取得和消灭"编第136条规定了"智力成果所有权的产生"。根据该条规定,智力成果所有权自创作此等成果之时起产生,即

① 《蒙古国民法典》第3条规定的"民事权利义务关系发生的根据"还有:(1)法律规定的法律行为和法律虽未规定,但内容并不违反法律的法律行为;(2)旨在引起民事权利义务关系的法院判决;(3)法律规定的能引起民事权利义务关系的行政决议;(4)致人损害、无根据地取得和占有财产;(4)法律规定能引起民事权利义务关系的其他依据。参见徐国栋:《蒙古国民法典》,海棠、吴振平译,中国法制出版社2002年版。

② 〔古罗马〕盖尤斯:《法学阶梯——法学总论》,张企泰译,商务印书馆1989年版。

“所有权自动产生原则”,但法律另有规定的除外。该条规定的“智力成果所有权自动取得原则”与有形物所有权的取得原则几乎没有本质区别。有形物所有权取得的情形可能不同,但都是依据相应的法律事实而定。例如,通过合同取得所有权,以转移占有之交付为取得所有权的时间;通过劳动取得所有权,以取得相应的劳动成果时间为取得所有权的时间等。智力成果所有权的取得,则以“创作智力成果”这一法律事实的完成为取得所有权即知识产权的时间。“法律另有规定的除外”,不仅智力成果所有权的取得有例外,有形物所有权的取得也有例外,例如,房屋、车辆等所有权的取得需要登记等。由此可知,《蒙古国民法典》彻底地将知识产权融于传统民法典之中。

《蒙古国民法典》的糅合式体例,的确给人以耳目一新的感觉,甚至有一种强烈的震撼力。这种创意至少要克服这样的几个困难:

1. 观念障碍。在某种意义上说,观念障碍是最大的障碍。人们对某种社会现象一旦形成既成观念,实际上就演变成了一种束缚人们行为的桎梏。社会的变革或者改革,就是向那些既成观念进行挑战,进行突破。我国现在正在编纂民法典,但是,现在的情形好像没有展示向既成观念挑战以至突破其桎梏的表象,仍然崇拜着《罗马法》、《法国民法典》和《德国民法典》。《蒙古国民法典》的编纂者将知识产权完全等同于有形物所有权的做法,姑且不说实践,就连在理论上的讨论好像也不是非常充分。

2. 理论障碍。编纂民法典需要有充分的理论准备,例如,法典的模式选择、体例结构、指导思想、基本原则等,都需要进行研究。以德国为例,其法学家围绕在德国是否需要一部统一的民法典以及制定一个何种模式的民法典,进行了几十年争论。这种争论为《德国民法典》的制定完成了思想上的准备,以潘德克吞学说为理论代表①。这种理论准备本身是一件十分重要且复杂的工程,更何况要进行创新、突破,其困难更是艰巨。《蒙古国民法典》面临的理论障碍主要是将知识产权与有形物所有权同化理论。所有权系典型物权,13世纪意大利注释法学大师 Bartolus 首次将所有权定义为:“所有权者,除法律禁止外,得对有体物为不受限制处分之权利。”②那么,要将知识产权与有形物所有权同化,首先得将所有权界定为:“所有权者,除法律禁止外,得对物、智力成果为不受限制处分之权利。”《蒙古国民法典》第87条将“所有权”规定为:“所有人在法定范围内,有权自由地占有、使用和处分其财产。”该规定与上述假设性规定差不多。它将有形物和智力成果都当成一种“财产”,有形物所有权和无形物所有权也就

---

① 靳兰宝:《比较民法》,中国人民公安大学出版社1995年版,第98—99页。

② 王泽鉴:《民法物权 通则 所有权》,中国政法大学出版社2001年版,第150页。

同化了。在理论上解决了有形物与无形物的同化，至少可以使整部民法典有了理论基础，能够自圆其说。

3. 结构障碍。民法典的编排结构、体例结构直接关系到民法典整体逻辑关系的严谨性和外部的美观性，我国有学者甚至将它上升到了“人文主义”或者“物文主义”的高度。

虽然《蒙古国民法典》的编纂者尽了很大的努力，克服了重重障碍，编纂了一部颇具独创性的民法典，打破了传统民法典老套式一统天下的局面，值得肯定。但是，它对知识产权的糅合不够自然，人为痕迹太抢眼，使法典应有的美感荡然无存。

1. 对知识产权客体的无形性缺乏应有的认识。知识产权的客体是无形的，就意味着知识产权所有人无法对其客体进行占有，或者说占有知识产权客体，对知识产权使用和处分没有任何实质意义。但是，有形物所有权人对有形物的占有却具有特别重要的意义。将此两种权利糅合在一起形成的所有权，就必然出现概念上的逻辑矛盾。法典给所有权作定义性规定时，若规定“占有”于概念中，则于知识产权无益；若不规定“占有”，则于有形物所有权有害。为了趋利避害，法典在定义所有权时仍然写进了“占有”。这必然给知识产权所有人造成误解，似乎知识产权所有人可以对其智力成果进行占有。众所周知，民法意义上的“占有”，具有非常丰富的内容，能够产生相应的法律效果。而对知识产权智力成果的占有不仅不能产生相应的法律效果，而且也不可能对智慧创作物进行实际“占有”。

2. 将知识产权进行了粉碎性处理，使本来就缺乏坚固体系的知识产权，变得更加零碎了。如果对知识产权不熟悉、不了解的人在读完这部民法典后，根本不可能形成一个完整的知识产权概念。这样的做法，不仅不可能强化对知识产权的保护，而且在很大程度上弱化了知识产权在经济、文化、贸易领域的作用和地位。这样的效果，与知识经济时代对知识产权的要求南辕北辙，不利于国家加强知识产权战略目标的实现，难以发挥知识产权的核心竞争力作用。《蒙古国民法典》对知识产权进行“粉碎”或肢解的做法，不仅割裂了知识产权体系，而且也破坏了传统物权体系，从而使整个民法典呈破碎状。

除此之外，该法典关于知识产权的规定还有许多令人遗憾之处，如智力成果占有的转让，智力成果所有权实行自动取得等等。

（四）方式四：将知识产权与民事基本法链接

链接模式，是指在民法典中为知识产权设置一个链接点，通过对这个链接点的点击便可以与知识产权相链接。《俄罗斯联邦民法典》是这种模式的代表。

它分别在第3条和第8条为知识产权保护设置了链接点,其他条款不直接涉及该内容。当然,编纂民法典时,俄罗斯原计划将“知识产权”作为单独的一编纳入其中,但是,直到现在,“知识产权编”仍未见世。WIPO[①]前任总干事 Kamil Idris 对俄罗斯提高并加强其知识产权保护表示满意,但是,当他得知俄罗斯打算对其民法典进行修改,将知识产权作为民法典的一部分纳入其中时,总干事认为这个做法可能产生潜在的负面效果,并强烈要求俄政府考虑这一做法所具有的深刻意义。他建议,民法典对知识产权应尽可能作抽象和宽泛的规定,保持知识产权法律现在这种独立的地位。[②] 我国现行的《民法通则》和2002年12月23日提交全国人大常委会审议的《民法典》(草案)也是采用的这一模式。此外,我国的许多知识产权学者和民法学者也建议采用此种模式[③]。与前三种模式相比,此种模式的优点非常突出:

1. 该模式首先肯定了知识产权法是民事法律规范的一个组成部分,知识产权是私权,是民事权利体系中的一种权利。分离模式让知识产权法与民事基本法相分离,其明显的弊端是有不承认知识产权法为民事法律规范组成部分的嫌疑。这种现象,容易引起人们的误解,好像到现在为止我国还没有承认知识产权是私权,因为既然是私权,为什么民法典没有关于知识产权的规定呢?在这个问题上,我们无法与《法国民法典》或者《德国民法典》相比,其历史背景在前面已经作了介绍。纳入模式虽然解决了知识产权法与民事基本法的分离问题,但是带来了新的麻烦:将知识产权法单独成编,如果条款过多,则有损民法典的完整性与美观性[④];如果条款过少,则还要借助若干知识产权的单行法作补充,这与链接式没有什么区别。糅合模式将知识产权法律体系进行了肢解,在基本理论和立法技术还不成熟的情况下,这种做法的后果是很危险的。

2. 该模式对传统的民法典体例或者结构基本没有影响,既不会破坏传统民法典优美的结构体例,又不会损害知识产权法律体系自身的结构体例,同时又将知识产权法与民事基本法进行了有效的连接。到目前为止,民法典的编纂方式和结构主要以《法国民法典》和《德国民法典》为范式,另外一些有新意的模

---

① WIPO 是 World Intellectual Property Organization 的首写字母编写,中文翻译为“世界知识产权组织”。

② 参见 Constructive and Forward-looking: Talks between Director-General and Russian Prime Minister,刊载于 WIPO Magazine, February 1999, p.4。

③ 吴汉东:《知识产权立法体例与民法典编纂》,载《中国法学》2003年第1期,第48—58页。

④ 民法典的组成部分有总则、人身关系法、财产关系法、侵权行为法、涉外关系法等,若将知识产权法归于财产关系法编,则忽视了知识产权中的人身权利,使人们误认为知识产权仅仅是一种财产权;若将知识产权法归于人身关系法,显然不可成立,则只能将知识产权法与总则、人身关系法、财产关系法、侵权行为法和涉外关系法并列,才能成立。

式,如《越南民法典》、《蒙古国民法典》、《荷兰民法典》等,尚未被人们普遍接受,有待进一步地探索与研究。而这种链接式丝毫不会动摇民法典的传统结构,至少不会给民法典的编纂增加体例结构的麻烦。知识产权法律体系自身的结构体例虽然不如民法那么严谨,但大致的架构还是非常清晰的,至少现有单行法形式已经为人们所接受。这种模式为知识产权制度自身发展留下了自由空间。这样的结果,不仅能够满足知识经济时代提升知识产权保护水平的要求,也能够充分发挥知识产权作为核心竞争力的作用。如果将知识产权整体纳入民法典,知识产权自身的发展空间将会受到许多限制。

3. 该模式既不影响民法典应有的稳定性,又不妨碍知识产权法固有的多变性。从法理学的角度看,法应当具有稳定性,民法是这样,知识产权法也应当是这样。但是,法的稳定性是相对的。就民法典而言,传统民法已经历了两千多年的演进,其基本理论、结构和内容已相当稳定。如果不发生国家体制的重大变更,一般情况下,民法典所要修改完善的内容是极其有限的。与民法典不同,知识产权法就不是那么的稳定。知识产权法的多变性,不仅与其形成和发展的时间相对比较短有关,而且与科学技术的发展变化太快密切相关。另一方面,知识产权法的修改,不仅频率高,而且幅度大。以我国的知识产权法为例:自《商标法》、《专利法》和《著作权法》颁布以来,《商标法》和《著作权法》各进行了两次修改,《专利法》进行了三次修改。2000 年的《专利法》修正案共有 34 条,所修改的内容占整个专利法的 50%;2001 年的《商标法》修正案共有 47 条,占整个商标法的 70% 多;2001 年的《著作权法》修正案共有 53 条,而原《著作权法》总共只有 56 条,差不多对原著作权法进行了全面修订。可见,知识产权法是多变的。如果将它整体纳入民法典,就可能影响民法典的稳定性。这种状况在民法典的历史上还不曾有过。而链接模式就肯定可以避免这种现象的发生。

综上所述,知识产权法是民事法律规范的一个重要组成部分,应当由民法典统辖,民法典一定要将知识产权保护的内容纳入其中。但是,考虑到知识产权法自身的特征,民法典不宜将知识产权法整体纳入,将知识产权法进行粉碎后与其他民事权利相糅合的做法也不妥。采用链接模式,将知识产权法与民事基本法相链接,既保证知识产权法与民事基本法的连接关系,又保持了知识产权法的相对独立性;在民法典的编纂过程中,既能保持民法典应有的传统体例,又能保证知识产权法对民法典的隶属关系,是一种理想的选择。

正确、合理地处理好知识产权法与民事基本法的关系,具有非常重要的意义。第一,确保对知识产权的尊重,直接关系到一个国家的重大经济利益。在当今时代,知识产权保护不仅不是可有可无的小儿玩具,也不是可好可坏的装饰品，而是一个直接关系到国家利益的重要武器。如果我们不负责任地随意处置知识产权法与民事基本法的关系，不仅不能为建设创新型国家和全面建设小康社会提供强有力的支撑，反而还会形成其发展的障碍。第二，建立良好的知识产权保护制度，是 WTO 对各成员的基本要求。我国已经于 2001 年正式加入 WTO，因此，遵守 WTO 的规则和原则，是我们当然的义务。建立符合《知识产权协定》要求的知识产权制度，就是履行成员义务的一个重要方面。第三，建立良好的知识产权制度，是对现代科学技术发展的当然回应。美国的商务秘书助理在就《知识产权与国家信息基础设施》提交的知识产权工作组的报告中说，知识产权是对科学技术的发展变化反映最敏感和最精湛的法律。科学技术的发展变化，不仅能够产生新的权利，对原有智慧创作物的新的利用方式，而且能够产生新的行业，对原有知识产权提出新的挑战。[①] 知识产权与其他的权利不同，它是科学技术、私权理念与市场经济相结合的产物，伴随着科学技术生，伴随着科学技术长，伴随着科学技术进，伴随着科学技术荣。科学技术一旦有了新的发展变化，知识产权制度必须立即作出回应，否则，知识产权保护就将失去意义。在网络技术产生前，传统的知识产权保护制度已经具备了很强的保护力，知识产权所有人依法享有的权利，基本上都能获得较好的保护；然而，在网络技术出现后，传统的知识产权制度就显得捉襟见肘，力不从心了。在网络时代，摆在我们面前的客观现实是：几乎所有的版权作品都可以被数字化、被存贮，通过因特网被传送，于是人们自然而然地就会提出这样的问题：像版权这样的专有权是否还能适用于这种新型的空间？[②] 要让知识产权法具有生命力，其适应性与灵活性就显得格外重要。换言之，如何解决知识产权法的稳定性和应变性这对矛盾，是一个非常棘手的问题。

通过对分合交融四种关系模式的分析，可以肯定地说，其利弊得失，各有所长，亦各有所短。但是，为了最大限度地发挥知识产权的功能和作用，而且又不因此而对民法典或者民事基本法造成重大影响，链接式较其他三种模式更可取一些，尤其是在我国。

---

① United States. Information Infrastructure Task Force. Working Group on Intellectual Property Rights. By Bruce A. Chair 1995.

② 参见 Daniel J. Gervais: The Internationalization of Intellectual Property Rights: New Challenges from the Very Old and the Very New。该文刊载于 Fordham Intellectual Property, Media and Entertainment Law Journal, 929 Vol. 12, 2001—2002。该文作者所表达的意思非常明确，即版权之专有权是一种禁止权，即禁止他人未经许可擅自使用其作品。但是，在网络时代，人们在因特网上可以非常容易地使用他人的版权作品，作者只能通过技术保护措施加以控制。这样做，不仅影响了合理使用原则的合理存在性，而且对那些无孔不入的盗版者来说也并不能起到满意的保护效果。因此，作者考虑到是否通过其他措施来保护版权所有人的利益，既不影响合理使用原则，又能有效地保护版权所有人的利益，如集体管理方法。

第二编

外国知识产权制度法典化研究

第四章 法国知识产权制度法典化研究

一、法国知识产权法的历史发展

（一）特许权时期

与主要发达资本主义国家一样，法国的知识产权制度也是在早期特许权的基础上产生的。

法国最早的专利制度是以特许令形式表现出来的。在法国大革命以前的几个世纪内，其封建君主一直在向发明者颁发特权证书，其中的大部分具有现代专利之主要特点，诸如要求发明具有新颖性、专利具有时间性等。此外还有一些比较特殊且至今仍然适用的特点，诸如强迫证书持有者在一定期限内使用其发明，或强迫向第三者发放许可证可得到一定报酬等。如果当事人双方就报酬不能达成一致意见，则可诉请法官裁决。现在，法国国家档案馆还保存有这样的特权证书。1762 年，波旁王朝发表一项声明，以明确保护发明的范围，奖励发明者。当时规定的保护期限为 15 年。某些特许令还明确规定：如果发明人没有使用发明，特权则要撤销。①

与专利权一样，有关出版印刷书籍的特许权制度也起源于威尼斯共和国，随后很快传播到欧洲其他国家。法国于 1489 年引入了该项特许权制度，并在 16 世纪末期使得该制度趋于完善：新书或译本、地图、样式设计、雕刻和美术作品都可以获得特许权保护；授予特许权必须得到君主的支持，通常只有 2—3 年的期限；申请者不仅要支付正式的申请费，还要向有关官员支付非正式的酬谢金；这种特权也是一种财产，可以转让或者许可他人使用，对侵权者往往处以罚金，有时也会没收盗版者的收入。② 1566 年以后，法国国王又颁布法令，规定所

---

① 〔法〕S. 卡尔邦蒂埃：《法国的专利法及其演变》，载马耀扬编：《法国专利工作介绍》，专利文献出版社 1981 年版，第 1 页。

② See Elizabeth Armstrong, Before copyright: The French Boo-Privilege System, 1498—1526, CUP, Cambridge 1990.

有的新书都必须经过国王的批准和许可。到18世纪末,又出现了一种更严格的行政管理制度,该制度对出版商的数量进行了限制,以便对出版业进行监督和审查。手稿必须首先提交审查员审查,只有在获得许可后才可以出版。[①] 从1700年至1789年之间,共受理了2586项申请,其中2/3的申请者获得了专有特许权。[②]

(二)单行法时期

1789年法国大革命爆发后,革命者推翻了封建王朝的统治,废除了包括特权证书在内的一切王室特权。当年发表的《人权宣言》把财产列为一种"自然的和不可废除的人权","自由表达思想、发表意见是人最宝贵的权利之一。因此所有公民除了在法律规定的情况下对滥用自由应负责任外,作者可以自由地发表言论、写作和出版","犹如动产与不动产一样,思想也是一种财产"。基于这一思想的指导,法国相继颁布了一系列与知识产权有关的法律法规。以此为开端,法国的知识产权法律制度也开始逐步走向成熟。除这些单行法律法规外,法国法院也通过了一系列与知识产权有关的判例,对法国的知识产权制度进行补充和发展。

1. 法国专利制度的发展

《人权宣言》的观点在两年后即1791年颁布的法国第一部专利法的第1款被重新提出:"各种工业中的每一新发现或新发明均属其发明者的财产"。[③] 这一规定的出现,说明当时的立法者已经认识到"公民取得这项权利并不是国家授予的结果,国家只是宣告或者证明了发明人的自然权利"。[④] 该法授予发明者15年的专有制造权。该法还明确规定所有愿意完成或委托他人完成"目前尚未知晓的工业项目"者,只需提出申请,可不经预先审查而获得该证书。排除预先审查的原因是国会对大革命之前旧政权的某些做法存有戒心,并担心会产生不公平和嫉妒的现象。在同一时期建立了征税制度,立法者认为:"发明人向社会许诺的好处尚属遥远,且令人怀疑,然而他要求的保护和安全是眼下的实惠",因此向社会纳税是天经地义的,这项制度后来逐步演变为权利人应当向专利主管机关缴纳一定的专利年费。这部法律在巴黎制定之后,法国政府设立了

---

① See Raymond Birn, The profits of ideas: Privileges en librairie in eighteenth century France, Eighteenth-Century Studies, vol. 4(2) 1970—1971, pp. 131—168.

② Ibid., p. 149.

③ 〔法〕S. 卡尔邦蒂埃:《法国的专利法及其演变》,载马耀扬编:《法国专利工作介绍》,专利文献出版社1981年版,第2页。

④ 汤宗舜:《专利法教程》,法律出版社1988年版,第29页。

一个叫做“发明专利管理局”的机构(现法国工业产权局的前身),负责处理申请、批准、公布、登记、转让产权等手续。该部法律作为法国第一部专利法生效达53年之久。① 1844年法国又制定了第二部专利法,该法施行的时间达125年。总的来说,第二部法律改革很少,有些改革也不是实质性的。这部专利法没有批判前一部法律,只是对其加以一定的修正和改良。②

20世纪60年代以后,随着国际竞争的日益加剧,1844年的专利法已不能适应现代技术和经济发展的需要,与相关国际公约的规定也有较大差距。法国的立法者认为,“在公认技术革新的重要性以后,国家之间的竞争能力、国家的发展前景、甚至国家在世界上的地位,往往取决于它的实验室和研究中心的工作。”立法者希望使法国具有一部能够促进工业研究的法律,采取一切措施缩小技术差距,因此于1968年颁布了第三部专利法。③ 立法者按照《斯特拉斯堡公约》的要求对1844年的《专利法》作了全面的革新,其重大修改主要集中在以下几个方面:在专利条件中增加了创造性的要求,从而提高了获得专利的标准;通过引进权利要求这个概念,明确了那些与发明有关的情报不属于公有领域,而是属于专利权人;建立审查报告制度,采用18个月早期公开制并规定对发明专利申请新颖性检索报告等。④ 该法的颁布使得法国具备了加入《欧洲专利公约》和《专利合作条约》的条件,大大加强了法国专利的声誉。⑤

法国1968年的《专利法》经过近10年的施行,立法者再次发现它已经不能适应新的国内外形势的需要,于是法国国会对该法进行了重大的修改和补充,于1978年7月颁布,被称为法国第四部《专利法》。虽然此次修改的内容不是特别多,但它对法国具有特别重要的意义。此次修正案规定除非有第三者抗辩,对一项发明专利的撤销判决具有绝对效力;取消了对侵权追究刑事责任的处分;舍弃了传统的“权利不尽论”,引进了“权利穷竭论”;增加了有关雇员发明的内容并作了明确规定等。⑥

2. 法国著作权制度的发展

法国分别于1791年和1793年颁布《表演权法》和《作者权法》。这两部法律规定,作者必须向国家图书馆缴送两本作品复制件才能取得著作权。作者对作者人格权的保护是永久的,对财产权的保护期为作者终生加上死后10年,保

---

① 〔法〕S. 卡尔邦蒂埃:《法国的专利法及其演变》,载马耀扬编:《法国专利工作介绍》,专利文献出版社1981年版,第3页。

② 同上。

③ 同上书,第4页。

④ 王维藩、黄红英编译:《法国发明专利法》,中国对外翻译出版公司1985年版,第13页。

⑤ 黄晖译:《法国知识产权法典》,商务印书馆1999年版,译者序,第9页。

⑥ 王维藩、黄红英编译:《法国发明专利法》,中国对外翻译出版公司1985年版,第14页。

护期届满后作品进入公有领域。在1957年彻底实现著作权法现代化以前这两部法律经历了五次重要的修改,即1866年法赋予作者对作品的用益权;1902年法宣布作品无论艺术价值和用途如何均受保护;1910年法明确艺术品原件的转让不影响著作权的归属;1920年法创设了追续权;1925年法取消了依法缴送样本作为保护前提的规定。[①]

法国1957年颁布的《著作权法》,全面提升了作者精神权利和财产权利。1985年的修改则更上一层楼,将软件作为作品纳入著作权保护,并增加对邻接权的保护,尤其大量增加了著作权及邻接权集体管理方面的内容。[②] 1992年法国《知识产权法典》颁布后,著作权法成为该法典的重要组成部分。

3. 法国商标权制度的发展

在法国,商品的生产者很早就开始在商品上使用商业标记。中世纪以后,统治者才开始要求在某些种类的商品如衣服、金属器皿、枪管、钓鱼的小桶和面包上强制性地使用商业标记,其目的是表明商品的质量或者商品生产者之身份。[③] 以衣服为例,衣服上必须要有四五种正式的标记:织布者的标记、印染者的标记、制衣者的标记、制衣行会检查员的标记、批发商的标记。[④] 这种强制性使用同时也带有税收的目的。法国于1681年才要求在器皿上强制性地使用标记,并且由税务官员进行检验。根据器皿的新旧性和本土性,税务官来决定税赋征收的比例,并在器皿上标上三个标记。[⑤]

法国于1803年制定的《关于工厂、制造场和作坊的法律》,被认为是世界上最早的成文商标法。该法共16条,将假冒商标定为私自伪造文件罪。但是该法不是关于商标的专门法律,也未在法国全国统一实施。1804年的《法国民法典》又明确宣布商标与其他财产一样受到法律的保护。1857年法国制定的《关于以使用原则和不审查原则为内容的制造标记和商标的法律》,首次确立了全面注册的商标保护制度,被认为是世界上第一部现代意义上的商标法。该法确立的商标制度有以下特点:

(1)商标注册或不注册都可以获得专有权,但只有最先使用人或最先注册人才能享有专有权,不同的人对相同商标不能同时分别享有各自的专有权。一

---

① 黄晖译:《法国知识产权法典》,商务印书馆1999年版,译者序,第9页。

② 同上。

③ Gerald Ruston, On the Origin of Trademarks, The International Trademark Association, The Trademark Reporter January 1955, p. 145.

④ Joseph Lucien-brun, Les Marques de Fabrique et Commerce, Introduction (1985). Quoted in Benjamin G. Paster, note 31.

⑤ Gerald Ruston, On the Origin of Trademarks, The International Trademark Association, The Trademark Reporter January 1955, p. 144.

旦同一商标的最先使用者与最先注册人发生权利冲突，则按照以下原则裁定：使用时间早于注册申请时间的，则由商标使用者享有权利，撤销注册商标；注册申请时间早于使用时间的，则由注册者享有专用权，禁止使用者的使用；使用时间与申请注册时间相同的，则由注册者享有专用权，禁止使用者使用。

（2）主管机关对注册申请不进行任何审查，商标注册的有效性要在与第三方的冲突中由法院去判定。

（3）商标获得注册后，使用与不使用一律有效。以上特点决定了当时的商标保护制度并不能对商标提供有效的保护。真正从事贸易活动的人并不希望"在诉讼中"才确定自己的商标权，而是要求在商标注册时就明确自己的权利。[①]

1857年法律共施行107年，直至1964年才作了大幅度修改，重新公布为以注册原则为内容的《工业、商业和服务业商标法》。该法的主要内容为：（1）商标专有权必须通过注册才能取得，不注册的商标虽未被宣布为非法，但受到侵犯时，商标所有人无权起诉要求保护；（2）对一切申请注册的商标都要进行形式审查，但不进行实质审查；（3）注册商标必须在贸易活动中使用，连续5年不使用者丧失其商标权；（4）法国商标注册的保护期为10年，期满可以续展，每次续展期也是10年，续展次数不限，只要未在贸易活动中连续5年不使用就永远保持有效。这部法律后来又于1975年和1978年经过两次修改。[②]

1991年法国按照1988年《协调成员国商标立法欧洲共同体理事会第一号指令》的要求，全面修改了商标法，修改的主要内容有：（1）增加了对音响商标的保护；（2）设立了商标的异议制度；（3）对著名商标进行扩大保护，增加了对驰名商标保护的规定；（4）承认权利穷竭及显著性可以经使用而产生或丧失的理论；（5）允许对欺诈注册提起所有权追还诉讼；（6）强化了对制假售假惩罚的力度；（7）加强了商标权的保护手段。[③]

4. 原产地名称制度的发展[④]

法国原产地名称方面的立法起源于1905年8月1日的禁止商业活动中假冒行为的法律。该法第11条规定，应当由公共管理部门制定规则以便确定什么样的产品可以享有原产地名称。这一规定导致了1908年8月5日新法的诞生。新法规定应当针对个案制定具体法令来确定原产地名称，于是，在其后的

---

① 强赤华：《商标国际惯例》，贵州人民出版社1994年版，第175页。

② 同上书，第175—177页。

③ 王莲峰：《商标法通论》，郑州大学出版社2003年版，第127页。

④ 本章关于原产地名称的内容主要来自王蔚：《法国原产地名称立法的变革》，载《中华商标》2000年第3期。

时间里,产生了一系列具有个案性质的法令。比如。1908 年 12 月 17 日制定的关于 CHANPAGNE(香槟)的法令;1911 年 2 月 18 日关于 BORDEAUX(波尔多)的法令。立法机关于 1919 年 5 月 6 日又颁布一项法律,该法规定通过司法程序来确定原产地名称,这一法律成为保护原产地名称的基本法律。

根据这项法律,应有关方面请求,法院有权确定某一原产地名称。因此,1920 年至 1925 年间,法院确定了不少原产地名称。但由于不同法院确定原产地名称的标准存在差异,而且法院着重考虑地域因素而忽视影响产品质量的其他因素,导致生产者的不满,尤其是法国举足轻重的两大行业——葡萄酒和奶酪行业生产者的不满,他们希望建立一种更令人满意的制度。1935 年 7 月 30 国家通过一项法令,决定建立葡萄酒和烈性酒原产地名称国家委员会,并制定"经检测"的原产地名称制度。1949 年 12 月 18 日又制定了葡萄酒普通原产地名称的法律,该种葡萄酒称为"优质葡萄酒(VDQS)"。1973 年 12 月 13 日以及 1990 年 7 月 2 日又两次颁布法律,对葡萄酒的原产地名称体系进一步修改、取消了普通原产地名称,只保留"经检测"的原产地名称和"优质葡萄酒(VDQS)"的原产地名称,确定奶酪产品原产地名称的法律于 1955 年 11 月 28 日颁布。对于其他产品,通过司法途径确定原产地名称方法依然适用。1919 年 5 月 6 日的法律于 1966 年 7 月 6 日再次经过修改,一方面对原产地名称作了更详细的定义,另一方面,确立了原产地名称的行政认定程序。

1919 年 5 月 6 日的法律最终分为两大部分:一是经 1966 年 7 月 6 日修改和补充后的法律,主要调整除葡萄酒、烈性酒和奶酪之外所有产品的普通原产地名称;二是修改后的 1990 年 7 月 2 日第 90-558 号法律,主要调整未加工或已加工的农产品和食品的"经检测"的原产地名称。

5. 反不正当竞争制度

不正当竞争的概念最早出现在法国,1850 年法国通过适用无正当理由而对他人造成损害必须承担责任的一般民法原则,推出了"不正当竞争"的概念。《法国民法典》第 1382 条规定,"任何行为致他人受到损害时,因其过错致行为发生之人,应对该他人负赔偿之责任。"从此条规定出发,对某些不侵害工业产权,但在某些商业活动中导致欺诈,或者使人误解,或对此负有责任的行为,可以构成不正当竞争。这是反不正当竞争法的雏形,从而拉开了反不当竞争立法的序幕。法国的不正当竞争立法主要是以法院判例的形式出现的。在法国,"制造混淆"是成为提起反不正当竞争之诉的重要理由。制造混淆的手段可以是针对机构本身,尤其是通过使用相同的商号、区分标记、微机号码、甚至设立实际的分号等手段。这种做法使人无法分清竞争对手,使顾客误以为是在另一家商家购买货物。泄露竞争对手的产品制造秘密也是不正当竞争的重要形式。[①]

（三）知识产权法典时期

1992年7月1日法国颁布了第92—597号法律，宣告了《法国知识产权法典》（法律部分）的诞生。该部法典对法国当时23个与知识产权有关的单行立法进行了整理和统一，将作品（对作品的传播和数据库）、外观设计、发明专利、商业秘密、集成电路布图设计、植物新品种、商标和原产地名称等都纳入法典的保护范围之内。《法国知识产权法典》的诞生同时也标志着法国知识产权法律制度从单行法阶段发展到了法典阶段，使其成为法国知识产权制度发展史上的一个重要里程碑。1995年4月10日法国又颁布了第93—385号法令，宣布了《知识产权法典》（法规部分）的诞生，该部分汇集了法国行政法院指定的有关知识产权行政法规，内容主要涉及具体操作程序和规范。从这一角度看，《法国知识产权法典》实际上有广义和狭义两种称谓，广义上的《法国知识产权法典》包括法律部分和法规部分，而狭义上也即我们通常所说的《法国知识产权法典》特定地指向其法律部分。立法者对该法典法律部分和法规部分从形式上也进行了区分，法律部分的法条之前冠以“L”，而法规部分的法条之前则冠以“R”。

二、《法国知识产权法典》的结构与基本特点

（一）《法国知识产权法典》的总体结构

《法国知识产权法典》在结构上采用的是部分（Part）、卷（Book）、编（Title）、章（Chapter）、节（Section）、条（Article）的编排格式。《法国知识产权法典》历经多次修改，其结构体系也在不断的变动之中。截至2006年底，法典共分为3部分8卷17编47章，其总体结构（具体到“章”这一层次）如下[②]：

第一部分　文学和艺术产权

第一卷　著作权

第一编　著作权的范围

第一章　著作权的性质

---

① 〔法〕伊夫·居荣著：《法国商法》（第1卷），罗结珍、赵海峰译，法律出版社2004年版，第914—915页。

② 本处参考了黄晖先生对《法国知识产权法典》的翻译。

第二章 受保护的作品
第三章 著作权人
第二编 作者权利
第一章 精神权利
第二章 财产权利
第三章 保护期限
第三编 权利的使用
第一章 通则
第二章 某些合同的特别规定
第三章 向图书馆租借图书的报酬支付
第二卷 著作权之邻接权
第一章 通则
第二章 表演者权
第三章 录音制作者权
第四章 表演者及录音制作者的共同规定
第五章 录像制作者权
第六章 视听传播企业权
第七章 卫星播放及有线转播的规定
第三卷 关于著作权、邻接权及数据库制作者权的通则
第一编 个人复制报酬(单章)
第二编 报酬收取及分配协会(单章)
第三编 程序及处罚
第一章 一般规定
第二章 侵权扣押
第三章 支付扣押
第四章 追续权
第五章 刑事规定
第四编 数据库制作者权
第一章 适用范围
第二章 保护范围
第三章 处罚
第二部分 工业产权
第四卷 行政及职业组织
第一编 机构

第一章　国家工业产权局
第二章　植物新品种委员会
第二编　工业产权从业资格
第一章　在工业产权合格人员名单上登记
第二章　从事工业产权顾问的条件
第三章　其他规定
第五卷　外观设计和实用新型
第一编　保护对象和程序
第一章　适用范围
第二章　外观设计或实用新型注册
第三章　权利证书赋予的权利
第四章　杂则
第二编　权利的纠纷(单章)
第六卷　发明及技术知识的保护
第一编　发明专利
第一章　适用范围
第二章　申请的提交和审理
第三章　专利权
第四章　国际条约的适用
第五章　法律程序
第二编　技术知识的保护
第一章　制造秘密
第二章　半导体制品
第三章　植物新品种
第七卷　制造、商业及服务商标和其他显著性标记
第一编　商标及服务商标
第一章　构成商标的要素
第二章　商标权利的取得
第三章　注册赋予的权利
第四章　商标权利的移转和灭失
第五章　集体商标
第六章　诉讼纠纷
第二编　原产地名称(单章)
第三部分　在海外领地及马约尔属地的适用(单卷单编单章)

(二)《法国知识产权法典》的基本特点

1. 没有制定总则

《法国知识产权法典》沿袭了《法国民法典》的做法,没有规定总则,而且比《法国民法典》做得更为彻底,不仅没有规定总则,而且连序编也没有规定。可以说,“没有制定总则”在一定程度上已经成为《法国知识产权法典》的特点。自从《法国知识产权法典》被介绍进我国以后,学术界在论及该法典时,总会提及其“未制定总则”这一特点。这就直接导致有学者认为,《法国知识产权法典》不能称为真正意义上的法典,充其量是一部法规汇编,因为它“没有一个总则凌驾于专利权、版权、商标权等具体的知识产权法之上,只是将相关的法律松散地汇集在一起,法典化的意义更多地体现并停留于形式上”。①

2. 公法和私法规范混杂

虽然知识产权的私权属性在法国已经成为人们的共识,但《法国知识产权法典》的规范却十分混杂,除了赋予知识产权人权利的私法实体规范和有关权利登记注册的程序性规范外,还规定了大量的公法性规范,这些公法性规范在法典的全部规范中占据了较大的比重。这些公法性规范主要包括:(1) 行政规范。法典“工业产权”部分用整整一卷的篇幅对与工业产权有关的“行政及职业组织”作了规定,详细地规定了国家工业产权局、植物新品种委员会的组成及职能,并对工业产权的从业资格进行了详细的规定。(2) 诉讼法规范。法典对于因知识产权而导致的行政诉讼、民事诉讼和刑事诉讼进行了详细的规定。以“工业产权”部分为例,就在第 L411-4 条规定了对工业产权局长颁发、驳回或维持工业产权证书的决定不服的行政诉讼,在各卷中规定了因侵犯各类工业产权而导致的各类如侵权扣押、临时禁令、诉讼时效、诉讼管辖等民事诉讼规范和刑事诉讼规范。(3) 刑法规范。《法国知识产权法典》在对侵犯知识产权的民事责任进行详细规定的同时,还对与知识产权有关的刑事责任进行了详细的规定,列举了对侵犯知识产权行为人的各种刑事制裁措施。

3. 保护水平较高

法国作为现代知识产权法的发源地之一和世界上最发达的国家之一,早已认识到知识产权对社会经济发展的重要性,其知识产权保护水平历来较高,《法国知识产权法典》保持了这种高保护规格,在某些方面甚至超越了《知识产权协定》的保护水平,主要表现在以下几个方面:(1) 保护范围广。在保护种类方面,《法国知识产权法典》规定的保护范围不仅包括《知识产权协定》所规定的

---

① 袁真富:《试论知识产权法的法典化》,http://netlawcn.com/yzf/0009/。

版权与相关权、商标、地理标记、外观设计、专利、集成电路布图设计和未披露信息等保护对象,还将植物新品种和数据库等纳入其保护范围。在具体保护对象方面其涵盖较广,如可注册商标不仅包括《知识产权协定》所规定的可视性商标外,还包括音响商标;著作权的客体还包括季节性服饰工业制品和有创造性的作品标题。(2) 权利内容丰富。《法国知识产权法典》对各类知识产权的权利内容规定得十分丰富。如著作权中的作者除了享有通常所说的各类具体权利外,还享有收回权、追续权。(3) 保护期限长。如著作权财产权的保护期限为作者终生加死后 70 年,邻接权的保护期限为 50 年,外观设计和实用新型的保护期最长可以为 25 年,植物新品种权的保护期限最长可以为 30 年,都比《知识产权协定》所规定的时间要长。(4) 法律制裁严厉。《法国知识产权法典》对于侵犯知识产权的行为给予了严厉的法律制裁,许多侵犯知识产权的行为不仅要承担民事责任,而且还要承担刑事责任。2004 年法国议会以 2004/204 号法案对法典进行了修改,在原有的基础上将大多数侵犯知识产权行为的刑事责任增加到 3 年有期徒刑和 30 万欧元罚金,单位犯罪处 5 年有期徒刑和 50 万欧元的罚金。

4. 较好地处理了与民法典的关系

民法典是私法领域的基本法。知识产权作为一项重要的私权,知识产权法典必然要适当地处理其与民法典的关系。由于《法国民法典》未对知识产权进行规定,因此《法国知识产权法典》在处理其与民法典的关系时就显得小心翼翼,在法典中明确而具体地规定了哪些地方适用或不适用民法典的相应规定。①

首先,由于知识产权是一种无形财产权,《法国知识产权法典》明确规定民法典中有关有形财产的原理不适用于本法典:(1) 法典规定艺术作品原件的所有权与作者的作品著作权是相互独立的(除非在有关遗著的特殊情况下),明确了无形财产的所有权与有形财产所有权的权利主体的不同。(2) 民法典中关于有形财产权的共有的规定,不适用专利及植物新品种证书申请或专利及植物新品种证书的共有。(3) 知识产权作为继承标的、离婚时可分割的财产标的,不同于有形财产的继承与分割的特殊原则。(4) 在知识产权的移转和变更方面,法典采取了比有形财产更为严格的"登记对抗主义"及"严格的形式主义"。各类知识产权的移转和变更非经注册登记不能对抗第三人;知识产权的转让与许可合同,应采用书面形式,否则无效等。

其次,法典也明确了民法的一些普遍原则对知识产权仍然是适用的:如作

① 本章该部分的内容参考了黄晖译:《法国知识产权法典》,商务印书馆 1999 年版,译者序,第 12—13 页;夏建国:《论法国知识产权法典的立法特色及借鉴》,载《河北法学》2002 年第 6 期。

者付费出版合同适用《法国民法典》第1787条等，不适用法典关于出版合同的规定；作者、作曲家及艺术家追索因转让、经营或使用其作品最近三年欠付的报酬及收益，可享有民法典第2101-4、2104条规定的优先权；专利转让和许可使用可适用民法典中关于无隐藏瑕疵担保和无所有权追夺担保的规定等。

5. 修改频繁

《法国知识产权法典》于1992年7月1日颁布后至今的十多年里，立法者并未过多地考虑法典的确定性而故步自封。为了迎接飞速发展的科学技术的挑战，贯彻欧盟颁布的一系列有关知识产权的指令和条例以及世界贸易组织的《知识产权协定》，立法者又多次对法典进行了修改和补充，其频繁程度几乎达到了"每年必修"，在2004年甚至进行了七次修改，法典中未进行过变动的条文已经不足半数。与其他领域法律相比，知识产权法典的修改频率是十分惊人的。①

---

① 这些修改主要是：

——1992年12月16日颁布了92/1336号法案，加重了对侵犯植物新品种权的处罚措施。

——1993年7月26日颁布了93/949号法案，增加了对原产地名称的保护。

——1994年5月10通过了94/361号法案以落实欧共体的91/250号《关于计算机软件的保护指令》，全面加强了对软件的保护力度，将其纳入著作权的客体范围。

——1995年1月3日颁布了95/4号法案，对静电复制权进行了规定。

——世界贸易组织成立后，法国作为世界贸易组织的创始国，为了与TRIPS对知识产权的保护标准保持一致，于1996年12月18日颁布了96/1106号法案，对法国知识产权法典进行了修改。

——1997年3月27日，为了落实欧盟《协调著作权和某些邻接权保护期的指令》和《统一版权保护期指令》，颁布了97/283号法案，对卫星播放权和有限转播权进行保护，并将著作权和邻接权的保护期分别延长到70年和50年。

——1998年7月1日，为了落实欧盟《关于数据库法律保护的指令》，颁布了98/536号法案，将数据库制作者的保护纳入知识产权法典的保护范围。

——2000年8月1日，颁布了2000/719号法案，对著作权报酬收取及分配协会如人员组成、职责等内容进行了重大修改。

——2001年7月17日，颁布了2001/624号法案，对音像制品复制权的有关内容进行了规定。

——2001年7月25日，颁布了2001/670号法案对知识产权法典进行修改，以贯彻落实欧盟于1998年10月13日通过的98/71号指令即《外观设计和实用新型指令》，将知识产权法典第五卷由"外观设计"修改为"外观设计与实用新型"；为了落实《欧共体商标条例》，对商标权部分的内容也进行了修改，尤其是增加了对欧盟商标的保护规定。

——2001年12月3日，由于法国民法典中对与著作权有关的继承法内容进行了修改，颁布了2001/1135号法案予以相应的调整。

——2003年6月18日颁布了2003/517号法案，在著作权部分增加了出租权的规定，以落实欧盟1992年11月19日通过的第92/100号指令即《与版权有关的出租权及某些权利保护指令》。

——2003年8月1日，颁布了2003/706号法案，增加了海关在扣押侵犯知识产权物品时涉及欧盟成员国的相关规定。

——2004年2月11日，颁布了2004/130号法案，给工业产权执业人员增加更多的执业义务。

——2004年3月9日，颁布了2004/204号法案，又加重了对假冒行为的处罚，将侵犯知识产权的刑事责任增加到3年有期徒刑和30万欧元，单位犯罪处5年有期徒刑和50万欧元的罚金（侵犯

6. 立法技术上保持了一种开放的风格

现代知识产权法正处于不断发展、变革的过程之中,其权利制度是一个动态的、开放的法律体系。[①]可以说,相对于其他民事法律而言,易变动性正是知识产权法的特点。而《法国知识产权法典》平面、开放的结构正好能够满足这一特点。就拿法律条文的编排来说,多数法典都是采取的“通计条次”的方式,这样能够彰显法典的完整性,且在引用上比较简单,仅引条文号即可,但修改时不甚方便。[②]但《法国知识产权法典》则显得与众不同,它并没有固守对权利体系完整性和全面性的追求,而是在体例编排上,以独特的“非总括顺序式”设计条文,每编章独立起算条文,新增补条文对原有的结构框架体系并无破坏,不仅保持了法典的统一性,而且保证了法典的扩容性。[③]

同时相对于其他法律而言,知识产权法的专业性和技术性尤为明显,涉及的专业术语和概念很多,很容易让社会大众产生理解上的困难。《法国知识产权法典》为了解决这一问题,采取了对许多概念直接在条文中进行解释的方法,如数据库、植物新品种、制造秘密、季节性服饰工业制品、集体商标、证明商标、表演、(静电)复制、原产地名称等都通过条文来明确其内涵或范围,避免了歧义和混乱。这样就保证了法典与大众的贴切性。

植物新品种权的行为处1万欧元罚金);

——2004年6月21日,颁布了2004/575号法案,规定原L332-1条规定的著作权诉前权利保全措施中增加“可以关闭相关的网络服务器”这一措施。

——2004年7月1日,颁布了2004/737号法案,对有权决定表演者及录音制作者的报酬标准和支付方式的委员会的组成人员进行了变更。

——2004年8月6日,颁布了2004/800号法案,规定有悖于公共政策和道德的发明将不被授予专利,同时对人体及与人体有关的物质、方法的专利性问题进行了详细规定。

——2004年10月9日,颁布了2004/1343号法案,对植物新品种权(委员会的组成人员)的有关内容进行了修改。

——2004年12月9日,颁布了2004/1338号法案,对生物制品(包含基因信息的物质)及其制造方法的专利性问题进行了规定。

——2005年7月26日,颁布了2005/842号法案,对专利申请费用的减免问题进行了修改。

——2006年1月1日,颁布法案对欧盟2001年9月27日通过的《艺术家追续权指令》进行了落实。

——2006年3月1日,颁布2006/236号法案,对植物新品种权的保护期限进行了充实,将林木、果树、观赏树、藤本植物等的保护期延长到30年。

——2006年6月30日,颁布法律对欧盟第2001/29号指令即《在信息社会中从几个特定方面协调著作权和相关权的指令》进行了落实。

① 吴汉东:《知识产权立法体例与民法典编纂》,载《中国法学》2003年第1期。

② 苏永钦:《走入新世纪的私法自治》,中国政法大学出版社2002年版,第58页。

③ 夏建国:《论法国知识产权法典的立法特色及借鉴》,载《河北法学》2002年第6期。

三、《法国知识产权法典》的基本内容

（一）文学和艺术产权

《法国知识产权法典》中的文学艺术产权包括著作权、邻接权和数据库制作者权三大类权利。

著作权保护的对象为作者创作的各种类别、形式、用途的智力作品。作品获得保护的唯一标准是独特性，而不问作品的体裁、表达形式、艺术价值或功能目的。除了一般的作品外，著作权保护的客体有以下特别需要强调的几类：(1) 计算机软件也适用著作权保护；(2) 作品的标题如果具有独创性也可以获得著作权保护；(3) 时装、物品等季节性工业作品，这一点主要是出于保护法国时装工业的目的；(4) 民间文学艺术作品由于缺乏“个性特征”且无法确认作者，故不受法国著作权法保护。作品无需任何手续即可受法律保护。认定作品是否被创作，并不取决于作品是否公开发表，而是取决于作品是否体现了作者的构思这一事实。法国著作权的行政管理机关为国家版权局，隶属于文化部。

在一般情况下，著作权属于作品的创作者即作者所有。如无相反证明，在作品上署名的人为作者。此外，法典还对合作作品、混编作品、集体作品、假名或匿名作品、视听作品、广播作品及雇用作品等的著作权归属作了规定。

著作权的内容包括作者基于作品而产生的财产权利以及作为作者人格延伸的精神权利。作为作者人格延伸的精神权利是永久的，不可转让的，无消灭期限的，也是不可没收的。作者的精神权利一般有以下几项：(1) 发表权。作者有权决定作品的发表及其范围。(2) 署名权。作者的名字及身份应得到尊重并有权使其名字出现在其作品之上。(3) 保持作品完整权。作者有权维护作品的完整权，即使在他转让作品使用权的情况下。(4) 收回权或追悔权。作者有权停止他已同意的作品发行，可以行使该权利使其有可能重新改进作品。这项权利在作者转让作品使用权之后依然存在，不过追悔权不适用于软件，除非合同有相反约定。(5) 结集出版权。作者有权将其文章、讲演汇编成册并出版或授权他人以此形式出版。

财产权利与精神权利不同，财产权利是暂时的、有期限的。作者针对作品可以享有三项独立性财产权利：(1) 表演权。表演是指通过某种方式将作品向公众传播。公开朗诵、音乐演奏、戏剧表演、公开演出、公开放映、在公共场所远程传送的作品、远程传送以及向卫星发送作品均可以视为表演。(2) 复制权。复制是以各种方式将作品固定在物质上以便间接向公众传播。复制的方式包括印刷、绘画、雕刻、照相、制模及所有平面和立体艺术的手段、机械、电影或磁

性录制。涉及计算机软件,存盘即为复制。(3) 追续权。图形或雕塑艺术作品的作者在生前以及其继承人在作者死后 50 年内,有权收取按作品公开出售或被商人卖售的价格的一定比例确定的金钱。它使得该作品的作者有权分享作品带来的第一次转让后往往是巨额的增值。表演权及复制权均可以有偿或无偿地转让。著作财产权的使用主要是通过合同的形式来进行,所以法典用整整一编的内容对著作财产权的使用进行了阐述,除了对著作财产权的使用进行了一般规定外,还对出版合同、表演合同、视听作品制作合同、广告制作委托合同、软件使用权质押合同这几种具体的合同形式作了规定。

此外,《法国知识产权法典》还用相当的篇幅对邻接权作了规定。法典规定,邻接权不得损害著作权,邻接权具体包括表演艺术者权、录音制品制作者权、录像制品制作者权、视听传播企业权利。在一般情况下,著作权的保护期限为作者终生加上其死后 70 年,邻接权的保护期限为 50 年。

对于侵犯著作权的行为,法典先是在第 L122-4 条规定,未经作者或作者权利继受人的同意,进行全部或部分的表演或复制均属非法。通过任何技术和手段的翻译、改变、改动或复制也属非法。然后在法典的第 335-2 条规定,无视著作权而从事的一切全部或部分出版文字、乐曲、绘画、油画或其他任何印刷或雕刻制品的行为构成侵权和犯罪;第 335-3 条规定,通过任何手段,一切侵犯著作权对智力作品进行复制、表演或传播的行为,法律有规定的,也属于侵权犯罪;第 335-4 条规定,未取得应有的许可,任何有偿或无偿的固定、复制、传播或向公众提供,或远程传送表演者、录音录像制作者或者音像传播企业的表演、录音录像制品或节目的,也为侵权犯罪。上述这些违法行为除了要承担相应的赔偿、停止侵权行为等民事责任外,还要被处以 2 年有期徒刑及 15 万欧元的罚金。

鉴于数据库建立及养护所需要的巨大投资,数据库制作人享有特别条款的保护。受保护的人是发起并投资(财力、物力或人力)于数据库建立、核实或内容展示的人。制作人有权禁止以相同载体或其他利用手段,少量或大量地,临时或长期地挪用部分或全部的数据库内容。保护期限为 15 年,自数据库建成当年的 1 月 1 日起算。

(二) 工业产权

1. 工业产权行政管理机关。法国的工业产权行政管理部门为国家工业产权局和植物新品种委员会,分别隶属于工业部和农业部。法国的著作权行政管理部门为国家版权局,隶属于法国文化部。法国原产地名称行政管理部门为国家原产地名称研究院。

2. 外观设计与实用新型。《法国知识产权法典》第五卷原为“外观设计”，法典也并未对实用新型提供明确的保护，而是将其放在发明专利中进行保护。但法国于2001年7月25日颁布了2001/670号法案对知识产权法典进行修改，以贯彻落实欧盟于1998年10月13日通过的98/71号指令即《外观设计与实用新型指令》，将《知识产权法典》第五卷由“外观设计”修改为“外观设计与实用新型”，从而将两者用同样的制度进行保护。甚至在法典中，“外观设计与实用新型”两者总是一起出现，它们就像同一个事物的两种不同称呼一样。

外观设计与实用新型两者与产品外表有关，主要针对“一种产品或产品的一部分的尤其因为其线条、轮廓、形状、装饰或者其材料而富有特色的外观，这些特色可以是产品本身或者其装饰”。外观设计与实用新型有5年的保护期并可以续展四次，保护期最长可达25年。外观设计与实用新型的保护对象不包括：电脑程序；有悖公共秩序、善良风俗的外观设计或实用新型；已经进入公共领域的外观设计或实用新型；纯粹因产品技术功能而具备特征的外表；其形体应当准确复制以便能够通过接触、连接、内置或外置而同另外一产品组合产生各自功能的产品的外表。

外观设计与实用新型要获得法律的保护必须具备新颖性和独特性。新颖性主要基于与之前情况的对比。被要求登记的外观设计或实用新型不应同先前已披露的一样，或者仅仅是在无关紧要的细节处有所差异。独特性是指外观设计或实用新型能对正常观察者产生整体视觉印象且区别于在此之前已披露的外观设计或实用新型。外观设计与实用新型权利的取得需在国家工业产权局申请登记。国家工业产权局对申请材料只进行形式审查。法律保护的受益人是创造人或权利受让人，如无相反证据，权利登记申请人应当被认为是保护的受益人。

由外观设计或实用新型产生的专有使用权利禁止他人未经许可制造、许诺销售、进口、出口、使用或持有用于以上用途的包含相关外观设计或实用新型的产品。但是权利人的权利要受到以下限制：仅用于私人且非商用的行为；用于实验用途的行为；用于演示或教学用途的复制行为。

3. 发明专利。在法国，任何具有创造性和工业实用性的新发明都可以被授予专利。创造性也即新颖性，是以“现有技术”为判断对象，未包含在现有技术状况的发明具有新颖性。一项发明如果可以在各项工业、农业中制造或使用，即被视为具有工业实用性。但发现、科学理论、数学方法、美学创作、在游戏或经济活动中进行智力活动的方案及原理和方法、计算机程序、信息的展示、人体或动物的诊断或治疗办法不被视为这里所说的新发明。2004年8月6日颁布的2004/800号法案和2004年12月9日颁布的2004/1338号法案又规定了以下几种不得授予专利的情形:(1) 克隆人类的方法、改变胚原基线从而影响人体遗传同一性的方法、为工商业目的使用人体胚胎、人体基因序列的全部或部分;(2) 动物品种;(3) 欧盟第 873/2004 号指令第 5 条涉及的植物品种;(4) 生产动物和植物的实质性生物学方法;(5) 改变动物遗传同一性的方法。

专利权必须要向国家工业产权局进行申请并经过审查获得颁发工业产权证书后才能取得。在数个人独立完成同一发明时,专利权属于最先申请者。专利权的保护期限为自申请之日起 20 年。未经专利人同意,禁止:(1) 制造、提供、投入商业或为上述目的进口或存储专利产品;(2) 使用专利方法,或在第三人明知或实际情况明显表明该使用未经专利人同意而在法国领土上提供该方法的使用;(3) 提供、投入商业、使用或为上述目的进口或存储直接由专利方法获得的产品。但专利权应当受到以下限制:(1) 在私人范围内且非商业的使用;(2) 有关已获专利发明的实验性行为;根据医生的处方,在药房内临时性的和少量的药物制造及此种制药获得。专利权可以全部或部分地转让,专利权也可以全部或部分地进行独占或非独占的许可使用。但这种转让或许可应当以书面形式进行,并在国家工业产权局进行登记,否则不得对抗第三人。出于公共利益起见,立法者规定专利权人应当在专利颁发起的四年内进行使用从而使全社会可以从中受益。如果在此期间,专利权利人没有使用专利,则司法当局可以进行强制许可使用。

《法国知识产权法典》并未对专利侵权行为进行具体的列举,只是笼统地规定任何对上述专利权的侵害均构成专利侵权行为,侵权人应当承担民事责任。但是提供、向市场投放、使用、为使用或向市场投放而仓储侵权产品者,如果不是该产品的制造人,则仅在其具备主观故意时才承担责任。关于方法专利的诉讼,法院可以判令被告证明其获得相同产品的方法与已经授予专利的方法不同,如果不能证明,则要承担败诉的风险。冒充专利权人或专利申请人的,处 5 万欧元以下罚金。故意侵害专利权的,处两年监禁和 15 万欧元的罚金。

4. 制造秘密。《法国知识产权法典》对制造秘密的规定十分简单,它并未对什么是制造秘密、制造秘密权人有何权利等实体内容进行规定,只是在 L621-1 条规定,惩治侵犯制造秘密的刑罚由劳动法典 L152-7 条规定,并将该条的规定进行了援引:"任何作为企业雇员的经理或工薪人员泄露或企图泄露制造秘密的,处两年监禁及 20 万欧元的罚金;法院可以附加刑的名义,判处刑法典第 131-26 条规定的剥夺公民权、民事权及家庭权的处罚,但最长不得超过 5 年"。而制造秘密的私法保护仍然是通过对《法国民法典》第 1382 条和 1383 条的延伸适用以及反不正当竞争之诉来完成的。[①] 可以认为，《法国知识产权法典》对制造秘密进行规定，其目的并不在于加强对制造秘密的保护，而在于向世人宣示制造秘密属于知识产权的保护范畴。

5. 半导体制品。体现设计者智力劳动的半导体产品的最终或过渡性布图设计，只要不是公认的常规设计，均可以经过申请而获得法典的保护。布图设计自创作完成之日起15年后，或者进行首次商业使用2年后仍然未进行申请的，申请权失效。申请的权利属于设计者或其权利继受人。国家工业产权局只对申请进行形式审查。权利人有权禁止他人：(1) 复制受保护的布图设计；(2) 商业使用或为此目的进行该布图设计的复制件或包含该复制件的半导体产品。但这项权利受到以下限制：(1) 为评估、分析或教学而进行的复制；(2) 在以上评估、分析的基础上，创作能够受到法典保护的明显不同的布图设计。权利人的权利保护期限为10年，自申请之日或更早的首次商业使用之日起算。但是，任何有关布图设计的注册，自其创作完成之日起15年内未进行使用的，丧失效力。

6. 植物新品种。作为国际植物新品种保护联盟（UPOV）的创始国，法国将《国际植物新品种保护公约》的基本内容引入了《法国知识产权法典》，所以在许多内容上两者的规定都比较相似。

植物新品种是指被创造或被发现的新品种。这个新品种必须：(1) 因一个重要的、明确的和不变动的特征而与已为人知的类似品种相区别，或者因几个特征的结合而使之具有新品种的性质；(2) 这些特征是同质的；(3) 这些特征是稳定的，也就是说在某个繁殖周期之后所具有的特征与开始时界定的特征相同。可见，一个植物品种要成为被保护的客体，不但其本身必须具有新颖性，而且其特征也要符合特异性、同质性、稳定性要求。

在法国，申请人将申请提交给农业部下属的植物品种保护委员会，由其进行审查。审查之后如认为符合法律规定的条件，将授予植物品种保护证书。证书赋予权利人独占权以生产、引进、销售或许诺销售全部或部分植物、有关品种的植物繁殖材料及通过杂交产生的品种，如其繁殖需要重复使用最初品种的。一般情况下，植物新品种权的保护期限为20年，从证书颁发之日起算。但2006年3月1日颁布的2006/236号法案，对植物新品种权的保护期限进行了充实，将林木、果树、观赏树、藤本植物等的保护期延长到30年。

凡是侵害植物新品种证书所有人权利的行为均构成侵权，不仅要承担相应

---

① 具体参见〔法〕伊夫·居荣著：《法国商法》（第1卷），罗结珍、赵海峰译，法律出版社2004年版，第914—915页；尹田：《法国物权法》，法律出版社1998年版，第61页；戴永盛：《商业秘密法比较研究》，华东师范大学出版社2005年版，第13—14页。

的民事责任，而且还构成犯罪，要处以 1 万欧元的罚金，累犯还要被处以 6 个月的监禁。

7. 商标。商标是指用以区别自然人或法人的产品或服务的标记。《法国知识产权法典》保护的商标包括文字商标、音响商标、图形商标以及集体商标。构成商标的标记应当具备以下特征：(1) 标记应当具备显著特征便于识别。该标记不应是所适用产品或服务的通用称谓，也不应是其主要特性、性质或功能的描述。(2) 标记应当是合法的。立法者规定三类标记为非法：被巴黎联盟公约或世贸组织所禁止的标记；有悖于公共秩序或善良风俗或与法律规定相左的标记；具有欺骗性的标记。(3) 不侵犯他人的在先权利。标记不应在先前已按法定程序为他人取得权利。此类在先权利的取得可以针对一个先前的注册商标、商号、受保护原产地名称、著作权、外观设计或肖像权等。

依据法国法，商标权依登记注册而取得，从提交申请日起生效并属于先申请人，商标使用行为并不足以赋予使用人商标权。商标权自申请起 10 年有效，该期限届满时，权利人可以另行续展 10 年，在及时支付费用的情况下续展次数不受限制。

商标权人的权利以注册时指定的商品和服务为限。商标权赋予权利人以对抗第三人的专有使用权，只有商标权人才有权行使、允许和禁止下列行为：(1) 在相同或类似的商品或服务上复制、使用或粘贴商标；(2) 消除或变动依法粘贴的商标标识；(3) 在相同或类似商品或服务上仿冒该商标或使用仿冒商标。

但是，除非这种使用损害商标权人的权利，商标权人一般不得妨碍他人在下列情况下使用与其相同或相似的商标：(1) 作为公司名称、厂商名称或匾牌，只要该使用先于商标注册或是第三人善意使用其姓氏；(2) 标注商品或服务尤其是附件或零部件的用途时所必需的参照说明，只要不会导致产源误认。法律还规定，在下列情况出现时，商标权人会丧失其权利：(1) 商标权人无正当理由连续五年没有在注册时指定的商品或服务上实际使用商标的；(2) 商标淡化；(3) 商标引人误解的。

商标权经转让合同予以转让，其使用权也可以经特许合同加以转让。商标转让不受地域限制。立法者也规定了商标转让应当以书面形式确立，否则无效。所有与商标有关的权利转让必须记载于国家商标登记册之后才能对抗第三人。

侵害商标权人权利的，构成侵权，应当承担民事责任。出现法典 L716-9 条至 L716-11 条所列之情形的行为，还要承担 4 年有期徒刑和 40 万欧元的罚金；如果单位犯罪的，要对负责人处以 5 年有期徒刑和 50 万欧元的罚金，对单位处以5年以下的停业处罚。

8. 原产地名称的保护。《法国知识产权法典》最初颁布时并未将原产地名称纳入其保护范围之内。法国于1993年7月26日颁布了93/949号法案,才对原产地名称予以规定。而且法典对"原产地名称"的规范内容较为简单,只有一条。这一条还是对《法国消费者法典》L115-1条的援引,只是对"原产地名称"进行了定义。而有关原产地名称的认定、管理、保护等仍然是由1991年5月6日通过的《原产地名称保护法》予以规定。与制造秘密一样,《法国知识产权法典》对原产地名称进行简单规定的目的也在于宣示原产地名称属于知识产权保护范畴。

四、对《法国知识产权法典》的再认识

作为第一部被介绍入中国的知识产权法典,《法国知识产权法典》已经成为大家论述的焦点。但从目前学术界的评价来看,学者们在肯定其正面意义的同时,还突出了其所谓的"消极意义"。比较有代表性的意见是,《法国知识产权法典》不能称为真正意义上的法典,充其量是一部法规汇编。"没有一个总则凌驾于专利权、版权、商标权等具体的知识产权法之上,只是将相关的法律松散地汇集在一起,法典化的意义更多地体现并停留于形式上"。[①] 也许人们会纳闷,法国作为一个在世界法学史上诞生了诸多第一、法学研究发达的国家,怎么会如此"草率"制订出这样一部我们所谓的"不伦不类"的法典?到底是法国的立法者们犯迷糊了,还是我们的理解有误,或者两者都不是?所以笔者在此对《法国知识产权法典》进行再认识,希望消除学术界的某些误解。

(一)《法国知识产权法典》未规定总则的原因

对于《法国知识产权法典》所展现的法律体系,学术界的批评主要集中于"没有规定总则"这一点上。笔者以为,可以从以下几个方面来看待这一问题:

1. 总则不能与法典画等号。我们只要看一下现代民法典的元老《法国民法典》就会发现它也没有规定总则,而只是规定了一个序编,但没有人说它不是法典,也丝毫不能影响它在法律史上的地位。因而上述批评有"以偏概全"的嫌疑,是以《德国民法典》的总则制为判断是否为法典的标准,将法典与总则画上了等号,认为只有规定了总则才能称为真正意义上的法典。对于是否在民法典

---

① 袁真富:《试论知识产权法的法典化》,资料来源于:http://netlawcn.com/yzf/0009/。

中规定总则，法学家们也一直存在争论，因为《德国民法典》的总则名义上是对各分则提取公因式的产物，实际上并不是对法典各部分共同性的提取，也不能在各部分得到普遍的适用。[①] 依某些学者的看法，总则的存在，不仅在经济上表现出绝对的无关紧要，即使在法律上也是如此。[②] 没有总则部分，《法国民法典》仍然运作良好。要在总则中规定的基本原则及条款，同样也可以在法典的各个不同部分合而为一。[③]

2．不规定总则使《法国知识产权法典》保持了一个开放的体系。总则是提取公因式的产物，但也隐含了这样一种动机，即凡是与总则相吻合的因素就将其纳入到体系中去，而不吻合的就将其排除出体系。这样就形成了一种总则高高在上，各分则位居其下的等级体系。一方面，知识产权中各具体权利的个性大于共性，另一方面，新型的知识产权权利类型在不断地产生。假如在《知识产权法典》中规定总则的话，可能就会产生两种后果，一是新型权利的产生对既定的总则条款造成冲击，迫使总则条款进行修改，如果这样的话，总则就不能成其为总则了；二是新型权利由于与总则不吻合，为了保持总则和体系的权威性和一致性，只能将该权利排除在法典之外。《法国知识产权法典》在这方面做得比较彻底，不规定总则，破除对总则的迷信，将各分则处于一种平行的位置，一旦有新型的权利类型出现，即可顺利纳入法典之中。

3．法国立法者通过运用各种立法技术对总则的某些功能进行了替代。知识产权法典总则的主要功能集中在最大限度地保证法典的稳定性和协调各具体知识产权法之间以及知识产权与其他权利之间的关系。而《法国知识产权法典》的立法者则通过各种立法技术对总则的这两项功能进行了代替。首先，《法国知识产权法典》颁布后，立法者又对其进行了频繁的修改，正如笔者在前文所介绍的那样，尤其在2004年竟然修改了7次之多，“如果法律朝令夕改，正好从一个侧面表明了社会变革的迅猛进程”[④]。这说明法国的立法者在面对这个飞

---

① 德国民法典总则所规定的人，物，法律行为，期间，时效，权利的行使，提供担保等内容中，法人无所谓婚姻继承；物只能说是物权的客体或债之标的物，作为债权客体都显得穿凿附会了，遑论人身关系领域，然而这些一旦置于总则在逻辑上就意味着普适全局；作为总则灵魂的法律行为自当是整个民法体系的枢纽，然而在亲属和继承领域法律行为几无用武之地，即使是在债法领域也不见得畅通无阻，法定之债就是明证。参见陈小君：《我国民法典：序编还是总则》，载《法学研究》2004年第6期。

② 〔意〕蒙那代里：《关于中国民法典编纂问题的提问与回答》，薛军译，载《中外法学》2004年第6期。

③ 〔法〕Bertrand Fages：《法国法典化的历程》，华东政法学院，“民法法典化与反法典化国际研讨会”，2005年4月。

④ 〔美〕约翰·亨利·梅里曼：《大陆法系》，顾培东、禄正平译，法律出版社2004年版，第162页。

速变化的社会时已经彻底地放弃了保持知识产权法典稳定性的目标,从这个意义上说,总则的规定已经无太大的意义。其次,总则还涉及解决具体知识产权之间的权利冲突、具体知识产权与其他民事权利之间的冲突以及不同知识产权法对同一客体重叠保护的问题。如果存在总则的话,则立法者需要在总则中对这些问题的解决予以说明,其直接后果就是减少各具体法律制度之间的重叠性规定。但《法国知识产权法典》的立法者却采取了在具体制度中对权利之间的关系进行详细说明的做法,从而形成了较多的重复性法律规定,比如说在处理知识产权法典与民法典的规范时,就明确而具体地规定了哪些地方适用或不适用民法典的相应规定。这也是对总则功能的一种替代。

(二)《法国知识产权法典》不是一般意义上的法规汇编

在法国,私法领域的制定法存在着三种模式,即民法典、以知识产权法典为代表的特别法典和单行法。在《法国知识产权法典》诞生之前,法国一共有 23 个与知识产权有关的单行立法。《法国知识产权法典》将它们统一起来,而且这 23 部单行法的排列不是随机和杂乱无章的。立法者在将这些单行法规的相关内容集中于法典时,已经对它们进行了立法上的技术处理。正如有学者所言,“仅仅用眼作为扫描仪去读,会认为这不过是一部各种单行法的汇编;真正用脑去钻研,则可以看到各编、各卷、各部分之间的内在联系”。①

如果我们将《法国知识产权法典》各部分的内容与法典化前法国各知识产权单行法的内容相比较,就会发现《法国知识产权法典》并不是由各单行法简单拼凑而成的。

1. 法典对各单行法的内容进行了取舍,实际上已经是一个崭新的法律文件。《法国知识产权法典》的某些内容就是对以往法律文件共性的提取。比如法典第四卷“行政和职业组织”关于工业产权行政管理机构和工业产权从业资格的内容和第三部分“在海外领地及马约尔属地的适用”的内容在法典化以前就是分散地规定于各单行法之中,而知识产权法典则将其从法典的各部分中提取出来集中作了规定。

2.《法国知识产权法典》并没有对所有知识产权的内容进行详细的规定。如果是简单的法规汇集,无疑法典要对各项权利的内容进行详细的规定,但《法国知识产权法典》对于制造秘密和原产地名称只是进行了简单的涉及,其详细内容仍然分别由《劳动法典》和《原产地名称保护法》予以详细规定。笔者认为,法典对这两项权利进行规定的目的只是在于向世人宣示它们属于知识产权

---

① 郑成思:《郑成思文选》,法律出版社 2003 年版,第 28 页。

的保护范畴。

3. 从法律概念之间的关系看,《法国知识产权法典》的体系化也十分明显。法律概念之位阶性是将法律体系化的基础。法律概念通常被认为是组成法律规定或整套法律的基本单位。它们之间有点像由原子组成分子,再由分子组成各色各样的物质,而后由这些物质组成这个世界。① 体系之形成有赖于由事实中分离出若干要素,并将此等要素一般化。由此等要素可形成类别概念,而借着增减若干要素,可以形成不同抽象程度的概念。借着将抽象程度较低的概念涵摄于"较高等"之下,最后可以将大量的法律素材归结到少数"最高"概念之下②,在一个经由简单的法规汇编而形成的法律文件中,各概念之间一般是平行或散乱无章的关系,但在一个体系化的法律文件中,其法律概念之间则呈现出一种类似于生物学上的种、属、目、纲的层次位阶关系。而反观《法国知识产权法典》,我们会发现立法者在对其整体结构进行设计而划分部分、卷、编、章时,已经对各项权利概念进行了这种位阶排列和归类:(1) 立法者在"知识产权"这一种概念之下设立了"文学和艺术产权"和"工业产权"这两个属概念。(2) 而在"文学和艺术产权"这一属概念之下设立了"著作权"、"邻接权"和"数据库制作者权"这三个目概念;在"工业产权"这一属概念之下设立了"外观设计"、"实用新型"、"发明"、"技术知识"、"商业标识"等目概念。(3) 在"技术知识"这一目概念下设立了"制造秘密"、"半导体布图设计"和"植物新品种"等纲概念;在"商业标识"这一目概念之下设立了"商标"、"原产地名称"等纲概念。正是通过这种概念之间的位阶层次设置,《法国知识产权法典》的体系化得到了明显的表达。

仅通过上述三点分析就可以看出《法国知识产权法典》在体系的建构上有自己的独到之处,其各部分之间有着紧密的联系,体系化的特征十分明显,而并不是像某些学者所说的那样是一个简单的"法规汇编"式的法律文件。

---

① 黄茂荣:《法学方法与现代民法》,中国政法大学出版社 2001 年版,第 99—100 页。

② 〔德〕卡尔·拉伦茨:《法学方法论》,陈爱娥译,商务印书馆 2003 年版,第 317 页。

第五章
斯里兰卡知识产权制度法典化研究

一、斯里兰卡知识产权法的历史沿革

斯里兰卡是一个位于南亚次大陆南端的岛国,原名锡兰(Ceylon)。锡兰曾经被英国殖民统治将近200年,直到1948年独立。1972年,锡兰改国名为斯里兰卡(Sri Lanka)。作为被英国长期殖民统治的结果,英国法律对斯里兰卡的法律体系产生了巨大的影响。在殖民统治时期,知识产权概念被介绍到斯里兰卡,英国调整专利、设计、商标和版权的法律适用于斯里兰卡。按照法律制定的时间,这些法律分别是:

——1859年,英国的《发明者条例》,依据此条例,1861年1月12日授予了斯里兰卡的第一项专利;

——1888年第13号法令《商业标志条例》;

——1904年第7号法令《设计条例》;

——1906年第15号法令《专利条例》;

——1911年,英国《版权法》在斯里兰卡生效,1912年又通过了第20号法令《版权条例》对该法进行补充,甚至在斯里兰卡独立后,该法还继续适用到1979年,而英国已经于1956年对该法进行了修改;

——1925年第15号法令《商标条例》;

——1942年第32号法令《专利、设计、版权和商标紧急条例》。①

独立后的斯里兰卡于1949年通过第34号法令《专利、设计和商标法》。

1979年制定第52号法案《知识产权法典》,将所有现存的知识产权法律法规都纳入这部法典之中。这部法典在斯里兰卡适用了二十多年,其间分别在1980年、1983年、1990年、1997年和2000年进行过修改。2003年11月12日,斯里兰卡议会通过第36号法令《知识产权法案》,代替了1979年的《知识产权法典》。

---

① W. A. Jayasundera, Intellectual Property Training-Lessons from Japan for Sri Lanka, p. 56. Final Report The Long term Fellowship Program under the WIPO Fund-in-trust/Japan February 2002 to June 2002. http://www.jpo.go.jp/torikumi_e/kokusai_e/asia_ip_e/pdf/wipo/2001_srilanka.pdf.

此外，斯里兰卡先后加入一系列知识产权国际条约：1952年12月加入《巴黎公约》；1952年11月加入《马德里协定》；1959年7月加入《伯尔尼公约》；1978年9月加入《世界知识产权组织公约》；1982年2月加入《专利合作条约》；1984年2月加入《保护奥林匹克标志内罗毕条约》；1995年1月1日加入世界贸易组织。

二、斯里兰卡1979年《知识产权法典》

斯里兰卡1948年独立后，实行以国有计划经济为主体的经济体制。20世纪70年代以后，国有经济为主体的经济体系弊端显现，已不适应其经济发展。1977年贾亚瓦德纳领导的统一国民党政府上台，接受国际货币基金和世界银行的建议，实行"自由化"的经济政策，全面推行私有制，放宽进口，大量吸引外资和引进技术，发展自由贸易区。此后的各任政府均遵循这一经济政策而未进行较大的变动。在对外开放市场的情况下，斯里兰卡政府的当务之急就是吸引外国投资、引进外国技术，为经济发展创造一个良好的法律环境，因此1979年斯里兰卡《知识产权法典》(The Code of Intellectual Property Act No. 52 of 1979)应运而生。

这部法典的诞生标志着斯里兰卡知识产权法律体系的一场革命：斯里兰卡议会废除了所有现存的知识产权法律，将所有类型的知识产权纳入《知识产权法典》的调整范围。值得注意的是，国内学术界通常认为1992年的《法国知识产权法典》是世界上第一部专门性的知识产权法典①，而斯里兰卡1979年《知识产权法典》比《法国知识产权法典》要早了13年之多。

斯里兰卡1979年《知识产权法典》建立在世界知识产权组织为发展中国家提供的示范法的基础之上，而斯里兰卡是最早采纳这一示范法的国家之一。②这部法典在斯里兰卡适用了二十多年，其间分别在1980年(Act No. 30 of 1980)、1983年(Act No. 2 of 1983)、1990年(Act No. 17 of 1990)、1997年(Act No. 13 of 1997)和2000年(Act No. 40 of 2000)修订。

斯里兰卡1979年《知识产权法典》由编(Part)、章(Chapter)、节(Section)三个层次构成。法典分为七编，每编下面包含若干章，每章下面包含若干节，一共有192条。其基本结构为：

第一编　知识产权行政管理

第二编　著作权

① 郑成思：《知识产权——应用法学与基本理论》，人民出版社2005年版，第158页。

② W. A. Jayasundera, Intellectual Property Training-Lessons from Japan for Sri Lanka, p. 56. Final Report The Long term Fellowship Program under the WIPO Fund-in-trust/Japan February 2002 to June 2002. http://www.jpo.go.jp/torikumi_e/kokusai_e/asia_ip_e/pdf/wipo/2001_srilanka.pdf.

第三编　工业设计
第四编　专利
第五编　商标、商号和不正当竞争
第六编　法律责任
第七编　杂则

虽然这部法典是在 WIPO 为发展中国家提供的示范法基础之上制定的，而且也规定了一些国际公认的法律原则和制度，为斯里兰卡知识产权事业的发展起到了一定的推动作用。但随着时间的推移和社会的发展，这部法典也暴露出许多问题：

（一）该法典为知识产权提供的保护落后于时代的发展

由于该法典制定于 1979 年，加之斯里兰卡尚处于由农业经济形态向工业经济形态转变过程之中，发生于 20 世纪下半叶的新技术革命尚未对斯里兰卡造成较为明显的影响，所以该法典只对传统的著作权、工业设计、专利、商标、商号和反不正当竞争等知识产权权利类型进行了保护，而对于诸如音像制作者权、广播组织权、计算机软件、集成电路布图设计、商业秘密、数据库、植物新品种等则未作规定。在信息技术和生物技术对社会发展产生重大影响的今天，这部法典的滞后性表现得非常明显，不利于斯里兰卡在相关领域引进外国投资和外国技术，也不能解决斯里兰卡所面临的一些新的知识产权问题。对于这种状况，美国深为不满，2003 年将斯里兰卡列入“特殊 301”观察国家名单。

（二）该法典没有关于地理标志和传统知识的保护规定

农业是知识产权的一个传统优势行业，而农产品的原产地对其质量有着至关重要的影响。斯里兰卡的茶叶和肉桂等农产品是斯里兰卡重要的出口产品，在全世界享有较高的声誉。但近年来，国际市场上日益增多地假冒斯里兰卡茶叶和肉桂的情况，严重影响了斯里兰卡农产品的声誉，也对斯里兰卡的农产品出口工作产生了不利的影响。由于 1979 年的《斯里兰卡知识产权法典》并未为原产地标记提供保护，使得斯里兰卡的出口商对这一情况也无能为力。同时斯里兰卡也是一个历史悠久的国家，拥有丰富的传统医药、传统植物和传统文化资源，使之具有突出的民族特色。但是，由于各种各样的原因，斯里兰卡所拥有的这些传统资源，没有能够得到应有的保护，成为西方某些公司掠夺的对象。例如，斯里兰卡有一种与中国的“中医”相似，名为 Ayurveda 的传统医药体系，包含了医疗方法、传统草药和医疗器械等，有一些西方大医药公司正在从这套医药体系中吸收知识，以研制新的药品。面对这样的严峻现实，1979 年的《斯里兰卡知识产权法典》无能为力。[①]

（三）该法典未达到《知识产权协定》要求的最低标准

1991 年 9 月 20 日，斯里兰卡与美国签订了《斯美知识产权双边协定》。该协定为斯里兰卡知识产权保护设定了一个强制性的标准，而斯里兰卡当时的《知识产权法典》尚未达到这一标准。例如，该协定规定应当对计算机软件、集成电路布图设计、商业秘密和数据库进行保护[②]，而 1979 年的《斯里兰卡知识产权法典》却未对这些方面的内容进行规定。斯里兰卡 1995 年 1 月 1 日加入了世界贸易组织，而 WTO 成员的一个重要义务就是其对知识产权保护要达到《知识产权协定》的“最低保护标准”，虽然斯里兰卡较早就加入了《伯尔尼公约》、《巴黎公约》和《成立世界知识产权组织公约》等知识产权国际公约，但其 1979 年《知识产权法典》的规定离《知识产权协定》的要求还有一定的差距，在这种情况下，《知识产权法典》的修改势在必行。针对 1979 年《知识产权法典》暴露出来的一系列问题，斯里兰卡先是在 1997 年和 2000 年按照《知识产权协定》的要求对其进行了两次修订，但后来还是觉得小修小改解决不了问题，最终决定另起炉灶，重新再来，制定一部全新的《知识产权法典》。这才有了 2003 年的斯里兰卡《知识产权法典》。

三、斯里兰卡《知识产权法典》的结构及形成原因

（一）2003 年《知识产权法典》基本结构

斯里兰卡议会于 2003 年 11 月 12 日通过新的《知识产权法典》（Intellectual Property Act, No. 36 of 2003），以取代 1979 年的《知识产权法典》。用斯里兰卡官方的话说，制定该法典的目的在于“履行《斯美知识产权双边协定》和《知识产权协定》所规定的义务”。[③] 该法典共 11 编（Part）43 章（Chapter）213 节（Section），其总体结构如下：

第一编　管理

第二编　著作权

---

① Dr. Vijaya Kumar, Systems and National Experiences for Protecting Traditional Knowledge, Innovations and Practices-Sri Lanka, http://www.unctad.org/trade_env/docs/srilanka.pdf.

② Agreement on the Protection and Enforcement of Intellectual Property Rights between the United States of America and the Democratic Socialist Republic of Sri Lanka, http://tcc.export.gov/static/doc_exp_005389.asp.

③ Sri Lanka Trade Policy Review, Report by the Sri Lanka Government, p.80. http://www.wto.org/english/tratop_e/tpr_e/g128_e.doc.

第 1 章　著作权
第 2 章　相关权
第三编　工业设计权
第 3 章　工业设计的范围及定义
第 4 章　保护工业设计的权利
第 5 章　工业设计申请登记的条件和程序
第 6 章　工业设计的保护期间
第 7 章　工业设计所有人的权利
第 8 章　工业设计权及申请权的转让及转移
第 9 章　工业设计使用许可合同
第 10 章　工业设计权的放弃和无效
第四编　专利权
第 11 章　发明的定义
第 12 章　专利权的归属
第 13 章　授予专利权的条件和程序
第 14 章　专利权的保护期限
第 15 章　专利所有人的权利
第 16 章　专利申请权及专利所有权的转让和转移
第 17 章　专利使用许可合同
第 18 章　专利的放弃和无效
第五编　商标权
第 19 章　定义
第 20 章　商标的可注册性
第 21 章　商标注册申请的条件和程序
第 22 章　注册商标的保护期限
第 23 章　注册商标所有人的权利
第 24 章　商标申请和注册的转让
第 25 章　商标使用许可合同
第 26 章　注册商标的放弃和无效
第 27 章　注册商标的注销
第 28 章　集体商标
第 29 章　证明商标
第六编　(第 30 章)商号
第七编　(第 31 章)集成电路布图设计

第八编　(第 32 章)不正当竞争和未公开信息
第九编　(第 33 章)地理标志
第十编　(第 34 章)咨询委员会的组成及其权力
第十一编　杂则
第 35 章　向总局长提出申请或向法院提起诉讼
第 36 章　登记的代理人
第 37 章　基金
第 38 章　违法行为和处罚
第 39 章　实施细则
第 40 章　对 1996 年第 10 号省级高等法院法(特别规定)的修正
第 41 章　对海关条例的修正
第 42 章　法律的废止和专利、商标、工业设计的保存
第 43 章　专业术语的解释

(二) 2003 年《知识产权法典》结构形成原因

斯里兰卡 2003 年《知识产权法典》的体例是在 1979 年《知识产权法典》体例的基础上发展起来的,两部法律在体例上一脉相承。因此,首先探讨斯里兰卡 1979 年《知识产权法典》体例的形成原因。

斯里兰卡 1979 年《知识产权法典》可以说是"拿来主义"的产物,该法典在很大程度上借鉴了世界知识产权组织(WIPO)及其前身保护知识产权联合国际局(BIRPI)为发展中国家制定的示范法。BIRPI 及 WIPO 的一个重要职能就是为发展中国家提供知识产权法律援助,为此,它们分阶段先后制定了一系列的示范法,以期为发展中国家加强知识产权保护提供立法范本。这些示范法主要包括:(1) BIRPI 于 1965 年制定的《发展中国家发明示范法》;(2) BIRPI 于 1967 年制定的《发展中国家商标、商号、反不正当竞争行为示范法》;(3) WIPO 于 1970 年制定的《发展中国家工业设计示范法》;(4) WIPO 和联合国教科文组织 1976 年在突尼斯制定的《发展中国家突尼斯版权示范法》;(5) WIPO 于 1979 年制定的《发展中国家发明示范法》;(6) WIPO 于 1996 年制定的《反不正当竞争示范法》。斯里兰卡于 1978 年加入世界知识产权组织后,为了尽快制定《知识产权法典》,便对现存的示范法进行了大范围的借鉴,以 WIPO 的示范法为模型来构建《知识产权法典》的体系框架。①

① W. A. Jayasundera, INTELLECTUAL PROPERTY TRAINING-LESSONS FROM JAPAN FOR SRI LANKA, p. 56. Final Report The Long term Fellowship Program under the WIPO Fund-in-trust/Japan February 2002 to June 2002. http://www.jpo.go.jp/torikumi_e/kokusai_e/asia_ip_e/pdf/wipo/2001_srilanka.pdf.

从法典的结构上看，斯里兰卡 1979 年《知识产权法典》分为 7 编，分别是第一编知识产权行政管理、第二编著作权、第三编工业设计、第四编专利、第五编商标、商号和不正当竞争、第六编法律责任、第七编杂则。法典的主体部分第二编——第五编正好分别与 WIPO 为发展中国家提供的示范法相对应：第二编著作权对应于 1976 年的《发展中国家突尼斯著作权示范法》，第三编工业设计对应于 1970 年的《发展中国家工业设计示范法》，第四编专利对应于 1965 年的《发展中国家发明示范法》，第五编商标、商号和不正当竞争对应于 1967 年的《发展中国家商标、商号、反不正当竞争行为示范法》。

而且从内容上看，这些编的内容也与示范法的规定大同小异。就以第二编著作权为例，该编共有 19 条，而 WIPO 和联合国教科文组织共同制定的《突尼斯著作权示范法》共有 18 条。该示范法短短的 18 条中就有 16 条要么原封未动，要么作了简单的修改以后被移植进入斯里兰卡 1979 年《知识产权法典》，为斯里兰卡立法者所自创的法条只有区区 3 条而已。两者之间的关系可具体参见下表：

突尼斯著作权示范法	1979 年《知识产权法典》第二编著作权
第 1 条　受保护的作品	第 6 条　定义
第 2 条　派生作品	第 7 条　受保护的作品
第 3 条　不受保护的作品	第 8 条　派生作品
第 4 条　财产权利	第 9 条　不受保护的作品
第 5 条　精神权利	第 10 条　财产权利
第 6 条　民间文学作品的保护	第 11 条　精神权利
第 7 条　合理使用	第 12 条　斯里兰卡民间文学作品的保护
第 8 条　临时录音制品	第 13 条　合理使用
第 9 条　权利转让的限制	第 14 条　临时录音制品
第 10 条　复制权的限制	第 15 条　权利转让的限制
第 11 条　著作权所有权	第 16 条　音像制品和广播作品权的限制
第 12 条　著作权的转让	第 17 条　著作权所有权
第 13 条　财产权的保护期限	第 18 条　著作权的转让
第 14 条　作者集体组织	第 19 条　财产权的保护期限
第 15 条　侵权和制裁	第 20 条　音像制品
第 16 条　法律适用的范围	第 21 条　侵权和制裁
第 17 条　公共领域付费	第 22 条　法律适用的范围
第 18 条　定义	第 23 条　普通法权利的废除
	第 24 条　其他法律之下的权利

如果作一个夸张的比喻，可以说斯里兰卡 1979 年《知识产权法典》就是将 WIPO 的几个主要示范法集合起来，给它们穿上衣服（指进行与斯里兰卡有关的

修改),梳了辫子(指将各示范法中的侵权行为条款集中形成第六编“法律责任”),戴上帽子(指第一编“管理”),加上尾巴(指第七编“杂则”),从而达到了该头换面的效果。

斯里兰卡2003年《知识产权法典》在体例上基本沿袭了1979年《知识产权法典》的做法,只是有以下几点变化:(1)将1979年《知识产权法典》第五编“商标、商号和不正当竞争”拆分为三编,使商标、商号和反不正当竞争各为一编。作出这种拆分的重要原因也在于WIPO于1996年制定了一个新的示范法——《反不正当竞争示范法》。因为从内容上看,2003年《知识产权法典》的“反不正当竞争和未公开信息”编几乎将《反不正当竞争示范法》原封不动地搬入:《反不正当竞争示范法》一共6条,规定了6种不正当竞争行为,而斯里兰卡2003年《知识产权法典》的“不正当竞争和未公开信息”编共分7条,其中前6条与示范法的规定几乎一字不差,只是在第7条规定了对这些不正当竞争行为的法律制裁措施。(2)增加了地理标志和集成电路布图设计两种新的保护对象,从而将两者列为新增的两编。虽然WIPO就这两项内容没有制定相关的示范法,但是斯里兰卡立法者将借鉴的目光又转向了有关国际公约。集成电路布图设计编的内容基本上遵循了世界知识产权组织《集成电路知识产权条约》的规定。地理标志编的内容则基本上遵循了《知识产权协定》关于地理标志保护的规定。(3)将原法律责任编撤销,将其内容纳入杂则编之中,成为杂则编的一章。这样做的目的是为了让《知识产权法》的结构显得精简一些,因为该法已经有11编,这对一部法典来说已经稍显拖沓和冗长。

四、斯里兰卡2003年《知识产权法典》的基本内容

2003年《知识产权法典》第1条明确规定“本法为知识产权法典,法律编号为2003年第36号”,法典的具体内容和规定在此条后开始展开。

(一)知识产权管理

第一编为“管理”。法典规定斯里兰卡国家知识产权局为斯里兰卡商业贸易部的下属机构,是斯里兰卡唯一有权受理工业设计、专利、商标或其他事务的注册及管理的机构,并且规定了知识产权局长的任命及其权力。

(二)著作权

第二编为著作权,共分为2章。

第1章为“著作权”。该章的第5条用了很大篇幅对著作权部分出现的如

作品、作者、计算机程序、民间文学艺术等23个名词进行了详细解释。第6条规定:受保护的作品是指在文学、艺术或科学领域的独创性智力成果,该作品基于创作而受到法律的保护,不论该作品以何种形式或表达方式出现,作品的内容、质量或目的如何。第7条和第8条分别对演绎作品和不受保护的作品作了规定。著作权人享有以下各项财产权利:(1) 复制权;(2) 翻译权;(3) 改编、整理或修改权;(4) 销售、出租或以其他方式公开发行作品原件及其复制品;(5) 出租视听作品、录音作品、计算机程序、数据库或以符号形式出现的音乐作品的原件及其复制品;(6) 进口作品的复制品(进口的复制品经过著作权人的授权);(7) 公开放映作品原件及其复制品;(8) 公演权;(9) 广播权;(10) 以其他形式向公众传播作品。著作权人享有以下精神权利:(1) 享有在作品复制品上或在作品被公共利用时署名的权利;(2) 享有使用匿名或不在作品复制品上或作品被公共利用时署名的权利;(3) 享有反对任何歪曲修改或篡改或损害其作品而有损其荣誉的行为的权利。

该章规定了著作权合理使用制度,判断对作品的使用是否为合理利用时应考虑下列因素:(1) 使用的目的及性质,包括该使用行为是否具有商业性或营利性的教学目的;(2) 版权作品的性质;(3) 版权作品被使用部分的数量;(4) 使用行为对版权作品潜在市场的影响。同时详细规定了合理使用的具体表现行为。

就一般作品而言,经济权利和精神权利的保护期为作者终生及死亡后70年;但就实用艺术作品而言,经济权利和精神权利的保护期为自作品创作完成之日起20年。

关于一般作品经济权利的原始归属,法典规定作者为原始所有人。而对合作作品、集体作品、雇佣作品和视听作品而言,其经济权利的原始归属法典专门作出了规定。关于作者身份,法典规定,如无相反证据,在作品上署名的人为作者。作者的经济权利可以全部或部分转让给他人或许可他人使用,但应当由双方当事人签订书面合同。

第2章为相关权。该章分别对表演者、录音制片人、广播组织权作了规定。对于权利的行使及纠纷的解决,法典规定禁止实施任何侵犯或可能侵犯斯里兰卡《知识产权法典》第二编(即著作权编)所保护之权利的行为。实施侵权行为的任何人须对因侵害行为给著作权人造成的损害承担赔偿责任。法院有权发出针对侵权行为的禁令,也有权发出命令扣押侵权产品,命令侵权人支付因其侵权行为所造成的损失及费用,赔偿数额应包括权利人所遭受的物质、精神损失以及侵权行为人因侵权行为所获得的收益。另一方面,国家知识产权局长可以根据被侵权人按照规定的格式和方式递交的申请对与申请有关的任何问题作出裁决,该裁决对各方当事人均有约束力。

该章还对民间文学艺术保护、著作权登记和管理、作品及表演者的适用范围等内容作了规定。

(三)工业设计

第三编为“工业设计权”编,从第3章至第10章,共8章。

第3章主要对工业设计的定义和新颖性作了规定,任何立体图形或色彩的组合,不论这种结合能否赋予一件工业产品或手工制品以独特的外形,只要其可以作为一种式样被用于一件工业产品或手工产品,就可以被认为是一项工业设计。但是该部分的规定不适用于含有任何剽窃的设计,或违反道德、公共秩序、公共利益的设计,或被国家知识产权局长认为是伤害某一社会团体的宗教信仰或种族情感的设计。

第4章主要对工业设计权的归属作了规定。一般情况下,设计人就是工业设计权利人。两个或两个以上的人共同设计的工业设计,由此产生的权利归他们共同所有。在设计过程中仅仅起到辅助作用而未作出实质性贡献的人,不能被认为是设计人或共同设计人。如无相反规定,在履行雇用合同或本职工作过程中产生的工业设计,由此产生的权利归属于完成此项设计之设计人的雇主,或者是这项工作的委托人。履行雇用合同或工作委托所完成的工业设计所产生的经济价值远远大于当事人所预测的,工业设计人可获得合理补偿;当事人不能就补偿达成一致意见的,法庭可以根据设计人向法庭提出的申请作出裁决。

第5章就工业设计权申请的条件、优先权、申请费、申请的审查、注册等内容作了规定。第6章规定,工业设计权的保护期限为自申请之日起5年,可以连续续展二次,每次5年。第7章给工业设计权所有人授予了制造权、进口权、许诺销售权、销售权、使用权、转让权、许可权等专有权。第8章规定,工业设计权及其注册申请权可以被转让,这种转让应以书面形式进行,同时应当向国家知识产权局提出申请和登记,否则不得对第三人产生效力。第9章对工业设计使用许可合同的形式、许可人与被许可人的权利、许可合同中的无效条款、许可合同的终止和无效等内容作了规定。第10章为工业设计权的放弃和无效及其法律后果作了规定。

(四)专利

第四编为“专利权”编,从第11章至第18章,共8章。

第11章为“发明的定义”,规定“发明”是发明人就技术领域某一特定问题的解决方案。可获得专利权的发明可以是产品或方法。但以下的对象不能被授予专利权：

1. 科学发现、科学原理和数学方法；

2. 植物、动物、除转基因生物外的其他微生物，培育植物、动物的必要生物方法，但不包括非生物和微生物方法；

3. 商业经营的方案、规则及方法、纯智力行为以及游戏的规则；

4. 治疗人体或动物体外伤的方法，以及用于人或动物的诊断方法，但是诊断和治疗方法中使用的器械是可以授予专利的；

5. 与核武器、核物质或原子能有关的发明；

6. 任何应用于斯里兰卡境内的保护人类、动植物的生命健康以及环境在内的公共秩序、道德的发明。

发明获得专利权的条件为新颖性、创造性和工业实用性。

第 12 章为“专利权的归属”，规定在一般情况下，专利权属于发明人。两个或两个以上的人各自独立创造的相同主题的发明，专利权授予最先递交专利申请的人。该章同时还对职务发明的归属作了规定。发明人有在专利证书上署名的权利。第 13 章为“授予专利权的申请条件和程序”。该章规定了专利申请应当递交的文件及其内容、费用、单一性原则、优先权、申请日的确定、申请的审查和专利的授予等内容。第 14 章为专利权的保护期限，规定专利权的保护期限为自申请之日起的 20 年。第 15 章为专利所有人的权利，规定专利所有人拥有制造权、进口权、许诺销售权、销售权、使用权、转让权、许可权。同时规定了以科学研究为目的、临时过境、权利穷竭、强制许可等专利权限制的形式。

第 16 章为专利申请权及专利所有权的转让。专利申请权及专利所有权可以被转让，这种转让应以书面合同的方式进行，同时应当向国家知识产权局提出申请和登记，否则不得对第三人产生效力。第 17 章为专利使用许可合同。对使用许可合同的形式、许可人与被许可人的权利、许可合同中的无效条款、许可合同的终止和无效等内容作了规定。第 18 章对专利的放弃、无效及其法律后果作了规定。

（五）商标

第五编为“商标法”编，从第 19 章至第 29 章，共 11 章。

第 19 章为“定义”，对商标法部分出现的商标、商品、驰名商标、地理标志等 14 个专业名词进行了详细解释，规定商标包括商品商标、服务商标。服务商标是指能够区分不同企业服务来源的识别性标志。而商品商标是指用来区分一个企业的商品与其他企业的商品的识别性标志。

第 20 章为“商标的可注册性”，规定只有通过注册，才能获得商标专用权。同时商标权应当授予符合条件的先申请人。商标可以包括指示、名称、笔名、地理名称、广告用语、设计、雕刻、字母、数字、标签、信封、徽记、印刷图案、印章、短文（简介），以及边框的组合、色彩的搭配、商品或容器的形状等详细内容。同时还规定了不得授予注册商标的十几种情况。规定判断一个商标是否为驰名商标可以采用以下标准：(1) 与商标有关的特定的事实与情况；(2) 能够反映商标是驰名商标的任何事实；(3) 公众对商标的了解和识别程度；(4) 商标使用的持续时间、程度以及地理范围；(5) 商标推广的持续时间、程度以及地理范围，包括广告、报道以及使用该商标的商品或服务的交易会、展销会；(6) 影响商标使用和识别的商标注册或注册申请的持续时间的长短及地理范围的大小；(7) 成功维护商标权利的记录，特别是商标被主管当局识别为驰名商标的程度；(8) 商标的附加价值；(9) 其他标准。

第 21 章为“商标注册申请的条件和程序”。这一章规定商标申请应当递交的文件、优先权、申请的审查程序、证书的颁布。并且还规定，如果申请注册商标与使用于同类商品或服务的且已经注册的商标相同，申请人以外的其他人使用该商标时会使他人对商品或服务的来源产生误认，这时国家知识产权局局长应当根据注册情形要求这两种商标作为联合商标一同记录入登记簿。联合商标只能作为一个整体被转证或转移。

第 22 章为“注册商标的保护期限”。这一章规定注册商标的保护期限为自核准注册之日起 10 年，并且可以续展，每次续展的期限为 10 年。

第 23 章为“注册商标所有人的权利”。这一章规定商标所有人有使用注册商标、转让注册商标、签订许可合同的专有权利。未经商标注册人的同意，第三方不得在相关商品或服务上使用（不管是印刷、绘制还是其他方式）商标、与商标类似的标签或商号从而可能造成他人混淆，而无论此商品是否将在斯里兰卡境内销售。同时对商标权人的权利进行了限制，规定商标权人不得排除第三方基于一定的目的而使用真实姓名、住址、匿名、地理名称以及涉及商品或服务的种类、质量、数量、价值、原产地以及生产或供应时间等具体说明，只要这种使用不会使公众产生混淆。

第 24 章为“商标申请和注册的转让”。这一章规定使用商标的企业可以转让商标注册申请权或商标权，但如果这种转让会使公众产生混淆，特别是对使用商标的商品或服务的性质、材料、生产过程以及特性的混淆，则转让是无效的。而且这种转让应当向国家知识产权局局长提出申请并且进行登记，否则这种转让不能对抗第三人。

第 25 章为“商标使用许可合同”。这一章规定许可合同是指商标权人授权他人或企业在所有或部分商品或服务上使用注册商标的合同,被许可人对商标的使用可以被认为是商标权人使用商标。在不违反许可合同的条件下,被许可人可以被授权在商标的有效期限包括续展期内,在斯里兰卡境内在商标注册的商品或服务上使用注册商标,并不得向第三人转让或转移许可合同或分许可合同所授予的权利。在不违反许可合同的条件下,许可人可以许可第三人使用相同商标或自己使用此商标,但如果许可合同规定许可是排他的,许可人就不得授予第三人使用相同商标的许可或自己使用此商标,除非合同另有规定。如果许可人不能对使用商标的商品或服务的质量进行有效控制,或者被许可人使用商标的方式将会使公众产生混淆,法庭可以根据有诉讼利益的任何人或包括总局长在内的主管当局的申请,宣布许可合同无效或撤销许可合同。

第 26 章为“注册商标的放弃和无效”。这一章规定商标权人或其代表可以向国家知识产权局局长递交书面声明要求放弃注册。此项放弃自局长收到上述声明之日起生效。如果已经注册的商标根据第 103 条和第 104 条的规定是不可注册的,法庭可以根据利害关系人或包括国家知识产权局长在内的主管当局的申请,宣布商标注册无效。但如果无效的商标仅存在于部分涉及商标的商品或服务上,则应当仅仅认为这部分商品或服务上的商标是无效的。根据法庭作出的宣布商标注册全部或部分无效的判决,商标权自注册之日起全部或部分无效。

第 27 章为“注册商标的注销”。这一章规定在以下情况出现时,法庭应当根据相关利害关系人,或包括国家知识产权局长在内的主管当局的申请,从登记簿中注销任何的注册商标:(1) 在向法庭提出申请之前的连续 5 年内,已登记注册的商标权人,没有有效的理由,无法在斯里兰卡境内使用商标,或许可他人在斯里兰卡境内使用商标;(2) 商标注册人因使用不当或保护不力致其注册商标转变为使用此注册商标之商品或服务的通用名称,以至于丧失显著性的。

第 28 章为“集体商标”,第 29 章为“证明商标”,分别对集体商标和证明商标的相关内容作了规定。

(六) 商号

第六编为“商号”编,为第 30 章,只此一章。这一章规定,如果一项名称或称谓的使用违反道德、公共秩序,或违反宗教或种族信仰,或可能导致贸易界或公众对使用该名称的企业的性质产生误解,那么这个名称就不可用作商号。第三人使用商号的任何行为,无论是作为商号使用,还是作为商标、服务标志、集体商标、认证商标使用或是使用任何的类似商号、商标、服务标志、集体商标或认证商标致使公众产生误解的行为,都是非法的行为。商号可以与冠以商号名称的企业一起或企业的一部分一起被转让或转移。

（七）集成电路布图设计

第七编为“集成电路布图设计”编，为第31章，只此一章。该部分的一个特殊之处在于，其他部分一般将对专有名词的解释放在每部分的开头，而这一部分却将对专有名词如集成电路、布图设计、布图设计权利人的解释放在这一部分的结尾即第159条。该部分的规定基本遵循了世界知识产权组织《集成电路知识产权条约》的相关规定。

（八）不正当竞争和未公开信息

第八编为“不正当竞争和未公开信息”编，为第32章，只此一章。该部分几乎将世界知识产权组织1996年颁布的《反不正当竞争示范条款》原封不动地搬入。《反不正当竞争示范条款》一共6条，规定了6种不正当竞争行为，而斯里兰卡《知识产权法典》的“不正当竞争和未公开信息”编有7条，其中前6条与该《示范条款》的规定几乎一字不差，只是在第7条规定了对这些不正当竞争行为的法律制裁措施。

（九）地理标志

第九编为“地理标志”编，为第33章，只此一章。值得注意的是，法典并没有将地理标志的定义放在这一编规定，而是在第五编“商标”编的第19章里进行了解释。法典对地理标志的定义及其保护内容也完全符合世界贸易组织《知识产权协定》第22条第1款的规定：地理标志系指下列标志，其标示出某商品来源于某国地域内，或来源于该地域中的某地区或某地方，该商品的特定质量、信誉或其他特征主要与该地理来源相关联。对地理标志的保护基本符合《知识产权协定》关于地理标记的规定。

（十）顾问委员会的组成与权力

第十编为“顾问委员会的组成及其权力”编，为第34章，只此一章。根据这一编的规定，斯里兰卡商业贸易部长可以组成一个顾问委员会，用来向他就任何有关著作权、工业设计、商标、专利、不正当竞争以及其他与知识产权有关的问题提供咨询。委员会应由5—10名由部长指定的法律、商业或相关领域的专家组成，国家知识产权局长担任委员会的官方成员，并且履行委员会秘书的职责。委员会具有以下职能：(1) 向部长汇报就有关著作权、工业设计、商标、专利、不正当竞争以及其他知识产权方面的法律事务或问题；(2) 就有关著作权、工业设计、商标、专利、不正当竞争以及其他知识产权的法律及其适用进行评价，并向部长就法律的修改提出建议。(3) 委员会认为有必要时，讨论和考虑贸易委员会、专家组以及相关的机构、政府部门和公众提出的意见。

(十一) 杂则

第十一编为"杂则"编，从第 35 章至第 43 章，共 9 章。正如同该部分的名字一样，该部分的内容可以看作为一个异类题材的大杂烩：第 35 章为向总局长提出申请或向法院提起诉讼，第 36 章为登记的代理人，第 37 章为基金，第 38 章为违法行为和处罚，第 39 章为实施细则，第 40 章为对 1996 年第 10 号省级高等法院法(特别规定)的修正，第 41 章为对海关条例的修正，第 42 章为法律的废止和专利、商标、工业设计的保存，第 43 章为该部分专业术语的解释。

法典的第 38 章"违法行为和处罚"，将前述各部分关于知识产权侵权行为的规定集中到这一章。这一章对知识产权侵权行为采用的是列举法，分别规定了伪造注册登记簿、侵犯著作权、侵犯工业设计权、冒充工业设计、侵犯专利权、冒充专利、非法披露与专利相关的信息、侵犯商标权、冒充注册商标、其他侵犯注册商标的行为和虚假商品说明行为、法人团体的违法行为等侵权行为。同时对侵犯知识产权行为的处罚比较严格，将各类知识产权侵权行为都列为犯罪行为，例如法典第 178 条规定：任何意图侵犯本法第二部分所保护的权利(著作权)的行为是犯罪行为，行为人经地方法官审判，将被处以 50 万卢比的罚金或 6 个月以下的监禁，或同时处以罚金和监禁。如果行为人是第二次受到处罚，那么应当给予行为人双倍的处罚。第 181 条规定任何意图侵犯专利权人、专利受让人以及被许可人权利的行为是犯罪行为，行为人经地方法官的审判，将被处于 50 万卢比以下的罚款或 6 个月以下的监禁，或同时处以罚款和监禁。如果行为人是第二次受到处罚，那么应当给予行为人双倍的处罚。而且该章的规定与其他法律的配合比较严密，注重了整个法律体系的协调性，例如法典第 201 条就规定：《刑事诉讼法典》的规定可以适用于本部分规定的犯罪行为。

第六章
菲律宾知识产权制度法典化研究

一、菲律宾知识产权法的历史沿革

菲律宾知识产权保护要上溯到西班牙殖民统治时期(1521 年—1898 年)。在 1862 年之前,发明人通过申请可以获得 5 年、10 年、20 年不等的保护期。1888 年,根据西班牙为菲律宾制定的商标法,商标可以通过登记注册获得保护,商标权属于最先申请注册的人。1879 年 1 月 10 日的《西班牙知识产权法》[①]是菲律宾的第一部著作权法。[②] 美西战争后,西班牙的殖民统治被美国所代替。在从 1898 年 12 月 10 日开始的美国统治时期,所有的专利申请均由美国专利局按照美国专利法的标准审查和批准。[③] 菲律宾国会于 1903 年通过了第 666 号法案即《菲律宾商标与商号法》,该法废除了商标注册制度,规定使用是获得商标权的基础,这是对美国商标法基本原则的贯彻。[④] 菲律宾国会 1924 年 3 月 6 日颁布的第 3134 号法案即《菲律宾知识产权法》,建立于美国《1909 年版权法》的基础之上。[⑤]

独立后的菲律宾最早保护知识产权的法律是 1947 年颁布的共和国 165 号法案和 166 号法案,分别建立了菲律宾的专利制度和商标权制度。共和国 165 号法案又称为《专利法》,其目的在于设立专利局,规定其权力和职责,管理专利的批准以及拨款基金。共和国 166 号法案又称为《商标、服务商标和商号法》,

---

① 在西班牙,Intellectual Property Law 实际上是指 copyright law,菲律宾深受西班牙影响,也采用了这一称谓。

② Christopher L. Lim. The Development of Philippine Copyright Law. Ateneo Law Journal, Vol. 46 Issue No. 2, September, 2001.

③ Honorie B. de Vera, Post Grant/Registration Law, Procedure, Practice and Computerization of the Intellectual Property Office (Philippines) and the Japan Patent Office, http://www.jpo.go.jp/torikumi_e/kokusai_e/asia_ip_e/pdf/wipo/2003_philippines.pdf.

④ See Ferdinand M. Negre, Trademark Law in a Knotshell: From Caves to Cyberspace, Ateneo Law journal de Manila School of Law [46 Ateneo L. J 4659(2001)].

⑤ Christopher L. Lim. The Development of Philippine Copyright Law. Ateneo Law Journal, Vol. 46 Issue No. 2, September, 2001.

其目的在于为商标、商号、服务标志提供保护，界定不正当竞争、虚假印记和提供救济方法。1972 年依据菲律宾第 49 号总统令颁布的《知识产权保护法令》又建立了菲律宾的著作权制度。此后，这三部法律被多次修改，成为菲律宾知识产权法律体系的基础。除此之外，菲律宾政府很早就制定了保护和促进知识产权的国家政策，在 1973 年的《菲律宾宪法》中体现出来。该宪法规定"应当将与发明、作品和艺术创作有关的一定期限的专有权利授予发明者、作家和艺术家"。1987 年的《菲律宾宪法》明确规定国家应当保护知识产权。[①]

此后制定的知识产权法律规范还有：(1) 共和国第 422 号法案将著作权申请的审查权移交给公共图书管理局；(2) 共和国第 623 号法案调整了关于有印章或商标的瓶子、盒子或其他相似容器的适当使用；为外国申请人提供互惠或承认其优先权。对于商标，建立主要和补充以及交叉的程序；在专利保护体系下，增加对实用新型和工业设计的保护。对于商标注册，与其他国家提供互惠待遇；(3) 共和国第 5434 号法案提供了一个对准司法官员，包括对专利局长的决定提出上诉的统一程序；(4) 1967 年 11 月 20 日的第 94 号行政命令成立了一个委员会对菲律宾的专利体系进行审查并且建议修改法律来进一步提升该体系；(5) 第 721 号总统令在菲律宾专利局成立了法律服务处和研究与信息处，随后，各个不同处的重组在 20 世纪 80 年代完成，普通有机化学处和化学技术处被合并成为化学处；机电处与机械、设计、实用新型处和电子部门被合并为机械电子处；(6) 第 1263 号总统令修正了共和国第 165 号和 166 号法案，授权菲律宾专利局增加它的申请费用并且把收入的一部分花在优先项目上；通过菲律宾发明家委员会免除贫穷发明家申请专利所需的费用；如果强制许可被应用在一项专利产品或过程中，则可把强制许可的授予期限从 180 天减短到 120 天；(7) 1987 年 2 月 27 日的第 133 号执行令合并了菲律宾专利局和技术转让委员会，并成立了专利、商标和技术转让局(BPTTT)；(8) 1993 年 3 月 15 日的第 5 号和第 6 号部门行政令介绍了对专利、商标实施细则的修订和技术转让注册生效程序细则；(9) 共和国第 8293 号法案即《菲律宾识产权法典》(the Intellectual Property Code of the Philippines)，1997 年 6 月 6 日颁布，1998 年 1 月 1 日起生效。[②]

随着知识产权法典的颁布，菲律宾知识产权法的发展进入成熟期。总的来说，在菲律宾，各项知识产权都已经有了相应的法律保护依据：(1) 专利。《菲

① E. B. Astudillo, "Intellectual Property Regime Of the Philippines" in Arthur Wineburg (ed) Intellectual Property Protection in Asia (2nd edn), Lexis Law Publishing, Charlottesville, Virginia, 1999.

② Brief Background on the developments in Intellectual Property Rights in the Philippines. http://www.chanrobles.com/legal7history.htm.

律宾知识产权法典》对专利权的法律保护进行了详细的规定,并且在 1998 年 12 月颁布了《发明实施细则》。(2) 商标。除《菲律宾知识产权法典》对商标权的法律保护进行了详细规定外,菲律宾又于 1998 年 9 月颁布了《商标、服务标志、商号及有标记容器实施细则》,2000 年 6 月 8 日又对该细则进行了修订。(3) 工业设计。除《知识产权法典》外,菲律宾还于 1998 年 12 月颁布了《实用新型和工业设计实施细则》。(4) 著作权及相关权。除《知识产权法典》外,菲律宾还制定了《著作权实施细则》。(5) 地理标志和原产地名称。在《知识产权法典》和《商标、服务标志、商号及有标记容器实施细则》中都有相关规定。(6) 计算机程序。2000 年 6 月颁布的共和国第 8792 号法案即《菲律宾电子商务法案》对计算机程序的保护作了规定。(7) 商业秘密。《菲律宾知识产权法典》没有对商业秘密的法律保护进行具体规定。在菲律宾,商业秘密主要是由《民法典》和《刑法典》提供保护。(8) 集成电路布图设计。2001 年 8 月 6 日,菲律宾议会颁布共和国第 9150 号法案对《知识产权法典》进行修订,为集成电路布图设计提供保护。(9) 传统知识。2001 年,菲律宾通过《社区知识产权保护法》(Community Intellectual Rights Protection Act),对传统知识提供保护。(10) 植物品种。2002 年 6 月,菲律宾颁布共和国第 9168 号法案,建立国家植物品种保护委员会,为植物新品种提供法律保护。

除了上述法律规范外,菲律宾知识产权保护在其他方面也有一些显著的发展。1988 年 3 月 8 日,菲律宾专利、商标和技术转让局的第一份官方公报正式发布。1992 年,菲律宾专利认证代理委员会(PACPA)成立,它主要负责对菲律宾专利代理职业的认可和促进工作。同年,注册了菲律宾的专利权的只读目录数据被介绍。1993 年,菲律宾和美国签署了 Kantor-Navarro① 协议,其目的在于把菲律宾从美国贸易法案超级 301 条款所列的优先观察国家目录中删除。同年 10 月,菲律宾参与的关于专利和商标的"欧盟—东盟(EC-ASEAN)"项目正式开办。它加强了东盟各国知识产权局管理各自的专利和商标系统的能力,更进一步地促进东盟各成员国之间的专利信息交流。作为该项目的重要内容,一个专利文档中心于 1994 年在菲律宾宿务市建立。1994 年,菲律宾的专利和商标检索审查程序在欧洲委员会的帮助下步入了现代化,该系统有两个 CD-ROM 工作站,和一个包含有欧洲专利局从 1988 年至 1995 年所有专利申请文件的摘要以及全文的 CD-ROM 系统。1995 年,知识产权特别法院被菲律宾最高法院授权审理所有与知识产权相关的案件。②

① Kantor 为时任美国贸易代表,Navarro 为时任菲律宾工商部秘书长。

② Brief Background on the developments in Intellectual Property Rights in the Philippines. http://www.chanrobles.com/legal7history.htm.

在国际保护方面,菲律宾于1951年加入《伯尔尼公约》,1965年加入《巴黎公约》,1980年签署《建立世界知识产权组织公约》,1981年加入《国际承认用于专利程序的微生物保存布达佩斯条约》,1984年加入《保护表演者、录音制品录制者与广播组织罗马公约》,1995年成为世界贸易组织《知识产权协定》的签字国,2001年加入《专利合作条约》,2002年加入《世界知识产权组织著作权条约》和《世界知识产权组织表演及录音制品条约》。

二、《菲律宾知识产权法典》制定的历史背景

在20世纪80年代,菲律宾成为世界假冒商品的重要源头之一。据美国《时代周刊》当时的报道,假冒商品行业在菲律宾得到了充足的资金支持,并且已形成广泛的销售网络。据统计,因为菲律宾的假冒商品泛滥,美国平均每年要损失15.8亿美元,这个数字占到菲律宾对美国出口额的18%。[①] 1989年,美国宣布菲律宾为对知识产权保护不充分的国家。1989年和1990年,美国发布的"特殊301报告"将菲律宾列入观察国家名单。1991年和1992年,又将菲律宾列入重点观察国家名单。1993年4月,美国和菲律宾之间签订《美国与菲律宾知识产权保护备忘录》,菲律宾承诺采取措施加强知识产权保护,美国才将菲律宾从重点观察国家名单中撤除而列入观察国家名单。此后相当长的一段时间里,美国一直将菲律宾列入观察国家名单。[②] 为了促使菲律宾加强知识产权保护,美国甚至扬言要对菲律宾实行经济制裁。鉴于菲律宾经济对美国的强烈依赖性,美国的经济制裁一旦真正落实,菲律宾的经济损失将达数十亿美元。在这种压力之下,菲律宾不得不对本国的知识产权法律体系进行改革,以加强知识产权保护。

与此同时,1995年1月1日,世界贸易组织成立,并且签署《知识产权协定》,菲律宾是该协定的签字国。按照《知识产权协定》的"最低保护标准"原则,菲律宾作为WTO成员,必须使其国内法律对知识产权保护的程度达到《知识产权协定》所要求的标准。虽然菲律宾较早就加入了《伯尔尼公约》、《巴黎公约》和《成立世界知识产权组织公约》等知识产权国际公约,但它的知识产权保护离《知识产权协定》的要求还有一定的差距,因此,知识产权法的修改势在必行。《知识产权协定》给作为发展中国家的菲律宾留下了五年的过渡期,即到

---

① See Philippine Trade Chief Worried Over IPR Violations, supra note 322 (discussing the concerns of Philippine Trade Secretary as the Philippines continues to be on the Special 301 list).

② See Rosielyn Alviar Pulmano, In Search of Compliance With TRIPs Against Counterfeiting in the Philippines: When is Enough? The Transnational Lawyer, Spring, 1999.

2000 年，菲律宾知识产权法的各项规定必须符合《知识产权协定》的要求。所以 1998 年 1 月 1 日生效的《菲律宾知识产权法典》正好赶上了过渡期的期限要求。因此，菲律宾制定知识产权法典的主要目的就是为了应对美国的压力和《知识产权协定》对知识产权保护所确立的最低标准。[①]

而此时的菲律宾知识产权法律体系也确实存在不少问题，主要表现在：

1. 与主要的国际公约尤其是世界贸易组织的《知识产权协定》的差距较大。首先，知识产权法律保护的客体范围狭窄。此时菲律宾的知识产权法律只是对著作权、商标权、专利权等传统的知识产权进行保护，对计算机软件、数据库、集成电路布图设计、植物新品种等新型智慧创作物则未予以调整与保护。其次，知识产权保护标准较低。此时的菲律宾专利法采用“先发明原则”而不是国际通行的“先申请原则”，对专利权的保护期限为从授权之日起 17 年而不是从申请之日起 20 年。

2. 知识产权法律体系凌乱。1947 年《专利法》和《商标、服务商标和商号法》是由菲律宾议会制定，以共和国法案的形式出现，而调整著作权的 1972 年《知识产权令》却是以总统令的形式出现的，菲律宾此后的知识产权法律也包括了共和国法案、总统令、执行令和部门管理条例等形式，数量达数十部之多。[②]而且各部法律之间的冲突和漏洞大量存在。这种凌乱的法律体系严重影响了法律的权威性和可操作性。

3. 缺乏有效的知识产权保护措施。在菲律宾 1947 年专利法中没有单独规定对侵犯专利权和不正当竞争行为的刑事罪名。在 1997 年《菲律宾知识产权法典》通过之前，菲律宾政府并没有把知识产权保护放到优先位置，也没有对知识产权法律的执行给予足够的重视。执法部门缺乏足够的预算和人员。侵犯知识产权所受到的最重的处罚也只有 2000 比索（约合 50 美元）或 1 年的有期徒刑。但审判程序的拖延往往使得知识产权所有人失去用法律对付侵权行为的信心。[③] 在这种情况下，借知识产权法典制定的时机对菲律宾知识产权法律体系进行整体修改也不失为一个明智的方案。

---

① Grace P. Nerona. The Battle Against Software Piracy: Software Copyright Protection in the Philippines. Pacific Rim Law & Policy Journal. September, 2000.

② Brief Background on the developments in Intellectual Property Rights in the Philippines. http://www.chanrobles.com/legal7history.htm.

③ Grace P. Nerona. The Battle Against Software Piracy: Software Copyright Protection in the Philippines. Pacific Rim Law & Policy Journal. September, 2000.

三、菲律宾《知识产权法典》的总体结构及其形成原因

（一）菲律宾《知识产权法典》的基本结构

菲律宾《知识产权法典》由编（Part）、章（Chapter）、节（Section）三个层次构成。整部法典分五编，每一编包含若干章，每章包含若干节，一共有241条。具体结构如下：

第一编　知识产权局
第二编　专利法
第一章　总则（定义）
第二章　可专利性
第三章　专利权的归属
第四章　专利申请
第五章　专利授予
第六章　专利权的撤销
第七章　对专利申请人的救济
第八章　专利权人的权利以及侵权行为
第九章　自愿许可
第十章　强制许可
第十一章　权利的转让与转移
第十二章　实用新型的注册
第十三章　工业设计和集成电路布图设计
第三编　商品商标、服务商标和商号法
第四编　著作权法
第一章　预备条款（定义）
第二章　原始作品
第三章　演绎作品
第四章　不受保护的对象
第五章　复制权或经济权利
第六章　著作权所有权
第七章　著作权的转让或转移
第八章　著作权限制
第九章　保存和通知
第十章　精神权利

第十一章 作品后继转让的收益权
第十二章 表演者、音像制作者及广播组织的权利
第十三章 音像制作者
第十四章 广播组织
第十五章 保护的限制
第十六章 保护的期限
第十七章 侵权
第十八章 适用范围
第十九章 诉讼机构
第二十章 其他条款
第五编 杂则

（二）菲律宾《知识产权法典》结构形成原因

与《斯里兰卡知识产权法典》“拿来主义”的做法不同，菲律宾《知识产权法典》的结构采取的是“本土汇编主义”，即将现存的几部知识产权法律汇编集中在一起，再加上“知识产权局”编，便形成一部法典。

菲律宾制定《知识产权法典》的主要原因是为了加强知识产权管理工作。菲律宾曾经长期处于美国统治之下，深知知识产权法的重要性。因此，菲律宾的知识产权法律也深受美国的影响。另一方面，菲律宾是较早加入《巴黎公约》（1965 年）和《伯尔尼公约》（1951 年）的发展中国家之一，也较早地建立了相对完备的知识产权法律体系。可以说在这一时期，菲律宾知识产权工作的重点不在于立法而在于执法管理。在 20 世纪 80 年代，由于菲律宾知识产权管理和保护工作的缺失，曾使得菲律宾成为世界假冒商品的重要源头之一。[①] 美国在历次“特殊 301”报告中，对菲律宾知识产权工作的指责也主要集中于其对知识产权的保护和管理不力。因此，菲律宾制定知识产权法典的主要目的就是为了加强知识产权管理工作，《知识产权法典》制定工作的重点也就放在知识产权管理编上，以便通过制定统一的知识产权法典来创建统一的知识产权管理制度。《知识产权法典》编纂过程中，立法工作量最大的是第一编“知识产权局”。这一编所规定的内容是全新的，创设了一个全新的知识产权管理机关——菲律宾知识产权局，并对该局的组成机构和职能进行了详细规定。

菲律宾曾长期处于美国的统治之下，美国实用主义哲学对其立法工作也产

---

① See Philippine Trade Chief Worried Over IPR Violations, supra note 322 (discussing the concerns of Philippine Trade Secretary as the Philippines continues to be on the Special 301 list).

生了或多或少的影响，这一点在制定《知识产权法典》时反映得尤为明显。《知识产权法典》的具体做法就是将现存的《专利法》、《商标、服务商标和商号法》以及《著作权法》（即《知识产权保护法》）中有关知识产权管理的法律条款抽出并予以综合，将其作为“知识产权局”编的雏形，然后按照《美国与菲律宾知识产权保护备忘录》和相关国际公约尤其是《知识产权协定》的要求在内容上对这三部法律进行修订，以一种汇编的方式使它们构成知识产权法典的三编，所以这三编尤其是专利权编和著作权编的结构体例与旧法相比并无太大的改动（这一点可以从下表的对比中看出）。立法中的实用主义哲学反映最为明显的便是法典的第三编“商品商标、服务商标和商号法”编。这一编最大的特点就在于它不像“专利法”编和“著作权法”编那样还采取了“章”这一层次作为过渡。这一编的前身1947年《商标、服务商标和商号法》由章和节两个部分组成，共分13章45节。但这一编则将“章”舍弃，直接采用了“条”的编排体例，全编共由49条构成。这在一定程度上影响了整部法典的层次性和体系感，使得法典各编之间显得十分不协调。对此，菲律宾学者的回答是：“这仅仅是一个形式问题，没有任何原因”。使人不禁感叹于菲律宾立法者那浓厚的实用主义情结。

1947年《专利法》结构	**《知识产权法典》专利法编结构**
第1章 专利局及其职能	第1章 总则（定义）
第2章 可专利性	第2章 可专利性
第3章 专利申请	第3章 专利权的归属
第4章 专利授予	第4章 专利申请
第5章 专利保护期限	第5章 专利授予
第6章 专利的放弃、修改与更正	第6章 专利撤销
第7章 专利撤销	第7章 对专利申请人的救济
第8章 强制许可	第8章 专利权人的权利以及侵权行为
第9章 专利权人的权利与侵权行为	第9章 自愿许可
第10章 侵权行为的诉讼与法律制裁	第10章 强制许可
第11章 专利权的转让与转移	第11章 权利的转让与转移
第12章 工业设计	第12章 实用新型的注册
第13章 局长的决定或命令的复审	第13章 工业设计和集成电路布图设计
第14章 对假冒行为的处罚	
第15章 杂则	

（续表）

1972 年《知识产权保护法》结构	《知识产权法典》著作权法编结构
第 1 章 预备条款 第 2 章 著作权 第 1 节 著作权的范围和利益 第 2 节 著作权限制 第 3 节 作品和著作权的转移 第 4 节 著作权保护期限 第 5 节 保存与通知 第 6 节 侵权行为 第 3 章 作品后续转让的收益权 第 4 章 精神权利 第 5 章 表演者、音像制作者及广播组织的权利 第 1 节 定义 第 2 节 表演者 第 3 节 音像制作者 第 4 节 广播组织 第 5 节 保护期限 第 6 节 法律制裁 第 6 章 诉讼机构与程序 第 7 章 杂则 第 8 章 最后条款	第 1 章 预备条款（定义） 第 2 章 原始作品 第 3 章 演绎作品 第 4 章 不受保护的作品 第 5 章 复制权或经济权利 第 6 章 著作权所有权 第 7 章 著作权转让或转移 第 8 章 著作权限制 第 9 章 保存和通知 第 10 章 精神权利 第 11 章 作品后续转让的收益权 第 12 章 表演者权 第 13 章 音像制作者权 第 14 章 广播组织权 第 15 章 保护的限制 第 16 章 保护期限 第 17 章 侵权 第 18 章 适用范围 第 19 章 诉讼机构 第 20 章 杂则

四、菲律宾《知识产权法典》的基本内容

（一）知识产权局

菲律宾《知识产权法典》第一编为“知识产权局”编，共 19 条。这一编规定的内容主要是知识产权行政管理。

第 1 条规定共和国第 8293 号法案的名称为《菲律宾知识产权法典》。第 2 条明确阐述了菲律宾的国家政策，一个有效的知识和工业产权体系对发展国民经济、促进技术转让、吸引国外投资、确保本国产品的市场准入都极其重要。本法应当保护和保证科学家、发明家、艺术家和其他有天才的公民的专有权利。知识产权应当承担一定的社会功能。为了促进国家发展和进步以及公众利益，国家将致力于知识和信息的传播。优化专利、商标和著作权的行政管理程序，放宽技术转让方面的限制，强化知识产权保护同时也是菲律宾的一项国家

政策。

第3条对菲律宾所参加的国际公约在国内的适用问题作了规定。第4条规定本法典所调整的知识产权的范围包括:著作权和相关权、商标和服务商标、工业设计、专利权、集成电路布图设计、未公开信息的保护。这与《知识产权协定》的规定完全相同。从形式上看,《知识产权法典》只规定了著作权、商标权和专利权三部分,但地理标记的保护被涵盖于商标权部分,工业设计的保护被涵盖于专利权部分。2001年8月6日,菲律宾议会颁布了共和国第9150号法案对《知识产权法典》进行了修订,对集成电路布图设计的保护作了具体规定。只有未公开信息的保护仍然是由菲律宾《民法典》和《刑法典》予以具体规定。《知识产权法典》在2001年8月6日以前对集成电路布图设计和现在对未公开信息保护的处理办法与《法国知识产权法典》对原产地名称和制造秘密的处理办法相同,其目的都是为了向公众宣告某些类别的智慧创作物属于知识产权的保护范围。

第5条—第19条是关于菲律宾知识产权局的职能、构成、经费、人员组成等的规定。负责知识产权法典实施的政府机构为知识产权局,它代替了根据1987年2月27日第133号执行令成立的专利、商标和技术转让局。知识产权局由六个分局组成:专利局、商标局、法律事务局、文件信息和技术转让局、信息系统管理和电子数据处理局、行政财政和人事管理局。知识产权局的职能是:(1)审查发明专利、实用新型及工业设计的注册申请;(2)审查商标、地理标记、集成电路布图设计的注册申请;(3)主管技术转让协议的登记,解决因第二部分第九章"自愿许可"引起的技术转让支付争端,发展并执行政策以促进技术转让;(4)为技术发展而促进专利信息的使用;(5)定期地在自己的出版物中公开授权的专利权、标志、实用新型和工业设计以及登记的技术转让合同;(6)行政裁决影响知识产权的竞争行为;(7)联合其他政府机构和私人机构来履行计划和政策来加强本国知识产权的保护。

(二)专利法

菲律宾《知识产权法典》的第二编为"专利法"编,分为13章。

第一章为总则。该章名为"总则",实际上只有一条(第20条),该条的主要内容就是对专利部分规定的一些词语进行定义和解释。

第二章为"可专利性"。该章主要对可申请专利的发明,不可申请专利的对象,授予专利的新颖性、创造性和实用性作了规定。(1)在菲律宾,为解决人类活动的任何领域遇到的问题所提出的能够应用于工业的新的技术方案包括发明步骤,都可申请专利。专利法所指的发明,是指对产品、方法或其改进所提出的技术方案。(2) 下列各项则不受专利保护:① 发现、科学理论和数学方法;② 智力活动、游戏或商业活动的方案、规则和方法及电脑程序;③ 用于人类或动物的手术、治疗及诊断的方法,但这项规定不适用于诊断或治疗疾病的仪器、设备或器械;④ 动物和植物品种或者生产动植物所必要的生物学程序,该项不适用于微有机体、非生物学的和微生物程序(但菲律宾知识产权法典同时规定国会可以制定法律来为动植物品种提供特别保护);⑤ 艺术品;⑥ 任何违反公共秩序或社会公德的发明。(3) 一项发明只有同时具备新颖性、创造性和实用性才可能被授予专利权。法典规定,如果某项发明是已有技术的组成部分,则该发明不具有新颖性,然后在第 24 条对什么是已有技术进行了详细的规定;创造性则是指"与申请日以前的已有技术相比,该发明有突出的实质性特点和显著的进步";实用性则是指"该发明能够在工业领域制造或使用"。

第三章为专利权的归属。该章主要规定了以下内容:(1) 一般情况下,专利权属于发明者及其继承人或者专利受让人。当有两人或较多的人共同进行发明时,专利权将属于他们共有。(2) 先申请原则:如果两个或两个以上的人分别就其独立完成的发明向专利局提出专利申请,那么专利权属于最先提出申请的人。(3) 委托发明专利权的归属:除非有合同另外说明,专利权将归委托人享有。(4) 雇佣发明专利权的归属:职员在雇佣期间所完成的发明,专利权将属于:① 如果这项发明活动不是职员日常工作的一部分,则这项专利权将属于职员,即使职员在发明活动中使用了雇主的设备和材料。② 如果发明是雇主分配的任务,则专利权将属于雇主,除非另有协议说明。此外,由于菲律宾是《巴黎公约》的成员国,所以法典在该章还依据《巴黎公约》对优先权作了规定。

第四章为专利申请。该章主要就专利申请的有关事项作了规定。主要包括在菲律宾申请专利时应当使用的语言和递交的文件(申请书、说明书、图示、权利要求书和摘要)、发明的公开和说明、专利申请的单一性原则以及外国人在菲申请专利等内容。

第五章为专利授予。在菲律宾,发明专利的授予要经过以下一些步骤:(1) 申请人递交申请文件并缴纳相关费用。(2) 知识产权局收到申请文件和费用后,对文件进行形式审查。(3) 通过形式审查后,由知识产权局对申请进行分类和检索。(4) 专利申请的公开。专利申请连同检索文件一起将在申请日或优先权日起满 18 个月时在知识产权局的公报中公开。但如果知识产权局长认为某项公开可能会对菲律宾的国家安全和利益造成损害,他可以禁止或限制该项申请的公开。与此同时,还没有被公开的专利申请和所有相关资料在没得到申请者同意时不能被公众查阅。(5) 实质审查。在专利申请公开后的 6 个月内,申请人必须以书面形式请求知识产权局对该专利申请是否符合第 21

条到第27条的要求(新颖性、创造性和实用性)进行审查,超过此期限,该申请将被视为撤回。(6)专利权的授予。如果专利申请符合法典的规定,知识产权局将授予申请人专利权。(7)专利权授予的公开。专利权的授予连同相关信息必须在规定的时间内在知识产权局的公报上公开。法典第54条还规定,专利权的保护期限为从申请日起的20年。此外,该章还就专利申请的拒绝、专利权的放弃、申请错误的更正、专利证书的变更等内容作了规定。

第六章为专利权的撤销。该章对专利权撤销的理由、程序、法律效果进行了详细规定。该章规定,任何人在支付必需的费用条件下,基于以下理由,都可以向知识产权局提出撤销某项专利:(1)发明不具备新颖性或可专利性;(2)专利没有由熟知技术的人充分、清楚、完整地揭示发明;(3)专利与公共秩序或道德相违背。

第七章为"对专利申请人的救济"。法典第67条规定,如果某人是第29条中所规定的后申请人,他被终审法院的命令或决定宣布对一项专利享有申请权,则在决定后的3个月内,他可以:(1)以他自己的申请代替原申请人来请求申请;(2)就同一发明做出一个新的专利申请;(3)请求拒绝原有的申请;(4)请求撤销该项专利。第68条规定,如果某人的发明被他人以窃取或欺诈的方式取得然后获得专利权,但最后终审法院的命令或判决承认他是真正和事实上的发明人,这时法院应当判决他成为专利权人,或者是真正的发明人,撤销专利权并且在可能的情况下给其以实质上的或其他的损害赔偿。

第八章是"专利权人的权利以及侵权行为"。在菲律宾,专利权人享有的权利与《知识产权协定》规定的相同,包括制造权、使用权、许诺销售权、销售权和进口权,同时专利权人还有权转让或通过继承转移其专利权,有权缔结许可证合同。专利权人的权利也受到诸如权利穷竭、先用权人的实施、临时过境、非商业目的使用;政府在法定情形下强制使用等情况的限制。在专利权人的权利受到侵害时,专利权人、任何对专利发明享有权利和利益的人都可以向法院提起诉讼。法庭可以依据实际情况,判决侵权人支付超过实际损失的赔偿金,但赔偿金额不超过实际损失的3倍。此外该章还就专利保护范围和权利要求的解释、外国侵权行为、方法专利的举证责任、诉讼时效等内容作了规定。

法典的第九章和第十章分别为自愿许可和强制许可,对专利许可证合同的有关内容如自愿许可证合同的禁止条款和强制性条款、许可人和被许可人的权利和义务、申请强制许可的理由、交叉强制许可、强制许可的条款、强制许可的修订、取消和放弃等作了规定。第十一章为"权利的转让与转移",对专利权转让的内容作了规定。

第十二章为实用新型的注册,主要对实用新型的申请注册事项作了规定。

在菲律宾,如果一项发明是新的并适用于工业,它将适合被注册为实用新型。实用新型只需经过格式审查程序而无需经过实质审查。实用新型的保护期限为申请日起满7年。申请者不能为同一主题同时地或连续地递交两个申请,一为实用新型注册的申请,一为对专利权的申请。

第十三章原名为“工业设计”,但菲律宾国会2001年8月6日通过的共和国第9150号法案对此章进行了修改,将其改名为“工业设计和集成电路布图设计”,将对集成电路布图设计的保护纳入专利权部分。在菲律宾,工业设计的保护期限为自申请之日起的5年,并且至多可以延期两次,每次不超过5年。集成电路布图设计的保护期为10年。

(三)商品商标、服务商标和商号法

《知识产权法典》的第三编为“商品商标、服务商标和商号法”编。这一编与其他编不同,没有“章”的编排体例作为过渡,而是直接采用了“条”的编排体例,共有49条。

第121条对本编所涉及的一些术语进行了解释,规定商标是指任何可以将企业的产品和服务区分开来的可视性标志,而且包括印有图案的或有记号的商品容器。商号是指用来指示或识别企业的名称。商标权要通过注册获得,而且在第123条规定了不能获得商标注册的13种标志。商标可以是平面商标和立体商标。商标的申请人享有优先权。

第145条—第154条对商标权的权利内容、权利限制及权利转移作了规定。(1)商标权的保护期为10年,并且可以多次续展,每个续展期为10年。(2)商标权人有权阻止他人在未经许可的情况下在相同或类似的商品或服务上使用与注册商标相同或相似的标志,从而有造成混淆的可能性。如果有相同的标志使用在相同的商品或服务上,则可以认为造成了混淆。而在菲律宾共和国注册的驰名商标专有权,将扩充到所有类别的商品和服务上。(3)注册商标的合理使用。商标权人无权阻止他人在自己的商品或服务上善意地使用他们的名字、住址、假名、地理名称或精确地指示关于种类、质量、数量,目的地、价值、起源地、生产或供应、时间,这样的使用对仅仅是识别或信息是禁止的,而且不能够误导民众关于货物或服务的来源,只要这种使用仅仅出于提供识别或信息,而不会误导公众对于货物或服务来源的判断。

第155条—164条则就侵犯商标权的行为及诉讼问题作了规定。(1)侵犯商标权的行为。未经商标注册人许可,任何人实施以下行为都会造成侵犯商标权:① 复制、假冒、模仿或欺骗性地仿造注册商标,用于商品或服务的销售、提供、广告等商业活动,并且有可能造成混淆、误导和欺骗。② 复制、假冒、模仿或

欺骗性地仿照注册商标,并在商业活动中将此种商标用于标签、标记、印刷物、包装盒、包装纸、包装容器和广告上,有可能造成混淆、误导、欺骗。(2) 商标诉讼中的原告可以申请诉前禁令。(3) 因使用虚假或欺诈的陈述而取得注册商标的任何人,无论是这种陈述是以口头、书面方式还是其他任何错误的方式表现,都将在受损害方的民事行为中承担责任。

第166条—169条则对商号、集体商标、不正当竞争、原产地标志保护作了规定。第170条对侵犯商标权行为的刑事责任作了规定。

(四) 著作权法

《知识产权法典》的第四编为"著作权法"编,共20章。

第一章为预备条款,只有一条,即第171条"定义"。该条对著作权法所涉及的部分术语如作家、集体作品、公演、已发表作品等进行了解释。

第二章为原始作品,只有一条,即第172条"文学艺术作品"。该条规定文学艺术作品是指文学和艺术领域的原始知识创造,一经产生就应当受到保护,主要包括文字作品;口述作品;音乐、戏剧、舞蹈作品;美术、建筑作品;摄影和影视作品;计算机程序等。并规定作品受保护的唯一要素就是创造性,而不管它们的表达形式,以及它们的内容、质量和目的。第三章为演绎作品,对演绎作品的有关内容作了规定。第四章为"不受保护的对象",包括思想、程序、系统方法或工序、概念、原则、发现或单纯的数据、日常新闻和事实报道、任何具有立法、行政、司法性质的文件以及它们的官方翻译。此外该章还规定政府作品中不存在著作权,但如果利用政府作品进行营利的,则需要事先得到该作品产生的政府机关或办公室的许可。

第五章为复制权或经济权利,只有一条,即第177条。该条规定著作权人享有专有权来实行、授权或阻止下列的行为:(1) 复制作品或作品中的实质部分;(2) 编剧、翻译、改编、删节、整理作品或其他形式的转换;(3) 首次公开销售作品的原件或其复制件,或其他形式的所有权转让;(4) 对视听作品、影视作品原件或复制件的出租权,该作品还可以收录有录音、电脑程序、数据或其他材料的汇编;(5) 公开展示作品的原件及复制件;(6) 对作品进行公开表演;(7) 其他与民众沟通作品的方式。

第六章为著作权所有权。该章规定了著作权的归属原则:(1) 文学艺术作品的著作权将属于作品的作者;(2) 共同作品的著作权属于共同作者享有,如果共同作品含有能单独使用的部分,并且单独部分的作者也能够被识别出来,那么各个作者是自己创作部分的原始拥有者;(3) 如果一部作品是在作者受雇佣期间完成的,那么著作权将属于:① 雇员:如果创作作品不是雇员日常工作任务的一部分,即使雇员在工作期间使用了雇主的设备和材料;② 雇主:如果作品是雇员执行日常工作任务的结果,著作权属于雇主,有相反约定的除外。(4) 对于委托作品,委托人享有作品的所有权,而著作权属于作者,有相反约定的除外。(5) 视听作品的著作权属于制片者、编剧、作曲家、电影导演和作品的改编者。但是,如无相反约定,作品以任何方式展览,制片者都有权实施著作权。(6) 对于匿名作品,出版人被视为作者的代理人。

第七章为著作权的转让或转移,就著作权转让关系中转让方与受让方的权利和义务、著作权转让的形式和程序作了规定。尤其指明著作权和财产权不一样,著作权的转让本身不包括其载体所有权的转移。同时著作权人及其继承人可以指定一个艺术家、作家或作曲家的社团来代表他们执行其经济权利和精神权利。

第八章为著作权限制,该章主要对不视为侵犯著作权的行为、著作权的合理使用等作了规定。第九章为保存和通知,主要就著作权人就其作品在国立图书馆和最高法院图书馆进行登记的事项作了规定。

第十章为精神权利,规定了以下几个方面的内容:(1) 作者拥有署名权、修改权、保持内容完整权和禁止虚假署名权。(2) 作者不能够被强迫执行合同来创作作品或出版他已有的作品。(3) 在符合法律规定的条件下,作者可以书面形式放弃其精神权利。(4) 精神权利具有时间限制,其保护期限为作者终生加上死亡后的 50 年,但精神权利不可转让。作者死亡后,其权利执行人的姓名将在国家图书馆备案;无权利执行人的,其权利移交给其继承人;没有继承人的,其权利移交给国家图书馆馆长行使。(5) 作者精神权利遭受侵害的,权利执行人享有与著作权人相同的救济权。除此之外,权利人可依民法典寻求损害赔偿。作者死亡后,由其继承人主张损害赔偿请求权并获得相应的损害赔偿;没有继承人的,由政府主张损害赔偿请求权,并获得相应的损害赔偿。

第十一章为作品后继转让的收益权。该章规定,当作者将其绘画、雕塑、原始手稿出售之后,作者及其继承人有权获得作品其后的每一次出售或出租总收入的 5%,这种权利的保护期限为作者的终生及其死亡后的 50 年。

第十二章为表演者、音像制作者及广播组织的权利,共 6 条(第 202 条—第 207 条)。该章规定的内容与其标题显示的不同,除了在第 202 条就表演者、音像制作者、广播组织等概念进行了解释外,其余 5 条仅规定了表演者的权利,音像制作者及广播组织的权利其实是放在下面的第十三章和第十四章中分别进行规定。由此可以看出菲律宾立法者在法典形式上的"马虎"。第十五章为保护的限制,该章只有一条(第 212 条),对表演者、音像制作者及广播组织权利的限制作了规定,规定自然人为自己个人目的的使用、为报告时事新闻而使用简短的摘录、只以教学或科研为目的的使用、受制于第 185 条限制下的广播的合理使用等四种情况下不视为侵权。

第十六章为权利的保护期限。该章规定:(1) 著作权保护期限为作者有生之年加上死亡后 50 年,截止于作者去世后的第 50 年,该规定也适用于遗作。(2) 就合作作品而言,其经济权利的保护期为 50 年,截止于最后死亡作者死亡后的第 50 年。(3) 就匿名作品或假名作品而言,其经济权利的保护期为 50 年,截止于该作品首次合法出版后的第 50 年;期满前,作者身份确定的,其经济权利保护期适用前两款的规定;该作品没有出版的,其经济权利的保护期截止于从创作完成日起的 50 年。(4) 就实用艺术作品而言,其经济权利的保护期为 25 年,自制作完成之日起算。照片的经济权利保护期为 50 年,自其首次出版之日起算;没有出版的,自拍摄之日起计算。(5) 就视听作品而言,包括由类似的摄影过程制作或视听录音制作,其经济权利的保护期限为 50 年,自首次出版之日起计算;未出版的,从制作之日起计算。此外,该章还对表演者、音像制作者及广播组织的权利保护期限作了规定。

第十七章为侵权。该章主要对侵犯著作权行为的法律责任作了规定:(1) 法官可以颁发禁令,命令被告停止侵权行为,特别是阻止那些与侵权有关的、但是被海关放行的进口商品进入商业渠道。(2) 侵权人应当向著作权人或著作权受让人或继承人赔偿其受到的实际损失,包括法律费用和其他费用。(3) 对侵权人的处罚非常严格,规定侵权人第一次为侵权行为的,可处 1 年以上 3 年以下的监禁,并处 5 万比索以上 10 万比索以下的罚金;第二次为侵权行为的,可处 3 年以上 6 年以下的监禁,并处 15 万比索以上 50 万比索以下的罚金;第三次或三次以上为侵权行为的,可处 6 年以上 9 年以下的监禁,并处 50 万比索以上 150 万比索以下的罚金。但该章的第 219 条和第 220 条的内容似乎也游离于本章的标题之外。第 219 条规定的内容是"作者身份的推断",规定如无相反证明,在作品上署名的人为作者。第 220 条规定的内容是"作品的国际登记"。

第十八章为适用范围,就《知识产权法典》"著作权法"编提供的法律保护所适用的主体和客体范围作了规定。第十九章为诉讼机构,就有权审理著作权诉讼的法院和诉讼时效(4 年)等内容作了规定。第二十章为其他条款,共 3 条(第 227 条—第 229 条),分别就在国家图书馆和最高法院图书馆寄存的复制件和归档的证书的所有权、档案公开和著作权部门费用等问题作了规定。

(五) 最后条款

《知识产权法典》第五编为"杂则",共 12 条(第 230 条—第 241 条)。这一编各条之间缺乏明显的关联性，可以被认为是一个“异类题材的大杂烩”。各条规定的内容分别是：第230条，管理程序中的衡平原则；第231条，外国法律互惠的撤销；第232条，申诉；第233条，知识产权局的组织；对工资标准法和人员裁减法的豁免；第234条，专利、商标和技术转让局的废除；第235条，法案生效日前的申请；第236条，现有权利的维持；第237条，伯尔尼会议附件上的注意事项；第238条，拨款；第239条，旧法案的废除；第240条，可分离性；第241条，法案的生效。

第七章
越南知识产权制度法典化研究

一、越南知识产权法的历史沿革

越南,这个位于东南亚的国家,与中国相比,它是市场经济道路上的后来者,但在市场经济立法上却属于先行者。当中国还在准备庆祝《民法通则》诞生10周年的时候,越南已经于1995年颁布了《民法典》;当中国的民法典制定正陷入激烈争论之中而渐成僵局时,越南却于2005年又颁布了新的《民法典》;当中国学术界正在为是否制定一部知识产权法典而展开争论时,越南已经于2005年通过了一部统一的、法典式的《知识产权法》。由于越南与我国山水相连且在政治、经济、文化上有许多相同之处,对其《知识产权法》的形成过程、历史背景和基本特点等方面进行研究应该能够为我国的知识产权立法提供某些借鉴之处。

(一)初创阶段

越南统一后最早的知识产权法律是1981年1月23日公布的《技术进步、生产合理化和发明条例》,但这部法律与当时越南的计划经济相适应,它着重保护创造者的精神权利,基本上不保护财产权利。1982年,越南颁布《商标保护法令》。1986年颁布《著作权保护法令》,这个条例的重要作用就是越南象征意义地保护著作权,并且越南政府也想通过它来对大众进行知识产权教育。①

伴随着1986年越南共产党"六大"制定的由计划经济向市场经济改革的政策,越南陆续制定了一系列的知识产权法律:1988年颁布了《实用新型保护法令》、《工业设计保护法令》和《从外国向越南引进技术法令》。1989年2月颁布《工业产权保护法令》,1994年颁布新的《著作权保护法令》。但这一阶段越南知识产权法律的保护范围非常狭小,仅仅包括:发明(保护期限为15年)、实用新型(保护期限为6年)、工业设计(保护期限为5年,可以续展2次,每次5

---

① 李强、范祚军:《越南知识产权法初论》,载《东南亚纵横》2005年第4期。

年)、商标(保护期限为 10 年,可以续展,每次 10 年)、原产地名称以及文学、艺术和科学作品。同时,侵犯知识产权的行为通常只受到行政处罚而且往往还得不到落实,社会知识产权意识也十分薄弱,以至于人们把越南知识产权法称为"纸老虎",因为公众不遵守这些法律,政府也不执行这些法律。① 在这种法律状况下,从 1981 年到 1995 年 12 月,越南的知识产权保护量仅为:发明和实用新型专利 2311 件(其中本国人注册 965 件);外观设计专利 4169 件(其中本国人注册 3908 件);商标 26080 件(其中本国人注册 10854 件)。②

(二) 发展阶段

为了加入世界贸易组织和吸引外国投资,越南政府于 1994 年制定了一个行动计划以保证越南的知识产权法与主要国际条约尤其是《知识产权协定》的规定一致。该行动计划共由以下几个部分组成:(1) 知识产权法的修订;(2) 向外国人开放知识产权法律体系;(3) 增强知识产权保护实际效果;(4) 改革知识产权的管理体制;(5) 提高公众对于知识产权的了解,提升其支持和保护知识产权的积极性;(6) 行动计划的具体时间表。

该行动计划规定"当前越南知识产权法律体系最重大的缺点就在于其结构的不合理"。在这一行动计划的指导下,越南的知识产权法律体系进行了重大的变革,1995 年 10 月《越南民法典》的制定就是这一行动计划的关键一步。③ 随着《越南民法典》的制定,前述知识产权法律都被废除,而"知识产权与技术转让"则成为《越南民法典》的第六编。④

但《越南民法典》(1995)的相关规定存在着以下不足之处:(1)《民法典》对知识产权的规定比较抽象和笼统。《民法典》的"知识产权与技术转让"部分仅有 3 章 81 条,分别是第一章"著作权"35 条(第 745 条—第 779 条)、第二章"工业产权"26 条(第 780 条—第 805 条)、第三章"技术转让"20 条(第 806 条—第 825 条)。如果抛开"技术转让"一章不算,其知识产权部分只有 2 章 61 条。很明显,这样的规定一方面过于笼统,只能是一种原则性的规定,不利于知识产权保护的具体展开和实施;另一方面也对有些内容有所遗漏,例如《民法典》只

---

① See Than Nguyen Luu, Note, To Slay a Paper Tiger: Closing the Loopholes in Vietnam's New Copyright Laws, 47 HASTINGS L. J. 821, 822 (1996).

② Vietnam Ministry of Sciences and Technology, Accession to the WTO and the Intellectual Property System in Vietnam, http://siteresources.worldbank.org/INTRANETTRADE/Resources.

③ Ibid.

④ Mart Leesti, Country Case Study for Study 9: Institutional Issues for Developing Countries in IP Policy-Making, Administration and Enforcement, Vietnam. Commission on Intellectual Property Rights. http://www.iprcommission.org/papers/pdfs/study_papers.

是规定了侵犯工业产权的行为,却并未对侵犯著作权的行为进行规定,这就使得著作权人的权利不能得到有效的保护。(2)保护范围比较狭窄。《民法典》只是对著作权及相关权、发明权、实用新型权、工业设计权、商标权和商品原产地名称权的保护进行了原则性的规定,对其他类别的知识产权仅以"其他权利"一词进行了概括,再未见有其他的规定。

《越南民法典》(1995)颁布以后,针对其实施过程中暴露出来的一些问题,越南政府、各部又陆续颁布了一些其他的法律规范,以拓宽知识产权保护的范围,加强《民法典》知识产权部分的可操作性。例如越南政府1996年颁布第63/CP和76/CP法令作为民法典对工业产权和著作权规定的实施细则;2000年颁布第54/2000/ND-CP号法令,对商业秘密、地理标志、商号、反不正当竞争进行具体保护;2001年2月1日颁布No. 06/2001/ND-CP号法令,对63/CP号法令予以修改,对发明、实用新型、工业设计、商标、原产地名称进行具体保护;2001年4月20日颁布的第13/2001/ND-CP号法令则对植物新品种提供保护;2003年5月5日颁布的第42/2003/ND-CP号法令对集成电路布图设计提供保护。到2005年止,越南保护知识产权的法律包括《民法典》、《刑法典》、《海关法》在内一共有四十多部。① 这一阶段越南知识产权法律存在的问题主要是法律体系杂乱,给人一种不稳定和经常变动的印象;法律的层次性不一致,知识产权保护主要还是由较低层次的实施细则和部门规章来完成;法律冲突和法律空白的情况大量并存,严重地影响了法律的实施效果。②

(三)知识产权法典阶段

2004年5月,越南科技部部长在征询一系列政府部门和法律机构的意见后,拟订了一个完善知识产权法律体系的计划书。该计划认为,完善越南的知识产权法律体系可以遵循以下三种方案:第一,制定一部涵盖所有知识产权的法典式的知识产权法;第二,在知识产权的主要领域分别制定法律,例如可以在著作权领域制定著作权法,在工业产权领域制定工业产权法,在植物新品种领域制定植物新品种权法;第三,每一类知识产权都单独地制定法律,例如著作权法、专利法、商标法等。在分析了上述三种方案的利弊、越南自身的国情和各机关的意见之后,科技部长选择了第一种方案。2004年7月6日,这一计划书被递交给越南国会主席。科技部部长建议在2005年初提交一个知识产权法草

---

① Vietnam Intellectual Property Law: A major milestone in its international integration process Source: http://www.vir.com.vn/Client/VIR.

② Nguyen T Hong Hai, Vietnam pledges IP overhaul, http://www.managingip.com/? Page = 17&ISS = 12723&SID = 473446.

案，并在2005年年中完成法律的起草工作以便于国会能够在2005年底通过该法律。

该计划的目的在于强化越南知识产权保护，使其不但能够适应由《知识产权协定》确立的国际知识产权保护标准，也能够适应越南整体经济发展的需要。该计划着眼于以下五个方面的工作：(1) 修订《民法典》（由司法部主持）。将《民法典》进行修订，使其只对有关知识产权的原则性内容进行规定。例如，财产的概念要予以修改并将知识产权包含在内，应当认识到知识产权是一项无形财产权。(2) 制定统一的《知识产权法》（由科技部主持）。(3) 制定与《知识产权法》有关的实施细则。(4) 制定与实施细则有关的部门法规。(5) 对其他法律中与知识产权有关的规范进行修改使之与《知识产权法》保持协调一致。[1] 2004年8月，越南国务院发布第3985/VPCP-KG号行政令，命令越南科技部与司法部负责落实该计划书。

其后，越南国会于2004年11月通过了2005年法律发展计划。在这一计划的指导下，越南科学技术部被授权联合文化信息部、农业和农村发展部共同起草一部知识产权法。一个跨部门的联合法律起草小组也随即成立，小组的成员由上述三个部门及相关的部门代表组成。在随后的一个月内，起草小组就拟定了一个法律草案。2005年1月1日，越南科学技术部部长作为法律起草小组的组长将该草案提交给越南国务院。2005年1月10日，越南国务院与法律起草小组一起组织了一个公开会议，听取国家各个部门对法律草案的意见。在听取各方意见并对法律草案进行修改之后，法律起草小组又于2005年2月7日将草案再次提交给国务院。2005年4月11日，越南国务院将草案提交给越南国会。2005年4月30日，越南国会科技与环境委员会表达了对法律草案的支持。之后，通过公开的辩论，大约有31位国会代表发表了自己对知识产权法草案的意见。2005年8月1日，经过对国会代表意见的考虑并对卓案予以修改后，法律起草小组和越南科技与环境委员会向越南国会常务委员会提交了新的知识产权法草案。2005年8月9日，越南国会常务委员会的专职委员对该草案进行了公开辩论，一共针对草案提出了18条意见。[2] 此后，起草委员会在此基础上又对草案进行了几次修改，并提交国会审议。

2005年11月19日，越南国会颁布了《知识产权法》（Intellectual Property Law），并于2006年7月1日开始施行。这部法律成为越南知识产权发展历程

---

① Nguyen T Hong Hai, Vietnam pledges IP overhaul, http://www.managingip.com/? Page = 17&ISS = 12723&SID = 473446.

② Vu Manh Chu, About Vietnam's Draft Law on intellectual property, http://www.cov.org.vn/English.

中的里程碑,它标志着越南知识产权法体系的成熟。与此同时,越南国会于2005年6月14日通过了新《民法典》,其中对"知识产权与技术转让编"的相关内容进行了较大的改动,并于2006年1月1日起生效。

二、《越南知识产权法》制定的历史背景

(一)入世谈判与《越南知识产权法》的制定

越南于1995年1月提出加入WTO的申请,1998年7月开始入世谈判,截至2006年3月27日已进行了11轮会谈,并与25个WTO成员进行了双边谈判。① 在这一阶段,越南假冒商品的现象也日益严重,外国投资者由于其产品的著名商标和精美的设计更是成为假冒者的重点目标。据统计,仅在2004年,越南国家知识产权局受理的与外国投资者有关的知识产权案件就有超过400件之多,其中65%集中在商标权领域,25%集中在工业设计领域。② 这严重影响到外国投资者在越南的经济利益,知识产权保护也成为越南入世谈判的重点议题。在此背景下,越南对本国知识产权法律进行重构就成为当务之急。

此外,美国的压力也是越南知识产权法出台的重要原因之一。自从1995年越南与美国恢复外交关系后,美国就将知识产权作为处理与越南的政治经济关系的重要工具。美国和越南为了恢复正常的贸易关系,于1996年开始双边贸易谈判。经过六年的艰苦谈判,双方于2001年7月签署了《美国—越南双边贸易协定》,并于2001年12月10日开始生效。③ 该协定共分为七部分,其中第二部分即为"知识产权"④,协定规定双方有义务在本国境内为对方提供充分而有效的知识产权保护。该部分为越南设定的知识产权保护标准甚至超过了《知识产权协定》的规定。⑤ 而美国的"特殊301报告"从1997年开始将越南作为调查对象。从1997年到2005年,"特殊301报告"都将越南纳入观察名单。在越南为加入WTO而举行的双边会谈中,美国也多次以越南政府对知识产权保护不力为由而使得谈判破裂。

---

① Vietnam's WTO Accession Status, http://www.vietnamembassy-usa.org/news.

② Legislators approve Law on Intellectual Property Rights, http://www.luatviet.com/en-GB/IntellectualProperty/2006/3/8.mcms.

③ Richard Mills, United States and Trade Agreement Takes Effect Today, http://www.ustr.gov/Document_Library/Press_Releases.

④ 《美国—越南双边贸易协定》的具体内容可以参见 http://www.ustr.gov/assets/World_Regions/Southeast_Asia_Pacific/Vietnam。

⑤ Mark E. Manyin, The Vietnam-U.S. Bilateral Trade Agreement, http://www.usvtc.org/info/crs.

可以认为,《越南知识产权法》的制定和实施在一定程度上是向外界表明越南政府对知识产权保护的重视。而在《越南知识产权法》出台后的短时间内,包括美国在内的各方相继顺利地结束与越南之间的入世谈判,世界贸易组织于2006年11月批准了越南的入世申请,越南于2007年1月11日正式成为世界贸易组织第150个成员。在越南入世的过程中,《越南知识产权法》发挥了不小的作用。

(二) 知识产权与经济发展整合

长期以来,越南的知识产权法律体系建构的目的比较单一,其目的主要是为了加入世界贸易组织和吸引外国投资者。从实际效果来看,这一时期越南知识产权法律基本上还是达到了吸引外国投资者的目的。但同时也暴露出它对于本国科学技术发展的推动力还不明显。在越南受保护的各类知识产权中,外国人持有的知识产权数量还是占据了绝对优势,而越南本国人持有的知识产权数量却少得可怜,只占十分微小的比例。这一点可以从下面两表中看出来。

越南1995年—2002年发明专利申请与授予量①

		1995	1996	1997	1998	1999	2000	2001	2002	总计
申请量	越南人	23	37	30	25	35	34	52	69	305(3.4%)
	外国人	659	971	1234	1080	1107	1205	1234	1142	8632(96.6%)
授予量	越南人	3	4	0	5	13	10	7	9	42(1.3%)
	外国人	53	58	111	343	322	620	776	734	3017(98.7%)

1997年—2002年越南人在美国和美国人在越南申请专利和注册商标量②

		1997	1998	1999	2000	2001	2002	总计
专利申请量	越南人在美国申请	2	1	1	1	5	未统计	10
	美国人在越南申请	388	335	402	437	349	277	2188
商标申请量	越南人在美国申请	1	7	5	14	8	未统计	42
	美国人在越南申请	913	764	613	791	535	590	4206

---

① Vietnam Ministry of Sciences and Technology, Accession to the WTO and the Intellectual Property System in Vietnam, http://siteresources.worldbank.org/INTRANETTRADE/Resources.

② Ibid.

这种状况引起了越南有关部门的高度关注。2004 年 6 月,越南科技部向越南国家主席递交了一份关于鼓励越南企业发展知识产权财产的计划草案。该计划草案着眼于以下几个目标:(1) 提高企业者对于知识产权的了解和知识产权管理积极性;(2) 创建和发展各类知识产权财产;(3) 发展与知识产权有关的信息资源公开;(4) 加强知识产权管理机关与企业之间的联系。该计划由科技部负责主持,经济部、工业部、农村农业发展部、渔业部、卫生部和商业部予以配合。计划执行期为 2005 年—2010 年,预算为 320 万美元。[①] 从中可以看出,越南政府已经开始将知识产权与经济发展相整合,欲使知识产权成为经济发展的重要推动因素。要想实现计划所拟定的目标,必须要在法律上作出回应,这也成为《越南知识产权法》出台的重要诱因。

三、《越南知识产权法》的结构和基本特点

(一)《越南知识产权法》的总体结构

《越南知识产权法》采用的是编(part)、章(chapter)、节(section)、条(article)的层次体例,共分为 6 编 18 章,其总体框架结构为:

第一编　总则
第二编　著作权及相关权
第一章　著作权及相关权的保护条件
第 1 节　版权的保护条件
第 2 节　相邻权的保护条件
第二章　著作权和相关权保护的内容、限制和期限
第 1 节　版权保护的内容、限制和期限
第 2 节　相邻权的内容、限制和期限
第三章　著作权所有人和相关权所有人
第四章　著作权和相关权的转让
第 1 节　版权和相邻权的转让
第 2 节　版权和相邻权的使用
第五章　著作权和相关权注册证书
第六章　著作权、相邻权领域的代理、咨询和服务机构
第三编　工业产权

① See Vision & Associates, National Program on Supporting Vietnamese Enterprises in Development of IP Assets, http://www.vision-associates.com/Pdf/English/IP_pdf/2004/IPnews2Quarter2004.pdf.

第七章　工业产权的保护要求
第 1 节　发明的保护要求
第 2 节　外观设计的保护要求
第 3 节　集成电路布图设计的保护要求
第 4 节　商标的保护要求
第 5 节　商号的保护要求
第 6 节　地理标志的保护要求
第 7 节　商业秘密的保护要求
第八章　发明、外观设计、布图设计、商标和地理标志工业产权的建立
第 1 节　发明、外观设计、布图设计、商标和地理标志的注册
第 2 节　工业财产注册申请
第 3 节　申请和授权程序
第 4 节　国际申请及受理
第九章　工业产权所有人、权利范围和限制
第 1 节　工业产权所有人和范围
第 2 节　工业产权的限制
第十章　工业产权的转让
第 1 节　工业产权的转让
第 2 节　工业财产使用许可
第 3 节　发明的强制许可
第 4 节　工业产权转让合同登记
第十一章　工业财产的代理
第四编　植物品种权
第十二章　植物品种的保护条件
第十三章　植物品种权的成立
第 1 节　植物品种权的建立
第 2 节　申请和授权程序
第十四章　植物品种权的内容和限制
第 1 节　植物品种权的内容
第 2 节　植物品种权的限制
第十五章　植物品种权的转让
第五编　知识产权保护
第十六章　知识产权保护总则
第十七章　知识产权侵权行为的民事救济措施

第十八章 知识产权侵权行为的行政和刑事救济措施，智力财产进出口控制

第1节 行政和刑事救济措施

第2节 智力财产进出口控制

第六编 附则

（二）《越南知识产权法》的基本特点

1. 保护水平较高

《越南知识产权法》对知识产权采取了高标准的保护，其规定与各国际公约的规定高度一致，主要表现在以下方面：

（1）保护的对象范围广泛。《越南知识产权法》所保护的对象范围广泛，基本上与国际通行的标准一致。《越南知识产权法》将其所保护的权利分为著作权与相关权、工业产权和植物新品种权这三大类。著作权保护的客体范围除了一般意义上的作品外，还将民间文学艺术作品、计算机程序和数据库也包括在内，相关权则就作品的表演者、音像制作者和广播组织的权利作了规定。而工业产权的客体包括发明、工业设计、集成电路布图设计、商业秘密、商标、商号和地理标志。

（2）权利内容丰富。除了保护对象广泛外，越南《知识产权法》对各具体知识产权的权利内容也规定得十分丰富。

著作权的内容包括人身权和财产权两部分。人身权的内容包括作品命名权、署名权、发表权和保护作品完整权。财产权则包括演绎权、表演权、复制权、向公众传播作品原件或复制件的权利、通过有线和无线方式包括电子信息网络或其他技术方式向公众传播作品的权利、出租影视作品或计算机程序的原件或复制件的权利。

工业产权的内容包括人身权和财产权。其中发明、工业设计和布图设计的创造者享有署名权这一人身权。工业产权的所有人享有的财产权利包括使用或允许他人使用工业财产的权利、禁止他人使用工业财产的权利和转让工业财产的权利等。

植物品种的培育人享有在权利保护证书上署名的权利。权利证书持有人享有下列权利：生产权、出于繁殖目的的加工权、许诺销售权、销售权、进口权、出口权、仓储权。权利证书的持有人应当向培育人支付一定的费用，保存该被保护的品种并向国家管理机关提供被保护品种的繁殖物质以及维持该品种的稳定性。而培育者有义务帮助证书持有人维持被保护品种的繁殖物质。

此外，在权利的取得、权利保护期限、权利的限制、权利的转让等方面，《越

南知识产权法》的规定基本上都与国际公约的规定相一致，其对知识产权的保护处于一种较高的水平，甚至超越了越南作为发展中国家的具体国情。

2. 对侵犯知识产权行为的法律制裁严格

（1）权利的救济。当权利人的权利被侵犯时，依据《越南知识产权法》的规定，他可以采取自力救济和公力救济的方式来保护自己的权利。其中，自力救济的方式包括：采用各种技术措施来阻止侵权行为；要求侵权人停止侵权行为、道歉、赔偿损失和向社会公开修正自己的错误；请求有关国家机关依法处理侵权行为；向法院提起诉讼或者申请仲裁。而对于公力救济，法典规定，侵权人应当承担民事、行政责任和刑事责任。法院可以判令侵权人承担停止侵权行为、公开修正和道歉、赔偿损失、销毁侵权物品等民事责任。

下列侵犯知识产权的行为则要受到行政处罚：侵犯知识产权的行为导致了消费者或社会的损失；拒不停止侵权行为；制造、进口、运输、假冒商品或唆使他人从事上述行为；制造、进口和销售附有与受保护商标或地理标志相同或混淆的商标或地理标志的商品。如果自然人侵犯专利权的行为依照刑法的规定已经构成了犯罪，则要承担刑事责任。《越南刑法典》第 156 条、第 157 条、第 158 条、第 170 条、第 171 条也分别对知识产权犯罪行为作了规定。

（2）权利保护机关。越南对于知识产权采取了专门管理与综合管理相结合的方式。越南专门的知识产权行政管理部门包括科学技术部、文化信息部、农业和农村发展部这三个部门。科学技术部下属的国家知识产权局主管工业产权事务，文化信息部下属的国家著作权局主管著作权及相关权事务，农业和农村发展部则主管植物新品种权事务。除此之外，各级法院、检察院、市场管理机关、海关、警察机关和人民委员会在其职责范围内均有权处理侵犯知识产权行为。民事责任和刑事责任的承担应当向法院提起。行政责任的承担应当向各级检察机关、警察机关、市场管理机关、海关和人民委员会提起。知识产权边境控制的申请应当向海关提起。

3. 法律体系严密

《越南知识产权法》虽然没有冠以“法典”（code）之名，但从逻辑体系性上来看，却比法国《知识产权法典》更像法典，从体例上看更类似于《德国民法典》的体例，可以说它是一部编纂式的法典而不是汇编式的法典。《越南知识产权法》的体系严密主要表现在以下几个方面：

（1）设立了总则编。越南《知识产权法》的第一编即为“总则”编，共有 12 条。该编是对各分编内容共性的提取，对各分编内容的建构起着重要的指导作用。笔者大致将“总则”编的条款分为以下几大类：第一，权利本体类条款。这部分条款包括第 1 条本法的调整范围、第 2 条本法的适用主体、第 3 条知识产权的客体、第6条知识产权产生和建立的基础、第7条知识产权的限制。第二，法律适用类条款。这部分条款包括第4条和第5条。第4条对知识产权法中出现的25个专业术语进行了解释，第5条则对知识产权法与民事基本法、其他法律及国际条约在法律适用上的关系作了规定。这部分条款主要对知识产权法的具体适用起辅助作用。第三，权利管理类条款。这部分条款包括第8条知识产权国家政策、第9条组织和个人在知识产权保护中的权利及义务、第10条国家对知识产权进行管理的内容、第11条国家对知识产权进行管理的义务、第12条知识产权费用。这部分条款为知识产权管理的具体展开提供了原则性依据。

对于《越南知识产权法》为何要制定总则编，还要从《越南民法典》的制定中寻找其立法渊源，也即《越南知识产权法》总则编的制定是沿袭《越南民法典》的立法惯性使然。虽然越南于2005年制定的新《民法典》取代了1995年《民法典》，但两部民法典的区别主要体现在内容之上，而在法典的整体结构上则无太大变化，新《民法典》还是沿袭了旧《民法典》的编排体例。《越南民法典》在编排体例上的一个重要特点，就是其具有浓厚的"总则"情结。《越南民法典》除了总则编外，作为分编的"财产与所有权"编、"债与合同"编、"继承法"编、"土地使用权转让"编均设有本编的小总则。经过两部民法典长达25年的制定过程①，显然立法者对于如何制定总则已经有了充分的自信心和丰富的经验。而知识产权在民法典中与上述四编是处于平行地位，当在民法典之外制定单独的法典化的知识产权法时，立法者为其设立总则编已经成为顺理成章的事情。

（2）设立专门的知识产权保护编。《越南知识产权法》将各类侵犯知识产权行为分别放在各编中进行规定，使得各类侵权行为呈一种分散状态。但它又设专编（即第五编）"知识产权保护"对侵权行为的法律制裁作了规定。该编有3章，分别是"知识产权保护总则"、"知识产权侵权行为的民事救济措施"和"知识产权侵权行为的行政和刑事救济措施，智力财产进出口控制"。尤其值得注意的是《越南知识产权法》不仅有"大总则"编（第一编），而且在第六编"知识产权保护"还设有第16章作为本编的"小总则"。该章共有4条，分别是权利的自主保护、对侵犯知识产权行为的制裁措施、处理侵权案件的权力机关和知识财产的审核与评估。本编其余各章的内容均是在第16章的规定之下展开。

"知识产权保护"编与"总则"编首尾结合，使得《越南知识产权法》展现了

---

① 越南民法典发端于1980年11月3日的第350/CD号政府令，它导致了司法部主持的民法典起草委员会的成立。参考吴远负：《在守成与变革之间的越南民法典》，载《清华大学法律评论》，2000年第1期。

一个菱形的法律体系:总则编是作为演绎的出发点放射出著作权及相关权、工业产权和植物品种权三编,那么"知识产权保护"编则对上述三编中的侵权行为进行收拢,归纳总结出它们的共同点。

(3) 各分编设计独具匠心。每一项权利的保护都离不开权利客体、权利主体、权利取得、权利内容、权利转移等内容。前述法国《知识产权法典》之所以得到的评价不高,重要原因就在于其以保护对象为中轴线,采用了列举式的构建方法。即知识产权的每一个保护对象单独构成一编,若干种具体保护对象即构成了若干编,每一编都分别对权利客体、权利主体、权利取得、权利内容、权利转移等作了规定,各编之间的关联不是很紧密甚至毫无关系。

而《越南知识产权法》在设计各分编时,则采取了"总则编"那样提取公因式的做法,提取分编中各具体权利的共性并将其作为构建分编的中轴线。如其工业产权编下属的各章就不是以商标权、专利权、商业秘密权等具体权利为主题,而是分别以工业产权的保护要求、工业产权的建立、工业产权所有人和权利范围及其限制、工业产权的转让、工业产权的代理为主题,然后在各主题之下对各具体权利的相关内容进行展开。这样整个法典就浑然一体,法典的各部分之间关系非常紧密甚至缺一不可。《越南知识产权法》的"著作权及相关权编"也是以这一方式建构的。其实这种方法并不是《越南知识产权法》的首创,在越南2001年2月1日颁布的No. 06/2001/ND-CP号法令即《工业产权实施条例》中,就使用了这一编纂法律的方法。该条例对发明、实用新型、工业设计、商标、原产地名称等工业产权进行了统一的规定,也是采用提取各类工业产权的共同点来建构法律体系的方法。前后两部法律在结构上的关联性从下表的对比中就可以略知一二:2001年《工业产权实施条例》比《越南知识产权法》多出总则、侵权行为的处罚、行政管理和最后条款四部分内容,但《越南知识产权法》将这些内容归纳到总则编、知识产权保护编和附则编中予以规定,两者在其他内容上则结构基本相似。

2001年《工业产权实施条例》结构	《知识产权法》工业产权编结构
第1章　总则 第2章　工业产权的保护对象 第3章　工业产权的建立 第4章　工业产权所有人及其权利和义务 第5章　工业产权限制和侵权行为的处罚 第6章　工业产权代理 第7章　工业财产的行政管理 第8章　最后条款	第7章　工业产权的保护要求 第8章　发明、外观设计、布图设计、商标和地理标志工业产权的建立 第9章　工业产权所有人、权利范围和限制 第10章　工业产权的转让 第11章　工业财产的代理

4. 与《民法典》的衔接比较合理

越南国会于2005年6月14日通过了新《民法典》,并于2006年1月1日起生效。越南新《民法典》延续了旧《民法典》的做法,还是在第六编“知识产权与技术转让”中对知识产权的内容作了规定。与此同时,《知识产权法》也伴随着新《民法典》的制定过程在同时进行着。因此,新《民法典》在处理其与《知识产权法》的关系时比旧《民法典》显得要成熟和成功很多。

新《民法典》第六编“知识产权与技术转让”共有3章22条,与1995年《民法典》的3章81条相比,精简了许多。与1995年《民法典》对知识产权保护范围的含糊规定不同,新《民法典》在条文中明确规定了知识产权的保护范围为著作权及相关权、发明权、实用新型权、工业设计权、商标权、地理标记权、集成电路布图设计权、商业秘密和植物品种权。在条文的具体规定上,新《民法典》完全采取了原则性规定的做法,仅仅只是分别就著作权及相关权、工业产权、植物品种权这四大类权利的主体、客体、内容、保护期、转让进行了原则性的规定。至于更进一步具体的规定,就要到《知识产权法》中去寻找了。

并且《越南知识产权法》也十分注意处理其与新《民法典》的关系。一方面,由于《民法典》知识产权编所作的规定十分原则和抽象,而具体内容都由《知识产权法》进行调整,使得两部法律之间出现相互矛盾的情况不太可能出现。另一方面,《知识产权法》第5条“法律适用”也规定,如果《知识产权法》不能解决与知识产权有关的民事争端时,则应当适用《民法典》的相关规定。此条规定一举奠定了《知识产权法》与《民法典》之间在法律适用上的先后关系。

5. 植物品种权单独成编

在传统理论上,知识产权可以划分为文学艺术产权和工业产权两大类,植物品种权是归属于工业产权范畴的。但《越南知识产权法》却将植物品种权作为单独的一编,与著作权及相关权、工业产权两编并列,显得较为特别。

《越南知识产权法》之所以将植物品种权单独成编而不纳入工业产权编,主要有以下两方面原因:(1)与越南的知识产权行政管理体制有一定的关系。越南对知识产权实行分散管理的体制,科学技术部下属的国家知识产权局主管工业产权事务,文化信息部下属的国家著作权局主管著作权及相关权事务,农业和农村发展部则主管植物品种权事务。这一管理体制其实早在《知识产权法》制定之前就已建立,如果将植物品种纳入工业产权编的保护范围,必将对原有的行政管理体制造成冲击。所以《知识产权法》并未对其作改动,只是将其集中统一在法律中固定下来。可以认为,《越南知识产权法》各分编就是以其行政管理体制为标准来划分的。(2)与越南要加入《保护植物新品种国际公约》有关系。越南在制定《知识产权法》的同时也正在谋求积极加入《保护植物新品种国际公约》和“保护植物新品种联盟”(UPOV)。虽然植物品种权在理论上被认为属于工业产权的范畴,但《保护植物新品种国际公约》并不是以《巴黎公约》为基础而产生,也不受《巴黎公约》原则的约束,它与《巴黎公约》是平起平坐的。[①] 同理,从国际法主体的地位来说保护植物新品种联盟(UPOV)与世界知识产权组织的地位也是平行的。基于此点考虑,《越南知识产权法》也将植物品种权与工业产权及著作权置于同等位置。

四、《越南知识产权法》的基本内容

(一)总则编

《越南知识产权法》的第一编为总则,共12条。分别规定了调整范围、适用主体、知识产权的客体、术语解释、法律的适用、知识产权产生和建立的基础、对知识产权的限制、有关知识产权的国家政策、组织和个人在知识产权保护中的权利及义务、国家对知识产权进行管理的内容、国家对知识产权进行管理的义务等内容。

《越南知识产权法》将其所保护的权利分为著作权及其相关权、工业产权和植物新品种权。其中工业产权的客体包括发明、工业设计、集成电路布图设计、商业秘密、商标、商号和地理标志。

在越南制定《知识产权法》的时候,其新《民法典》也获得颁布,并于2006年1月1日开始施行。《民法典》第六部分“知识产权与技术转让”也对知识产权的内容作了规定。为了确定两部法律在适用上的关系,《知识产权法》的第5条专门规定了“法律适用”。该条规定,如果《知识产权法》不能解决与知识产权有关的民事争端时,则应当适用《民法典》的相关规定。该条同时还规定,如果其他法律的规定与《知识产权法》相冲突,则适用《知识产权法》的规定;如果《知识产权法》的有关规定与越南签订的国际条约相冲突,则适用该国际条约的规定。

《越南知识产权法》第6条还对各种知识产权产生和建立的基础作了规定。例如著作权产生于作品创作完成并被表现于有形物质载体之上时。发明专利权、工业设计权、布图设计权、商标权、地理标志权则建立在相关国家机关授权的基础之上。商号权建立在对商号合法使用的基础之上。商业秘密权建立在合法取得和保持秘密的基础上。植物新品种权建立在相关国家机关授权的基础之上。

---

① 郑成思:《知识产权论》,法律出版社2003年版,第477页。

为了防止权利人滥用权利,《知识产权法》第 7 条对知识产权的限制作了规定。即:知识产权的行使不得侵害国家、公众或其他组织及个人的权利和利益,也不得违反其他法律的有关规定。为了保护国防、国家安全、公民的生命和国家及社会的其他利益,国家有权禁止或限制知识产权人行使权利,或者强迫他们允许其他的组织和个人在适当的条件下使用他们的知识产权。

越南的知识产权行政管理部门包括科学技术部、文化信息部、农业和农村发展部这三个部门。科学技术部下属的国家知识产权局主管工业产权事务,文化信息部下属的国家著作权局主管著作权及相关权事务,农业和农村发展部则主管植物新品种权事务。《知识产权法》的第 10 条还比较详细地规定了这些行政主管部门的职责。

(二) 著作权及相关权编

《越南知识产权法》的第二编为著作权及相关权,共分六章。

在越南,一般情况下创作作品的个人和组织享有著作权。外国人在越南也可以享有著作权。此外,《知识产权法》还就著作权人为合作作者、为与作者有责任或合同关系的组织或个人、为继承人、为著作权受让人、为国家和公共领域的作品等内容作了具体规定。

著作权的客体为文学、艺术和科学作品,受保护的作品必须是作者独创作品。受保护与不受保护作品的具体类型与国际通行的类型基本一致,其中民间文学艺术作品、计算机程序和数据库也在著作权保护的作品范围之内。

著作权的内容包括人身权和财产权两部分。人身权的内容包括作品命名权、署名权、发表权和保护作品完整权。财产权则包括创作派生作品权、表演作品权、复制权、向公众传播作品原件或复制件的权利、通过有线和无线方式包括电子信息网络或其他技术方式向公众传播作品的权利、出租影视作品或计算机程序的原件或复制件的权利。《知识产权法》同时对未经许可且未支付报酬而使用已公开作品和未经许可但支付报酬而使用已公开作品的情形作了具体规定。著作权的保护期限为:命名权、署名权和保护作品完整权的保护不受时间限制。发表权的保护期限为作者终生加死后 50 年。影视作品、摄影作品、戏剧作品、实用艺术作品、匿名作品的保护期限为其首次发表之日起 50 年。其他作品的保护期限为作者终生加死后 50 年。

相关权保护的主体为表演者、音像制作者和广播组织。相关权保护的对象包括表演者的表演、音像制作者制作的音像制品、广播组织的广播节目和卫星信号传输加密节目。

表演者权的内容可以分为人身权和财产权,人身权包括表明表演者身份的权利和保护表演形象不受歪曲的权利。财产权利则包括:(1) 许可他人录音录像的权利;(2) 许可他人直接或间接复制录有其表演行为的音像制品的权利;(3) 许可他人广播或公开传送其表演的权利;(4) 向公众销售、出租录有其表演行为的音像制品的权利。表演者与投资者是同一人的,由表演者同时享有人身权和财产权;不是同一人的,表演者享有人身权,而投资者享有财产权。音像制作者享有复制音像制品的权利和向公众销售、出租音像制品的权利。广播组织享有播放或再次播放其制作节目的权利、许可他人录制节目的权利、许可他人复制录有其节目的音像制品的权利、向公众销售其节目的权利。与此同时,相关权还须受到法律的限制,《知识产权法》第 32 条和第 33 条分别对未经许可且未支付报酬而使用和未经许可但支付报酬而使用相关权的情形作了具体规定。相关权的保护期限一般为 50 年。

此外,《越南知识产权法》还对侵犯著作权和相关权的行为进行了详细的规定,第 28 条详细罗列了 16 种侵犯著作权的行为,第 35 条详细罗列了 10 种侵犯相关权的行为,使法律更具有可操作性,也更有利于保护权利人的权利。

著作权和相关权中的财产权可以通过合同形式转让。转让合同应包括如下条款:(1) 转让人和受让人的姓名和地址;(2) 转让权利的范围;(3) 价款和付款方式;(4) 双方的权利和义务;(5) 合同的违约责任。

著作权和相关权中的财产权可以通过合同形式许可他人使用。许可合同应包括如下条款:(1) 转让人和受让人的姓名和地址;(2) 转让权利的范围;(3) 许可使用的地域范围;(4) 价款和付款方式;(5) 双方的权利和义务;(6) 合同的违约责任。

虽然法律规定了著作权自动产生原则,即作品一经创作完成即刻产生著作权,但《知识产权法》还就著作权及相关权的登记进行了详细规定,即:作者或者著作权人、相关权人可以向有关国家机关递交申请办理著作权及相关权登记。获得登记证书的组织和个人在与他人发生争议时,不需证明自己是著作权人或相关权人,只需向对方出示该登记证书即可。文化信息部负责著作权和相关权的登记及颁发证书。

除了文化信息部负责管理著作权事宜外,《知识产权法》还规定可以在作者、著作权人、相关权人合意的基础上设立集体管理组织来保护著作权和相关权。此外还可以依据法律设立咨询和服务机构为权利人提供各种服务。

(三) 工业产权编

《越南知识产权法》第三编为工业产权,共分五章。

第七章为"工业产权的保护要求"。这一章分别规定了发明、外观设计、布图设计、商标、商号、地理标志和商业秘密受保护的基本条件。申请专利的发明须具备新颖性、创造性和工业应用性；申请实用新型权的对象须满足新颖性和工业应用性；外观设计受保护的条件为新颖性、创造性和工业应用性，但其“三性”的要求远较发明专利的要求低。布图设计受保护的条件为原创性和商业新颖性。

商标的构成元素为字母、文字、数字、图形、三维标志或者颜色组合，并且能够区别商品或服务的不同来源。商标注册须具有显著性，该章第 74 条列举了 13 条不具有显著性的标记。关于驰名商标的认定，第 75 条规定了 8 个须考虑的因素：(1) 相关消费者的数量；(2) 使用商标的商品或服务所销售的范围；(3) 商标连续使用的时间；(4) 使用商标的商品或服务的信誉；(5) 为该商标提供保护的国家的数量；(6) 将该商标认定为驰名商标的国家的数量；(7) 商标转让及许可使用时的价格或者以商标作为投资的数额；(8) 使用商标的商品或服务的销售额。

商号受保护的条件是它能够将使用商号的商家与相同地域、相同行业的其他商家区分开来。地理标志受保护的条件是使用该地理标志的商品来源于该地理标志对应的国家或地区，并且该商品有较高的信誉，其品质和特性与该地理标志对应的国家或地区的地理条件有密切联系。商业秘密受保护的条件为：(1) 既不是普通知识也不会被轻易获得；(2) 能够被应用在商业领域并给持有人带来一定的利益；(3) 其所有人采取了必要的保密措施。

第八章为“发明、外观设计、布图设计、商标和地理标志工业产权的建立”。这一章规定了发明、外观设计、布图设计、商标和地理标志的注册申请、受理、授权程序、国际申请和受理等内容。上述五项工业产权的取得须注册，经有关国家机关审查批准后，才能得到相应的授权令状。集成电路布图设计的申请只需要经过形式审查符合相应条件就可获得授权，发明、外观设计、商标和地理标记的申请则需要经过形式审查和实质审查符合相应条件才能得到批准授权。

发明专利保护令状有效期为 20 年，从申请之日起算。实用新型专利保护令状有效期为 10 年，从申请之日起算。外观设计保护令状有效期为 5 年，从申请之日起算，但是可以续展两次，每次期限为 5 年。注册商标保护令状有效期为 10 年，从申请之日起算，但是可以续展，每次期限为 10 年。地理标志保护令状有效期则不受限制。集成电路保护令状则以下列日期中的较前日期为结束期：(1) 从申请之日起 10 年；(2) 从该布图设计在世界上任何地方被有注册权人或得到他的许可而首次投入商业利用之日起 10 年；(3) 从创造该布图设计之日起 15 年。

第九章为“工业产权所有人、范围和限制”。工业产权的内容包括人身权和财产权,其中发明、外观设计和布图设计的创造者享有署名权。第123条规定工业产权所有人享有使用权、许可权、禁止权和转让权,第124条详细规定了发明、外观设计、布图设计、商业秘密和商标使用的具体表现形式,例如使用发明就包括制造专利产品、实施专利方法、销售或为销售产品而为广告、应允、仓储行为等几种类型。第125条对禁止他人使用工业财产作了具体规定,列出了不被视为侵犯工业产权的种种行为,主要包括非商业目的使用、权利用尽后的使用、临时过境使用、先用权人的使用、国家强制使用等类型。第126条—第130条对侵犯发明权、外观设计权、布图设计权、商业秘密权、商标权、商号权和地理标志权的行为及不正当竞争行为作了规定。对工业产权的限制有:(1)发明和工业设计先使用权人的权利;(2)权利人有使用发明和商标的义务;(3)权利人有向发明、外观设计和布图设计的创造人支付报酬的义务;(4)在国家机关的决定之下转移使用发明的权利。

第十章为“工业产权的转让”。根据《知识产权法》的规定,工业产权的转让包括工业财产所有权的转让和工业财产许可使用。工业产权的转让必须以书面合同的形式进行,其中工业财产所有权转让合同只有向国家工业产权管理机关登记以后才能生效。法律对工业财产所有权的转让进行了限制,其中地理标志不能被转让,商号必须与企业一起转让,注册商标的转让必须不会引起消费者对于商品和服务来源或特性的混淆。而工业财产许可使用的限制包括:(1)地理标志和商号不得被许可使用;(2)集体商标不得许可给该集体成员以外的人使用;(3)未经许可人同意,被许可人不得再与第三方签订许可使用合同;(4)被许可使用商标者必须在商品或包装上标明商标许可使用的事实。许可使用合同包括独占许可、非独占许可和转许可合同三种类型。除此之外,对于发明还存在国家强制许可使用的情况。

第十一章为“工业财产的代理”。这一章对工业财产代理服务的内容、工业财产代理权的范围、工业财产代理人的义务、从事工业财产代理服务业务的条件、工业财产代理机构名称的再登记和注销、工业财产代理机构的营业执照的撤销等内容作了规定。

(四)植物品种权编

第四编为植物品种权,共4章。

第十二章为植物品种的保护条件。在越南,能够获得植物品种权的主体必须是培育、发现和发展植物品种或者投资于培育、发展植物品种的个人或组织,或者通过转让的方式获得植物品种权的人。使用国家资金或国家管理项目资助的,其权利属于国家。植物品种获得保护的条件是该品种必须具有新颖性、特异性、一致性、稳定性和适当的命名。

第十三章为植物品种权的成立，共 2 条，分别是植物品种权的建立和申请表及保护注册申请的受理程序。植物品种权必须要经过登记注册由国家机关颁发权利保护证书才能成立。两个或两个以上的人就同一植物品种分别提出申请的，植物品种保护证书将授予最先申请的人。同一天申请的，由他们协商确定谁为权利人；协商不成的，由国家管理机关决定将权利保护证书授予最先培育、发现和发展该品种的人。权利保护证书的有效期为从授权之日起，林木和藤本植物 25 年，其他种类 20 年。植物品种权申请的审查要经过申请、受理、形式审查、公开、实质审查、授权等几个程序。

第十四章为植物品种权的内容和限制。植物品种的培育人享有在权利保护证书上署名的权利。权利证书持有人享有下列权利：生产权、出于繁殖目的的加工权、许诺销售权、销售权、进口权、出口权以及仓储权。

但下列行为不会被视为侵犯植物品种权：(1) 非商业目的使用植物品种；(2) 出于培育和科学研究目的使用植物品种；(3) 使用植物品种去创造一个完全不同于被保护品种的新植物品种；(4) 农民为在自己土地上繁殖之目的而使用在其土地之上种植的保护品种所收获的产品。权利证书的持有人应当向培育人支付一定的费用，保存该被保护的品种并向国家管理机关提供被保护品种的繁重物质以及维持该品种的稳定性。而培育者有义务帮助证书持有人维持被保护品种的繁殖物质。

第十五章为植物品种权的转让。植物品种权和植物品种使用权都可以书面合同的形式转让给他人。该章还规定了强制许可使用制度。

(五) 知识产权保护编

《越南知识产权法》第五编为知识产权保护，共分为 3 章。

第十六章为知识产权保护总则。该章一共规定了 4 项内容：(1) 权利的自主保护。《越南知识产权法》规定，知识产权受到侵犯时，权利人可以采取以下救济措施：① 采用各种技术措施来阻止侵权行为；② 请求侵权人停止侵害、赔礼道歉、赔偿损失和向社会公开修正自己的错误；③ 请求有关国家机关依法处理侵权行为；④ 向法院提起诉讼或者申请仲裁。(2) 对侵犯知识产权行为的制裁措施。侵权人应当承担民事、行政和刑事责任。(3) 处理侵权案件的权力机关。各级法院、检察院、市场管理机关、海关、警察机关和人民委员会在其职责范围内有权处理侵犯知识产权行为。民事责任和刑事责任的承担应当向法院提起，行政责任的承担应当向各级检察机关、警察机关、市场管理机关、海关和人民委员会提起。知识产权边境控制的申请应当向海关提起。(4) 知识财产的审核与评估。知识财产的审核和评估是指有关组织或个人运用其知识和专长就与知识产权侵权案件相关的物品作出评估和判断。国家机关为了处理它们所受理的案件有权提出知识财产的审核与评估。权利人和其他相关的组织和个人为了保护自己的法定权利和利益也有权提出知识财产的审核与评估。政府将就知识财产的审核与评估制定专门的法律。

第十七章为知识产权侵权行为的民事救济措施。法院可以判令侵权人承担停止侵权行为、公开修正和道歉、赔偿损失、销毁侵权物品等民事责任。法律对于知识产权民事诉讼中的举证责任也作了详细规定。原告必须证明自己是权利人,证明侵权行为及不正当竞争行为的存在。但在针对侵犯生产方法专利权诉讼中,被告需要证明自己产品的制造方法不同于受保护的方法。如果诉讼一方当事人能够证明用于证实其诉讼请求的证据在对方控制之下,那么他有权请求法院强迫对方交出该证据。如果原告请求损害赔偿的,原告就必须证明自己所遭受的实际损失。该损失包括物质损失和精神损失两部分。如果原告成功证明了侵权行为对自己造成了物质损失,则他有权请求法院基于以下几个因素来计算赔偿数额:(1) 以侵权人因为侵权行为而获得的全部收入作为赔偿额,如果原告减少的利润没有被包括在物质损害的总额之内,则还要加上利润。(2) 以不低于权利许可使用费的合理数额作为赔偿费。(3) 依据上述两种方法无法计算出赔偿数额的,由法官基于自由裁量来决定赔偿数额,但不得超过5亿越南盾。如果原告能够证明自己因为侵权行为受到了精神损害的,他有权请求法院判令对方支付500万到5000万越南盾的赔偿金。

为了强化对知识产权人的保护,法律还规定权利人可请求法院适用临时措施,这一点与《知识产权协定》的要求基本一致。

第十八章为知识产权侵权行为的行政和刑事救济措施及智力财产进出口控制。在越南,下列侵犯知识产权行为将要受到行政处罚:(1) 侵犯知识产权的行为导致了消费者或社会的损失;(2) 拒不停止侵权行为,即使有权利人出示的书面通知;(3) 制造、进口、运输、销售第213条规定的假冒商品或指派他人从事上述行为;(4) 制造、进口和销售附有与受保护商标或地理标志相同或混淆的商标或地理标志的商品。

自然人侵犯专利权的行为依照刑法构成犯罪的,需承担相应的刑事责任。在符合法律规定的情况下,权利人有权要求有关国家机关采取预防性的行政措施。越南《刑法典》第156条"生产、经营假冒商品罪",第157条"生产、经营假药或者不符合食品安全标准的粮食、食品罪",第158条"生产、经营假饲料、假化肥、假兽药、假种子罪",第170条"违反规定颁发工业所有权证书罪",第171条"侵犯工业产权罪"分别对知识产权犯罪行为作了规定。

（六）附则编

第六部分为附则，共有3条，分别就新旧法律的衔接、本法生效的日期和实施细则的制定等内容作了规定。

第八章 外国知识产权制度法典化的总结

一、外国知识产权制度法典化启动原因

（一）统一知识产权法律体系

在制定知识产权法典之前，各国都曾经深受知识产权法律体系凌乱之苦，这种凌乱主要表现在立法层次不统一、法律之间相互冲突时有发生。《法国知识产权法典》颁布之前，在法国一共存在着二十多部与知识产权有关的单行法律法规，而且法院的许多判例也在发挥效力。1995 年《越南民法典》虽然将以往制定的知识产权法律统统废除，但由于其本身对于知识产权的规定过于笼统不便于具体操作，所以此后越南的国会、政府、相关各部和其他法定机关又陆续颁布了许多与知识产权有关的法律文件。到 2005 年止，越南保护知识产权的法律包括《民法典》、《刑法典》、《海关法》在内一共有四十多部。这些法律之间存在着诸多交叉重叠、法律漏洞和不协调，显得非常没有组织性。菲律宾 1947 年《专利法》以及《商标、服务商标和商号法》是由菲律宾议会制定，以共和国法案的形式出现，而调整著作权的 1972 年《知识产权令》却是以总统令的形式出现的，菲律宾此后的知识产权法律也包括了共和国法案、总统令、执行令和部门管理条例等形式，数量也达数十部之多。这种凌乱的法律体系严重地影响到了法律的权威性和可操作性。斯里兰卡的知识产权法律体系也存在着相似的问题。所以各国都以制定知识产权法典为契机，宣布废除此前的各知识产权法律，对本国的知识产权法律进行了一次大清理。这一方面提高了知识产权的立法层次，宣示了知识产权的重要性，另一方面也统一了知识产权法律体系，消除了法律冲突和法律漏洞，从而增强了法律的可操作性，树立了知识产权法典的权威性。

（二）强化知识产权管理与保护

在制定知识产权法典之前，各国关于知识产权管理的规定大都分散于各单行法律之中，专利权、商标权、著作权等管理部门多处于各自为政的局面。这种

知识产权管理体制分散的局面也直接导致知识产权保护不力。因此各国在制定知识产权法典时,都将强化知识产权管理作为立法重点。斯里兰卡与菲律宾都将知识产权管理作为知识产权法典的第一编,建立了统一的知识产权管理机关。《斯里兰卡知识产权法典》的第一编为"管理",规定斯里兰卡国家知识产权局为斯里兰卡商业贸易部的下属机构,是斯里兰卡唯一有权受理工业设计、专利、商标或其他事务的注册及知识产权管理的机构,并对知识产权局局长的任命、权力及职责等内容进行了详细的规定。而《菲律宾知识产权法典》的第一编为"知识产权局",规定知识产权局为菲律宾唯一的知识产权行政管理部门,然后用长达 15 条的篇幅对菲律宾知识产权局的职能、组织结构、下属各部门、经费、人员组成等内容进行了详细的规定。越南和法国虽然没有设立统一的知识产权管理部门而是保留了以往那种总体分散、适当集中的知识产权管理体系,但它们分别在知识产权法典中就各行政管理部门的职责范围进行了明确的规定与划分,相比于单行法的分散规定而言,这种做法也具有一定的比较优势。

(三)为加入 WTO 作准备和应对美国的压力

世界贸易组织于 1995 年 1 月 1 日成立,并且签署了《与贸易有关的知识产权协定》(TRIPS),菲律宾与斯里兰卡都是该协定的签字国。按照 TRIPS 的"最低保护标准"原则,两国作为 WTO 的成员国,必须使其国内法律对知识产权保护的程度达到 TRIPS 所要求的标准。TRIPS 给作为发展中国家的菲律宾和斯里兰卡留下了 5 年的过渡期,即到 2000 年,两国知识产权法的各项规定必须符合 TRIPS 的要求。所以 1998 年 1 月 1 日生效的《菲律宾知识产权法典》正好赶上了过渡期的期限要求。而斯里兰卡先是在 1997 年和 2000 年按照 TRIPS 的要求对 1979 年知识产权法典进行了两次修订,但后来还是觉得小修小改解决不了问题,最终决定制定一部全新的知识产权法典,这才诞生了 2003 年《斯里兰卡知识产权法典》。越南于 1995 年 1 月提出加入 WTO 申请,1998 年 7 月开始入世谈判。而越南知识产权法律与 TRIPS 之间的差距成为阻碍其入世的重要因素,越南知识产权法典化的历程就是伴随着越南入世谈判的历史而共同展开。

各国知识产权法典制定或修订的过程中也或多或少地闪现着美国的身影。美国和菲律宾于 1993 年 4 月达成了《美国—菲律宾知识产权保护备忘录》;美国与斯里兰卡于 1991 年 9 月签订了《美国—斯里兰卡知识产权双边保护协定》;美国与越南于 2001 年 7 月签署了《美国—越南双边贸易协定》,协定第 2 部分即为"知识产权"。这三部双边协定都为签字国在知识产权保护方面设定了较高的国家义务。在美国贸易代表每年发布的"特别 301 报告"中,菲律宾从

1989 年—1998 年都被列入重点观察名单或观察名单，越南从 1997 年—2005 年都被列入观察名单。美国多次敦促两国加强知识产权保护，否则会给予经济制裁。美国在越南加入 WTO 的谈判过程中，也多次以知识产权保护不力为理由加以阻挠。而在《越南知识产权法》颁布之后，美国与越南即于 2006 年 5 月 14 日达成了 WTO 入会双边协议。由此可见，各国知识产法典的制定与修改在一定程度上也是为了应对美国的压力。在面临着 TRIPS 和美国的双重压力下，各国必须对本国的知识产权法律进行一次大规模的修订和整顿。从立法成本上来说，用法典的形式进行整体上的一次性修订明显比用单行法形式进行的分散整顿要节约一些，这一点笔者在后文会进行相关的论证。

二、外国知识产权法典的结构形成模式

各国知识产权法典体系结构的选定也是出于各国自身具体情况的考虑：(1)《法国知识产权法典》的体系结构在很大程度上沿袭了《法国民法典》不设立总则的立法习惯，并且不规定总则使《法国知识产权法典》保持了一个开放的体系，同时立法者通过运用各种立法技术对总则的某些功能进行了替代。(2)《斯里兰卡知识产权法典》的体系结构则参考了世界知识产权组织(WIPO)及其前身保护知识产权联合国际局(BIRPI)为发展中国家制定的各个示范法。(3)《菲律宾知识产权法典》则采取了实用主义的立法原则，主要目的是为了加强知识产权行政保护，所以其在结构体系上采取的是“本土汇编主义”，即将现存的几部知识产权法律汇编集中在一起，再加上知识产权局编，便形成一部法典。(4)《越南知识产权法》的体系结构在很大程度上受到《越南民法典》的影响。《越南民法典》的立法经验在很大程度上被运用于《越南知识产权法》的立法过程中，所以《越南知识产权法》设立了总则编和专门的知识产权保护编，其各分编也采取了提取公因式的做法，提取分编中各具体权利的共性并将其作为构建分编的中轴线，使得《越南知识产权法》虽然没有冠以“法典”(code)之名，但从逻辑体系性上来看，却比法国《知识产权法典》更像法典。各国立法者针对本国的具体国情而相应地确定了本国知识产权法典的结构体系，而不是一味地照搬外国的立法经验，此等深思熟虑值得我国的法律研究者予以借鉴，也为我国未来知识产权法典体系结构的确定树立了几种不同的范例。

三、外国知识产权法典的具体实施效果

对于《法国知识产权法典》而言，由于法国一直是世界上科学技术和文化艺

术最发达的国家之一，知识产权保护水平处于非常高的标准，所以其实施效果是毋庸置疑的。而《越南知识产权法》由于其颁布的时间较晚，其实施效果尚不能得到很明显的显示，所以笔者下面将以斯里兰卡和菲律宾两国知识产权法典的具体实施效果为例来进行说明。

1.《斯里兰卡知识产权法典》的实施效果

知识产权法典总的来说有两大方面的功能，一是保护知识产权，二是促进社会科技文化的发展。相对于其他发展中国家而言，斯里兰卡的知识产权保护效果比较令人满意。美国每年都会发布特别301报告对世界各国尤其是发展中国家的知识产权保护状况进行评估，而斯里兰卡只有在2003年曾经被列入观察名单，在其他年份则未被该报告所涉及。这说明连一向苛刻的美国也对斯里兰卡的知识产权保护状况感到满意，这里面毫无疑问有知识产权法典的一份功劳。但与此同时，《斯里兰卡知识产权法典》在促进本国社会科技文化发展方面的功能则尚未得到充分的发挥。从下表的数据统计可以看出，1979年《斯里兰卡知识产权法典》颁布后，斯里兰卡本国人的发明专利授予量并无实质性的增长，其数量常年在低水平徘徊。在斯里兰卡2003年的国民生产总值的构成中，工业只占26.3%。[①]

斯里兰卡本国人1982年—1998年发明专利授予量[②]

年份	1982	1983	1984	1985	1986	1987	1988	1989	1990
数量	13	9	13	18	17	29	16	26	20
年份	1991	1992	1993	1994	1995	1996	1997	1998	总计
数量	30	19	25	29	33	65	55	44	461

据斯里兰卡官方的说法，2003年《斯里兰卡知识产权法典》制定的目的有三个：(1)提高民族的创造力；(2)保护这些创造行为：(3)遵循加入世界贸易组织应当承担的义务。[③] 但从斯里兰卡官方近几年发表的数据可以得知，在这三个目的之中，前两个目标还是未能得到较好的实现。通过对斯里兰卡2000年至2005年发明专利及外观设计的申请量和授予量的分析，我们可以发现，虽

① U. S. Department of Commerce, Country Commercial Guide, Sri Lanka, July 2004, http://strategis. ic. gc. ca/epic/site/imr-ri. nsf/en/gr119527e. html.

② See Dr Sarath Dasanayaka, Technology, Poverty and the Role of Newtechnologies in Eradication of Poverty: the Case of SriLanka, http://servesrilanka. net/technology_poverty_sri_lanka. pdf. pp. 19—20.

③ See P. B. M. Sirisena. Situation of Intellectual Property Protection System in Sri Lanka. http://www. unescap. org/tid/mtg/ip_s4sl. pdf.

然进入21世纪后,斯里兰卡的专利申请量与授予量与以前相比有了一定的进步,但还是暴露出以下一些问题:(1)外国人的发明专利申请量要远多于斯里兰卡本国人,而且被授予的专利量一般也较斯里兰卡本国人多;(2)在外观设计申请与授予量上,外国人则要远低于斯里兰卡本国人。这一方面说明斯里兰卡的知识产权保护状况较好,增强了外国人的在斯里兰卡申请发明专利的信心,另一方面也说明斯里兰卡本国的科技研究水平和专利意识的不足,要么是不能有较多的发明成果被创造出来,要么就是不懂得用专利来保护自己的发明成果。

斯里兰卡(2000年—2005年)发明专利申请与授予量①

	申请量			授予量		
	本国人	外国人	总计	本国人	外国人	总计
2000年	71	250	321	59	169	228
2001年	123	236	356	71	104	175
2002年	123	202	325	59	54	113
2003年	95	189	284	63	52	115
2004年	120	195	315	103	85	188
2005年	149	211	360	64	116	180

斯里兰卡(2000年—2005年)外观设计申请与授予量②

	申请量			授予量		
	本国人	外国人	总计	本国人	外国人	总计
2000年	187	10	197	179	6	185
2001年	520	26	546	482	11	493
2002年	345	40	385	253	13	266
2003年	386	42	428	365	23	388
2004年	254	50	304	224	40	264
2005年	257	47	304	269	88	357

究其原因,主要在于斯里兰卡政府在制定知识产权法典时还是片面和单纯地强调了其在吸引外来投资方面的重要性,用斯里兰卡官方的话说,制定知识

① See P. B. M. Sirisena. Situation of Intellectual Property Protection System in Sri Lanka. http://www.unescap.org/tid/mtg/ip_s4sl.pdf.

② Ibid.

产权法典的目的在于“履行美国—斯里兰卡知识产权双边协定和 TRIPS 所规定的义务”①,而未能够真正从国家发展的战略高度对知识产权予以考虑。在政府这一思想的主导下,整个社会的科技发展水平并未得到实质性的提高,其中一个重要表现就是斯里兰卡的 R&D 经费(科研经费)严重不足。斯里兰卡 1986 年的 R&D 经费为 256.8(百万)卢比,1996 年为 1409.6(百万)卢比,2000 年为 1492.6(百万)卢比。尽管 2000 年的经费比 1986 年增加了将近 6 倍,但仍然仅为当时国民生产总值的 0.19%,远低于发展中国家 1% 的平均水平。② 而且在 1982 年—1998 年授予斯里兰卡本国人的专利中,由商业组织和公共研究机构取得的分别占 22% 和 6%,由个人获得的占 78%。③ 而在正常情况下,公共研究机构和商业组织应当是获得专利的主力军。由此可见,知识产权法典的编纂只是提升一国知识产权工作的一个重要组成部分,知识产权法典的出现并不必然导致一国知识产权工作出现重大的转机,只有将知识产权法典的制定与国家发展战略紧密配合,才能够使知识产权法典的功能全面而充分地发挥。

2.《菲律宾知识产权法典》的实施效果

鉴于《菲律宾知识产权法典》的颁布和实施,世界贸易组织曾经于 1999 年 10 月发布了一份评论,赞扬菲律宾为落实 TRIPS 所作的卓有成效的努力。④ 但与世界贸易组织的评价不同,美国则得出了不同的结论。尽管菲律宾颁布了知识产权法典,但美国仍然在特别 301 报告中将菲律宾放在 2001 年—2006 年的重点观察名单上。美国贸易代表办公室认为,菲律宾虽然颁布了知识产权法典和其他一系列知识产权法规,但菲律宾的主要问题仍然在于全国各地执法状况不统一,对侵权行为很少采用有威慑力的惩罚。根据美方发表的数据,菲律宾国内的假冒商品尤其是盗版比率仍然比较高。⑤

---

① Sri Lanka Trade Policy Review, Report by the Sri Lanka Government, p. 80. http://www.wto.org/english/tratop_e/tpr_e/g128_e.doc.

② See Dr Sarath Dasanayaka, Technology, Poverty and the Role of Newtechnologies in Eradication of Poverty: the Case of Sri Lanka, http://servesrilanka.net/technology_poverty_sri_lanka.pdf.

③ Ibid., p.19.

④ Trade Policy Review Body Review of the Philippines (Sept. 29, 1999), http://www.wto.org/wto/reviews/tprb116.htm.

⑤ International Intellectual Property Alliance, 2005 Special 301 Report, Philippines, http://www.iipa.com/rbc/2001/2001SPEC301PHILIPPINES.pdf.

菲律宾(1996—2000)因盗版导致的损失(单位:百万美元)和盗版率①

	2000年		1999年		1998年		1997年		1996年	
	损失	比率	损失	比率	损失	比率	损失	比率	损失	比率
动画片	25.0	70%	18.0	65%	18.0	65%	18.0	65%	22.0	65%
音像制品	1.3	33%	2.0	20%	3.0	20%	4.0	20%	3.0	20%
商业软件	28.2	66%	26.7	70%	25.4	77%	36.0	83%	56.7	92%
娱乐软件	41.0	98%	23.8	89%	24.7	90%	21.3	88%	26.0	86%
图书	44.0	/	44.0	/	39.0	/	50	/	70.0	/
总计	139.5	/	114.5	/	110.1	/	129.3	/	177.7	/

菲律宾(2001—2005)因盗版导致的损失(单位:百万美元)和盗版率②

	2005		2004		2003		2002		2001	
	损失	比率	损失	比率	损失	比率	损失	比率	损失	比率
商业软件	43.3	71%	38.0	71%	33.0	72%	25.0	68%	19.9	63%
娱乐软件	11.3	85%	/	90%	/	95%	/	/	/	99%
图书	48.0	/	48.0	/	45.0	/	45.0	/	44.0	/
音像制品	21.0	40%	20.0	40%	22.2	40%	20.9	40%	23.9	36%
动画片	/	/	33.0	85%	33.0	89%	30.0	80%	28.0	80%
总计	123.6	/	139.0	/	133.2	/	120.9	/	115.8	/

此外,需要注意的是,与前述《斯里兰卡知识产权法典》的情况相似,《菲律宾知识产权法典》对菲律宾本国科技事业的发展促进效果也不明显。从下面几个图表所显示的数据可以看出,虽然菲律宾近几年来注册商标和专利数量总体上处于持续上升的趋势,但外国人的持有量要远远超过菲律宾人的持有量。尤其在最能够体现一国科技进步水平的发明专利中,外国人的持有量一直在持续上升,但菲律宾人的持有量却一直在低端徘徊,直到2005年仍然未突破20件。分析其原因,也与斯里兰卡相似,即没有将知识产权与国家发展战略紧密联系起来考虑。2001年菲律宾的R&D经费仅占国民生产总值的0.22%,每百万人口中只有157名科研工作人员,都大大地低于国际平均水平。③

① International Intellectual Property Alliance, 2001 Special 301 Report, Philippines, http://www.iipa.com/rbc/2001/2001SPEC301PHILIPPINES.pdf.

② International Intellectual Property Alliance, 2006 Special 301 Report, Philippines, http://www.iipa.com/rbc/2001/2001SPEC301PHILIPPINES.pdf.

③ Merle Tan and Marlene Ferido, Public Understanding of Research in Developing Countries: Challenges and Opportunities, http://pcstnetwork.org/PURWorkshop/word/Ferida_Tan.doc.

菲律宾商标注册量(1996—2005)①

	2005	2004	2003	2002	2001	2000	1999	1997	1996
外国人	6801	2988	3852	1280	2803	3237	969	1332	1496
本国人	2599	803	989	289	298	696	205	407	445
总计	9400	3791	4841	2079	3101	3933	1174	1739	1941

菲律宾专利授予量(1997—2005)②

		2005	2004	2003	2002	2001	2000	1999	1998	1997
发明	外国人	1638	1433	1160	1113	1082	566	566	558	891
	本国人	15	16	7	12	10	8	5	5	25
实用新型	外国人	4	325	43	47	5	1	1	0	8
	本国人	7	335	806	428	189	287	3	3	263
外观设计	外国人	2	343	1011	998	241	291	291	10	79
	本国人	0	468	863	670	152	506	158	0	331
总计		1666	2920	3890	3268	1679	1659	1024	576	1597

面对这种情况,菲律宾政府也开始了知识产权工作指导思想和政策上的转变,各个政府部门纷纷出台一系列政策加强本国的科研工作,以确实发挥知识产权对经济发展的作用。菲律宾科学和技术部于1999年启动了“媒体时代计划”,该计划分为若干阶段,其中第一阶段为1999年至2004年,第二阶段为2004年至2010年。其主要目的在于:(1)综合各项工作以改革菲律宾的创新体系。这些工作主要有金融市场的改革、减少技术投资的障碍、加强教育以达到人才的培养、投入更多的科研经费、强化知识产权保护等。(2)加强科研人员的竞争力。其工作主要包括提升教育体制以适应工业化的需要、建立技术标准和认证体系、提供更多的提升技术的机会、吸引在国外的菲律宾专家回国等。(3)加速技术创造和转移。(4)促进技术投资。按照该计划的设想,菲律宾R&D经费占国民生产总值的比率将从2002年的0.14%增加到联合国教科文组织建议的1%。该计划将菲律宾的科研工作重点集中于生物、电子、环境、制药和基础研究等五个方面。③ 而菲律宾国家知识产权局也于2000年提出了菲律宾知识产权工作的长期目标为:(1)为权利人提供更强的知识产权保护;(2)高效的纠纷解决以创建更有利的经济环境;(3)建立技术转移合同登记制

① 数据来源:菲律宾知识产权局网站:http://ipophil.gov.ph/statreport/statistics.htm。

② 同上。

③ See Prof. Fortunato T. De La Peña, National Innovation Systems, Policy Framework and Programs for the Philippines, http://www.pcierd.dost.gov.ph/news/National%20Innovation.pdf.

度以确保其得到有效的实施；(4) 积极促进知识产权发挥在经济、技术和文化发展中的作用。①

菲律宾和斯里兰卡两国的经验表明，知识产权法典的制定只是完善知识产权法律体系和知识产权工作的一个重要方面而不是全部，仅仅只有知识产权法典的制定并不能够解决一切问题。只有将知识产权法典与国家发展战略紧密结合起来并通过各种国家公共政策予以落实，才能够真正保证知识产权法典的功能得到充分的发挥。也即，只有在制订了完善和成熟的知识产权公共政策的情况下，知识产权制度法典化工作的开展才具有实际意义。

四、外国知识产权法典面临的困难与应对措施

（一）科技发展对知识产权法典的冲击

当人类社会迈入 21 世纪的时候，科技发展日新月异，对人类社会造成了巨大冲击。法典是对社会生活的一种反映，在这种社会背景下制定知识产权法典，就不得不考虑飞速发展的科学技术这一影响因素。

甚至有人认为，在科技飞速发展的背景下，制定知识产权法典已经失去了意义，他们的理由主要有：

首先，飞速发展的科学技术将造成法典确定性的丧失。确定性是法律的重要特征之一，"法律的确定性意味着法律规定了一定的行为与一定的后果之间稳定的因果关系……意味着法律是一种不可朝令夕改的规则体系，一旦法律设定了一种权利义务关系的方案，就应当尽可能避免对该方案进行不断的修改和破坏，否则法律就将丧失权威性"。② 然而，在科学技术飞速发展的今天，保持法律的确定性正在变得越来越困难。而在众多的法律之中，知识产权法恐怕又是确定性最不完全的法律了。例如日本现行《著作权法》在最初实施后的 10 年内几乎没有什么风吹草动，但为了应对数字化技术所带来的影响，在 1984 年至 1999 年间就进行了 11 次修改。③ 一部著作权法尚且如此，而将著作权法、商标法、专利法等单行法全部包含在内的知识产权法典的确定性应该是更值得担心了。如果法典的确定性难以得到保证，那么其制定的必要性就值得怀疑了。

其次，从法律知识传播的角度看，法典已经无太大的存在必要。针对于不

① "Riding the Tides of Change", Philippines IPO Annual Report, Intellectual Property Office, 2000, page 1.

② 徐国栋：《民法基本原则解释——成文法局限性之克服》，中国政法大学出版社 1992 年版，第 136 页。

③ 易继明：《技术理性、社会发展与自由》，北京大学出版社 2005 年版，第 9—10 页。

同时期零星颁布的单行法而言,法典在法律知识传播方面更具有优势。法典的内容全面系统、结构完整清晰、文字平实简洁、便于搜索查询,因而具有更强的民众可获知性或易传授性。[①] 但在科技高度发达的今天,法典的这一"比较优势"已经丧失殆尽,以至于有学者提问:"当各种法源——法条、解释、判例、决议、学说等——经由数字化处理而可以轻易检索组合时,法典这样的老古董到底还有没有存在的必要?"[②]

但笔者以为,飞速发展的科学技术固然会对知识产权法典的确定性造成一定的影响,但并不能就此得出没有必要制定知识产权法典的结论。

首先,从法典的确定性而言,在社会频繁变动的今天,确定性受到的挑战不限于知识产权法领域,而是遍及整个法律体系。就以备受学术界推崇的《德国民法典》为例,从 1900 年 1 月 1 日生效起至 1998 年 6 月 29 日止就已经修改了 141 次,平均每年修改 1.4 次。[③] 以体系完备、立法技术高超闻名的《德国民法典》尚且如此,《知识产权法典》的频繁修改也不足为奇了。如果仅仅因为确定性无法得到保证就要否定法典存在的必要性,那么任何法典甚至任何制定法都没有存在的必要性了。法以社会现实为调整对象,所以,社会现实是第一性的,法是第二性的。法不能无视第一性的社会现实。[④] 社会生活永远处于发展变化状态之中,不仅仅是法典,就是作为法典参照物的各类单行法的确定性也正在受到巨大的挑战。考察法律发展的宏观历史可以得知,法律的不确定是常态,确定是偶然状态;不确定是绝对的,确定是相对的。如果单纯和片面地追求法律的确定性,则任何法律都无法制定。法律正是在确定——不确定——确定的循环状态中得到发展。立法者追求的目标不应当是绝对的确定性而应当是相对的确定性,即通过各种立法技术和手段来最大限度地维持法律的确定性。

其次,那种认为由于法典在"法律知识传播"方面丧失了比较优势就断定法典没有必要存在的观点,实际上只看到了法典的工具理性而忽略了法典的价值理性。知识产权法典除了便于"找法"这样的工具理性外,还具有控制权力滥用、提升知识产权法律的地位等价值理性,而且其价值理性比工具理性更具有重要的意义。如果仅因法典在工具理性上遇到挑战就全盘否定法典存在的必要性显然是"以偏概全",其结论无法令人信服。

---

① 封丽霞:《法典编纂论——一个比较法的视角》,清华大学出版社 2002 年版,第 6 页。

② 苏永钦:《走入新世纪的私法自治》,中国政法大学出版社 2002 年版,第 80 页。

③ 《德国民法典》,郑冲、贾红梅译,法律出版社 1999 年版,第 1 页。

④ 李琛:《法的第二性原理与知识产权概念》,载《中国人民大学学报》2004 年第 1 期。

（二）各国的具体应对措施

针对上述科技发展带来的挑战，立法者的目标是制定一个适当开放的知识产权法典，使其具有一定的弹性，从而在一定程度上适应新形势。而这种开放的法律体系可以通过以下几种手段综合构成：

1. 从立法技术上着手予以应对

为了解决法律的确定性与社会发展之间的矛盾，立法者通常可以从立法技术方面着手来予以应对。具体而言，知识产权法典的立法者可以从以下几个方面着手：

（1）在法典中设立总则，对知识产权基本原则予以规定

基本原则具有立法准则、行为准则、审判准则和授权司法机关进行创造性司法活动的功能。① 它是解决法律的确定性与社会发展矛盾的最佳方法。《越南知识产权法》就采取了这一方法，在其第一编"总则"中就规定了限制原则、利益平衡原则、激励原则等知识产权基本原则。② 但知识产权基本原则的确定是理论界的一个难题，在现有的几部知识产权法典中，也只有《越南知识产权法》对此进行了规定，法国、菲律宾、斯里兰卡知识产权法典均未对知识产权基本原则进行规定。与此同时，《越南知识产权法》总则编的第5条"法律适用"规定，如果《知识产权法》不能解决与知识产权有关的民事争端时，则应当适用《民法典》的相关规定。依此条规定，《越南民法典》规定的一系列基本原则也可以在《越南知识产权法》中得到适用，这实际上是将民法基本原则引入了知识产权领域。

（2）在相关法律条文中设立"兜底条款"

立法者可以在相关法律条文中设立"兜底条款"，通过概括性的设权规定为未来可能出现并有保护必要的权利作出预先安排。③ 如我国2001年《著作权法》第10条第17款规定的"其他权利"就属于该类条款。几位学者的建议稿中也都毫无例外地使用了这一方法。郑成思教授在其建议稿的第二条对知识产权的权利客体进行阐述时就使用了"其他智力创作成果"一词④，吴汉东教授在其建议稿的第二条"知识产权的范围"中也使用了"其他知识产权"一词⑤，曹新

① 徐国栋：《民法基本原则解释——成文法局限性之克服》，中国政法大学出版社1992年版，第16—18页。

② 这些基本原则并没有全部在越南《知识产权法》中得到明确的宣示，而是隐含在相关条文中，这是笔者根据越南《知识产权法》总则编的相关规定总结出来的。

③ 李杨等著：《知识产权基础理论和前沿问题》，法律出版社2004年版，第143页。

④ 郑成思：《知识产权论》，法律出版社2003年第3版，第81页。

⑤ 吴汉东：《知识产权立法体例与民法典编纂》，载《中国法学》2003年第1期。

明教授在其建议稿第111-3条“保护范围”中也使用了“其他知识产权”一词。①

2. 司法解释

从立法技术来说,立法者可以通过在法典中设立知识产权基本原则和“兜底条款”来有效应对科学技术的飞速发展。但这种立法上的弹性条款必须通过一个中间媒介才能确实地与实际社会生活联系,从而发生效用。这个中介媒介就是司法解释。即当全新的社会纠纷发生时,知识产权法典中的具体条款无法有效解决这些纠纷,法院即根据“兜底”条款和基本原则并且运用司法自由裁量权来对这些纠纷进行解决,其判决结果对以后相同或相似案件的解决都具有较强的参考作用。

3. 制定专门的特别法

当某一类社会纠纷尚属于个案时,司法解释一般能够较好地对其进行解决。但当该类社会纠纷频繁出现的时候,尤其在具有大陆法系传统的国家,司法解决手段已经无法有效地应付这些纠纷了。这时就有必要将该类社会纠纷或社会现象以制定法的形式固定下来。菲律宾就比较广泛地使用了这一方法。在《菲律宾知识产权法典》于1998年生效后,菲律宾又分别于2000年6月颁布共和国第8792号法案即《菲律宾电子商务法案》,对计算机程序的保护进行了规定;2001年通过了《集体知识产权产权法》对传统知识进行保护;2002年6月颁布了共和国第9168号法案,为植物新品种提供法律保护。

4. 适时的修改法典

除了上述方法外,适时对法典进行修改也是保持法典开放性的有效办法。《法国知识产权法典》和《斯里兰卡知识产权法典》就较多地采用了这一方法。斯里兰卡于1979年颁布了第一部《知识产权法典》后,又分别于1980年、1983年、1990年、1997年和2000年对这部法律进行了修订。当斯里兰卡觉得这部法典已经不能适应社会的发展后,干脆又于2003年11月通过了新的《知识产权法典》,用它代替了1979年的《知识产权法典》。而《法国知识产权法典》在1992年到1998年之间也修改了12次,涉及条目有112条之多。②

---

① 曹新明:《中国知识产权制度法典化研究》,中国政法大学出版社2005年版,第310页。

② 参见黄晖为《法国知识产权法典》中译本所作的译者序,引自《法国知识产权法典》(法律部分),商务印书馆1999年版,第11页。

第九章
外国知识产权制度法典化的社会背景

知识产权法典的出现并不是一个孤立的法律事件。美国法学家劳伦斯·M.弗里德曼就认为,重大的法律变化是随着社会变化而发生的,并取决于社会变化。他以变化的起源点和其最终的影响点为标准将法律变化分为四类:(1)起源于法律制度外部的变化,但只影响法律制度并像用过了的子弹一样在那里结束;(2)起源于法律制度外部的变化,但通过它到达法律制度外部的影响点;(3)开始于法律内部的变化,可能具有的影响也发生在法律制度内部;(4)起源于法律制度内部的变化,然后通过该制度,结束时影响在外部。①

而与各知识产权单行法相比,知识产权法典的制定无疑也是一个重大的法律变化。依照弗里德曼的理论,这一重大法律变化的出现必定有重大的社会变化作为其时代背景。因此,笔者将在本章对知识产权制度法典化的社会历史背景进行研究。如果从世界范围来考察知识产权法典的立法史,我们会发现知识产权制度法典化进程实际上是以以下三大浪潮作为其社会历史背景的,即民法法典化浪潮、解法典化浪潮和知识经济浪潮。为此,笔者将结合各国知识产权制度法典化的历史来研究这三大浪潮与知识产权制度法典化之间的密切联系,并揭示这三大浪潮对知识产权制度法典化的影响,以希望对我国未来的知识产权制度法典化工作提供一些有益的经验。

一、民法法典化浪潮中的知识产权制度法典化

(一)知识产权制度法典化对民法法典化的追随

如果从广义的角度理解知识产权法典,将工业产权法典也视为知识产权法典的一种特殊形态,则知识产权制度法典化实际上已经经历了两次浪潮。第一次知识产权制度法典化浪潮为工业产权法典化浪潮,以葡萄牙1896年颁布《工

---

① 〔美〕劳伦斯·M.弗里德曼:《法律制度——从社会科学角度观察》,李琼英、林欣译,中国政法大学出版社2004年版,第314—315页。

业产权法典》为肇始标志。此后,西班牙、墨西哥、巴西、巴拿马、秘鲁、阿尔巴尼亚、波兰、肯尼亚等国相继颁布《工业产权法典》。第二次知识产权制度法典化浪潮则以1979年斯里兰卡颁布知识产权法典为肇始标志。此后,法国、菲律宾、埃及、越南等国也相继颁布《知识产权法典》。两次浪潮的重要区别在于所涉及的权利类型不同:前者遵循了传统上将知识产权分为工业产权和著作权的区分,仅仅将专利权、商标权等工业产权集中规定于一部法律之中,却将著作权排除在外;而后者则将各类知识产权统归于一部法典之中进行规定。

我们认为,形成这种区别的主要原因在于:不同的历史阶段人们对于知识产权共性的认识和提取的程度不同。知识产权制度法典化实际上是一个对知识产权共性予以提取的过程,而在19世纪,虽然欧洲各国已经普遍制定了著作权法、专利法、商标法等法律,但由于著作权在权利取得上与权利内容方面所具有的特殊性,立法者对各类权利共性的提取暂时还无法上升到知识产权这一层次,上述法律尚未以知识产权的名义实现体系化,都是以单行法的形式出现。① 立法者不得不以权利所产生和适用的领域为标准来划分权利体系,典型的反映就是19世纪末诞生的《巴黎公约》和《伯尔尼公约》。在这两部公约的影响下,葡萄牙、西班牙等国纷纷颁布了本国的《工业产权法典》,并对其他国家尤其是拉丁语系诸国的相关立法产生了重要的影响。1893年上述两个公约的国际局合并,成立了统一的国际组织"保护知识产权联合国际局"(常用的法文缩略语为BIRPI),则意味着国际社会开始逐渐认识到知识产权的整体性。1967《建立世界知识产权组织公约》的签订和1970年世界知识产权组织的成立则标志着人们对知识产权共性的认识已经上升到一个新的层面,从而具有了较强的整体性,这也对后来各国知识产权法典的出现起到了重要的示范作用。

人类社会进入近代以来,一共经历了两次民法法典化浪潮:第一次是以法国和德国民法典为代表的19世纪民法法典化浪潮,第二次是20世纪后半叶以俄罗斯民法典和荷兰民法典为代表的民法法典化浪潮,这两次浪潮导致许多国家民法典的出台。如果将我们考察的视野放宽到整个私法领域中去,对比民法法典化的历程来考察知识产权制度法典化的进程,我们可以发现世界立法史上的一个看似巧合的现象,即知识产权制度法典化浪潮实际上是紧紧跟随着近代以来历次民法法典化浪潮的:第一次知识产权制度法典化浪潮即工业产权法典化浪潮基本上是伴随19世纪民法法典化浪潮而进行,第二次知识产权制度法典化浪潮基本上是伴随着20世纪后半叶民法法典化浪潮而进行的。可以说民

---

① 吴汉东:《国际化、现代化与法典化:中国知识产权制度的发展道路》,载《法商研究》2004年第3期。

法法典化浪潮余波所及便是知识产权制度法典化浪潮。

这种现象具体到特定的国家而言，一般是民法典制定在前，知识产权法典出现在后。例如葡萄牙1867年颁布了第一部民法典后于1896年颁布了第一部工业产权法典；西班牙1889年公布了第一部民法典后于1926年颁布了第一部工业产权法典；巴西1912年颁布了第一部民法典后于1971年颁布了第一部工业产权法典；法国1804年颁布民法典后于1992年颁布了知识产权法典；菲律宾1949年颁布第一部民法典后于1997年颁布了知识产权法典；越南1995年颁布第一部民法典后于2005年颁布了知识产权法典。

（二）知识产权法与民事基本法的结合

如果从微观上考察，知识产权制度法典化的进程实际上也是一个知识产权法与民事基本法相结合的过程，而这一结合过程实际上经历了以下几个阶段：

第一阶段：民法典未涉及知识产权

作为19世纪最有代表性的两部民法典，《法国民法典》和《德国民法典》都没有涉及知识产权，究其原因恐怕有如下几点：(1) 在《法国民法典》制定之时，知识产权对社会经济发展的重要性尚未得到充分的体现，此时社会财产主要还是以有形财产的形态出现，知识产权也尚未发展成为成熟的法律制度，所以《法国民法典》未对知识产权相关内容进行规定。(2) 在《德国民法典》制定之时，虽然关于知识产权的理论研究已经延续了一段时间①，此时德国的知识产权制度已经基本成熟②，知识产权在德国的资本主义发展中也发挥了一定的作用，《德国民法典》却没有规定知识产权，这可能与《德国民法典》采用有体物主义，不能容纳作为无体物的知识产权有关。③

虽然《法国民法典》和《德国民法典》都未涉及知识产权，但两国的理论界都一致认为知识产权应当属于私法的调整范围。德国学者认为著作权和专利权属于无体财产权，这种权利是一种对无体财产，比如，精神产物和发明等的支配权，它们是一种在时间上有限制、排除他人对这一财产的使用和处置的权

---

① 在德国民法典产生之前的一百多年以前，康德和黑格尔就在他们各自的《法的形而上学原理》和《法哲学原理》中大谈著作权，两位大师的诸多著作的出版，也是在保障知识产权的法律框架下进行的。详见徐国栋：《民法典草案的基本结构——以民法的调整对象理论为中心》，载《法学研究》2000年第1期。

② 德国第一部专利法于1877年颁布，第一部商标法于1874年颁布，第一部著作权法于1837年颁布。

③ 徐国栋：《民法典草案的基本结构——以民法的调整对象理论为中心》，载《法学研究》2000年第1期。

利。[①] 有关著作权和工业产权（如专利、商标）的无形财产法是特别私法。[②] 而法国学者也认为知识产权是一种财产权利，它们的客体是创见、思想和抽象创造。[③] 在这种思想的指导下，1992 年颁布的《法国知识产权法典》中就较好地处理了与民法典的关系。

第二阶段：知识产权成为民法典的一部分

知识产权法成为民法典的一部分实际上也经历了民法典简单涉及知识产权——知识产权成为民法典独立的一章——知识产权成为民法典独立一编这样一个循序渐进的过程。在这一过程中，知识产权在民法典中所占的比重越来越大，而这也从某一个方面体现了知识产权地位的重要性日益突出。

1. 民法典简单涉及知识产权。虽然《法国民法典》未对知识产权作规定，但《法国民法典》的一个摹仿者——1837 年的《阿尔贝尔蒂民法典》（即《撒丁民法典》）作了一项保护知识产权的规定，其第 440 条宣称："天才之人的作品是其作者的财产"，但必须遵守法律和有关的条例。这一规定填补了《法国民法典》的一个巨大空白，很可能是最早规定知识产权的民法典。[④]

2. 知识产权成为民法典独立的一章。1942 年《意大利民法典》则开始将知识产权予以整体性的纳入，它在第五编"劳动编"中将"智力作品权和工业发明权"与企业劳动、公司、入股、企业、竞争、合作社等制度相并列作为一章。该章规定了著作权、工业发明专利权、实用新型和外观设计专利权三节。此三节仅用了 20 个条文极其简略地列举了上述权利的客体、权利的取得方式、权利的内容、权利的使用等内容。由于内容过于简略，该法不得不用 3 个条文分别规定，有关上述权利的财产权行使、存续及取得方式适用特别法的规定。为此，意大利又分别颁布了著作权法、商标法、专利法、植物新品种保护法、商业秘密法、集成电路布图设计保护法等专门法律。[⑤]

3. 知识产权成为民法典独立的一编。20 世纪以来，知识产权制度有了长足的发展：基本规范不断完善，保护范围不断扩大，一体化、现代化的趋势日益明显。与此同时，大陆法系的一些国家尝试将知识产权制度编入民法典，并在

---

① 〔德〕卡尔·拉伦茨：《德国民法通论》（上册），王晓晔等译，法律出版社 2003 年版，第 286 页。

② 〔德〕迪特尔·梅迪库斯：《德国民法总论》，邵建东译，法律出版社 2001 年版，第 16 页。

③ 〔法〕雅克·盖斯旦、古勒·古博：《法国民法总论》，陈鹏等译，法律出版社 2004 年版，第 177 页。

④ 徐国栋：《民法典草案的基本结构——以民法的调整对象理论为中心》，载《法学研究》2000 年第 1 期。

⑤ 胡开忠：《知识产权制度法典化的现实与我国未来的立法选择》，载《法学》2003 年第 2 期。

90年代兴起的第二次民法典编纂运动中形成高潮。[①] 1961年的《苏联民事立法纲要》的基本结构为总则、所有权、债权、著作权、发现权、发明权、继承权、国际私法规则等八编。其进步意义在于，它把知识产权整合到民法典之中，在世界范围内首次建立了一种民法典的新结构，使知识产权以编的形式进入民法典。但其缺憾在于，具体安排缺乏概括性，有必要把著作权、发现权和发明权概括在"知识产权"的总的一编中加以规定，而不必把它们分为三编。[②] 对有些知识产权权利类型，法律也没有规定。[③] 1964年《苏联俄罗斯加盟共和国民法典》是在此《民事立法纲要》基础上制定的，其结构基本保持了《纲要》对著作权、发现权、发明权的规定。而1995年《俄罗斯民法典》的基本结构为总则、物权、债法总则、债法分则、知识产权、继承权、国际私法规则等七编。相比之下，其进步在于把知识产权概括为一编加以规定。但是，由于立法者之间的争论较大，导致与其他已经颁布生效的六编相比，知识产权编一直处于"难产"的状态。[④] 同样，1992年《荷兰民法典》也曾经计划将智力成果权即知识产权作为民法典的第九编，但由于技术上的困难被取消。[⑤]

1995年《越南民法典》则将"知识产权与技术转让"作为法典的第六编，2005年越南民法典也沿袭了这一做法。而1994年《蒙古国民法典》则采取了一种比较特别的做法：它没有将知识产权作为民法典的单独一编，却将知识产权糅合于法典的所有权编中，认为智力成果是所有权的客体，使知识产权的相关规定贯穿于所有权编的各部分。但这种做法的重要缺陷在于它对知识产权客体的无形性缺乏应有的认识，将知识产权作了粉碎性处理，使本来就缺乏坚固体系的知识产权变得更加零碎了。[⑥]

第三阶段：知识产权法典的诞生

由于知识产权本身相较于传统民事权利的一系列特性，使得在传统民法典模式内无法给知识产权安排合适的位置。另一方面，即使是现代民法典，也不可能对知识产权规范予以全部纳入而只能对基本内容进行规定。对某些国家来说，在知识产权法与民事基本法结合的过程中，知识产权制度法典化的进程也逐步开始和发展。

---

① 吴汉东：《知识产权立法体例与民法典编纂》，载《中国法学》2003年第1期。

② 徐国栋：《民法典草案的基本结构——以民法的调整对象理论为中心》，载《法学研究》2000年第1期。

③ 鄢一美：《俄罗斯知识产权立法与民法典的编纂》，载《知识产权》2006年第3期。

④ 同上。

⑤ 徐国栋：《民法典草案的基本结构——以民法的调整对象理论为中心》，载《法学研究》2000年第1期。

⑥ 曹新明：《中国知识产权制度法典化研究》，中国政法大学出版社2005年版，第56页。

1867年的《葡萄牙民法典》是在深受1804年《法国民法典》的影响下制定的,因此也未对知识产权予以规定,所以在民法典之外于1896年颁布了单独的《工业产权法典》,现行的1966年《民法典》则深受《德国民法典》的影响,采用的是有体物主义,也未能对知识产权予以规定。200年来,《法国民法典》的结构并未有太大改变,因此,法国在《民法典》之外于1992年制定了单独的《知识产权法典》。虽然《法国民法典》至今仍然未对知识产权作规定,但从《法国知识产权法典》的相关规定可以知道,立法者还是基本认可了民法典与知识产权法典之间为一般法与特别法的关系。而斯里兰卡虽然于1979年率先从整体上将知识产权制度法典化,但该国在传统上属于英美法系而并无法典化的传统。菲律宾虽然于1997年颁布了《知识产权法典》,但其民法典只是在第四编"所有权取得模式"的第721条—第724条对著作权和专利权的取得进行了简单的规定,对知识产权的其他内容则未予以涉及。

1942年《意大利民法典》虽然将知识产权作为一章纳入民法典,但该章只有20余条,无法对有关内容进行详细规定,所以只能以各种特别法的形式来加以具体化。随着时间的流转,这类特别法的数量已经得到急剧增长。意大利议会2003年通过法令,授权意大利政府对这些特别立法进行整理。在议会授权之下,政府可以做三件事情:(1)废除过时的不需要的法律;(2)进行协调,使得特别立法之间更加和谐;(3)根据法令所规定的程序、原则、标准,在必要时判定新的法令是否起草。2005年意大利《工业产权法典》的诞生就是这一法令实施的直接后果。① 意大利之所以选择制定工业产权法典而不是知识产权法典,一方面是对以葡萄牙、西班牙为代表的拉丁语系立法传统的延续,另一方面也是由于欧盟2001年颁布了《在信息社会中从几个特定方面协调著作权和相关权的指令》,为了贯彻实施该指令,意大利议会对本国著作权法进行了修改,最初草案于2002年7月产生并于2003年4月29日得以生效实施。也即关于著作权法的立法权此时仍然属于意大利议会而未授予意大利政府,意大利政府整理特别立法的行为不得不将著作权法排除在外。

通过上述分析,可以大致了解到各国民法法典化与知识产权制度法典化的进程处于一种不平衡状态,即知识产权制度法典化的进程较快,但知识产权进入民法典的进程则较慢。而2005年《越南民法典》与《越南知识产权法》则将民法法典化与知识产权制度法典化两者完美地结合起来,实现了两者的均衡发展。其意义在于,一方面,2005年《越南民法典》将知识产权作为民法典的单独

---

① 〔意〕Alessio Troiano、Zaccaria:《意大利民法法典化的历史经验和现存问题》,http://www.ccelaws.com/mjlt/default.asp? 32。

一编，表达了知识产权在民事权利体系中的重要地位；另一方面，2005 年的《越南知识产权法》则实现了从整体上将知识产权制度法典化的目标，结束了知识产权法律体系凌乱的现状。笔者以为，越南的做法应该代表了未来的一种立法新趋势。

（三）民法法典化对知识产权制度法典化的影响

笔者以为，之所以在立法史上存在着知识产权制度法典化紧紧伴随于民法法典化的现象，主要原因在于：

1. 民法典对私权的推崇使得知识产权法获得了自由发展的空间。知识产权制度法典化的一个重要前提条件就是必须要有相当数量的知识产权单行法存在，“当某一法律部门的成文法非常丰富、庞大后，法律与法律之间的协调性当然会减弱，相互之间的矛盾随之而生，因此就需要进行法典化”。[①] 而知识产权制度的形成，经历了一个由封建特许权向资本主义财产权嬗变的历史过程。特许权的保护是一种“钦定”的行政庇护，而不是法定的权利保护。在中世纪欧洲的许多国家，特许权并没有制度化、法律化，换言之，特许令状仅限于个别保护、局部保护。[②] 在封建特许权的情况下，权利人获得特权取决于封建统治者的授权，而封建统治者的授权却往往出于个人的某种偏好，可能随时授予也可能随时撤销。在英国，17 世纪以前的作者或者发明者同样是无法得到知识产权保护的，因为英国王室只是把王室特权施加于其所选定的对象，例如书籍的出版商工会、把发明引入英国的外国人或者与王室相关的人员。[③] 欧洲其他国家的情况也大体如此。在此情况下，知识产权法不可能得到很好的发展，而只能处于萌芽状态，也不可能有足够数量的单行法律产生。

随着资产阶级革命的胜利，封建特权制度被推翻，欧洲各国普遍制定了民法典以表达私权神圣的观念，对政府权力予以限制并对公民的财产权进行保障。在民法典对私权地位推崇的背景下，知识产权的私权属性和财产权属性得到充分的体现，知识产权法也获得了广泛而自由的发展空间。大量的知识产权单行法被制定出来，从而为知识产权制度法典化作好了重要的前提准备。

2. 民法典为知识产权法典提供了立法经验。正如有学者所言，民法典具有统一国法、揭示价值、建立体系、集中资讯、整套继受等功能[④]。在知识产权法发

---

① 曹新明：《中国知识产权制度法典化研究》，中国政法大学出版社 2005 年版，第 56 页。

② 吴汉东：《知识产权的私权与人权属性》，载《法学研究》2003 年第 3 期。

③ 金海军：《知识产权私权论》，中国人民大学出版社 2004 年版，第 47 页。

④ 苏永钦：《民法典的时代意义》，载王利明等主编：《中国民法典基本理论问题研究》，人民法院出版社 2004 年版。

展过程中出现的一系列问题同样也曾经在民法发展过程中出现过，而民法典的上述功能对知识产权制度法典化也具有相当的借鉴作用，故而在已经实现民法法典化的国家里，将知识产权制度法典化也可能成为一种潜在的立法意愿。所以制定了知识产权法典的各国之前大都制定了民法典，就连斯里兰卡这样的具有非法典化传统的英美法系国家，在没有制定民法典的前提下也制定了知识产权法典。

同时，经由民法典的制定而积累的立法经验对知识产权法典的制定也同样具有借鉴作用，法国和越南两国知识产权法典就有力地证明了这一点。

《法国知识产权法典》的一个重要特点就在于其没有规定总则。而从《法国知识产权法典》与《法国民法典》的关系来看，《法国知识产权法典》实际上是沿袭了《法国民法典》的做法。但它比《法国民法典》做得更为彻底，不仅没有规定总则，而且连序编也没有规定。这一点可以从两者之间的关系来寻找原因。《法国民法典》的序编（共 6 条）规定了法律效力、裁判规则、基本原则三个问题，但这 6 条所规定的不只是民法的问题，而是一切“法律”的几个基本原则。[①] 相对于《法国民法典》而言，《法国知识产权法典》属于特别法，除了《法国民法典》第 1 条关于法律效力的规定外，在相关方面并无特殊规定，序编的条款当然在《法国知识产权法典》中也可以得到适用。而针对《法国民法典》第 1 条“法律效力”的规定，《法国知识产权法典》的第三部分“在海外领地及马约尔属地的适用”已经作出了特别规定。在这里，《法国知识产权法典》第三部分实际上起着相当于《法国民法典》第 1 条功能的作用。在这种情况下，《法国知识产权法典》再规定自己单独的序编就显得多余了。

《越南知识产权法》最大的特点则在于其设立了总则编，而对于《越南知识产权法》为何要制定总则编，则还要从《越南民法典》的制定中寻找来立法渊源，也即《越南知识产权法》总则编的制定是沿袭《越南民法典》的立法惯性使然。虽然越南于 2005 年制定的新民法典取代了 1995 年民法典，但两部民法典的区别主要体现在内容之上，法典的整体结构则无太大变化，新民法典还是沿袭了旧民法典的编排体例。《越南民法典》在编排体例上的一个重要特点，就是其具有浓厚的“总则”情结。《越南民法典》除了总则编外，作为分编的财产与所有权编、债与合同编、继承法编、土地使用权转让编都设有本编的小总则。经过两部民法典长达 25 年的制定过程[②]，显然立法者对于如何制定总则已经有了

---

① 谢怀栻：《大陆法国家民法典研究》，载《外国法译评》1994 年第 5 期。

② 越南民法典发轫于 1980 年 11 月 3 日的第 350/CD 号政府令，它导致了司法部主持的民法典起草委员会的成立。具体情况参见吴远负：《在守成与变革之间的越南民法典》，载《清华大学法律评论》2000 年第 1 期。

充分的自信和丰富的经验。而知识产权在民法典中与上述四编是处于平行地位，当在民法典之外制定单独的法典化的知识产权法时，立法者为其设立总则编已经成为顺理成章的事情。

除此之外，由于民法典是私权领域的基本法，民法法典化必然要对私权领域的内容进行全面细致的研究。在现代社会，无论一国的民法典采取何种模式处理知识产权，立法者必然要对知识产权作全面细致的研究。从这一角度来看，民法法典化也可以在一定程度上促进知识产权研究的发展，为未来知识产权制度法典化的立法过程提供一定的理论储备。

二、解法典化背景下的知识产权制度法典化

在放弃了用一部法典调整所有法律关系的企图后，现代法典对古代法典进行了细化和深入，转而专门调整某一部门的法律关系，法典化也长期地存在于民法、刑法、诉讼法这样的部门法层次上。民法典一直是作为私权领域的基本法律而存在的，知识产权作为一种重要却又相对特殊的私权，知识产权法通常是作为民法典的特别法并以单行法的形式出现的。20世纪70、80年代以来，以微电子技术、生物工程技术和新材料技术为代表的新技术革命给人类社会的发展带来了巨大的影响，世界经济也开始了由传统经济向知识经济的转型。在这一时期，知识的重要性表现得比历史上任何一个时期都要明显，以智慧创作物为客体的知识产权法的重要性也得到格外的彰显。与此相对应的是，在世界立法史上的几次民法法典化热潮后，又出现了一股知识产权法法典化的浪潮，斯里兰卡、法国、菲律宾、越南等国都纷纷制定了知识产权法典。

在知识产权制度法典化方兴未艾之时，私法领域也正在发生一场轰轰烈烈的"解法典化"浪潮，甚至有学者认为法典已经不能适应社会的发展，在欧洲正在出现"解法典"的现象①，法典主义已经进入黄昏②。而发生在民事特别法领域的知识产权制度法典化，标志着民法典在私法领域一统江山的核心地位开始动摇，也标志着法典化在私法领域的进一步深入和细化。在这种大背景下，笔者觉得有必要将知识产权制度法典化与"解法典化"现象联系起来考察，看两者之间有何内在联系。法典是现代化重要的外在表现形式，"解法典化"从某种意义上看也意味着对现代化的一种解构。而对现代化进行批判和解构正是后现代理论所擅长的，可以认为"解法典化"的哲学根源在于后现代哲学理论。笔者

---

① 〔意〕那塔利诺·伊尔蒂：《解法典的时代》，薛军译，载徐国栋主编：《罗马法与现代民法》，中国人民大学出版社2004年版，第80—107页。

② 苏永钦：《走入新世纪的私法自治》，中国政法大学出版社2002年版，第80页。

在此以后现代理论为工具对法典进行考察,希望可以有所发现。

(一) 后现代理论概述

现代化在其长达几百年的运动过程中,对人类社会的发展起到了巨大的推动作用。但是,当人类社会在现代化轨迹上运行到 20 世纪的时候,同时也出现了环境污染、资源浪费、人口激增、生态平衡的破坏,以及军备竞赛加剧、人文精神失落等问题,滋长了人们对现代社会、现代观念的怀疑、厌倦和否定的情绪。[①]人类也开始反思为什么会出现这些问题,并希望找到解决这些问题的方法和途径。到 20 世纪 40、50 年代,出现了一股后现代思潮。但对于什么是"后现代",目前还难以下一个明确的定义。这一方面是因为后现代思潮的分支太多,涉及领域太广,无法对其适用定义的方式,更为重要的是,后现代思想者本身就力图消除对概念的崇拜,如果对"后现代"进行定义,实际上就是对后现代理论的误读和曲解。但通过对后现代理论进行梳理,还是可以大致总结出它的一些特点:

1. 非理性主义。后现代学者反对理性的权威,认为理性的王位是不合法的,提出了理性的"合法性"问题。他们认为理性已经成为了一种统治工具,必定会导致世界的知识与控制趋于极权化。[②] 他们强调通过非理性的情感思维和直觉方法来认识世界。

2. 反对基础主义。基础主义认为一切人类知识都必须有一些不证自明、具有终极真理意义的观念作为理论基础。而后现代学者则拒不承认任何东西是不证自明的;认为没有第一原理,也没有先验的假定。而放弃了基础主义,就有可能放弃普遍性和确定性。他们强调差异的重要性,认为容忍差异,实际上就是避免垄断真理。

3. 后人道主义。自从启蒙运动后,整个世界的中心由"神"变成了"人"。但在后现代学者看来,这是一种自大狂,是渴望将人自身变成上帝的标志。后现代主义在解构了人的在先性、中心性、绝对性之后,宣告了"人"的死亡。用福柯的话说就是,"上帝死亡"的时代正在被"人的死亡"的时代所代替。

4. 反对中心主义。中心主义认为存在着一种关于世界的客观结构,科学和哲学的目的就在于认识这种结构。德里达认为结构主义将"人"从中心位置赶走后,又确立了"结构"这个中心,实际上是用一种神话代替另一种神话。在后现代学者看来,诸如人类中心主义、西方中心主义等论调都是值得怀疑和反

---

① 赵光武:《后现代主义哲学概述》,载《马克思主义研究》2000 年第 5 期。

② 王治河:《扑朔迷离的游戏——后现代哲学思潮研究》,社会科学文献出版社 1998 年第 2 版,第 111 页。

对的。

5. 视角主义和多元方法论。后现代学者认为对世界的解释不能是一元的、单向度的，而应当是多元的、多维度的、多视角的。他们反对研究方法的唯一性和普遍性，认为世界在很大程度上还是未知的，因此我们不能保守、封闭，而必须保持我们选择的开放性。对于同一个实在或同一个科学问题，应该允许存在各种不同的观点或理论。①

（二）后现代理论对法典的分析

1. 后现代理论对法典形式理性的分析

现代意义上的法典法是理性主义可知论和"绝对真理"最终哲学体系的产物。法典法作为一个"包罗万象"的体系，它的成立至少依赖于两个条件：其一，立法主体有着至上的认识能力，能够无一遗漏、全知全能地发现真理，形成理性的观念基础，这一条件为理性主义者所肯定和褒扬；其二，现实是静止不变的，人们可以建立绝对、无限、终极的理论体系。② 但后现代学者持着一种非理性主义和反基础主义的态度，对此进行了批驳。

首先，后现代学者认为人的能力是有限的，理性主义者将人的理性认知能力和理性建构能力无限地夸大了。实际上并不存在所谓的能够被人所认识的绝对真理和不证自明的公理。"一切法律知识，不论是一般性质的还是具体性质的，都是当下的法律知识，无一是永恒超验的"③。既然作为法典逻辑推理的出发点的法律概念和基本原则的正确性是值得怀疑的，那么其演绎推理结果的正确性也就可想而知了。

其次，后现代学者认为逻辑推理的框架只能够适用于无生命的事物。对有生命的事物用逻辑的、静态的、几何学的方法进行处理，必然会把其本质的东西统统剔除干净。按马克斯·韦伯的说法，现代化实际上是一个形式理性（工具理性）逐渐压倒价值理性的过程，而法典法正是马克斯·韦伯所称的具备逻辑性形式理性的法律。"在'形式'的法律体系下，法律判断的规则与程序均于法律体系中可以寻得，无假外求，只要以意义的逻辑分析，运用高度抽象的法律概

---

① 王治河：《扑朔迷离的游戏——后现代哲学思潮研究》，社会科学文献出版社 1998 年第 2 版，第 238 页。

② 封丽霞：《法典法、判例法抑或"混合法"：一个认识论的立场》，载《环球法律评论》2003 年秋季号。

③ 苗金春：《语境与工具——解读实用主义法学的进路》，山东人民出版社 2004 年版，第 140 页。

念,即可获得法律判断。"[①]此种秉持法律形式主义的法学思想试图通过隔断法律与其他外在于法律的价值而实现法律的价值中立,使法律成为"纯粹"的法律。[②]"道德伦理、政治或经济性质的考虑不是法学家的事情。"[③]现代法典发端于19世纪,当时的社会形态比较稳定,变动不大,通过逻辑推理就可以认识和解决问题。但在当今这个飞速变化的时代,单纯的逻辑推理已经不能适应社会的发展。而且随着法律工具主义的兴盛,法律成了政府推行某种政策的工具,政府使用的很多资源和权力都是由一系列新的法律所创造和支持的。所谓的"通过法律管理的国家"就是在这个背景下产生的。[④]在这种情况下,所谓的法律的"价值中立性"已经被打破,在立法过程中必然要考虑到政治、经济、社会伦理等外部性因素,而对这些因素的整合是逻辑推理所无法完成的。

最后,后现代学者认为人类了解世界的方法多种多样,除了理性的逻辑推理外,还有非理性的情感思维、个人体验和直觉等方法。如果过度追求体系的完备性和内部的逻辑自足性,就会把这些非理性方法得来的知识排除在外。滴水不漏同时意味着滴水难进,严密将导致自闭。[⑤]这意味着承认一种架构、一种整体以及一种占统治地位的原则的存在。然而一旦我们承认了整体性就会不可避免地用目的论和等级制的观点去看待结构[⑥],有可能会导致体系的封闭性、中心性、压迫性。就拿《优士丁尼国法大全》的制订来说,有学者就认为这部法典也存在着反面意义,即优士丁尼大帝的这一光辉成就,也使罗马法从此由开放的体制转向封闭。罗马法的法典编纂,也意味着罗马法本身发展的终结。[⑦]此外,从实用的角度看,新世纪的资讯革命也让法典的光环褪色不少,当法律内容必须经常大幅更新,而各种法源——法条、解释、判例、决议、学说等——收入电子资料库后,可以轻易搜寻乃至依需要而作不同组合时,至少对法律适用者而言,法典已经像古董一样中看不中用了。[⑧]

而后现代学者提倡"解构",希望通过这种解构来摧毁传统的结构观念,使

---

① 陈聪富:《韦伯形式理性之法律》,载李鸿禧主编:《台湾法律史研究的方法》,学林文化事业公司2000年版,第212页。

② 黄茂荣:《法学方法与现代民法》,中国政法大学出版社2001版,第52页。

③ 〔葡〕叶士朋:《欧洲法学史导论》,吕平义、苏健译,中国政法大学出版社1998年版,第197页。

④ 信春鹰:《后现代法学:为法治探索未来》,载《中国社会科学》2000年第5期。

⑤ 陈小君:《我国民法典:序编还是总则》,载《法学研究》2004年第6期。

⑥ 王治河:《扑朔迷离的游戏——后现代哲学思潮研究》,社会科学文献出版社1998年第2版,第172页。

⑦ 高富平:《民法法典化的历史回顾》,载《华东政法学院学报》1999年第2期。

⑧ 苏永钦:《民法典的时代意义》,载王利明主编:《中国民法典基本理论问题研究》,中国人民大学出版社2004年版,第49页。

结构变得更为开放。德里达认为要消灭或毁灭所有的形而上学的观念是不可能和不现实的,“解构并不意味着击垮了系统,而是它敞开了排列与集合的可能性”。[①] 德里达期望打破传统结构的等级性、确定性、封闭性、中心性、统一性和压迫性,建立一个全新的、开放的、非中心的、非等级的、充满差异的、无限流动的结构概念。

2. 后现代理论对法典概念专业化的分析

边沁当初在鼓动“法典编纂”时认为“法典编纂”是使法律变得容易理解的一种活动,“法典”应该达到“每个人成为自己的律师”的效果。[②] 但在现代社会中,边沁的这一愿望几乎已经落空。法律的职业化、专业化、技术化和复杂化使得法律离普通民众越来越远,民众对法律也越来越感到陌生。排他的学问范围和专门话语最终促成了本应与人人密不可分、与其他文明现象贯通不二的法、秩序、法学变成少数职业人士的独立王国。[③]

在后现代学者看来,法律概念的专门化,实际上也是一种对法律知识的控制,体现出法律专家们对法律掌握着“话语权”和“知识霸权”。布迪厄就规定,法律语言是各种社会力量在司法场域中通过复杂的斗争、进行利益的争夺和分配的结果。谁占有法律语言谁就占有相关的资源和利益,争夺对事物的命名权其实就是权力的斗争,整个法学话语系统都和现实的权力结构相对应。[④] 按照后现代语言学的观点,语言构成了人与世界、人与人联结和对话的中介,是语言将人联系在一起。这样,所谓人们之间的沟通行为就可以被理解为主体间按照一定的规范,通过语言符号和对话商谈而达到相互理解的活动。“曲解的交往”往往是由于病态语言或人们的误解而造成的。在这个过程中使用了一些与公众公认的语言惯例系统不一致的规则,造成了人们之间不能相互理解,破坏了人们之间的正常交往。在语言世界中,谁拥有了语言,谁就具有了发言和对话的权利。后现代学者认为既然语言是非贵族的和掌握强权的,那么我们就有必要否定加在上面的强权和贵族性。[⑤] 法律术语的过分专业化,使得法典已经脱离了社会大众的生活,使得社会大众基于法典而发生的交往活动产生了困难。而成功的言说行动,不仅能够说出合乎语言规则的句子,更重要的是使双方的

---

① 何佩群:《一种疯狂守护着思想:德里达访谈录》,上海人民出版社1996年版,第21页。

② 薛军:《优士丁尼法典编纂中“法典”的概念》,载徐国栋主编:《罗马法与现代民法(第二卷)》,中国法制出版社2001年版,第8页。

③ 江山:《法哲学及其使命》,载郑永流主编:《法哲学与法社会学论丛(二)》,中国政法大学出版社2000年版,第32页。

④ 〔法〕布迪厄:《法律的力量——迈向司法场域的社会学》,强世功译,载《北大法律评论》第2卷第2辑,法律出版社2000年版,第496—545页。

⑤ 常士訚:《政治现代性的解构》,天津人民出版社2001年版,第201页。

对话进入相互认同、相互理解和交流的境界。其中所坚持的语言原则就是要做到话要说得明白、话要说到点上、话要显示出言说者的真诚,也就是要合乎可领会性、真实性、正确性和真诚性。① 后现代学者反对类似于《德国民法典》那样的语言风格,而赞成和提倡类似于《法国民法典》和《瑞士民法典》的法律语言风格,认为只有这样才能打破法学职业者对法律知识的垄断,实现立法者与社会大众之间的互动、"精英话语"向"大众话语"的转向。

3. *后现代理论对法典普遍性的分析*

正如利奥塔指出的,后现代社会是告别整体性和统一性的社会,类似于法律普遍性这样的宏观历史叙事已经完成了使命。每一个社会群体都有自己的主张,都有自己的关于什么是公平、正义和美好社会的观念。所以,单一的正义、公平观念不再存在了,取而代之的是多元的、局部的、以多种方式存在的正义。不仅如此,每个领域还具有自己的"话语",宗教、科学、哲学、艺术,都是不同"话语"的表现。不同的话语领域有自己的价值、逻辑和模式,生存在同一个空间。②

后现代学者具体运用语境论对理性主义所认为的法典的普遍性进行了批驳。③ 语境论表明,任何一个语境要素的独立存在都是毫无意义的;任何要素都只有在与其他要素关联存在的具体的或历史的语境中,才是富有生命力的。因而,所有法律具体问题都是"个案"的,是在社会具体历史语境中的呈现。解决问题的方式就要语境化,亦即所谓的"具体问题具体分析"。在"语境化"的解决过程中,法学家、法律家要思考当下人们的具体需要,通过商谈与交流,看看何种方式最能有效地解决争议和纠纷。④

而在语境论的基础上,后现代学者又发展出"地方性知识论"。他们认为法律是知识的一种,而知识只是随着我们的创造性参与而正在形成中的东西,而不再是什么既成的、在任何时间、场合都能拥有并有效的东西。知识的主体既不是单一的个体,更不是什么普遍的人类性,而是特定时间和场合中具有连带关系的共同体。库恩就认为,任何科学共同体都带有历史的成见,因而都置身于一种局域的情境中了。知识的内容与准则只在特定时代的共同体内部得到辩护,因此也只对共同体成员有效。对我们而言,重要的与其说是分析普遍有效的方法,毋宁是描述特定的历史情境,以及在这种情境中实际有效的范例。⑤

---

① 常士訚:《政治现代性的解构》,天津人民出版社 2001 年版,第 197 页。

② 信春鹰:《后现代法学:为法治探索未来》,载《中国社会科学》2000 年第 5 期。

③ 语境(context)在英文中表示前后关系,主要有以下两种含义:1. 语境是特定词语、话语或段落的上下文的形式关联;2. 语境是特定话语或文句所影射的某种对象世界的特征。参见郭贵春:《后现代科学哲学》,湖南教育出版社 1998 年版,第 92 页。

④ 刘星:《西方法学中的"解构运动"》,载《中外法学》2001 年第 5 期。

⑤ 盛晓明:《地方性知识的构造》,载《哲学研究》2000 年第 6 期。

就以法典对人的构造来说,现代法律中的"人"一直在被标准化着,人的个性被抹平。组成社会的人本来是千姿百态、丰富多彩的,但在标准化之下,则成了千篇一律的。按照西方后现代的说法,这里对"人"的构造是以一个成年、健康、理性、中产阶级、白种的男人为标准进行的。以这种标准来构造民法中的人,会忽视对儿童、女性、老人、少数民族、残疾人等群体利益的保护。这也成为激进女权主义法学和批判种族主义法学的攻击对象,被认为是中心对边缘压迫的一种体现。经过长时间的发展,私法上关于人的统一的概念已经在很大程度上被具体的概念所取代,比如消费者、劳动者、不动产的租赁人等。在这样的情况下,很难找到一个统一的、抽象的逻辑来统一和整合私法体系。[①]

4. *后现代理论对法典的权威性和学理性的分析*

针对法典权威性与学理性的结合,后现代学者认为稍有不慎,就会导致知识与权力的结合。在福柯看来,"知识是权力的眼睛"。[②] 知识为权力划定范围,权力为知识确定形式,两者相互支撑。权力如果降伏了知识或者真理,就会披上真理的外衣,以真理的形式出现,出现"强权就是真理"的情况。而这时真理之所以成为真理,也不是因为它揭示了外在的必然性,而是因为它有权力作为后盾。而现代社会的学科分工和细化导致了知识分子越来越在各种具体部门从事具体的工作,完成了由"普遍型"向"专家型"的转变。由于知识与权力之间的互惠关系,专家性知识分子对于专业知识的垄断也意味着对于相关权力的获取。[③] 所谓的"专家"就是以知识或者真理的代言人身份出现的。然而任何专家和特殊人才,都并不是通晓所有领域,而只是通晓一个专门领域。"因此,把专家的意见看作是'真'或'真实的'的句号,而不进一步去超越专家的界限从事研究,这将是愚蠢的。"[④]任何一门知识都包含有某些妨碍新事物发展的思想,而这是处于这一知识领域内的人自身无法发现的,需要其他领域的"外行"来发现,需要借助一些业余爱好者。[⑤]

法典的权威性一方面来自于法典本身由国家制定和颁布的特性,另一方面也来自于法典内部的逻辑推断体系。形式理性的逻辑推论前提将某些法律概念和原则作为不证自明的公理作为出发点。但后现代主义认为这种对确定性、先验基础和绝对论据屈从的定式化思维还存在这样的危险性——导致对社会

---

① 〔意〕蒙那代里:《关于中国民法典编纂问题的提问与回答》,薛军译,载《中外法学》2004年第6期。

② 严峰:《权力的眼睛:福柯访谈录》,上海人民出版社1996年版,第149页。

③ 〔美〕波林·罗斯诺:《后现代主义与社会科学》,张国清译,上海译文出版社1998年版,译者序第5页。

④ Paul Feyerabend: "Farewell to Reason", New York, 1998, p.56.

⑤ 常士訚:《政治现代性的解构》,天津人民出版社2001年版,第232页。

极权逆来顺受的人格结构。[1] 法典的制定者“极力想证明真理具有一种超人类的、必须予以承认的客观性,这种做法或许也同时助长了人们对某种超人类的社会权威、某个超级领袖的认可和屈从”。[2] 法律职业的专门化和法律概念、法律推理的专门化使得法律职业者掌握了法律知识的“话语权”,民法典的权威在很大程度上异化于大众对法典的陌生感和畏惧感。

5. *后现代理论对法典一元中心论的分析*

后现代学者反对“一元中心论”,提倡“多元论”和“非中心论”。所谓非中心论,“就是对这样一种观念的批判,即社会现实的任一要素或部分可以被规定为本质的、基本的、决定性的因素”。[3] 他们认为“一元中心”代表着一种对极权主义的向往。按照《第三次浪潮》的作者托夫勒的分析,“集中化”同“标准化”,“专业化”、“同步化”、“集权化”一道是第二次浪潮社会的重要特征,而“多中心化”和“非中心化”则是第三次社会的发展趋势。[4]

随着信息社会的到来,在政治上也出现了一种“多中心化”也即“分散化”的趋势,国家对社会的全面控制正在瓦解,“社会中依赖等级制而生存的集权机构纷纷崩溃,而小的、分散的组织却到处出现,它们之间非正式地联结在一起,对正式结构的依赖大大减少了”。[5] 这些组织不仅具有较强的独立性,能够脱离国家而生存下来,而且正在从国家那里分化出一部分权力。现在个人已经托庇到团体的内部,请求团体运用它施加压力和威胁的能力以及讨价还价的力量来保护其利益和特权。回到“身份”并不意味着回到团体内部的规则,而是过渡到协商型的法律,即从单个的团体和公共权力之间的协议中产生出来的法律。这些协商型法律就以特别法的形式表现出来。在作为私人关系的一般规范的民法典的危机中,实际与“市民”的衰落以及社会团体的兴起是一回事。[6]

法典化以“统一”为主题——所有公民有一部统一的民法典,不因阶层、职业而有所区别。但是,一部单一的法律显然不能满足当今多元化社会的需要,新的社会问题证实了当今社会的多元化与不平等性,面对这种现实,我们必须

---

① 马江:《中国民法典的制定应超越严格体系化思维》,载郑永流主编:《法哲学与法社会学论丛》(第5卷),中国政法大学出版社2002年版,第253页。

② 杜宴林、张文显:《后现代法学方法与法学研究范式的转向》,载《吉林大学社会科学学报》2001年第3期。

③ 王治河:《扑朔迷离的游戏——后现代哲学思潮研究》,社会科学文献出版社1998年第2版,第61页。

④ 同上书,第80页。

⑤ 〔美〕约翰·奈斯比特:《大趋势》,梅艳等译,中国社会出版社1984年版,第195页。

⑥ 〔意〕那塔利诺·伊尔蒂,《解法典的时代》,薛军译,载徐国栋主编:《罗马法与现代民法》,中国人民大学出版社2004年版,第99—100页。

承认,一部单一的民法典难以包含全部的民事法律。① 在破除法律主体的统一性的神话之后,就产生了多元的法典体制,因此私法体制的建构就是围绕着多个中心而展开,在民法典之外也有某种意义上的法典化的过程,因为这一进程,那种认为所有的民法都应该被归入到同一部立法文本中的观念被超越了。②

(三)“解法典化现象”与知识产权制度法典化的出现

基于上述分析,可以得知“解法典化”现象其实并不是要消灭或废除民法典,而是要破除民法典在私法领域的“一元中心”地位,并对民法典在内容和性质上重新定位。在“解法典化”潮流的影响下,欧洲民法典的立法潮流在朝我国目前的现有民事立法模式靠拢。也就是,制定一个类似我国《民法通则》的民事基本法,只对基本民事制度作原则性的规定,具体的民事规范应由各民事特别法来规定。③

现代民法典奠基于19世纪,在当时的社会形态中,民法典的普遍性规定能够解决社会绝大多数问题,在整个私法体系中,民法典处于中心地位,特别法则环绕在民法典周围。从法律规范的数量上看,民法典大大多于特别法,从功能上看特别法则对民法典起着补充作用。但在21世纪的今天,日益增多的特别法已经开始对民法典的普遍性形成挑战。随着民事主体一般性被打破,民事法律关系的类型化趋势也在不断加强。特别法本来是作为对法典法的原则的例外或纯粹的展开出现的,现在却控制了法律关系的整个类型的调整,特别法与民法典之间的种属关系,已经转换为一般规范与剩余规范的关系;作出一般规范的是法典以外的法律,而法典规定剩余规范。民法典虽然仍然调整一些最为广泛的社会关系类型,因此在理论上仍然是一般性的,但是在具体的实践中却降到剩余法的地位。真正具有一般性的是作为例外或特别情况产生的法律。④

在由“一般规范”转换为“剩余规范”的过程中,民法典在私法体系中的核心地位也正在被打破,“民法典更多地具有权利宣示的功能,而具体的法律问题更多地由特别法典来解决。关于民法典所关注的问题,产生了众多具有重大意义的微观法律制度,……这些法律不仅仅是法典的补充而已,它们常与法典并驾齐驱(的确,这些微观法律有时被冠以‘法典’之名。例如,《法国交通法典》,

---

① 〔西〕Esther Arroyo I Amayuelas:《西班牙民事法律之多元化》,华东政法学院,“民法法典化与反法典化国际研讨会”,2005年4月。

② 〔意〕索马:《第三个千年之中的民法典编纂》,薛军译,载《中外法学》2004年第6期。

③ 张礼洪:《民法典的分解现象和中国民法典的制定》,载《法学》2006年第5期。

④ 〔意〕那塔利诺·伊尔蒂:《解法典的时代》,薛军译,载徐国栋主编:《罗马法与现代民法》,中国人民大学出版社2004年版,第105页。

从而确立了其与传统法典的竞争地位)”。[①] 以法国为例,现今在法国法律体系中有59部不同的法典在施行。[②] 私法领域的法典除了《法国民法典》外,还包括《法国知识产权法典》、《消费者权益保护法典》、《劳动法典》、《保险法典》、《农村法典》等。这些特别法典的制定正是“法典多元论”的体现。可以认为,在“解法典化”背景下的知识产权制度法典化有其出现的必然性,它正好反映了私法体系由“单一中心”向“多元中心”转变的趋势,特别法正在逐步摆脱民法典的附属地位,与《民法典》一样成为私法体系建构的中心。

三、知识经济背景下的知识产权制度法典化

在漫长的历史长河中,人类社会已经经历了几千年的农业经济时代和几百年的工业经济时代。20世纪80年代以来,人类社会开始逐步向知识经济(knowledge economy)时代迈进。而发端于斯里兰卡的第二次知识产权制度法典化浪潮(1979年)也恰好在此时兴起。笔者以为,两者之间绝不仅仅只是一个简单的巧合。

美国法学家劳伦斯·M.弗里德曼认为,重大的法律变化是随着社会变化而发生的,并取决于社会变化。他以变化的起源点和其最终的影响点为标准将法律变化分为四类:第一,起源于法律制度外部的变化,但只影响法律制度并像用过了的子弹一样在那里结束;第二,起源于法律制度外部的变化,但通过它到达法律制度外部的影响点;第三,开始于法律内部的变化,可能具有的影响也发生在法律制度内部;第四,起源于法律制度内部的变化,然后通过该制度,结束时影响在外部。[③]

与各知识产权单行法相比,知识产权法典的制定无疑也是一个重大的法律变化,按照弗里德曼的理论,这一重大法律变化的出现必定有重大的社会变化作为时代背景。笔者以为,这一时代背景就是知识经济时代的到来,并且知识经济时代与知识产权法典之间形成一种良性循环的关系:知识经济时代的到来促使知识产权法典的出现,而知识产权法典又促进知识经济的发展,即弗里德曼所定义的第二种法律变化类型。基于此,笔者下文将以知识经济为背景来考察知识产权法典出现的历史必然性。

---

① 〔美〕亨利·梅利曼:《大陆法系》,顾培东、禄正平译,法律出版社2004年版,第159页。

② 〔法〕Bertrand Fages:《法国法典化的历程》,华东政法学院,“民法法典化与反法典化国际研讨会”,2005年4月。

③ 〔美〕劳伦斯·M.弗里德曼:《法律制度——从社会科学角度观察》,李琼英、林欣译,中国政法大学出版社2004年版,第314—315页。

(一) 知识经济概述

20世纪60年代以来,微电子、计算机、通讯等新兴产业迅速发展,由此带来了数字化、网络化、智能化、集成化的经济走向,西方许多著名专家学者,对信息技术革命将产生的巨大影响,对未来经济走势都进行了大量研究和预测。他们从不同角度思考和概括,对未来经济提出了多种说法。先后有阿尔温·托夫勒在《第三次浪潮》中提出的"后工业经济",奈斯比特1982年在《大趋势》中提出的"信息经济",再有英国福莱斯特1986年在《高技术社会》中提出的"高技术经济",以及"软经济"、"非物质经济"、"智能经济"、"服务经济"、"新经济"等等。1996年,经济合作与发展组织(OECD)在国际组织文件中首次正式使用了"以知识为基础的经济"(Knowledge-based Economy)这个新概念,1997年美国总统克林顿在一份报告中使用了"知识经济"(Knowledge Economy),一般认为是对OECD报告中"以知识为基础的经济"的简化和发展。①

按照经济合作与发展组织《以知识为基础的经济》报告中的定义,知识经济是以现代科学技术为基础,建立在知识和信息的生产、分配、使用和消费之上的经济。② 也有学者认为,知识经济指一种经济形态或经济时代,这种经济形态中还有农业和工业,只不过是以知识产业部门为主且工农业都相当程度地知识化了。知识经济是一种新的经济形态,又是一个新的世界时代。知识经济对农业经济和工业经济是一种否定,又是一种提升。否定的是工业经济和农业经济的主导地位和时代特征地位,提升的是它们的内在素质和水平。③

与农业经济、工业经济相比,知识经济具有以下基本特征:(1) 知识成为最重要的生产要素;(2) 知识经济是可持续发展的经济;(3) 知识经济时代,各国经济发展相互依存度空前提高,经济全球化和一体化成为世界经济发展的基本方向和基本格局;(4) 知识经济中的先导性基础产业是教育产业,人才培养成为最重要的基本建设;(5) 产业结构高级化,第三次产业成为主体,知识产业、信息产业及以生命科学为基础的生物技术产业成为主导产业;(6) 经济管理和经济学研究由过去以物为中心转向以知识和人为中心。④

(二) 知识产权法律制度对知识经济的促进

知识要想切实地成为力量、成为财富,必须满足以下几个前提条件:第一,

---

① 陈正:《知识经济研究概述》,载《中南财经大学学报》1999年第3期。

② 经济合作与发展组织:《以知识为基础的经济》,杨宏进、薛澜译,机械工业出版社1997年版,摘要部分。

③ 郭强:《反思知识经济》,中国经济出版社1999年版,第113页。

④ 陈正:《知识经济研究概述》,载《中南财经大学学报》1999年第3期。

要确保智慧创作物的生产过程循环进行，使其能够被源源不断地生产出来，为社会经济的进步提供足够的智力资源。第二，要确认创造者对智慧创作物的私人财产权，使智慧创作物同一般的有形物质产品一样能够自由交换。第三，要确保智慧创作物能够向全社会公开，在保证创造者个人利益的同时，也要兼顾社会利益，使全社会能够共享科技进步所带来的利益，从而推动社会的整体进步。第四，要促进科学技术的产业化和市场化，真正实现科学技术与生产力的结合。知识产权法律制度恰好能够实现上述几个条件。

知识产权法律制度启动了重要的经济杠杆，催生了巨大的社会财富，对知识经济社会的形成起到了重要的促成作用。其作用主要表现在以下几个方面：

1. 知识产权制度具有激励作用，促进了科学技术的创新。20 世纪 80 年代，微电子技术、生物工程技术和新材料技术相继出现，人们称之为新技术革命。值得注意的是，三大技术中的多数发明都是知识产权的保护对象，正是知识产权的保护和激励机制使新技术革命得以发展。90 年代，知识产权制度又将介于专利和版权产品之间的计算机软件作为保护对象，从而及时地推动了数字技术和网络技术的发展。可以说，电子产业、生物工程、网络技术、软件产业等知识密集型和技术密集型知识产业的迅速崛起和迅猛扩张，在一定意义上与知识产权制度所具有的激励作用密切相关。①

2. 知识产权制度具有指引作用，有助于吸引外国投资和吸收国外先进技术。在经济全球化的今天，外国投资和外国技术已经是一些国家经济增长的重要因素。引进外资必然涉及对外资企业的商标、商号和有关技术的引进和使用。在当今国际环境之下，要想顺利地引进外资和外国技术，引进国就必须建立完善的知识产权保护制度，对外商的相关利益进行保护。在国际上，完善而有效的知识产权制度是投资、外贸环境评价的重要指标，对国际投资与技术贸易的流向与走向有着指引的作用。改革开放二十年来，我国之所以能够成功地大量引进外资和大量先进技术，在很大程度上是由于我们建立并实行了专利等知识产权制度，为外商提供了良好的法律保护环境。另一方面，自己研发的新技术如果没有专利保护，外商不会轻易投资进行合作开发生产，因为只有取得专利保护，才能形成市场竞争优势，获得丰厚的利润。如果没有知识产权，就很难寻找到合作伙伴，或者在合作中免不了要受制于人，成为别人的加工厂或者打工族。②

3. 知识产权制度具有保障作用，保证了知识财富的实现。在知识渗透到其

---

① 陈乃蔚：《知识经济与知识产权》，载《上海交通大学学报》（社会科学版）1998 年第 2 期。

② 张玉敏主编：《知识产权与市场竞争》，法律出版社 2005 年版，第 7 页。

他产品或产业发挥作用的同时，智慧创作物的生产本身也成为了一种产业，成为经济增长的一个新热点。目前发达国家有很多大公司，不但将自己掌握的专利等投入生产过程，提高生产的效率和产品的科技含量，同时还将这些技术出售或者转让给其他公司使用，直接获得可观的经济利益。甚至有些科技公司或者研究所，根本不进行物质产品的生产，其业务非常单纯，就是进行科技创新，做出技术发明，在取得知识产权后再将它们出售，通过这种方式来营利。

智慧创作物的生产过程与传统的农业产品和工业产品相比，能够大量地节约自然资源的消耗。以版权为例，美国的好莱坞影视娱乐业就被称为“无烟工业”，与飞机制造业、信息产业一起被称为美国的三大支柱产业，其生产的影视娱乐节目更是成为美国最大宗的出口商品。这既保护了环境、节约了自然资源，又提供了大量的就业机会，创造了巨额的财富，同时还丰富了人们的精神生活，可谓是一举多得。而这一切都得益于美国完善的版权制度。

知识产权法律制度的完善程度、知识产权的实际保护水平，是一个社会、一个国家科技水平、经济实力的法律体现，可以客观地反映出一个社会、一个国家的科技水平和经济实力。当前，世界各国知识产权法律制度的差异、知识产权实际保护水平的差异，实质上反映的是各国科技水平和经济实力的差异。另一方面，只有通过知识产权保护，科技、人才、信息优势才能得以实现和发挥；借助于知识产权保护，科技、人才、信息优势才能转化为经济优势。因此，知识产权法律制度的完善程度、知识产权的实际保护水平将会成为反映和衡量知识经济发展水平的重要标尺。[①]

（三）知识经济对知识产权法律制度的挑战

人类历史上的各种经济形态，都是由物质生产力水平和相应的制度结构组成的。知识经济作为一种全新的社会经济形态，它一方面要掀起生产要素、产业结构、经济增长方式等物质生产力因子的大跃进与大发展；另一方面，相应地必然要引起社会产权制度、分配制度、企业制度、科教制度乃至社会文化观念制度的变革。[②] 相较于传统经济形态，知识产权法律制度在知识经济时代遇到了如下挑战：

1. 知识产权法的保护对象不断扩大。科技进步给知识产权带来的挑战首先就表现在新的受保护客体类型不断出现。主要表现在：(1) 传统知识产权的客体不断扩充。版权的客体从最初的文字作品发展到电子作品，即由印刷品发

① 李顺德：《知识经济呼唤加强知识产权保护》，载《中国工商管理研究》1998 年第 12 期。

② 周小亮等编著：《新世纪的角逐　寻找知识经济的制度结构》，广东旅游出版社 1999 年版，第 3 页。

展到录音录像作品和电影电视作品，再到计算机软件、多媒体作品和电子数据库。专利权的客体从机械技术时代的机械制造品及其工艺，发展到生物、信息时代的化学物质和药品专利、微生物专利、动植物专利、基因专利等。商标权的客体从先前的文字、图形相结合发展到今天的动态商标、气味商标、声音商标等。(2) 新的知识产权客体不断涌现。随着电子技术、网络技术和生物技术的不断发展，集成电路布图设计、域名、植物新品种等新型权利客体也不断涌现，并对传统意义上的知识产权保护造成了冲击。(3) 商业秘密保护与反不正当竞争也被纳入到知识产权法体系。①

2. 知识产权的权利范围不断扩大。一方面，传统知识产权制度的权能不断增加，财产内容日益丰富多彩。以著作权领域最基本的复制权为例，传统的复制方式仅限于手工复制和机械复制，后来又出现了静电复制和数字化复制。现在有些发达国家将信息在计算机内存中的暂存也视为复制，使复制权的内容得以大大地扩张。另一方面，由于新的知识产权客体不断出现，随之出现了一系列新的独立的知识财产专有权制度，例如集成电路布图设计权、域名权、植物新品种权等。②

3. 涉及利益面不断扩大。传统知识产权制度主要调整智慧创作物的创造者、传播者、消费者之间的利益，涉及面比较狭窄。但在高新技术条件下，知识产权制度影响的利益团体扩大到以下几个方面：(1) 作者、出版者、电影制作者(生产者)以及其他的版权所有者；(2) 发明人、专利权人、商业秘密权人、半导体芯片权利人；(3) 数据库制作者、信息分析专家、技术中介人、多媒体制作者；(4) 复制设备的制造商、销售商(例如复制机、录音带、网络供应商)；(5) 教育家、图书馆员、文化工作者；(6) 计算机软件说明书、工程图纸等功能作品的作者；(7) 基础科学研究者；(8) 投资人；(9) 社会公众；(10) 国际方面。③ 而且他们都想将本团体的利益在法律中有所体现和反映。未来的知识产权法如何处理这些利益团体之间的关系是对立法者极大的挑战。

4. 科学技术的发展还在很大程度上动摇了知识产权制度中的一些固有原则和观念。知识产权制度中的一些固有原则和观念是在传统技术条件下形成的，例如“专利只能授予发明，不能授予发现”，“著作权只保护表达形式，不保护思想内容”等。这些观点和原则构成了现有知识产权制度的基础。但在新技术条件下，某些观点和原则正在受到挑战：生物技术的兴起使发现与发明的界限变得模糊，一些国家开始对与基因有关的发现授予专利权；专利授权的“实用

① 吴汉东等著：《走向知识经济时代的知识产权法》，法律出版社 2002 年版，第 30—48 页。

② 同上书，第 30—48 页。

③ 陈传夫：《高新技术与知识产权法》，武汉大学出版社 2000 年版，第 40—42 页。

性要求"不仅仅指工业实用性,必要时还应当包括实验室实用性;计算机技术也使版权保护的"思想"与"表达"二分法令人狐疑;合理使用的原则与具体范围,面对新的技术环境也有重新审视、再作阐述的必要。[①] 基于此,立法者必定会面对一个难题,即如何将这些于传统技术条件下形成的固有原则及观念在高新技术条件下进行调整和扩展,使得传统知识产权制度与高新技术知识产权制度成为一个完美的整体,否则,将可能影响知识产权法内部的协调和统一。

5. 科学技术的发展使得知识产权保护的国际化进程大大加快。传统上的知识产权侵权诉讼一般以被告所在地和侵权行为地为诉讼地,并适用诉讼(法院所在地)法律。但网络技术的广泛运用,使得许多通过互联网侵犯知识产权的行为难以得到有效的法律制裁,因为网络上的侵权人,往往难以确认其所在地;实践中,侵权复制品只要一上了网,全世界任何地点,都可能成为侵权行为发生地。这种状况,主要是由网络无国界之特点决定的。各国的国内法均无法有效地解决这一问题。要想有效地制止通过互联网来侵犯知识产权的行为,就必须加速各国知识产权法律国际一体化的进程,即通过弱化知识产权的地域性来解决这一矛盾。[②] 此外,科学技术的飞速发展必然有赖于国际的科技交流,也即科技成果在国际的流动。基于知识产权的地域性,权利人的利益在外国可能处于一种不稳定状态,这反过来又会对智慧创作物的国际流动造成阻碍。知识产权保护的国际化则是解决这一问题的有效途径。所以立法者在制定知识产权法的过程中,必须要考虑到国际化因素,与知识产权保护的国际标准保持适当的一致。

6. 科技发展使得法律的专业性大大加强。知识产权法为了对飞速发展的科学技术进行精确调整,必然要规定相当数量的专有技术名词,而正是这些专有名词将使得知识产权法变得更具专业性,增大公众对法律理解的难度,从而影响知识产权法的具体实施效果。因此立法者可能会处于这样一个两难境地:不规定大量的专有名词就无法对飞速发展的高新技术进行精确调整,但规定大量的专有名词却又会增加民众了解法律内容的难度。如何化解这一难题也将是立法者面临的重要任务。

(四)知识产权制度法典化:面对知识经济挑战的制度回应

正如日本法学家穗积陈重所说:"法律既为社会力,则社会变迁,法现象不

---

① 吴汉东等著:《走向知识经济时代的知识产权法》,法律出版社 2002 年版,第 47 页。

② 郑成思:《对二十一世纪知识产权研究的展望》,载《中国法学》1999 年第 6 期。

能不为之俱变”。[①] 面对知识经济的挑战，原有的在工业经济时代发展起来的知识产权法律已经不太能够适应社会的发展，各国立法者势必要结合本国具体情况以一定的方式作出回应，这些方式大致包括局部的方式和体系化的方式。局部的方式大致包括对现有的法律予以修改或颁布新的法律，而体系化的方式则主要是指制定知识产权法典。相比较而言，体系化的方式更能够体现对知识经济的回应性，这主要是因为体系化方式具有如下优点：

1. 体系化的法典更有利于维护法律的稳定性

正如黄茂荣先生所言：“体系不仅对法律资料的鸟瞰和实务有帮助，也是重新认识既存之关联，进一步发展法律的基础”，“体系化具有总结过去、演进新知的功能”。[②] 在一个飞速发展的社会中，新的保护对象不断出现，权利的范围不断扩大，而体系化的法典往往更有利于维护法律的稳定性。因为那种局部的回应方式往往是就事论事，立法者如果沉迷于这种回应方式就极有可能陷入疲于奔命的境地，“一个只着重于个别问题之科学，不可能由发现存在于问题之间更大更广的关联，进一步发现蕴藏其间之原理原则”[③]。而体系化往往就能够克服这一缺点，“有时通过对既有的体系成果进行重新解释，提升其概括力，可以解释新问题”，“有时候，新问题完全可以在旧理论框架内得到解决”。[④] 有学者曾经就“网络作品”和“网络著作权”这类新问题论述道：“在网络上创作的作品……似乎是个新事物，但是……这些以数字手段创作的作品，无一例外都没有脱离固有的传统的文学、科学和艺术作品形成范围……并没有导致新的作品形式产生，因而也没有产生新的类型的社会关系，无需新的法律调整手段。”[⑤] 因此，作为知识产权体系化最高峰的知识产权法典应当能够在这方面发挥更大的优势。

2. 体系化的法典能够更好地发挥知识产权的整体效应

在知识经济时代，由于知识财产的表现形式日益多样化，权利的内容也不断丰富，往往需要从整体上对知识财产进行规划和保护才能发挥其整体效应。而局部的应对方式往往是针对新问题制定新法律，由于各单行法律数量众多，立法者很容易忽略从整体上对各项法律进行通盘考虑，导致法律之间极易产生重叠、冲突和空白并进而影响到法律实施的整体效果。知识产权法典则将各类

---

① 〔日〕穗积陈重：《法律进化论（法源论）》，黄尊三等译，中国政法大学出版社 1997 年版，第 53 页。

② 黄茂荣：《法学方法与现代民法》，中国政法大学出版社 2001 年版，第 469—470 页。

③ 同上书，第 469 页。

④ 李琛：《论知识产权法的体系化》，北京大学出版社 2005 年版，第 101—103 页。

⑤ 刘春田主编：《知识产权法》，高等教育出版社 2003 年版，第 73 页。

知识产权都归于一部法典之中，立法者势必要从整体上对各类权利进行通盘考虑以便处理好它们之间的关系，能够有效地消除立法上的重叠、冲突和空白。从各国的实际立法情况来看，在制定知识产权法典之前，各国都曾经深受知识产权法律体系凌乱之苦，影响了法律的权威性和可操作性。但各国以制定知识产权法典为契机，宣布废除此前的各知识产权法律，对本国的知识产权法律进行了一次大清理，有效地消除了法律冲突和法律漏洞，从而增强了法律的可操作性，树立了知识产权法典的权威性。因此，体系化的知识产权法典能够更好地发挥知识产权的整体效应。

3. 体系化的法典更能够体现知识财产的重要性

农业经济时代，生产要素主要指劳动和土地，工业经济时代的生产要素主要指劳动、资本和土地。受传统生产要素理论的束缚，长期以来，人们对生产要素的认识仅局限于劳动、资本和土地，知识被视为外部要素。但在知识经济时代，生产要素不再局限于劳动、资本和土地，知识成为一种最重要的生产要素，其他的生产要素都要依附于知识，要靠知识来获得，靠知识来装备，更要靠知识来更新。知识的生产、存储、使用和消费将成为全球经济发展最重要的直接资源和永久性动力。[①] 与这一进程相伴随的是，近代以来，由于社会财富是以有形的物质财富为主要的构成形态，人们之间的财产关系大都围绕有形物质财富而存在，因知识财产而产生的社会关系在数量上还属于绝对少数，基本上还是属于特殊形态的社会关系。所以在相当长的时间内，知识产权法一直是作为私法领域的特别法而以单行法的形式存在的。但随着人类社会逐步地迈向知识经济时代，无形的知识财产正在成为社会财富的主要构成形态，人们之间因为知识财产而产生的社会关系已经由特殊的社会关系转变为普遍性的社会关系。在此情形下，知识产权法的地位也不断得到提升，而一部知识产权法典则更能够将这种重要的地位以法律的形式体现出来。

4. 体系化的法典更有利于全球化背景下的法律移植

对许多发展中国家而言，其知识产权法律制度的建立主要还是依靠对外国相关法律制度的移植。并且在经济全球化的今天，知识产权法律的移植还面临着一个特殊的背景，即在移植基础上建立起来的知识产权制度还必须符合相关知识产权国际公约所规定的最低保护标准，否则就会被全球经济体系所抛弃。而当前的几个重要的知识产权国际条约如《巴黎公约》、《建立世界知识产权组织公约》和《知识产权协定》从某种程度上看都是以法典的形式出现的，它们都

① 刘早春、李育森：《知识经济对传统会计理论的挑战及其对策》，载《西安公路交通大学学报》2000 年第 1 期。

将各类知识产权规定在一部法律文件中,这其中尤以《知识产权协定》规定得最为详细和具体,各国知识产权立法也大都以其为参照标准。从这一角度看,如果以法典的形式来构建知识产权法律体系,则在评估是否符合国际条约的保护标准时会更为便捷。如果采取单行法的形式,则整个移植过程会显得较为零散,在保护标准的评估上也会显得很麻烦。

基于上述原因,所以有法典化传统的国家如法国、菲律宾、越南、意大利等纷纷制定知识产权法典,就连某些没有法典化传统的国家如斯里兰卡也制定了知识产权法典。基于此,笔者以为,如果说以《葡萄牙工业产权法典》为肇始标志的第一次知识产权制度法典化浪潮的出现是立法者出于追随《巴黎公约》而采取的一种被动性的立法行为,那么以 1979 年《斯里兰卡知识产权法典》为肇始标志的第二次知识产权制度法典化浪潮则是立法者回应知识经济挑战的主动性立法行为。

通过上述对知识产权制度法典化所处社会历史背景的分析,我们可以了解到知识产权法典的产生不是一个单独和偶然的事件,而是由民法法典化、解法典化和知识经济这些因素综合影响所产生的一个立法趋势:(1) 知识产权制度法典化浪潮伴随着民法法典化浪潮,民法典对私权的推崇使得知识产权法获得了自由发展的空间,民法典为知识产权法典提供了立法经验。(2) 在 21 世纪的今天,日益增多的特别法已经开始对民法典的普遍性形成挑战。随着民事主体一般性被打破,民事法律关系的类型化趋势也在不断加强。特别法与民法典之间的种属关系,已经转换为一般规范与剩余规范的关系。民法典更多地具有权利宣示的功能,而具体的法律问题更多地由特别法典来解决。(3) 面对知识经济的挑战,体系化的法典更有利于维护法律的稳定性、能够更好地发挥知识产权的整体效应、更能够体现知识财产的重要性和更有利于全球化背景下的法律移植。

而反观我国现状,恰好也正面临着相似的社会背景:(1) 我国的民法典制定工作正在紧张进行中,《物权法》的颁布标志着公民有形财产权利的神圣性得到全社会的尊重,私权神圣的观点日益深入人心。而民法典制订过程中出现的一系列争论也正在推动民法典研究的进一步深入。通过改革开放以来 30 年的建设,我国的知识产权法律体系已经基本完善,为知识产权制度法典化奠定了良好的基础。(2) 虽然知识产权属于私权,但随着知识产权法律体系的不断发展和膨胀,已经不适于在民法典中对其作详细规定。而且,由于知识财产在我国社会经济发展中占据越来越重要的位置,人们之间基于知识产权而发生的法律关系越来越多,甚至正在成为普遍性的社会关系,已经对以有形财产为核心构建的传统民法物权体系构成了巨大的冲击，传统民法典对知识产权的调整已经力不从心。(3) 在21世纪的今天，知识经济正在和已经对传统的知识产权法律体系造成了强大的冲击，作为后进国家和发展中国家的中国势必要作出一定的回应，而体系化的法典所具有一系列优势恰好能够使得这种回应显得更为有效。在此种社会背景下，笔者以为中国知识产权制度法典化必将成为未来的一种立法趋势。

第三编

中国知识产权制度法典化研究

第十章
中国知识产权制度法典化的必要性分析

一、我国知识产权保护的现状和存在的主要问题

（一）我国知识产权法制建设的发展过程

改革开放以后，我国迎来了知识产权法律建设的春天。这一历程可以分为三个阶段。

第一阶段为制度初建阶段。从20世纪70年代末到90年代初，我国先后颁布了《商标法》、《专利法》、《著作权法》、《反不正当竞争法》等法律法规，并加入了一系列重要的知识产权国际公约。经过短短十多年的建设，我国知识产权法律和制度的基本框架已经初步完成。世界贸易组织前总干事鲍格胥在回顾该组织与中国合作20年的历史时指出："在知识产权史上，中国完成所有这一切的速度是独一无二的。"

第二阶段为制度发展阶段。从20世纪90年代初至90年代末，我国在对已有知识产权法律进行修订的基础上，颁布了《计算机软件保护条例》、《音像制品管理条例》、《植物新品种保护条例》、《知识产权海关保护条例》、《特殊标志管理条例》等知识产权法律法规，并颁布了一系列相关实施细则和司法解释，使中国知识产权保护的法律法规体系不断趋于完善。

第三阶段为制度完善阶段。为了对知识产权实行切实有效的法律保护，2001年我国加入世界贸易组织前后，对已有知识产权法律法规和司法解释进行了全面修改，并颁布了《集成电路布图设计保护条例》和《奥林匹克标志保护条例》。我国知识产权法律法规不但在立法精神、权利内容、保护标准、法律救济手段等方面更加突出了促进科技进步与创新的目的，而且实现了与《知识产权协定》以及其他知识产权国际规则相一致。

为了促进知识产权法律的实施，我国建立了较为齐全的知识产权管理和执法体系。在行政管理和行政执法方面，我国目前有多个部门负责知识产权的行政管理，主要包括国家知识产权局、国家工商总局商标局、国家版权局、文化部等国家机关。在司法执法方面，我国由各级人民法院、人民检察院负责知识产

权的司法保护，一些人民法院设立了专门审理知识产权纠纷案件的知识产权审判庭。

为了进一步加大知识产权保护力度，推动知识产权制度建设，国务院于2004年成立了国家保护知识产权工作组，统筹协调全国知识产权保护工作。

（二）我国知识产权工作中存在的主要问题

从增强自主创新能力、建设创新型国家的要求来审视，当前我国知识产权工作中存在的问题主要包括：

1. *法律体系无序*

我国现行的知识产权法律体系的无序性表现得比较严重，其主要原因就在于现行的知识产权单行法律是由不同的部门分别起草的，即使各部门在立法时考虑了在先内容的衔接及在先权利的冲突问题，但由于各部门彼此独立，并不能准确地反映彼此之间的有机衔接。① 这种条块分割式的立法结构显然不能顾及整个知识产权法律体系的系统化和逻辑化，不可避免地带来了内容重复规定以及在权利范围、保护标准、举证责任等方面的规定中存在交叉、冲突、遗漏等问题。如有人将他人的商号作为商标予以注册，而商号的管理机构与商标的管理机构并不相同，且商号的保护范围与注册商标的保护范围又相差甚远，因此，二者之间常常发生权利冲突。还有一些知识产品如外观设计既可能受到著作权法的保护，又有可能取得外观设计专利权而受到专利法的保护，还有可能注册为图形商标而受到商标法的保护，但各部法律所规定的保护标准又不相同，因而造成保护上的差异。② 法律体系的无序性一方面使得法律的适用出现了困难并严重影响了法律的权威性，另一方面又加大了公众“找法”的困难。

2. *立法层次不统一*

我国各项知识产权法律文件在立法层次和法律位阶上也不统一，既有像《著作权法》、《商标法》和《专利法》这样由全国人大及其常委会制定的法律，又有像《计算机软件保护条例》和《集成电路布图设计保护条例》这样由国务院颁布的行政条例，还有像《原产地域产品保护规定》这样由国务院下属部门颁布的部门规章。从法理上看，各类知识产权在权利位阶上应当是平行的，其法律效力也应当是统一的。但当前我国知识产权法律体系在立法层次和法律位阶上的不统一造成了某些类别知识产权法律效力的弱化。

---

① 夏建国：《制定统一知识产权法典的几点思考》，载《河北法学》2001年3期。

② 李明德：《外观设计的法律保护》，载《郑州大学学报（社科版）》2000年第5期。

而且除了传统的《著作权法》、《商标法》和《专利法》外，我国对其他类知识产权的法律调整主要集中于行政立法层次，是由各级行政部门制定的。而行政部门的法律规范，要么从行政管理的角度，要么从权利禁止的角度去规范知识产权，这使得许多知识产权在权利行使方面缺乏充分的依据，不利于对知识产权人的权利行使提供有效的指导和有力的保护。①

3. 行政管理体制分散，知识产权司法审判工作还需进一步加强

目前，世界上大多数国家采用专利与商标统一管理的"二合一"模式，设立专利与商标局，例如美国、德国、日本、法国、韩国等都是如此；一些国家采用了专利、商标和版权统一管理的"三合一"模式，设立了统一的知识产权局，例如英国、新加坡等。

我国在知识产权行政管理上实行的是一种分散的管理体制。尽管我国存在知识产权局这一部门，但实际上该部门还是主管专利事务，对其他知识产权事务只是发挥统筹协调功能。目前我国涉及知识产权的行政管理机构有十多家，它们的工作职能一般由各单行法分别规定，它们各自有自己的一套组织体系。这些管理机关分别是：国家知识产权局负责专利权和集成电路布图设计权事务，国家工商行政管理总局商标局负责商标权管理，国家版权局负责著作权管理，国家工商行政管理总局公平交易局负责反不正当竞争事务，国家质量监督检验检疫总局负责原产地标记管理，农业部负责农业植物品种权管理，国家林业局负责林业植物品种权管理，信息产业部负责互联网域名权管理，商务部负责国际贸易中的知识产权事务，科技部负责与科技有关的知识产权事务，海关总署负责与进出境货物有关的知识产权事务。这种分散的管理体制带来诸如行政管理成本高、行政管理效率低、行政执法力度不均、加剧知识产权内部各种权利之间的冲突等不良后果。② 这既有损于法律的权威，又提高了权利人维护权利的成本，实际上是不适应当前我国知识产权工作形势的。

在知识产权司法审判方面，知识产权纠纷案件具有"高、新、难"的特点，其审理难度普遍较大，审判领域也在不断拓展，而审判资源相对匮乏，审判人员素质尚待提高。另外，当前知识产权纠纷案件的审理程序审级多、周期长，难于为知识产权权利人提供及时有效的法律保护。

4. 社会知识产权意识薄弱

虽然我国的知识产权法律存在着某些不足，但基本上还是建立了一个相对完善的知识产权保护体系，可以为权利人提供相当水平的法律保护。但社会知

---

① 陶鑫良、袁真富：《知识产权法总论》，知识产权出版社 2005 年版，第 410 页。

② 朱雪忠、黄静：《试论我国知识产权行政管理机构的一体化设置》，载《科技与法律》2004 年第 3 期。

识产权意识薄弱却成为当前我国知识产权法律工作面临的一个严峻问题,可以说我国社会的知识产权意识实际上是落后于知识产权法律制度建设的。在很多人看来,偷人钱物是十分可耻的,但假冒、盗版可以容忍,盗用别人的智力劳动成果也很难引起"公愤"。在许多地区,商家公然"知假卖假"、消费者"知假买假"的情况还比较普遍。虽然近年来,我国采取了一系列措施进行宣传教育,但从总体上看效果仍然不明显,社会知识产权意识仍然比较薄弱。

5. 知识产权保护不力的状况还没有完全改观

当前,侵犯知识产权特别是假冒商标、生产销售盗版音像制品的现象仍然比较普遍。近些年,由于国内盗版严重,正版音像制品销售额只有三十多亿元。据专家估计,如果不是盗版影响,正版销售应当在250—300亿元。盗版不仅使我们的音像产业难以健康发展,还流失了大量税收。在执法中,有法不依、执法不严、行政执法与刑事司法衔接不好的问题还未从根本上得到解决。部分地区地方保护主义还比较严重,个别地方的领导干部和执法部门负责人把保护知识产权与发展经济对立起来,认为打击会给地方经济发展带来损失,不能赢了"面子",丢了"银子"。有的地方甚至利用行政手段纵容、包庇当地知识产权侵权行为,使违法犯罪分子有恃无恐,胆大妄为。此外,对货物进出口等环节的知识产权监管也存在一定的薄弱环节。

6. 知识产权中介机构发育还不成熟,知识产权信息的传播与服务还不能适应现实的需求

知识产权中介机构的业务包括促进知识产权实施转让、推进知识产权管理、提供各类知识产权服务等。是否拥有齐全、成熟的知识产权中介体系也是一个国家的知识产权制度是否完善的重要标志之一。目前,美国一年专利许可贸易收入达到1800亿美元,品牌许可使用收入超过1050亿美元,这些都离不开发达的知识产权中介服务行业。与发达国家相比,当前我国的知识产权中介机构存在着数量较少、类型发展不均匀、质量参差不齐、服务水平不够高、服务内容单一的问题,远不能够适应我国经济、贸易、科技、社会发展的需求。一方面,有许多希望靠知识产权实现发展的企业无从获得知识产权;另一方面,又有不少确有价值的知识产权被束之高阁。据统计,当前我国的科技成果转化率仅为10%—15%,远远低于发达国家60%—80%的水平,"买技术难,卖技术难"的问题都十分严重;我国每年签订的版权贸易项目只有6000—7000项,而且基本上还是以图书为主,很少涉及计算机软件。

二、从经济学角度看知识产权制度法典化的必要性

（一）法律经济学简述

20 世纪 60 年代兴起的新制度经济学及其在法学领域的分支——法律经济学（或称法律经济分析法学）是对马克思关于经济生活决定法律制度学说[①]的继承和发展，它将法律视为社会资料配置的秩序机制。1973 年理查德·A. 波斯纳的著作《法律的经济分析》，则是法律经济分析学在理论上走向成熟的标志。波斯纳认为，法律的经济分析就是运用经济学的方法和理论，而且主要是运用价格理论（或称微观经济学），以及运用福利经济学、公共选择理论及其他有关实证和规范方法考察、研究法律和法律制度的形成、结构、过程、效果、效率及未来发展的学科。[②] 对法律进行经济分析，有以下几个基本原则需要作一个简单介绍：

1. 交易成本理论

该理论是科斯（Coase）在《社会成本问题》（The Problem of Social Cost）中提出的基本理论。其基本含义是：在一个零交易成本的世界里，不论法律的原始配置如何，只要权利交易自由，就会有高效益的社会资源配置。他暗示着各种法律对行为产生影响的主要原因是交易成本，而法律的目的正是为了推进市场交换，促成交易成本最低化。科斯的理论为法律的有效实施和法律制定的经济评估提供了方法论的起点[③]。但是，现实告诉我们，零交易成本是不可能的，而且在某些情况下，交易成本还会很高。因此，法律应该在权利界定上使社会成本最低化、社会资源配置达到最优界点。

2. 理性经济人假设

该假设最早出自亚当·斯密的《国富论》，它认为社会中的每个人都在追求自己的利益，但由于人的需要具有多样性，不能完全通过自身活动使其需要得以满足，因此不得不进行相互交换、互通有无，以实现自己的利益。从事经济活动时，每个人未必抱有促进社会利益的动机，但在自由放任的社会里，“他受着

---

① 马克思指出：“只有毫无历史知识的人才不知道，君主们在任何时候都不得不服从经济条件，并且从来不能向经济条件发号施令。无论是政府的立法或者市民的立法，都只是表明和记载经济关系的要求而已。”参见《马克思恩格斯全集》（第 4 卷），人民出版社 1958 年版，第 121—122 页。

② 〔美〕理查德·A. 波斯纳：《法律的经济分析》。资料来源于中国青少年新世纪读书网：http://gd.cnread.net/cnread1/jjzp/b/bosina/fldj/。

③ 同上。

一只看不见的手的指导，去尽力达到一个并非他本意想要达到的目的”①。

古典经济学在此基础上形成了“理性经济人”的概念。这个概念主要包含两个方面的内容：一是自利，认为人是自私的动物，人们从事经济活动的原初动机是追求自我利益，而不是为了公益。即使不是霍布斯意义上的那种贪得无厌的利己心，但至少是洛克意义上的人们维护自己的财产权，谋求自身利益，满足自身需要的活动。二是理性，在经济学上主要指人们具有一种对自身行为及其目的的明确概念，以及对实现其目的的手段的合理性和可行性的自觉认识，亦即无论他追求什么样的目标，都能有效地选择实现其目标的手段，并据此采取行动。在新古典经济学那里，“理性经济人”的概念得到了进一步的加强，这突出地表现在最大化原则的提出，即生产者利润最大化和消费者效用最大化。②理性经济人假设和理论包含三个基本命题：(1) 经济人是自私的，即追究自身利益是驱动人为经济行为的根本动机；(2) 经济人在行为上是理性的，具有完备或较完备的知识和计算能力，能依市场和自身状况而使所追求的个人利益最大化；(3) 只要有良好的制度保证，个人追求自身利益最大化的自由行动，会无意而有效地增进社会公共利益。

3. 最大化原则

功利和利益最大化，有时被称为是经济合理性假设，已引起了很大的争议和误解。按照经济学理论，人类之需要得到满足的程度称为“效用”。效用的大小可以用数量加以表示，并且可以求总和。现代经济学认为，社会中的每个人在其本性上都是使自我满足极大化的理性主体，对自己的喜好和目标具有合理明确的打算，对资源配置和权利交易的每一种可能性都要仔细地权衡需要付出的代价以及可能获得的利益，并对如何选择和达致目标具有合理的解释。③ 传统经济学所称的最大化，是指理性经济人的利益最大化或者效用最大化；而行为经济学所称的最大化，则是指快乐的最大化④。这两种意义上的最大化存在着很大的差异。另外，我国道德经济学家认为，如果忽视道德价值，片面追求所谓的最大化，必然会导致个人利益与社会利益、此人利益与彼人利益的冲突，对社会并不一定具有什么积极意义。⑤

法律经济分析是一门以经济学为理论依据和分析工具来解析法学理论和

---

① 〔英〕亚当·斯密：《国民财富的性质和原因的研究》（下卷），商务印书馆 1974 年版，第 27 页。

② 参见王音力：《不完全理性与经济伦理》，载《安徽师范大学学报》2001 年第 4 期。

③ 参见冯玉军：《法律经济分析的理论前提》，载《甘肃理论学刊》2000 年第 3 期。

④ 参见《道德、经济学人》，资料来源于：http://www.e521.com/ztjj/chengxin/700001/0702095546.htm。

⑤ 同上。

法律议题的学问,是一种理解规范运作之实然性与应然性的观点。在法律的经济分析上可以区分三个相关的部分。第一,以经济的方法来分析法律规范的作用,也就是将价格理论运用在预测法律规范对人们行为上的改变,例如道路最高限速(Speed Limit)对人们开车行为的影响,或是反托拉斯法(Anti-Trust Law)对于厂商垄断力的限制作用。第二,以经济分析的方法来计算法律规范的经济效率,属于福利经济学的范畴。用经济学效率分析的方法计算法律规范的效率时,经济效率则是决定法律规范的唯一准则,例如讨论契约自由时,人们以协商成本(Negotiation Cost)来计算契约自由规范是否可以减少成本以及对外部性的作用。但该分析方法会面临"个人效用①假设"(Utilitarian Assumption)与"社会福利总合"(Social Welfare Sums)的问题。第三,利用经济分析来预测法律规则的改变,例如理查德·A.波斯纳认为普通法具有经济效率,研究法律规则的经济效率提供法律规则存在的解释,另外就公共选择的观点而言,将普通法视为一种政治市场的运作,在利益团体追求私人利益的前提下进行游说活动,法律规范的形成具有的经济效率未必像波斯纳认为的那样具有效率,法律规则可能会偏向努力游说的利益团体而非社会大众②。

对知识产权制度法典化进行经济分析,其目的在于解决以下问题:第一,对知识产权制度经济效用之优劣进行评价;第二,分析完成知识产权制度法典化过程所需的成本;第三,经由法典化所产生的法典能否产生预期效果,使我国知识产权能够最大限度地促进经济发展。

(二)知识产权制度中的利益构成

前面已经介绍过,知识产权制度法典化是一个过程。在此过程中,需要对许多重大问题进行考察、检讨和研究,例如,知识产权法与民事基本法的关系、知识产权制度的表现形式以及知识产权法典的范式等。单纯从制度层面看,对该过程的研究是一个比较复杂的课题,不可能轻而易举找到令人满意的答案。现在,以单行法构成的知识产权法律体系,是世界上绝大多数国家的选择,而且

---

① 经济学中的"个人效用"一词可以这样理解:效用是指满足的程度,不仅包括物质利益,还包括精神满足。"个人效用"则是指理性经济人在物质利益与精神利益两方面所获得的满足程度。事实上,有理性的人的行为可以有多种动机,获取个人经济利益只是其中的一方面。人有理想、感情、信仰、荣誉感、正义感等,这些都会驱使人们从事各种活动,包括经济活动。参见《经济学发展史》,资料来源于:http://club.amteam.org/statics/247.html。"个人效用假设",则是指任何经济主体都会既定博弈规则下通过自身行为的调整追求个人效用最大化的假设。参见张维迎:《博弈论与信息经济学》,上海三联书店、上海人民出版社 2000 年版。资料来源于:http://www.tvnet.com.cn/data/news/NewsDetail.asp? nid = 13226。

② 参见左国胜:《交易成本与法律的经济分析资源利用专题》,资料来源于:http://www.lib.nthu.edu.tw/library/hslib/subject/ec/law_an.htm。

在今后一个可预见的时期内，不可能出现太多的知识产权法典。换言之，知识产权法律体系在今后一个比较长的时期内还将以单行法作为其主导形式存在。另一方面，如果仅仅是为了赶时髦、出新意，大可不必兴师动众地进行知识产权制度法典化，维持现状足矣。过一段时间，哪一部单行法与国际条约的要求不符，就修改一下；哪一部单行法有碍经济发展，就调整一下，岂不更经济。从法律形式上看，以单行法构成的知识产权体系是当前国际上的主导范式，为绝大多数国家所采用；从内容上看，单行法将应该给予保护的对象几乎都纳入到了保护范围，也没有可指责的；从保护水平上看，我国基本上达到了国际标准，为我国履行国际义务提供了法律保障。基于这样的理由，似乎没有知识产权制度法典化之必要。但是，从经济分析角度看，上述“维持现状论”所阐述的理由并不充分，因为进行知识产权制度法典化比维持现状更具有效益。

众所周知，知识产权制度是权利理念、科学技术与商品经济三位一体相互作用的结果，其中起重要作用的既非科学技术，亦非商品经济，而是权利理念。简而言之，建立知识产权制度的核心在于对有限资源进行更有效的配置，对社会利益总量进行最合理的分配。历史告诉我们，自人类社会诞生以来，人们从未停止过认识自然、改造自然进而征服自然的探索，未曾停止过智力创造性活动，但是却未能同时产生知识产权保护制度。可以肯定地说，进行科学研究、智力创作以及生产实践活动，是人类区别于其他动物的本质性标志。科学研究、智力创作是知识产权制度成长的种子，商品经济是知识产权制度赖以成长的土壤，而利益理念则是催生知识产权制度的阳光雨露。就目前的情形看，知识产权制度已经生根、开花、结果，成长到了一定的阶段，但是，如果我们不能给其创造更加充分的生长环境，它就可能随着时间的流逝而逐渐萎缩。此处所说的“更加充分的生长环境”，就是指宽松、和谐、自由的创作环境，高扬个人利益与社会利益相兼顾的旗帜，讲究公平并注重效益，以实现利益最大化目标。

利益最大化原则，是经济学领域中的一项重要原则，也是经济人所追求的价值目标。不论是理性经济人还是非理性经济人，追求利益最大化是共同目标。在网络时代、数字化时代或者知识经济时代，困扰知识产权学者的一个重大问题就是如何使知识产权制度产生最大利益。最大化当然是效率的重要规定，但是世间没有抽象的、一般的最大化，只有约束条件下的最大化；离开了约束条件，是不可以、也是无法谈论效率的。约束条件是效率的又一重要规定。

一方面，效率与最大化相联系，也就必然与某种边际等式相联系。最大化与某种边际等式是等价的：如果某个变量达到了最大值，那么某种边际等式一定成立；反过来，如果某种边际等式成立，那么某个变量必然达到了最大值。对于经济活动来说，这个边际等式就是边际收益等于边际成本。另一方面，效率还与约束条件相联系，而与效率相联系的边际等式也就与约束条件产生了联系。约束条件不同，边际收益与边际成本的内容就是不一样的，边际等式也就有着不同的表现形式。

就知识产权制度而言，因为知识产权制度同时协调着三个方面的利益关系：知识产权所有人的利益、智慧创作物使用者的利益以及社会一般公众的利益，所以，知识产权制度利益就等于此三者相互利益构成，因此，知识产权制度利益的最大化，首先需要使此三者相互利益达到最大化。除此之外，知识产权制度利益还需要除去知识产权法的立法成本、司法成本和执法成本。换言之，欲使知识产权制度利益最大化，不仅需要让知识产权所有人的利益、智慧创作物使用者的利益以及社会一般公众的利益达到最大化，同时还需要让知识产权法的立法成本、司法成本和执法成本达到最小化。简而言之，知识产权制度的边际收入为三者的相互利益，边际成本为立法成本、司法成本与执法成本之总和。

众所周知，知识产权制度所协调的三者利益关系，并非线性关系，而是不规则的曲线函数关系。如果知识产权制度片面地强调知识产权所有人的利益，忽视社会一般公众的利益，或者反其道而行之，都不可能使其整体利益达到最大化。另一方面，关于知识产权所有人与知识产权使用者之间的关系，同样与知识产权制度利益密切相关。就知识产权所有人而言，通过智慧创作物交易获得报酬，确保其权利不受任意侵害是其关心的主题。该主题中，起关键作用的是如何使其利益最大化。如果知识产权制度给予了许许多多的权利，但不能保证其通过行使这些权利获得相应的利益，不能使其利益最大化，这样的法律制度就需要进行调整、改造。另一方面，使用者意欲利用其智慧创作物，大致有三个渠道：一是以合法方式，通过与权利所有人缔结使用许可合同，支付（或承诺支付）相应报酬而获得对其智慧创作物的使用权；二是采取侵权方式，在未与权利所有人缔结使用许可合同的情况下，擅自对他人智慧创作物进行使用；三是根据法律规定，以法律允许的方式，不经权利所有人授权，某些情况下需要向知识产权所有人支付报酬，某些情况下也不必向他们支付报酬而直接利用其智慧创作物。例如，著作权制度中的合理使用，专利制度中的强制许可使用，商标制度中非同类商品或者服务上的使用，计算机软件制度中的备份使用，集成电路布图设计中的反向工程，植物品种权制度中的农民权制度等。知识产权制度既要使知识产权所有人的利益最大化，又要使使用者的利益最大化，从而达到帕累托最优状态。[①] 通过知识产权制度的建立,能够使知识产权法律关系中的双方主体利益最大化,即达到帕累托最优状态,就将使社会利益最大化,这可能就是最公正、合理、优良的选择。

(三)现行知识产权体制中的不经济表征

帕累托最优状态的反面是帕累托最劣。为了说明“帕累托最劣”,阿瑟·奥肯曾经进行了一个有趣的“漏桶实验”:当人们从富人装着美元的木桶里拿出一美元放入穷人空荡荡的木桶时,倡导公平的人都会毫不迟疑地对此投下赞成票。对于这样的财富分配方式,投下赞成票的人所主张的是一种善良的施舍。此种作为相当于在装满财富的木桶上凿开了一条漏缝,让富人的财富沿着这条“善良的施舍”之漏缝悄然流失,其效果仅仅是让穷人的木桶里无缘无故地增加了一点点利益,但是让社会支付了高昂的学费,损失了经济效率。这是1975年美国经济学家阿瑟·奥肯在《平等与效率》演讲稿中陈述的著名的“漏桶实验”。还有一个极端的做法,就是把富人家的冰激凌搬到穷人家,“交易成本”除了运费之外,还有相当厚度的冰激凌在路上消融掉了。[②] 如果制度设计者设计的制度相当于在装财富的木桶上戳漏洞或者往穷人家里搬冰激凌,这样的制度就是帕累托最劣的制度。

具体到知识产权制度领域,这种“漏桶实验”和“搬冰激凌”现象在不少情况下存在。专利权无效制度是一项非常重要的制度,具有矫正利益之功能,因此可以将该制度称为利益矫正器。该制度允许任何人对不符合专利法规定条件的发明创造提出无效宣告请求,请求专利复审委员会宣告该专利权无效。与以往的专利法相比,现行法规定在“专利权财富之桶”上所捅之“漏洞”算是最小的,从专利权人那里向社会公众搬运“冰激凌”过程中所融化之冰激凌是最少的。但是,捅漏洞行为或者搬冰激凌行为却并未停止。

1984年制定专利法时,一方面是我们没有经验,另一方面是许多其他国家的专利法都规定了授权前的异议程序,于是我国也依葫芦画瓢式地规定了授权

---

① “帕累托最优”,是以意大利古典经济学家帕累托命名的资源配置优化状态,它是指这样一种状态,任何改变都不可能使任何一个人的境况变得更好而不使别人的境况变坏。按照这一规定,一项改变如果使每个人的福利都增进了,或者一些人福利增进而其他的人福利不减少,这种改变就有利;如果使每个人的福利都减少了,或者一些人福利增加而另一些人福利减少,这种改变就不利。资料来源于:http://business. sohu. com/27/09/article204560927. shtml。

② 参见王孔平:《驱逐帕累托最劣》。资料来源于:http://business. sohu. com/27/09/article204560927. shtml。

前的“异议程序”。[①] 从积极意义讲，该项制度有利于维护社会公平与正义，给那些不符合专利法规定条件的发明创造授予专利权就是不公平，对那些故意或者恶意偷盗他人之发明创造的人授予专利权就是不正义。为了维护社会的公平与正义，任何人都可以行仗义之举，对该种类之专利申请提出异议，以帮助专利局矫正之。从消极意义讲，这种制度设计可能为专利审查员不严肃认真地履行自己的审查职责提供一种借口，反正社会公众如此之多，其所涉之范围比区区几个审查员可能涉猎的要宽广得多，于是能敷衍的就敷衍，能马虎的则马虎，最后，出现使本可以防范的错误结果却因相互的依赖心态而发生了。具而言之，专利审查员依赖公众的异议，公众则依赖专利审查员的职责，结果让本不具备专利条件的专利申请获得了专利权，此乃其一。其二，人都有利己心（按照亚当・斯密的观点，人同时也具有利他心），任何制度的构建，既要为每个人有张扬自己利己心的空间，同时又要有防范因利己心过分泛滥而损害他人、社会或者国家利益的措施。我国原《专利法》在构建异议程序时，为人们张扬其利己心提供了广阔的空间，但忽视了对他人利己心泛滥之防范，于是，有许多人便利用这样的平台（异议程序），进行恶意异议，故意拖延他人的专利权授权时间，为自己获得更多的不正当利益创造机会。其三，即使完全没有任何人进行恶意异议，即使专利申请完全符合专利条件，对专利申请的授权时间也被无端地拖延了 3 个月，实际上就是变相地缩短了专利权的有效期限，因为专利权的保护期始于专利申请日，而非专利授权日。另一方面，即使像美国那样使专利权保护期自专利授权日起算[②]，也对专利权人支配专利市场的时间进行了延迟处理。

上述现象，从经济分析的角度看，就是给财富之桶戳了一个漏洞，使知识产权所有人的利益受损害。在某些情况下，知识产权所有人所遭受的损失，就是相对人（恶意异议人）所获得的利益。在另外一些情况下，可能只是使知识产权所有人遭受了损失，而没有任何人从中获得相应的利益，如在异议期间，没有任何人对专利申请提出异议，或者虽然有人提出了异议但异议不成立，最后给专利申请人授予了专利权。这样的延迟授权，剥夺了专利权人有效支配专利权的时间，仅从时间利益上就遭受了损失，但却没有人从中获得利益，这就是“搬冰激凌现象”。无论是恶意异议造成的利益移转还是漏桶现象，都是知识产权制

① 参见我国 1984 年《专利法》第 41 条：“第四十一条　专利申请自公告之日起三个月内，任何人都可以依照本法规定向专利局对该申请提出异议。专利局应当将异议的副本送交申请人，申请人应当在收到异议副本之日起三个月内提出书面答复；无正当理由逾期不提出书面答复的，该申请即被视为撤回。”

② 美国原专利法规定的专利权期限为自授权之日起计算的 17 年，现在修改为自申请日起的 20 年。

度中的不经济表征，形成帕累托最劣。

1992年修改专利法时，立法者本打算纠正上述的漏桶现象或者帕累托最劣现象，但却在修补此漏洞的同时在另一个地方又凿了一个窟窿，即将原来授权前的异议程序修改为“授权后的撤销程序”。[①] 与授权前的异议程序相比，授权后的撤销程序至少可以让专利申请人较早地获得专利权，对自己的发明创造行使支配权，使专利申请人减少了在时间上的利益损失。前面已经讨论过，知识产权就是对智慧创作物的支配权，取得知识产权就是取得对相应智慧创作物的支配权。对智力创作者而言，有了对智慧创作物的支配权，就能够有效利用其知识产权回收投资和成本，取得应有的回报和利润。然而，“授权后的撤销程序”却使得专利权进入了更加动荡不定的状态，因为根据1992年《专利法》的规定，专利权被授予后，原本就有一个无效程序，让任何人对不符合专利法规定之专利条件的专利权向专利复审委员会提出无效请求，而且这样的制度只有起点（自专利局授予专利权之日起[②]）没有终点，即让专利权始终处于不稳定状态，现在又加上一个撤销程序，不是让专利权更加不稳定吗？单纯从制度层面讲，如果说撤销程序与无效程序彼此互不相干，各自成为一体，且具有其独特功效，那么创设这样的制度也还有一定的道理，然而，撤销程序只不过是无效程序中的一个部分，它具有三个基本功能：(1) 给专利权人制造不稳定之麻烦。(2) 增加社会成本。在我国社会架构所需要花费的社会成本已经相当巨大了，《专利法》却又要增加一项新的社会负担：专利局需要设立相应的撤销请求审查机构（即使在已有之相应机构内设立一个审查组，也还是增加了相应的机构），增加了相应的审查负担（如发明专利申请已经过实质审查，现在又要重新审查一次；实用新型专利本来就不需要进行实质审查，现在却要进行这种审查），增加了专利复审委员会的复审任务，增加了相应法院的审判数量。(3) 为恶意侵权行为人或者其他不良动机者提供了机会。原专利法将公众参与对瑕疵专利的防范前置为异议程序，现在将其后置为撤销程序，虽然都有防止瑕疵专利的作用，但却总是为那些具有不良动机者提供便利。这种现象属于辩证法上的对

---

① 参见我国1992年《专利法》第41条：“第四十一条 自专利局公告授予专利权之日起六个月内，任何单位或者个人认为该专利权的授予不符合本法有关规定的，都可以请求专利局撤销该专利权。”

② 参见我国1984年《专利法》第48条：“专利权被授予后，任何单位或者个人认为该专利权的授予不符合本法规定的，都可以请求专利复审委员会宣告该专利权无效。第四十九条 专利复审委员会对宣告专利权无效的请求进行审查，作出决定，并通知请求人和专利权人。宣告专利权无效的决定，由专利局登记和公告。对专利复审委员会宣告发明专利权无效或者维持发明专利权的决定不服的，可以在收到通知之日起三个月内向人民法院起诉。专利复审委员会对宣告实用新型和外观设计专利权无效的请求所作出的决定为终局决定。”

立统一，不值得奇怪，而且还说明人们对制度的研究很深入，只不过制度设计上有缺陷需要改进而已。

对一项制度作如此理解，是有前提的：一是该项制度是有效用的，也就是能够满足其上位制度之需要，使其上位制度的运作能够产生最大利益（符合经济学上的最大化原则）。二是该项制度本身所产生的效用是正向的，即为积极效用而非消极效用。换言之，制度本身既能产生积极效用，也能产生消极效用，但积极效用与消极效用之和为正值，积极效用大于消极效用。该结论承认两个基本事实：(1) 制度是有成本的，因为科斯假设的零交易成本在现实生活中基本不可能出现；(2) 制度是有效用的，而且同时具有正反两个方面的效用，只有正效用而没有负效用，或者只有负效用而没有正效用的制度是没有的。在这样的前提下，使制度设计的成本最低化，使制度效用之和最大化，便是利益最大化原则的需要。三是该项制度是不可替代的，即该项公共物品是不可替代的产品。如果有其他的制度可替代之，而且这种替代之成本很低，或者这样的制度本来就是其他制度的副产品，那么，这样的制度就没有存在的必要。

后置的专利权撤销制度有效用，即能够使其上位制度（专利权保护制度）在公平、正义、理性的原则上运行，使瑕疵专利能够得以撤销，使受法律保护的专利尽可能多地符合专利条件。另外，该项制度也是正向效用大于负向效用，因为恶意而为者毕竟不会比正常的撤销请求者多，而且维护法律制度符合公平、正义和理性原则，比少数恶意而为者可能带给专利制度的影响要大得多。但是，该项制度却是可替代的，即由无效制度取代之，既能保留前述的两方面作用（维持专利制度在公平、正义和理性的原则上运行和效用之和为正值），又能避免使专利权处于更加动荡不定的状态。那为什么不以撤销制度替代无效制度呢？撤销制度与无效制度相比，前者所调整的范围比后者狭窄许多，只能由后者取代前者，不能反其道而行之。基于这种考量，2000 年专利法废除了 1992 年法的撤销制度，以无效制度取而代之。

至此，我们是否可以认为利益矫正器在专利制度领域的设置已经达到了最佳化状态呢？该项制度既能保证使专利制度尽可能地在公平、正义和理性的原则上运行，使不符合专利条件的专利权得以矫正，减少了对专利权稳定性的干扰，其积极效用之和为正值，而且还没有其他的制度可以替代之。换言之，这样的制度设计达到了效用最大化。不然。在前述条件下，即在撤销制度与无效制度相对比的条件下，无效制度对专利制度所产生的效用高于撤销制度所产生的效用，无效制度不能由撤销制度取代，但撤销制度却能够被无效制度取代，从而使专利制度达到了更优。但是，无效制度本身是具有效率的吗？能使专利制度的效用达到最大化吗？尤其是能使知识产权制度的效用达到最大化吗？答案当然是否定的。

首先,可以肯定地说,现在的无效制度不仅存在其效率的正负与大小问题,而且该制度之价值取向不明。2000 年《专利法》第 45 条规定:“自国务院专利行政部门公告授予专利权之日起,任何单位或者个人认为该专利权的授予不符合本法有关规定的,可以请求专利复审委员会宣告该专利权无效。”该条规定的内容可以概括为四点:(1) 它是专利权无效制度的法律依据,即该条所建立的是专利制度中的无效制度。(2) 无效制度只有始点,没有终点。(3) 无论你与某项专利权是否存在利益关系,只要你认为它不符合专利法规定的专利条件,就可以依据此规定,提出无效宣告请求,从而导致许许多多与某专利权并无任何利害关系的普通自然人、法人或者其他组织,也可能对该专利权提出无效诉讼,即无权利也可诉讼。(4) 受理专利无效诉讼的主体是“专利复审委员会”。换言之,该条所规定的是专利权的无效制度及其基本运作原则:一是终身可无效原则,即自专利权诞生之日起,就终身处于可被宣告无效的状态之下,无效制度只有始点,没有终点;二是“无权利可诉讼”原则,即“任何自然人、法人或者其他组织”皆可以提出无效请求。

由此可知,此项制度所追求的价值取向是社会公平与正义。社会的公平与正义当然是法律所追求的永恒目标,专利法也不例外,但是应当如何选择追求这种目标的方式,是一个非常重要的问题,因为公平与效率或者效益是一对哲学范畴,是一种对立的统一。如果不讲究效率而片面地追求公平,也许能在某种程度上实现公平,但没有了效率。当然,如果片面地追求效率而忽视公平与正义,那么,社会的整体利益将会遭受损害。例如,如果片面追求专利权人的利益而不设立相应的无效制度,虽然专利权多了(至少没有被授予专利权以后被宣告无效),专利权稳定了(没有无效宣告,专利权人不必担心自己的权利得而复失),专利权的质量可能因此而下降(不符合专利法规定条件的发明创造都获得了专利权),社会公共资源可能被某些人拿来申请专利而垄断,从而损害社会整体利益。这种现象就失却了社会的公平与正义。因此,建立科学合理的无效制度是在保证知识产权所有人利益最大化的前提下,保证社会利益、社会公共资源也达到最大化,从而达到帕累托最优。

建立专利权无效制度,在不减损知识产权所有人利益的前提下,增加社会利益,应当是目标,是追求的价值。要实现这样的目标,可选择的范式为:(1) 维持对专利权的终身可被宣告无效,但无权利者不得提起无效宣告请求,或者(2) 维持任何自然人、法人或者其他组织均可以提起无效宣告请求,但规定一个提起无效宣告的时间限制。这两种可选择方案中的任何一种都要伴随着相应的无效宣告机构设置。

如果选择选择方案一，则遵循了“无权利则无诉权”原则，因此，只有专利侵权诉讼中的被告有权在提交答辩状时向法院（现在为普通法院，以后则为知识产权法院）提出无效宣告请求作为对抗原告的侵权诉讼，或者在先权利受到侵害者直接对在后专利权向法院提出无效宣告请求，除此之外，其他人都不得专门就专利权无效提出诉讼。该模式不仅充分尊重了专利权的有效性，有利于保护专利权人的利益，而且使专利使用人（虽然可能是侵权使用人）有机会为维护自己的利益而抗辩，使在先权利人的利益得到充分保障。就一般公众而言，虽然从社会利益和社会公众资源的角度看，一般公众的利益可能受到一定程序的损害，但是，这样的利益只是一种抽象利益、空泛利益，并不具有明确的针对性，因此不得提起无效宣告诉讼，其理论依据是“无权利则无诉权”。此种模式有四个方面的效用：

1. 从专利权人角度看，专利权相对稳定了；不必为维护自己已经取得的权利再花费不必要的时间、精力和金钱。如果他对自己的专利权没有充分的把握，就不必自找麻烦地去指控未经许可而实施其专利的人。这就使是否引爆无效程序的主动权掌握在专利权人手中，对专利权具有百分之百的支配权。专利权人的利益能够得到最大限度的保障。

2. 从专利使用者角度看，如果未经许可实施了他人的专利，就必须做好充分的思想准备，迎接专利权人的侵权诉讼。在原告起诉后，如果使用人认为该专利权不符合专利法规定的专利条件，则可以采取无效制度进行抗辩；如果没有十分的把握，就不必为此抗辩，以免花费不必要的时间、精力和金钱。实际上，被告的利益也得到了充分的尊重和保护。

3. 从社会公众角度看，即使发现某项专利权不符合专利法规定的专利条件，但因为该项专利与自己没有直接利害关系，也不必为此去搅扰专利权人。实际上，在知识产权法院，一般的社会公众也不可能对一件与自己没有利害关系的权利提起诉讼。从而使一般的社会公众将更多的时间花费在对自己有切身利害关系的事情上，这无异于增加了一般社会公众的可用时间，节约了他们的精力和金钱，为增加社会财富创造了可能的条件。

4. 从国务院专利行政部门的角度看，只需全身心地投入到专利申请的审查工作，集中时间和精力把对专利申请的审查工作做得更加细致，减少失误，尽可能地使不具备专利法规定条件的专利申请不被批准专利权，提高专利的质量。

但是，如果在先权利人对在后专利权提出无效诉讼，则应当规定一个诉讼时效期，以求与整个民事权利体系之救济相一致。这一举数得的制度，当然符合利益最大化原则，其结果将达到帕累托最优。

如果选择方案二，则追求的价值目标是公平与正义，对于不符合专利法规定之专利条件的发明创造被错误地授予了专利权的不公平之事，每一个社会公众都有权利通过合法方式予以纠正。在此情况下，由于专利权人所面对的不是一个人或者几个人，而是除自己之外的所有自然人、法人和其他组织。因此，折中方案就是改“专利权终身可被宣告无效”为“有期无效制”，使其在财富之桶上凿的窟窿稍微小一些，漏出去的尽可能少一些。在这种体制下，仍然由专利复审委员会作为受理无效宣告请求之机关，维持现状即可。这种方案虽然还不会构成帕累托最劣，但既不可能使专利权人利益最大化，也不可能使社会利益最大化，更不可能使无效宣告请求人的利益有多少增加，所以是一个较劣方案，其效用极为有限。

由上分析可知，知识产权制度法典化的过程中，使效用或者利益最大化是一个必须贯穿于始终的原则，不可须臾忘却。为了体现社会公平与正义，防止对不具备相应条件的对象授予专有权，建立相应的无效制度是必要的。从经济分析的角度看，就是从无效益、低效益向有效益、高效益转变。实现这种转变，最迫切需要解决的问题就是通过知识产权制度法典化，统一国家行政管理体制，建立新的国家知识产权局，统辖各种类型之知识产权的授权；建立知识产权法院统一裁判知识产权无效诉讼，使所有种类的知识产权全部纳入规范、公平、效益的体系中。没有知识产权制度法典化，要想改变目前的管理模式，几乎是不可能的。

（四）知识产权制度法典化的成本

我国的知识产权单行法，构筑了一个比较完备的知识产权制度，而且其整体保护水平已经达到了相当的高度。制定民法典时，如果对知识产权法的连接采纳入式，立法编纂任务可能会比较繁重；如果对知识产权法的连接采链接式，民法典只是对知识产权作概括性规定，那么，维持现状应当说是很好的办法，其优点如下：

1. 灵活性

知识产权制度虽然是一个完整的体系，但是，知识产权的各个组成部分彼此所具有的共同特征不是很突出，即小同大异；另一方面，在科学技术发展十分迅速的今天，在市场经济日益成熟的明天，知识产权虽然整体都在发展，但是各个权利体系的发展变化差别很大。如因特网所冲击的主要是著作权制度，对专利制度、商标权制度、植物新品种制度等影响很小；而基因技术所冲击的主要是专利制度和植物新品种制度，对著作权制度、商标权制度、地理标志、集成电路布图设计制度等，基本没有影响；等等。一般而言，知识产权新的发展变化所冲击的只是其中的一个或者几个方面，因此，在现行体制下，若知识产权的某个方面发生了变化，只需要对相应的单行法进行修改就可以了，非常灵活。如果编纂成知识产权法典，则知识产权领域内一有风吹草动，所修改的就不是一个单行法，而是整部知识产权法典。若不修改，则不能适应新的发展；若修改，则必然大动干戈，成本太高。

2. 经济性

现行知识产权行政管理模式已存在多年，各自都有一套相对独立的运作机制，操作起来非常迅捷。此种模式的建设成本已经花费了，以后的增新补缺，所需经费不会太大，维持此种模式可以避免过大的成本投入。重建国家知识产权局，不仅需要一大笔投入才能使其成为名实相符的机构，而且现有的国有资产因重组可能会大量流失。

3. 稳定性

我国知识产权单行法是近30年积累造就的，已为人们普遍熟悉。知识产权制度法典化必然要对各单行法进行抽象、概括、重构和编纂，以形成一部法典。从旧法向新法过渡，必然会导致许多的不稳定因素，对知识产权保护未必有利。

上述的优越性，每个人都能够看得非常清楚，但它的背面是什么，就不一定每个人都看得见。知识产权制度法典化所要解决的就是潜藏在这些优越性背后的那些看不见的问题。上述优越性的背后至少潜伏着三个方面的危机：

1. 对眼前利益的固守与对长远利益的谋求有关系

在一段相对短的时期内维持现状不变或者只是对某些方面进行修改，以适应知识产权某个领域的变化，既不需要大量的投入，也不会引起体制的革命性变化，并非不可接受。然而，这种固守可能导致制度的滞延与落后，可能导致制度运作成本、费用的增加以及国家整体利益的减损，则是非常危险的。

2. 关于事前成本、事中投入和事后利润的关系

对此三者的关系，需要进行认真仔细的调查研究，并进行科学的预算和评估，否则根本不可能得出准确的结论。具而言之，就是知识产权制度法典化需要成本，法典化完成后能够产生制度利润或者说能够产生相应的产出。单纯地谈资金投入，并没有什么好坏优劣可言，关键是投入是否有产出，产出是否大于投入。

3. 关于制度改造与风险的关系

知识产权制度法典化会有风险。法国的实践告诉我们，对知识产权法典进行修订是必要的，实际上也是可行的。知识产权法典的编纂，就应当充分考虑到知识产权体系所具有的开放性和发展性。知识产权制度的历史已充分证明，科学技术的发展能冲击知识产权制度，国际经济贸易关系的发展也会冲击知识

产权制度。维持现有的知识产权行政机构模式,似乎可以减少一些不必要的开支,尤其不需要进行新的机构设置所必需的花费。但是,现有的知识产权行政机构多头存在,部门重叠,功能交叉,其所需要的花费年复一年地累计,开支十分巨大。经过重组后的国家知识产权局,名副其实,统一运作,提高效率,显然是一个高效的选择。它是一次投入,长期产出。另一方面,法律的稳定性一直是人们关心的问题。实际上,知识产权制度法典化,编纂知识产权法典,最重要的一点就是要保持我国知识产权制度的连续性,保留我国现行知识产权制度中的精华。如果为了知识产权制度的进步,在某一个特定时间出现一点不稳定,正是进步的表现。

知识产权制度法典化需要成本,从对法律法规的整理编纂,到对现行知识产权运作机制的调整梳理,到对现行司法机制的创设运作,需要时间、人力、资金的投入。在实施过程中,拆除旧的架构,建立新的体系,是一个最大的成本。但是,一旦运行成功,其收益将是不能用具体数目计算的。换言之,进行知识产权制度法典化就是一个博弈决策,需要有成本投入,需要承担风险,其产出也将是十分诱人的。

(五)知识产权制度法典化的效益

知识产权所有人的利益与知识产权使用人的利益,是一对矛盾的统一体。一方面,知识产权制度要最大限度地保护知识产权所有人的利益,让知识产权所有人能够在法律规定的时间内独占市场,尽快收回投资并获得利润。此举之目的在于激励智力劳动者的创作热情,维持智力劳动者的创作能力,增加社会福利。为了实现此目的,法律就必须禁止他人未经许可擅自实施受法律保护的知识产权。另一方面,知识产权所有人要收回投资,并获得利润,就必须将其知识产权付诸实施,就得让知识产权使用人加以利用。如果没有人利用,如文学艺术作品没有印刷商愿意印刷出版,音乐戏剧作品没有歌舞剧院愿意演出,专利没有企业愿意生产、制造、销售等,知识产权不仅不能转化为生产力,而且创作者的投资也无法收回。为了实现这一目标,知识产权制度同时又得要促进知识产权的利用,也就是保护知识产权使用人的利益。

在现有知识产权保护架构内,知识产权使用人利用知识产权的途径有三种:一是通过缔结契约的合法途径;二是未经知识产权所有人许可,擅自实施受法律保护的知识产权,即非法途径;三是根据知识产权各单行法规定的知识产权限制制度,对知识产权加以利用。在此三种途径中,每一种途径都涉及知识产权所有人与知识产权使用人之间的对立统一关系。

就第一种使用途径而言,知识产权使用人通过与知识产权所有人签订知识产权使用许可合同,是合法的。从形式上看,这样的途径是最让人满意的。知识产权所有人能够依照自己的意志使其知识产权投入到利用过程中,且能从使用人那里得到约定的报酬,传播了自己的思想,收获了应得的利益。知识产权利用人能够依照自己的意志对合同约定的知识产权进行使用,通过传播知识产权而获得正当合法的收益。一般来说,这样的局面应当是一个双赢的结果,知识产权所有人与知识产权使用人都能从中获得自己的利益。但是,通过具体分析,会发现事实并不是如此简单。在某些情况下,知识产权所有人的利益也许得到了保障,但知识产权使用人的利益却并不一定能实现,其原因在于作为知识产权保护对象的智慧创作物在市场上的不确定性,如专利产品能否正式投入生产,制造出来的产品能否达到预期效果,其市场需求是否强盛等,都是未知数。知识产权使用人为了维护自己的利益,不可能在合同生效时便将合同约定的全部使用费一次性地支付给知识产权所有人,其目的在于将知识产权所有人与自己捆绑在一起,损荣与共,利益均沾。因此,在知识产权许可使用合同的执行过程中,很容易发生纠纷。当智慧创作物不能正常被实施,不能产生预期的效果时,会发生纠纷;当知识产权所有人或者知识产权使用人不能如约履行合同时,会发生纠纷。在此过程中,需要投入的成本至少包括:(1) 先期成本,主要用于对合同对方当事人资信状况、履约能力、生产规模等信息的了解,市场调查成本,以及为签订合同进行的文书准备工作等。(2) 谈判成本,主要是指当事人双方进行合同谈判所花费的成本。(3) 履约成本,主要是指为履行合同支出的费用,包括购买生产设备、构建服务设施、采购原材料等。这么多成本,主要是知识产权使用人所进行的投入。知识产权所有人的投入主要是在知识的积累过程中、智慧创作物的开发创作过程中以及知识产权取得过程中,在合同谈判过程中的投入则比较少。

由此分析可知,知识产权制度对知识产权所有人权利的保护主要表现在如何让智力劳动者公平、合理地对自己创作出来的智慧创作物取得知识产权,使其投入能够取得理想的结果;取得知识产权后,知识产权所有人应尽可能地使其知识产权免受他人的非法侵犯。在知识产权转化为生产力的过程中,知识产权所有人的主要义务就是积极配合知识产权使用人,使其将智慧创作物成功地转化为商品,因为在此过程中,真正投入资金的是使用人,而不是知识产权所有人。

鉴于这样的情况,许多人都不愿意采用第一种合法途径,而是走第二条路,擅自实施他人受法律保护的智慧创作物。从经济分析角度看,采用侵权使用方式,除了需要负担实施成本外,不必支付先期成本和谈判成本,不必向知识产权所有人支付使用费,实际上就是获得了可观的利益。另一方面,采用侵权使用方式，能够为使用者节省许多时间，包括寻找知识产权所有人的时间，了解知识产权所有人资信、技术能力的时间以及用于协商谈判的时间等。就某些季节性很强的产品而言，节省时间就意味着创造财富。即使侵权行为被发现后，侵权人还可以借助各种方式进行补救，例如无效制度、撤销制度等可为侵权行为人进行抗辩提供良好的契机。

第三种使用方式，是法律对知识产权所有人利益、使用人利益以及社会公众利益进行协调和均衡的制度体现，非常具有经济效率，是合理的。首先，知识产权所有人要获得知识产权必然要经过知识积累阶段。知识积累，就是指一个人出生时对社会的了解、认识为零，社会知识亦为零；此后，利用社会公共资源，如前人创造的文字、符号、语言，前人创作的作品、开发的发明创造、形成的文化风俗等，进行学习，将它们转化为自己个人的资本；这样的过程，就是知识积累。积累知识，提高自己的研究能力，就是对社会公共资源的利用。公共资源是全人类的共同财富，任何人可以免费加以利用，反过来，每一个人都要为社会公共资源的增长作贡献。如果每个人只是从社会公共资源中索取而不作贡献，那么，社会公共资源就会枯竭。法律给智慧创作物提供保护，其目的也是为了促进社会公共资源的增长；对知识产权给以适当的限制，是为了其他人的知识积累，为社会公共资源的持续增长做准备。这种利用知识产权的方式可分为有偿利用和无偿利用两种。有偿利用，主要是指专利制度中的强制许可、著作权中的法定许可等制度对知识产权的限制；无偿使用，则是指专利制度中视为不侵权使用、著作权制度中的合理使用、商标权制度中的合理使用等。有偿使用制度所协调的是知识产权所有人与以营业目的对智慧创作物加以利用的经营者之间的关系；无偿使用制度所协调的是知识产权所有人与以非营业目的使用知识产权的主体之间的关系。以有偿方式使用知识产权，对知识产权所有人的利益不会造成什么损害，因为有偿使用者必须依照法律的规定向知识产权所有人支付报酬，而且报酬的多少还可以由使用者与知识产权所有人进行协商决定；以无偿方式使用知识产权，对知识产权所有人利益的影响几乎可以忽略不计，因为这样的使用不以营业为目的，不能对知识产权所有人的潜在市场构成竞争。

综合上述情形，以合法方式与知识产权所有人缔结合同利用知识产权，所需要花费的成本，是明确的，可计算的，但因为若干不确定的因素可能影响知识产权使用人的利益，因为在此缔约过程中，知识产权所有人基本上不必进行新的投资，而知识产权利用人则要进行一笔不小的投入，所以知识产权利用人往往对此种方式具有畏惧心理。于是，转而求其次，以侵权方法对知识产权加以利用，由此可获得的利益通常情况下是比较划算的。如果我们建立的知识产权制度不能充分保护以合法方式利用知识产权的人的利益，不能让侵权利用者无利可图,知识产权保护制度的效益将是没有保障的。通过知识产权制度法典化,使知识产权制度一体化、系统化,编纂出知识产权法典,建立知识产权法院,重建知识产权管理体系,这样的问题可能得到妥善解决。

通过知识产权制度法典化,编纂知识产权法典,建构新的知识产权行政机构,最根本的目的不仅仅是提高知识产权行政部门的地位,减少诸部门各自为政的行为,减少行政官员,节约行政开支,更主要的是使各种类的知识产权的取得程序由一个部门统一操作,一体运行,使知识产权更具权威性。另一方面,通过统一的知识产权法典,建立知识产权法院,使知识产权的审判垂直进行,减少诸多方面的干扰,最大限度地防止侵权使用行为发生。防止侵权使用行为发生的有效方式就是让侵权使用人从侵权使用中不可能获得任何利益,知识产权制度法典化的一系列举措就是朝着这一目标进行的。

这一部分从经济分析的角度,对知识产权领域的"桶漏现象"、"帕累托最劣"以及各单行法相互之间的关系进行了研究,并希望通过知识产权制度法典化,从制度层面解决这些问题,使有限的资源得到最有效的配置,产生出"帕累托最优"。

在研究过程中,我们首先注意到了制度成本和产出效益的关系。制度的设计、组建或者重构都是需要成本的,产权交易或者权利交易也是需要成本的。构建制度或者重构制度本身不是目的,而只是一种手段,是使相应的产权交易或者权利交易能够产生最大的效益。知识产权交易需要有一套完善的制度。中国的知识产权制度虽然已经有了一个基本的构架,但是,仍然只是一个由知识产权单行法构成的体系,它们各自在相应的范围内发挥着很大的作用,但是,却无法相互支持,使知识产权交易达到最大化。在某些情况下,甚至可能使知识产权交易产生劣质效果。例如,现有的专利权无效宣告制度,既未限制提出无效宣告请求的时间,也未限制提出无效宣告请求的主体,从而使依照法律规定的程序取得的专利权终身处于不稳定状态。如果某自然人、法人或者其他组织打算获得专利权,首先就得有很好的心理准备,与一切非专利权人进行一场旷日持久的无效宣告战。这对专利权的利用、对专利权的交易都将产生不利的阻碍因素,那就更不必说提高交易效益了。

进行知识产权制度法典化,其目的不仅是重构我国的知识产权制度,而且是使知识产权保护更加具有效益,使知识产权真正成为促进经济增长的强有力工具。

第十一章
中国知识产权制度法典化的目标

一、知识产权制度法典化的实在化与现代化目标

（一）知识产权制度法典化的实在化目标

关于知识产权概念及其法律的演进历史，虽然还没有绝对的标准答案，但有一点是可以肯定的，即自19世纪末“知识产权联合国际局”（BIRPI）的成立，至少可以证明国际社会已正式接受这个概念。然后是1967年缔结的《建立世界知识产权组织公约》和1970年成立的世界知识产权组织，可以证明知识产权概念被国际社会普遍接受。如果说在此以前人们对知识产权所包括的范围还有争议的话，至此，知识产权所包括的范围应当十分明确了。至于在此之后，随着科学技术的发展而新出现的智慧创作物是否属于知识产权的保护对象，或者说属于哪一种类的知识产权保护对象而所引发的新争论，则属于科学发展的必然现象。

在知识产权保护范围明确后，那么，任何一个种类的知识产权法律规范，除有自己的名称外，都可以称之为知识产权法。例如，保护文学艺术作品的法律，称为著作权法；保护发明创造的法律，称为专利法；保护商标、服务标记和地理标志的法律，称为商标法或者商业标志法，但它们都是知识产权法。反过来，论及一个国家或者地区的“知识产权法”时，即使有知识产权法典，“知识产权法”也并不是专指《知识产权法典》，而是指该国家或地区一切保护知识产权的法律规范[①]。当然，在没有知识产权法典的国家或者地区，“知识产权法”就只是指该国家或者地区制定的保护知识产权的一切法律规范。具而言之，人们当初所称的“知识产权法”，并不是指一部具体的《知识产权法典》或者制定法，而是一

---

① 《菲律宾知识产权法典》第一编“知识产权局”明确规定，本法典所指的“知识产权法”（Intellectual Property Law）包括该国制定的一切保护知识产权的法律规范；本法典所指的“知识产权法典”（the Code）则是指的本法典。参见 Intellectual Property Code of the Philippines，资料来源于：http://www.chanrobles.com/legal7ipcp.htm。

个泛指概念。在逻辑上，知识产权法只是著作权法、专利法、商标法等下位概念的一个上位概念，或者说是这些种概念的一个属概念。知识产权法这个概念，无论对理论研究还是实务运作都非常有用。从理论研究的角度看，著作权、专利权、商标权等诸权利，虽然各自具有一套相对独立的理论体系，但是，它们所具有的共同理论基础使它们又彼此相互映衬。在这个共同理论架构下，它们之间的相互关系，以及它们与其他民事权利（如物权、债权等）的关系就被理顺了，不会造成不必要的麻烦。从实务运作的角度看，法院、企业、法律事务所等实务部门，在知识产权法的标题下，进行各自的实务运作，已经得到了国际公认，使得各个国家或者地区之间的交流与合作成为可能，而且十分便利。法学教育也是如此。

因此，在这种意义下，知识产权法是一个虚拟的法。直到 1992 年，法国首次编纂出知识产权法典后，狭义的知识产权法才诞生。进行法典化，其目标之一就是使虚拟的法实在化。将虚拟的法实在化，也可以像菲律宾那样，使虚拟的知识产权行政部门实在化。《菲律宾知识产权法典》有一个副标题，即“该法是共和国第 8293 号法律，被称为菲律宾知识产权法典，根据该法典成立知识产权局，授予其权力与职责，以及为其他目的”。第一编的标题就是“知识产权局”。该法典第 2 条“国家政策宣言”第 1 款明确规定了菲律宾对待知识产权的立场：“国家承认有效的知识产权和工业产权制度，能够促进国内智力创作活动的开展，推动技术转让，吸引外商投资，以及确保本国产品的市场准入。国家保护科学家、发明家、艺术家和其他天才的公民对其知识产权和有益于人民的创作物在本法规定的期限内的独占权。”该条第 2 款规定了实施知识产权的社会功能，因此，为了国家的发展和进步，以及社会公众的福利，而鼓励知识和信息的传播。第 3 款则规定了国家将使专利、商标和版权的注册登记程序更加流畅，对技术转让的登记更加自由，增加知识产权在菲律宾的实施。为了实现这样的目标，《菲律宾知识产权法典》规定撤销原有的知识产权各单行的行政机关，成立统一的知识产权局，并赋予该局七个方面的权力与职责①，同时规定该局由六个次级部门组成，即专利局，商标局，法律事务局，文献、信息与技术转让局，管理信息系统与电子数据处理局和行政、财务及人事服务局②。

经过这样重组后，菲律宾的知识产权局就从原来虚拟的状态变得名副其实了。这也是法典化需要实现的重要的目标之一。在实在化之前，或者说在虚拟状态，要想使知识产权行政部门实在化，具有相当大的难度，因为知识产权行政

---

① 参见《菲律宾知识产权法典》第一编第 5 条第 1 款。

② 参见《菲律宾知识产权法典》第一编第 6 条第 2 款。

部门的分离状态是由历史积淀而成的。如前所述,版权制度、专利制度和商标制度等分别形成于不同的国家、不同的时期,其渊源各不相同。最初,版权、专利权和商标权的取得都需要国家行政审批授权产生,而且各审批部门是相互平行的。后来,有的国家将专利权和商标权审批授权部门合并成为"工业产权局",或者"专利商标局",或者名称仍然为"专利局"但同时可司专利权和商标权的审查授权之职[①]。当然,也有的国家或地区设有"知识产权局",对各种类的知识产权进行授权和管理[②]。我国虽然设有"国家知识产权局",但名不副实,是一个虚拟机构。菲律宾充分注意到了这个问题,于是其《知识产权法典》对"知识产权局"(Intellectual Property Office)作了非常明确的规定。

法典化将知识产权法从虚拟状态实在化的又一项任务,就是使知识产权司法审判机关(即法院)从虚拟状态实在化。知识产权司法对知识产权保护具有十分重要的意义。目前,世界各国对知识产权进行司法审判的法院架构大体有四种模式:(1) 普通模式。此种模式将知识产权司法审判与其他案件的审判同等对待,依据地域管辖原则、级别管辖原则或者其他原则等进行,并不单独设立知识产权法院为之。采此种模式的国家最多,如美国等。(2) 审判庭模式。此种模式所采用的做法是:在普通法院内设立专门的知识产权审判庭。该模式与普通模式所不同的是在普通法院内设立知识产权审判庭,专门负责知识产权纠纷案件的审判。采用此种模式的国家不是很多,如中国、英国等。(3) 专利法院模式。为了审判工业产权纠纷案件[③],尤其是专利、商标在授权过程中发生的纠纷,而设立专利法院。此种模式强调工业产权与其他普通民事纠纷的区别,或者说强调工业产权纠纷的特殊性。但是,版权纠纷案件仍然由普通法院进行审理。此种模式至少从某一方面肯定了知识产权与其他民事权利之区别,使知识产权领域中最复杂的纠纷能够由专门法院审理,对提高知识产权保护力度非常有好处。采用此种模式的典型代表国家是德国。(4) 知识产权法院模式。此种模式所采用的做法是:在国家的整个司法审判系统中,单独设立审理一切知识产权纠纷案件的专门法院,其他法院原则上不能审理知识产权案件,包括民事纠纷案件、行政诉讼案件和刑事犯罪案件。此种模式应当说是从根本上解决知识产权司法审判的最有效举措,但从现有的模式向这种终极模式的转变不是非常简单的工作。此种模式的代表国家有泰国和日本。

---

① 例如,巴西称为"工业产权局",美国称为"专利商标局",德国称为"专利局"。

② 例如,我国的香港特别行政区(SAR of HK)设有"知识产权署",全面负面香港 SAR 的知识产权事务,包括专利、商标等的授权。

③ 专利法院只负责对工业产权纠纷案件进行审判,不是承担对全部知识产权纠纷案件的审判任务。

1995年1月1日,WTO正式成立,相应的《知识产权协定》开始生效实施。作为WTO原始成员的泰国,正在经历一场空前的经济危机,即从繁荣兴旺的经济变成为几乎到了国家经济濒临崩溃的边缘。在这种情形下,泰国政府认为,必须采取最有效的措施挽救其经济。根据泰国政府的需要,有关学者便向泰国政府建议,要挽救泰国这种濒危经济状况,必须建立适当、有效和可行的知识产权保护措施,使其法律环境非常和谐、友好,有利于吸引国际贸易和投资,有利于创造一个充满信用且值得信任的机制,有利于泰国的经济发展。而建立知识产权和国际贸易法院则是唯一可行的选择。[①] 1996年,泰国议会便通过了《建立知识产权与国际贸易法院及其程序法》,1996年10月25日在《政府公报》上公布,1997年12月1日开始实施。依据该法,后来通过了《皇室训令》以庆祝其中央知识产权与国际贸易法院成立。[②] 该法院最显著特征之一就是"能够灵活运用法院规则以提高知识产权保护平台的运作效率"。同时,泰国人认为,这种做法是解决"民法私权"问题唯一可行的"普通法"方法。[③]

泰国的做法开创了一个很好的先例。它虽然是在非常特殊的情况下采取的此种办法,但是,此种办法并不是只有到了非常危急的时候才能用。既然建立独立的知识产权法院能够有如此好的效用,为什么不能在经济繁荣兴旺的时候以积极姿态而为呢?当然,国家与国家不一样,建立一个司法体制应根据各国的实际情况,不能机械地照搬,但知识产权对国家经济的影响力却是一样的,这样的理念应当已为人们普遍接受。

(二)知识产权制度法典化的现代化目标

"现代化"起源于20世纪50年代的美国。当时,美国一批社会学家、经济学家和政治学家相继开展了现代化研究。1951年6月,在美国社会科学研究会经济增长委员会主办的学术刊物《文化变迁》杂志编辑部举办的学术讨论会上,大家讨论了贫困、经济发展不平衡等问题;与会者认为,使用"现代化"一词来说明从农业社会向工业社会的转变是比较合适的。60年代西方陆续出版了一批有影响的现代化研究专著,现代化理论基本形成。在这股现代化思潮中,法律现代化也就顺理成章地成为其中的一个热门。

虽然20世纪70年代末和80年代开始的我国改革开放提出的"四个现代化"是指工业现代化、农业现代化、国防现代化、科学技术现代化,并不包括法律

---

① 〔泰〕Vichai Ariyanuntaka: TRIPS and the Specialised Intellectual Property Court in Thailand,资料来源于:http://www.thailawforum.com/articles/trips-vichai.html.

② 同上。

③ 同上。

现代化。但党的十一届三中全会文件明确提出“加强社会主义民主,健全社会主义法制”,而社会主义法制建设的基本原则是“有法可依,有法必依,执法必严,违法必究”。根据“现代化”的基本含义以及人们对法律观念、法律意识和法律思想的觉醒,我们可以认为,与此同时中国的法律现代化或法制现代化进程也随之开始。

在法制现代化建设的过程中,有着一条从法律虚无主义到法律工具主义,再到法律实用主义,最后达到法律至上主义的发展脉络。经过三十多年努力,我国目前已基本完成了从法律虚无主义向法律工具主义的过渡。在我国两千多年的历史发展过程中,法律始终处于一个虚无状态。历朝历代的法律所维护的主要是官僚贵族的利益,人民大众的利益处于极其次要的地位,或者说仅仅起一种点缀作用,即“官本位”而非“民本位”。其主要表现在:(1) 立法权集中在皇帝及其身边的少数权臣手中,无论是先秦时代还是汉唐以后,莫不如此。基于此种状况,普通百姓认为,法律无非就是王法,民众不仅没有丝毫的参与权,甚至连议论的权利也没有。(2) 没有独立的司法机关,行政与司法合而为一。法律的制定权在皇室,法律的实施权在官吏。各级官吏既行使行政权,又行使司法权,因此,各级行政官吏徇私枉法便是司空见惯的现象,无法形成制约。(3) 缺乏有效的监督机制。尽管专制王朝的统治者为了维护自己的统治地位,对大大小小的各级官员肆意枉法的行为也会进行惩治,但是,这种惩治在本质上以维护官僚体制为目的,因而作用十分有限。(4) 中国古代法律的内容也反映了它维护官僚贵族集团利益的性质,如刑不上大夫,礼不下庶人,良贱同罪异罚,百姓告官先行责罚等①,由此造成法律的虚无状况。

改革开放和法律现代化建设以前,法律虚无主义非常严重,以言代法,以权代法之现象比比皆是。改革开放以来,尤其是将“依法治国,建设社会主义法治国家”写进宪法②以后,法律的数量和质量、作用和地位都有了提高。这种状况虽然离法律现代化的距离还甚遥远,但毕竟已经开始走上了这条道路。关于法律工具主义的观点,不仅表现在司法实务上,在对法律的认识上,在法律的观念上,而且还表现在法理上,例如,有一些法理学教科书在给法律作定义时便称

---

① 参见晏如:《浅论中国古代法的特点和我国法治的现代化》,资料来源于:http://members.lycos.co.uk/chinaweekly/html/ns001353.htm。

② 参见《中华人民共和国宪法》第5条。该条规定:“中华人民共和国实行依法治国,建设社会主义法治国家。国家维护社会主义法制的统一和尊严。一切法律、行政法规和地方性法规都不得同宪法相抵触。一切国家机关和武装力量、各政党和各社会团体、各企业事业组织都必须遵守宪法和法律。一切违反宪法和法律的行为,必须予以追究。任何组织或者个人都不得有超越宪法和法律的特权。”这是1999年《宪法修正案》第13条规定的内容,即“第十三条宪法第五条增加一款,作为第一款,规定:‘中华人民共和国实行依法治国,建设社会主义法治国家。’”

“法律是由国家制定或认可的由国家强制力保证实施的行为规范,是统治阶级意志的体现,是阶级统治的工具”,“是调节社会各阶层之间的利益关系的手段”。从法治建设的宏观角度、长远视野来审视之,“法律工具主义是中国当今法治事业的死敌”[①]。但是,从历史和现实两个角度看,法律工具主义至少比法律虚无主义前进了一步。如果永远以言代法,以权代法,以人代法,根本不需要什么“工具”就可以为所欲为,岂不更糟糕。但是,如果仅仅是停留在法律工具主义的层面,那么,“法律工具主义”就真正地成了“当今中国法治事业的死敌”。例如,有日本法学家认为,自日本明治维新以来,日本的法律建设虽然取得了很大的进步,但总体是失败的,其原因在于“明治维新时,急于‘维新’,法治建设纯以工具主义为指导;直到现在,日本的政界高层,仍然为法律工具主义所左右。在法律工具主义的支配下,法治不是首先考虑增进国民的福祉,而是用于实现某个具体的目标”。[②] 日本学者之所以认为他们的法律建设取得了很大进步,是因为在明治维新以前,日本国与我国一样受儒家文化的影响,重礼轻法,重人治,轻法治,但自明治维新后,法律逐步受到重视,成为治国的工具。但他们认为日本的法治建设是失败的,其原因在于他们在长达150多年的时间内,仍未完全摆脱法律工具主义的影响。

“法律不是工具,而是社会正义或人民的自由、利益、尊严等价值的体现。”[③]法律也不能被当做工具使用。从长远来看,如果法律仅仅处于工具的地位,被当做实现某种目的的手段,那么,我们的“依法治国,实现社会主义法治国家”就只能成为“依法治国,实现社会主义法律工具国家”。要彻底清除法律工具主义,就要认真地消除上述影响。消除的办法,难以一言蔽之,但也可以简单概括为几句话:当政者、为官者要崇法、信法、守法,让破坏法律的官员马上受到严惩;让老百姓真正感觉到法律不只是个工具,而是社会正义或人民的自由、利益、尊严等价值的体现,“让他们真正尝到‘把法律当真了用’的甜头。到那时,你叫老百姓轻视法律,叫他们把法律看得不值钱,叫他们不守法,也很难”。[④]这是消除法律工具主义的实用主义方法,或者说结构主义方法。从思维的渐进性和过程性角度讲,这种观点很实际,很现实,因此,法律现代化的第二步应当是从法律工具主义向法律实用主义过渡,或者说使法律不只是工具,更是信念、信仰和利益的体现。

实用主义是在美国土壤上生长的一个哲学流派。实用主义的特点在于,强

---

① 范忠信:《法律工具主义批判》,载《法制日报》2003年4月10日。
② 倪正茂:《谨防法律工具主义》,载《解放日报》2003年10月18日。
③ 范忠信:《法律工具主义批判》,载《法制日报》2003年4月10日。
④ 同上。

调“生活”、“行动”和“效果”，它把“经验”和“实在”归结为“行动的效果”，把“知识”归结为“行动的工具”，把“真理”归结为“有用”、“效用”或“行动的成功”。实用主义的要义体现在皮尔士所表述的这一观点中：认识的任务，不是反映客观世界的本质和规律，而是认识行动的效果，从而为行动提供信念（“思维的唯一职能在于确立信念”）。①

在法律现代化过程中，或者在法律的发展进程中，法律实用主义的确是一种不可忽视的发展阶段，包括法律制度现在被认为已经相当发达的美国。波斯纳认为：“虽然职业话语的主流始终是形式主义的，绝大多数美国法官在实践中是实用主义者，这部分是由于用于判决的材料是如此的多样化和相互冲突，以至于形式主义只是一个无法实现的理想。”②对我们这样一个“重君权，轻法权；重刑法，轻民法；重人治，轻法治；重命令，轻法律”③的国家，更需要循序渐进地向现代化法律制度前进，不能急于求成。有人认为，我国法律制度发展过程几乎一直受着实用主义的影响。在新中国成立之初，我国全面废除了旧法统，为了维持正常的国家秩序，进行了基本的法律建设，其中包括制定了起临时性宪法作用的《中国人民政治协商会议共同纲领》和第一部《中华人民共和国宪法》，以及为建立政权所必需的各类组织法。其实用主义表现为：通过法律使新政权合法化，使胜利成果固定化，使新的社会秩序化。从 20 世纪 50 年代中期到 70 年代末长达二十多年的时间，真正的法制建设几乎没有，这种取消法制建设的历史现象，也是法律实用主义的产物。因为在当时看来，法制建设是不必要的，而且是有碍于“革命事业”的，因此，就无须法律，就必然否定法制和法治，所以，我们把这种法律实用主义称为否定法制的法律实用主义。改革开放后，在反思与批判的基础上逐步认识到法制是必需的，需要进行法治建设。在此过程中，为了补偿法治建设的历史欠账，法律实用主义依然是无法避免的，存在着一定的合理性与必然性。对于法的价值的忽略，不能不说是法律实用主义得以畅行、法律理性缺失与偏颇的重要原因之一。④

在法制建设的过程中，从法律虚无主义，到法律工具主义，再到法律实用主义，最后达到法律至上主义。这只是法治进程的粗线条，彼此并不是截然分开的，也不可能将它们截然分开。即使在法律制度最发达的美国，虽然可以认为

---

① 范忠信：《法律工具主义批判》，载《法制日报》2003 年 4 月 10 日。

② 参见〔美〕理查德·A. 波斯纳：《实用主义，能为法律提供什么?》，许杨勇译。资料来源于珞珈法律理论网：http://www.lawjia.com。

③ 参见晏如：《浅论中国古代法的特点和我国法治的现代化》，资料来源于：http://members.lycos.co.uk/chinaweekly/html/ns001353.htm。

④ 参见卓泽渊：《法的价值总论》，资料来源于：http://www.lawyering.cc/book/jiazhizong/2.htm。

法律至上主义已经成为他们不可动摇的理念和现实，但是，法律工具主义、法律实用主义的现象依然存在，而且在某种情况下还十分突出。最具体的、最典型的例子就是对版权保护期的延长。

美国的版权保护历史差不多与其建国史一样长，它的第一部版权法是 1790 年的版权法。该法规定的版权保护期为 14 年；在 14 年保护期届满时，如果作者仍然健在，则可再续展 14 年，总共可达 28 年。后来，通过修改版权法，使其原始保护期延长至 28 年，续展期则保持不变；1909 年的版权法修正案将续展期也延长至 28 年。至此，美国的版权保护期总共可达 56 年。1962 年初，美国国会采取每年将版权保护续展期延长 1 年的方式来延长版权保护期，直到 1976 年修改版权法为止。1976 年的版权法以 1977 年 12 月 31 日为线将作品分为 1978 年前的作品和 1978 年后的作品，实行不同的版权保护期模式。对于 1978 年前的作品，采取 75 年的固定保护期；对 1978 年后的作品则采取作者有生之年加上死亡后 50 年和对公司作品给予自作品出版后 75 年的保护期。①

到此为止，美国的版权保护期已经延长过三次。第一次将原始保护期从 14 年延长至 28 年；第二次将续展期从 14 年延长至 28 年；第三次将总体保护期从 56 年延长至 75 年。即使这样，美国的许多公司仍觉得版权保护期太短，需要更进一步地延长。根据 1976 年版权法的规定，美国华特 · 迪斯尼公司的米老鼠、唐老鸭以及其他一些卡通明星的版权保护期将于 2004 年底届满。其版权保护期届满意味着 Disney 公司将从此失去对 Mickey Mouse, Donald Duck 等卡通明星的版权，它们将进入公有领域。对 Disney 公司而言，这意味着每年损失一大笔收入。根据 1997 年 10 月《华尔街杂志》(Wall Street Journal)报导，Disney 公司每年由此所获得的收入可达数亿美元。面对这种情形，Disney 公司的总裁决定开展游说活动，去游说国会，使其延长版权保护期 20 年。这样做，尽管需要花费许多钱，但是与每年可获得的数亿美元版税相比，就不值一提了。在 ASCAP②的帮助下，经过自己的努力，终于在 1998 年 10 月 7 日获得成功。这一天，美国国会参众两院通过了《Sonny Bono 版权保护期延长法》；时任美国总统克林顿于 1998 年 10 月 27 日签署了该法案，使其正式成为美国法律。该法案将

① 参见"What Are the Issues in Copyright Term Extension—and What Happened?"，资料来源于：http://homepages.law.asu.edu/~dkarjala/OpposingCopyrightExtension/what.html。

② ASCAP 是"美国作曲家、作者和出版者协会"(American Society of Composers, Authors and Publishers)的首写字母之缩写。

所有作品的版权保护期延长20年。①

对此法案,美国国内的反对呼声很高。反对者认为,该法案使得美国公众需要继续为过时的老作品支付高昂的版税;更为严重的后果是,由于当代的创作者进行创作时需要作为文化遗产的创作资源(the Building Blocks),但是,因无限制地延长版权保护期,使得创作者无法借用这些文化遗产,而导致新作贫乏,以致剥夺了美国公众获得新知的权利。美国的做法,实际上是就是将法律作为少数特殊人的操纵的工具,只考虑他们少数人的利益,而丧失了其法律理念和至高无上的价值。②

知识产权法律现代化不仅是中国法律现代化的一个重要组成部分,同时也是法典化不可或缺的部分。实现该目标,尽管可能遇到许多麻烦和困难,但它毕竟只是整个法律体系中的一部分,将与整个法制环境相适应,随着大环境的变化而变化,随着大环境的发展而发展。在国家法律现代化大框架内,充分展现知识产权法律体系的特殊性和个性,则是知识产权法现代化的一个重要方面。

二、知识产权制度法典化的一体化与协调化目标

(一)知识产权制度法典化的一体化目标

如果说将虚拟的知识产权法实在化是使概念的知识产权法变成具体的法典,那么,将分散的知识产权法一体化意味着,法典化并不仅仅是将分散的各单行知识产权法汇编在一起,将它命名为《知识产权法典》或者《知识产权法》就行了,而是应当将这些分散的各单行法按照一定的原则和规则,按照一定的逻辑和体系,使其凝聚成一个有机的整体。

在知识产权法一体化方面,法国和菲律宾为世人作了表率,而且取得了明显的成效。从形式上看,无论法国法典,还是菲律宾法典都没有"总则"部分。该两部法典的设计者也许认为:第一,知识产权制度中没有必要制定总则,它们所共有的内容在民法典中都规定了;第二,知识产权制度中根本就没有统领全局的共同原则;或者第三,知识产权制度中虽然具有共同的原则,但目前尚未形

① 参见 Disney Lobbying for Copyright Extension No Mickey Mouse Effort—Congress OKs Bill Granting Creators 20 More Years—Associated Press Article Appearing in the Chicago Tribune—October 17, 1998,资料来源于:http://homepages. law. asu. edu/ ~ dkarjala/OpposingCopyrightExtension/commentary/ChiTrib10-17-98. html。

② 参见 Opposing Copyright Extension—Commentary on Copyright Extension,资料来源于:http://homepages. law. asu. edu/ ~ dkarjala/OpposingCopyrightExtension/commentary/ChiTrib10-17-98. html。

成共识。上述三种猜测,若第一种成立,则表明知识产权制度中有共同原则,但却不独立,兼容于民法的基本原则中。若第二种成立,则表明知识产权制度中的若干权利制度的个性突出,共性不足。既然如此,编纂知识产权法典也就没有必要了。若第三种成立,则表明人们对知识产权制度的研究任重道远,征途仍未有穷期。除此三种猜测之外,可能还有其他的理由。

尽管这两部法典都没有总则部分,但它们的体系却仍然显得十分完整。《法国知识产权法典》的七个层次,将整个知识产权制度构建成了一个脉络清晰、结构完备、层次分明、逻辑严谨的体系。它的三个"部"(PART),肯定了知识产权体系由三个部分组成,一是文学艺术产权部,二是工业产权部,三是法律的适用范围部。它的八个"卷"(BOOK),清晰地将各个部所包含的内容呈现出来:第一卷版权,第二卷邻接权,第三卷与版权邻接权相关的权利,这是文学艺术产权部中的三卷;第四卷行政与专业组织,第五卷外观设计与实用新型,第六卷发明与技术知识的保护,第七卷商标、服务标记与其他显著标志,这是由第二部规定的四卷;第八卷是关于该法典的适用范围。该法典的编排,使知识产权体系的权利构成得以明晰,同时也表明诸权利构成彼此既独立,又相互关联。"卷"以下各层次的编排对知识产权法典的整个构成不产生影响,相当于各单行法的体例。通过法国法典这样的精巧织造后,整个知识产权体系就成了一张秀美的网络,让各自为政的单行法,不再孤立,不再零散。

《菲律宾知识产权法典》的层次结构虽然不如法国法典的复杂,但其构造的体系仍然非常完整,毫无拼凑痕迹。

《知识产权协定》是一个国际条约,对知识产权的整体把握更加灵活、大胆。首先,它规定了知识产权保护的九大基本原则,即国民待遇原则、最惠待遇原则、知识产权私权原则、透明度原则、公共利益原则、优先权原则、互利互惠原则、司法终审原则以及争端解决原则。这九大原则的制定,至少说明,尽管世界各国在政治、经济、文化等诸方面存在着巨大的差异,但是,在知识产权保护方面却有着如此众多的共同准则。由此可知,作为完整体系的知识产权,从国际层面看,的确具有许多共性;另一方面,在国际层面的知识产权若没有这些共性,那么各个国家或者地区也就没有了共同的基础。对于一个具体的国家或地区而言,对知识产权进行研究而揭示其本质特征,不仅当为,更是可为的。

研究知识产权的共同特征,是一件非常复杂的任务。法国与菲律宾的立法者或学者,也许正是看到了这个工作的复杂性,容易引发无穷无尽的争论,而没有规定知识产权法典的总则部分。关于知识产权是否具有共同本质特征,学者之间的观点相去甚远。

大多数学者认为知识产权作为一个法律共同体,应当有其共同特征。我国知识产权学者在作研究时，大多数人都会对其基本特征进行适当的归纳，但见解则仁智有别。对知识产权特征的归纳，多则可达七个，少则仅有其一。“一特征说”认为，“地域性”是知识产权所具有的唯一共同特征，除此之外，知识产权就没有其他共同特征了；“二特征说”主张知识产权客体的无形性和地域性；“三特征说”主张“独占性、时间性和地域性”；“四特征说”主张“独占性、时间性、地域性和知识产权客体的无形性或非物质性”；“五特征说”主张“独占性、时间性、地域性、客体的无形性和国家授予性（也称法定性）”；“六特征说”主张“独占性、时间性、地域性、客体的无形性、法定性以及内容的双重性”；“七特征说”主张“独占性、时间性、地域性、客体的无形性、法定性、内容的双重性和权利体系的开放性”。这些主张究竟哪一个正确，当然不能简单地下结论。对它们的理解需要有标准，标准不同，结论肯定不同。在这些不同的观点中，比较集中的观点是“三特征说”和“四特征说”。

正因为有不同的标准，所以，还有学者认为知识产权根本就不可能将现有的各种被称为知识产权的对象以及目前尚在争论之中的许多对象都包括进去，因为它们没有共同特征。[①] 换言之，这一部分学者对知识产权所包括的具体对象持怀疑态度，与此同时，对知识产权所包括的诸对象是否具有共同特征持否定态度。我们现在所能读到的国外知识产权著作、教材、文章、论文、普通读物等，很少有对知识产权特征进行归纳的，原因在于他们对知识产权是否具有共同特征持否定或者不确定态度。当然这只是一种推理，尚无资料证实这种推理。

既然如此，我们有必要对知识产权的共同特征进行归纳吗？从方法论的角度看，常用的治学方法或研究方法有演绎法和归纳法，既要分析现象，更要揭示本质。演绎法是指以一个论点或想法为本，然后找出各种事实，来证明该论点或想法是正确的。归纳法与演绎法相对，是以某一特定研究为目标，收集许多资料，经过仔细、认真的观察，正确、合理的解释，然后将资料系统化，形成原理（结论）。[②] 由此可见，对知识产权进行归纳法研究，就需要总结出它的特征即共同特性，以便能够对知识产权有一个全面、概括、抽象认识。作为一门独立的法学学科，如果仅仅是分析其现象，不揭示其本质，在理论上似乎站不住。单纯从现象上看，知识产权就是由版权、专利权、商标权、商业秘密权、工业品外观设计权等权利组成的一个集合，它们所具有的共同联系点在于它们都是由人类智

---

① Richard Stallman: Use of the Term of Intellectual Property. 资料来源于：http://lists.essential.org/pipermail。

② 黄振华：《归纳法查考》，资料来源于 http://www.cef.org.tw/resource/Bible/01oia/2001hebrews/hebrews.html。

力创造性成果或者智慧创作物产生的权利。西方国家的知识产权学者大体都是持这种态度,不考虑或者很少考虑这些权利彼此之间所具有的共同特征。如果想要揭示这些不同种类的权利之间具有哪些共同特征,就要对知识产权本质进行研究。进行此种研究之目的并不在于抽象地寻找出几个共同特征,而是在于将知识产权与其他的私权或者民事权利相区别。通过这种研究,能够在知识产权保护方面作出更具有针对性的规定。在法典化过程中,进行此种研究更具有重要意义,尤其在编纂知识产权法典之总则或者一般规定时,没有这样的研究是难以完成的。

另一方面,要使分散的知识产权法一体化,还需要对其基本原则进行研究。有学者认为建立我国的知识产权制度,应当遵循“六项基本原则”,即(1)鼓励创作原则;(2)保护智慧创作物原则;(3)有偿使用原则;(4)公共利益原则;(5)禁止权利滥用原则;(6)遵守国际惯例原则。还有学者强调,利益平衡原则是贯穿于知识产权制度始终的基本原则。这一原则要求,知识产权法既要保护权利人的合法权益,又要维护社会公共利益,要有利于促进科学技术的发展和文化的传播。对于科技、经济、社会发展较为落后的国家,这一点尤其重要。利益平衡原则,实际上是前述六项基本原则中第(1)、(2)与(4)、(5)四项原则的综合协调原则。一方面,保护知识产权人的合法利益,就是要鼓励创作,保护智慧创作物;另一方面,维护公共利益,有利于促进科学技术的发展和文化的传播,就是公共利益原则和禁止权利滥用原则的体现。如果将利益平衡原则作为一项独立的基本原则,其他原则就没有必要单独表现出来了。

1. 承认知识产权为私权原则

在确立基本原则时,首先应当注意到《知识产权协定》序言的承诺,即承认“知识产权是私权”的原则。知识产权是否为私权,人们的认识并非完全一致。自1949年新中国成立一直到1979年的30年间,我国基本上不承认私权,就更不用说“承认知识产权是私权”。直到现在,也未必是所有人都能承认知识产权是私权。在打击知识产权盗版活动中,我国采用的主要做法是:动用知识产权行政机关和警方的力量,对实施盗版行为的人采取的措施主要是行政的和刑事的,与泰国的做法极其相似。这种做法至少从一个方面说明,我国政府并未完全将知识产权当做私权,而是将它视为公私兼具的权利。如果充分承认知识产权是私权,就应当将知识产权的保护完全置于民事救济即私法救济之下,公权力的介入应当十分谨慎,最好是不介入或者少介入。考虑到知识产权的特殊性以及我国的实际情况,即单纯地依靠私法救济来保护知识产权,可能难以取得理想的效果,将这种做法作为一种阶段性的措施,让公权力适当地介入知识产权保护,使人们的观念逐步过渡,不能说绝对没有意义。但是,如果将这种做法作为一种永久的措施,其负面效应是不可忽视的。由于公权力的介入过多过滥,以至于知识产权所有人形成一种对公权力的依赖心理,总是寄希望于国家行政机关和警察一次或者几次的打击活动,使盗版活动得以扼制;另一方面,盗版者对知识产权所有人采取的私法救济措施不当一回事,每一次或者几次的打盗活动过后,他们仍然是"春风吹又生"。一旦盗版活动处于猖獗态势,政府便又采取突击的打盗。要彻底打破这样的怪圈,最有效的措施必须是使知识产权所有人的私法救济具有切实的效果,即真正确立知识产权的私权原则。

因此,承认知识产权为私权应当成为编纂知识产权法典的第一原则,没有这一原则作前提,其他的原则都不可能落到实处。

2. *激励积极创作原则*

紧随私权原则之后的应当是激励原则。智力劳动者进行的智力创作活动既是知识产权发生之源,同时也是社会财富增加之源。没有智力劳动者的积极创作热情,没有智力劳动者将大量的时间、精力、智慧和资金投入到创作活动中进行积极的创作,智慧创作物的来源将会枯竭,社会财富的增加将会受到极大影响。世界知识产权组织现任总干事卡米尔·伊德里斯博士在他创作的《知识产权——经济增长的有力工具》著作中写道,不论是发达国家还是发展中国家,如果不对知识产权给予充分的保护,不能激发智力劳动者积极的创作热情,国家的综合竞争力将会受到极大的影响,国家的经济增长将会受到极大的影响。[①]美国唯一获得专利权的总统亚伯拉罕·林肯在给美国专利局的题字中写道:"专利制度是给天才之火添加利益之柴薪。"[②]该题字的基本理念就是说,建立美国的专利制度就是为了给发明创造人以利益,激励他们进行更多的创作活动。1994年6月4日,中国政府向国际社会发布的《中国知识产权保护状况》白皮书中就明确肯定:"随着中国保护知识产权法律的实施,知识产权在中国得到有效的保护,对于鼓励发明创造和创作及公平竞争等起到了积极的作用。"[③]由此可以肯定,我国政府已经将"鼓励创作原则"作为知识产权制度中的一项基本原则,并且在各单行法中都有明确的规定和体现。因此,将激励原则作为知识产权制度的一项基本原则,应当是非常必要的。建立鼓励智力劳动者积极创作的原则,就必须给智力劳动者授予对其智慧创作物的独占权,使之能够在一定

---

① 参见 Kamil Idris: Intellectual Property—A Power Tool for Economic Growth,资料来源于:http://www.wipo.org/about-wipo/en/dgo/wipo_pub_888/index_wipo_pub_888.html。

② "The patent system added the fuel of interest to the fire of genius." Abraham Lincoln (the only U.S. President to be issued a patent).资料来源于:http://www.m-cam.com/~watsonj/usptohistory.html.

③ 参见1994年《中国知识产权保护状况》白皮书第二部分"中国具有高水平保护知识产权的法律制度"。资料来源于:http://www.china.org.cn/ch-book/zhishichanquan/knology.htm。

的期限内获得垄断利益，激励的效果也就产生了。对智力劳动者而言，独占权非常重要。几百年的知识产权发展史告诉我们，潜在的经济利益能够激励人们的创作力。①

3．促进知识产权转化原则

位于第三位的原则应当是促进知识产权转化原则。换而言之，建立知识产权制度，给智力劳动者授予独占权，激励创作者积极地进行创作，这并不是目的，而是实现目的的一种手段或方式。建立知识产权制度真正的目的是使知识产权能够最大限度地转化为生产力，使知识产权最大限度地提高国家的国际竞争力，使知识产权最大限度地转化为企业和社会的财富。

研究知识产权，首先需要弄清楚两个基本概念：从财产权的角度看，知识产权的意义在于知识产权所有人对智慧创作物的支配权，而不在于对智慧创作物的拥有量；从价值理念的角度看，知识产权是"真实"的财产，与普通的有形物质财产不同，其所具有的价值，不在于它的存在，而在于将它转化为社会生产力。②以互联网为例，互联网的发明好像不及导弹、卫星、核武器的发明那么惊天动地，但是，它的转化应用给整个人类的政治、经济、文化、贸易、娱乐、学习和生活带来的影响，却是空前的巨大。不论将现代社会称为信息社会还是知识社会，将现在的世界称为地球村还是网络村，都应当归功于互联网。对这样的智慧创作物所具有的价值，无论给予多高的估量都不为过。另一方面，任何伟大的发明创造，如果不将它转化为社会生产力，而是束之高阁，其价值几乎等于零。

许多知识产权所有人只注重创作，获得知识产权，而忽视了将知识产权付诸实施，使它们转化为社会生产力，转化为国家综合竞争力，转化为社会财富。根据财产支配理论，国家制定知识产权制度时，要考虑到如何才能促进知识产权所有人（实际上是知识产权支配权人）最大限度地行使支配权，将知识产权付诸实施，实现知识产权的价值。由于知识产权之客体（智慧创作物）上凝聚着智力劳动者的创造性劳动，所以法律要保护它；又因为它可以转化为生产力，提高国家综合竞争力，给社会带来财富，所以法律要促进它的转化。因此，促进知识产权转化原则应当成为知识产权法典的一项基本原则。

4．禁止权利滥用原则

知识产权保护的基本原理是将人、经济与社会之间关系以可能的最佳方式

---

① 参见 Kamil Idris：Intellectual Property—A Power Tool for Economic Growth，p.9，资料来源于：http://www.wipo.org/about-wipo/en/dgo/wipo_pub_888/index_wipo_pub_888.html。

② Brad Templeton：A Radical Theory of Intellectual Property，资料来源于：http://www.templetons.com/brad/iprop.html。

组织起来,以对有限的可利用的资源进行公平合理的分配。以此为基点,立法者便发现了制定知识产权法对智力劳动者给予知识产权保护,不仅有利于激励智力创作热情,促进智慧创作物的广泛传播,而且可以增加社会财富。因此,对发明人、作者和其他创造者的保护在1966年《联合国宣言》第27条关于经济、社会和文化权利的表述中得到了最充分的阐述。该条款规定各成员国有义务承认任何人都有权享有对其作为作者从科学、文学或艺术成果的流动中产生的道德和经济利益的保护。这是对知识产权保护进行思考必须清楚的基本原则,不仅在著作权领域如此,同样也适用于发明人和其他创造者①。

在知识产权制度发展过程中,禁止权利滥用原则,一直是人们争论的焦点。如果这样的基本问题不能得到合理解决,知识产权制度就真的成为"化公为私的典型代表,是对人类文明的掠夺,是对科学技术发展的障碍"②。为此,人们一直在努力寻找知识产权保护与社会公共利益之间的平衡点。例如,《知识产权协定》与公共健康问题,早在2001年11月的多哈会议上就是一个需要解决的棘手问题。发展中成员认为,它们应能以低廉的价格得到医治艾滋病、结核病等疾病的"救命"良药。但这些药品大都是WTO的发达国家或者地区成员发明制造的,由于受到专利保护而价格昂贵,超过了发展中成员的购买能力。因此,一些发展中成员要求WTO应当允许它们在发生大众健康危机时采取特殊措施,如让本国企业仿制外国专利药品。美国等发达成员则担心,类似的特殊措施可能会被滥用,从而影响本国制药业的利润。2003年8月30日,从日内瓦传来了一个人们期盼已久的消息:WTO总理事会最后一致通过了解决"公共健康"问题有关实施专利药品强制许可制度的最后文件,这标志着WTO全体成员终于在有关解决"公共健康"的问题上达成了最后的共识。③

在国际社会是这样,在每一个国家的情形也大体相同。如果片面强调知识产权保护而忽视社会公共利益,这样的知识产权制度肯定是不完善的。通过不断地摸索和实践,人们找到了许多合理的制度来协调知识产权保护与社会公共

① 参见知非:《知识产权保护旨在社会利益》,载《科学时报》2002年7月2日。

② 参见 Anatoly Volynets: 10 Suspicions on Intellectual Property Rights,资料来源于:http://www.usask.ca/library/gic/v1n4/chartrand/chartrand.html。

③ 参见陈德照:《TRIPs与公共健康问题》,载《世界知识》2003年第18期。

利益之间的关系，如合理使用制度、强制许可制度、保护期限制度[1]、实施使用制度[2]等。另一方面，强调社会公共利益，不能过分削弱或者损害知识产权所有人的利益。社会利益非常重要，不可忽视，但是，如果没有智力劳动者的创作，不能有效地激励智力劳动者的创作热情，那么，社会利益就会成为无源之水，无本之木。因此，利益平衡原则是一个妥善解决双方利益关系的哲学理念在法律制度中的应用。

5. 遵守国际条约、遵循国际惯例的原则

国际条约和国际惯例是知识产权法律体系中非常重要的法律渊源。如前所述，知识产权法虽然是国内法，但同时要调整非常广泛的涉外法律关系。另一方面，知识产权保护国际条约不仅非常多，而且特别重要，例如《知识产权协定》、《巴黎公约》、《伯尔尼公约》、《罗马公约》、《WIPO 版权条约》和《WIPO 表演和唱片条约》等。它们所规定的知识产权保护基本原则、最低保护标准以及执法措施等，是其成员应当履行的义务[3]。如果各成员国或者成员不能遵守其基本原则、达到其最低保护标准或者遵循其做法，那么它就不能享受相应的权利。

因此，遵守国际条约和遵循国际惯例，应成为知识产权法典的一项基本原则。具而言之，我国的《知识产权法典》不得有与国际条约和国际惯例相抵触的内容，而是应当结合我国的实际情况，全面履行成员国应当承担的义务，以保证我国国民能够充分地享受相应的权利。

综上所述，编纂知识产权法典，应当确立以下五项基本原则：知识产权为私

---

① 知识产权保护期本来是一个非常明确的原则，但是，现在却变得比较复杂了。具而言之，知识产权保护期不再是一个简单原则。在考虑知识产权保护期时，要注意四个可能的情形：1. 有明确保护期限的权利，如版权和专利权；2. 有明确不受期限限制的权利，如精神权利；3. 有保护期不明确的权利，如商业秘密权；4. 有保护期形式上有限而实质上无限的权利，如商标权。但是，对社会公共利益有重大影响的知识产权，如版权和专利权等，其保护期的限制是明确的。

② 知识产权的实施限制，主要是指法律明确规定，知识产权所有人依法承担的在法律规定的时间届满后在受保护国实施其知识产权的义务；否则，知识产权所有人就将依法承担相应的法律后果。例如，在版权领域，如果发达国家的作者在发展中国家不以相应国家文字翻译出版其作品，发展中国家国民享有对发达国家国民之作品实施强制许可的权利，参见《伯尔尼公约》的《议定书》（附件）。在专利权领域，如果专利权人不履行其实施义务，对其专利就将实施强制许可，参见我国1984 年《专利法》（未修改本）第 51 条规定。在商标领域，商标权人如果连续 3 年不使用其注册商标，就将导致其注册商标被撤销。许多国家的商标法都有这样的规定。应当注意：知识产权强制许可制度与实施使用制度是两个不同的制度，彼此之间有一定联系，但不等同，此注解所列举的三个例子就说明了它们之间的区别。

③ 例如，《伯尔尼公约》（1971 年巴黎文本）第 36 条规定："一、本公约各参加国承担义务根据其宪法采取必要措施以保证本公约的执行。二、不言而喻，一国在交存其批准书或加入书时，应能按照其本国法律执行本公约的规定。"《巴黎公约》（1967 年斯德哥尔摩文本）第 25 条也有同样的规定。

权原则、激励创作原则、促进知识产权转化原则、禁止权利滥用原则(公共利益原则)以及遵守国际条约和遵循国际惯例原则。除此之外,《知识产权协定》规定的透明度原则、司法终审原则等,虽然应当贯穿于《知识产权法典》,但并不需要将它们以基本原则的形式表达出来,即形式上虚,内容上实。

(二)知识产权制度法典化的协调化目标

现行知识产权法由若干单行法律法规组成,是一个十分庞杂的法律体系。这些法律法规的性状可概括为:围绕一个中心,为着不同目的,由不同部门、在不同时间、依照各自利益、按照相对标准而起草,最后按立法程序通过。它们所围绕的"一个中心"就是保护知识产权,保护智力劳动者的合法权益,但所"为着的目的"则不相同:《商标法》的目的是"为了加强商标管理,保护商标专用权,促使生产、经营者保证商品和服务质量,维护商标信誉,以保障消费者和生产、经营者的利益,促进社会主义市场经济的发展"。① 《专利法》的目的是"为了保护发明创造专利权,鼓励发明创造,有利于发明创造的推广应用,促进科学技术进步和创新,适应社会主义现代化建设的需要"。② 《著作权法》的目的是"为保护文学、艺术和科学作品作者的著作权,以及与著作权有关的权益,鼓励有益于社会主义精神文明、物质文明建设的作品的创作和传播,促进社会主义文化和科学事业的发展与繁荣"。③ 《反不正当竞争法》的目的是"为保障社会主义市场经济健康发展,鼓励和保护公平竞争,制止不正当竞争行为,保护经营者和消费者的合法权益"。④

由上可知,现行的知识产权各单行法是由不同的部门,依据其职责权限,采用"部门加法律专家"的起草模式,提出法律草案,然后提交国务院法制局讨论,由国务会议通过后,提请立法机关审议通过⑤。因此,法案起草中必然存在许多问题。无论是人大及其常委会立法,还是政府制定法规或者规章制度,一般由提出立法动议的部门来承担起草任务。此举之初衷是为了使立法更好地符合社会实际情况,增强立法的科学性和可行性,实践中却为相应的部门保护主义

---

① 参见现行《中华人民共和国商标法》第 1 条的规定。

② 参见现行《中华人民共和国专利法》第 1 条的规定。

③ 参见现行《中华人民共和国著作权法》第 1 条的规定。

④ 参见现行《中华人民共和国反不正当竞争法》第 1 条的规定。

⑤ 参见《中华人民共和国立法法》第 24 条:"委员长会议可以向常务委员会提出法律案,由常务委员会会议审议。国务院、中央军事委员会、最高人民法院、最高人民检察院、全国人民代表大会各专门委员会,可以向常务委员会提出法律案,由委员长会议决定列入常务委员会会议议程,或者先交有关的专门委员会审议、提出报告,再决定列入常务委员会会议议程。如果委员长会议认为法律案有重大问题需要进一步研究,可以建议提案人修改完善后再向常务委员会提出。"该法于 2000 年 3 月 15 日由第九届全国人民代表大会第三次会议通过,于 2000 年 7 月 1 日施行。

或地方保护主义创造了便利条件。[①] 在草案起草过程中,各个部门或多或少地会从自己部门利益考虑,忽视或者故意抵制与其他法律的相互协调关系,其中起决定性作用的是"立法利益"。

立法中的这种特殊法律现象,已引起了人们的普遍关注。研究者认为,当前立法的部门利益倾向突出表现为"三重三轻":(1) 重"公权力"(对政府各职能部门权力的重视),轻"私权利"(对公民、法人和其他组织合法权益的轻视);(2) 重"制裁处罚"(立法之目的重在对违法行为的制裁),轻"引导指导"(法律规范对日常行为的引导不足);(3) 重"对他人的管理"(诸多法律之取向为对管理相对人的治理),轻"对自己的约束"(对管理主体自身的约束不充分或者不明确)。[②] "利之所在,法之所在",利益主体不断追求其利益存在的合理性就是产生部门利益倾向的真正动因。与部门利益倾向相伴而生的是利益分配的不公平和冗长复杂的行政审批程序,它与"依法治国"的精髓背道而驰。这种现象,不仅会妨碍市场经济的正常运作,而且还会破坏法的正义性、权威性和国家权力机关作为人民利益和意志代表的政治形象。[③] 我国《立法法》给各地各部门授予了相应的立法权[④],如果不能对此进行有效的控制,那么必然发生立法利益偏向,结果是政府权力部门化,部门权力个人化,个人权力商品化[⑤]。这种在立法上以局部利益损害国家利益的不廉洁行为,是下一步行政管理体制改革的重要内容。[⑥] 因此,有人大代表认为,我们制定的一些法律为什么执行不好?一个重要原因是掺杂了部门利益。有的法律在制定时,先由部门协调,拟定草案,然后再送人大审议。为了争取通过,有的部门用尽心思。这样的法律,不是站在全局利益,首先维护的是部门利益。有的法律虽然制定出来了,但在执行过程中难以平衡部门利益,经常扯皮。还有的法律迟迟制定不出来,问题也是出在这上面。[⑦]

过多地考虑自己部门的利益,忽视或者故意抵制与其他法律法规的协调关

---

① 参见姚蕾:《立法准备阶段与立法质量有关问题思考》,资料来源于:http://www.yfzs.gov.cn/gb/info/ztbd/shyfzsjszzwm/2003-10/08/0945445335.html。

② 参见甘益伟:《消除部门利益倾向　提高地方立法质量》,资料来源于:http://www.people.com.cn/GB/14576/14957/2198641.html。

③ 同上。

④ 参见我国《立法法》第四章:"地方性法规、自治条例和单行条例、规章"。该章给各省、自治区、直辖市以及各省、自治区内较大的城市(如省府、区府所在地的城市等)授予了制定地方法规的权力(从第63条至第70条),给国务院各部、委员会、中国人民银行、审计署和具有行政管理职能的直属机构,授予了制定规章的权力(第71条)。

⑤ 参见章文:《从制度源头遏制腐败》,载《新闻周刊》2003年第4期。

⑥ 同上。

⑦ 参见武卫政:《摒弃立法中的部门利益》,载《人民日报》2001年3月14日第11版。

系，或者使彼此之间的关系无法协调，属于正常的或者可以合理推知的不正常现象。法律是一种“公共物品”，理应具有广泛的民主性和公意代表性，否则就可能蜕变为服务于少数利益集团的“私人产品”。要制定优良的法律，就要吸纳民意，就应当实行开门立法，建立立法听证制度，通过媒体公布法律法规草案，广泛征求包括利益相关人在内的社会各界的意见。实践证明，充分吸纳民意的立法可以为法律的顺利实施清除某些潜在的障碍，可以在相当程度上提升公众对法治的期望和信心。[①] 在我国，人们对法律和法律价值的理解，虽然有了很大的进步，但仍然处于初级阶段，到成熟阶段还有漫长的路程要走。在中国现有观念和法制环境下，立法过程的参与者将它视为自己的一种特殊利益，而且总是千方百计地将局部的甚至将个人的利益混杂于其中，从而出现将“国家利益部门化、部门利益私人化、私人利益商业化”的异化现象。通过法典化，将现行知识产权各单行法中的相互矛盾、冲突或者不协调的规定体系化，是一项非常有意义的工作。

使现行不协调的知识产权法体系化，不仅是一项重要的理论工程，而且也是一项非常显著的务实工程。该项工程的理论性在于，首先需要对现行知识产权法律体系中的不协调因素进行考察，对造成这种不协调的原因进行分析，对克服这种不协调因素的可能性进行论证，对协调性原则进行研究，对协调性方案进行价值分析，等等。此项工程的现实性在于，通过上述理论研究，提出一套完整的、合理的、符合中国国情的且具有国际水平的解决方案。在知识产权领域，“一体多权”的多维度与现行知识产权各单行法的单向度之间的矛盾，需要体系化的调整规范进行协调。

知识产权客体是“智慧创作物”，与作为普通物权客体的有形物有明显区别：普通物权客体的一维度，决定其只能够依法产生一个方面的权利；而知识产权客体是多维度的，从不同的角度视之，则可以表现出不同的价值。例如，一件作品依法自动产生的著作权，是它的基本权利形态。除此之外，如果将它作为一种标记用于商品上，能够使自己的产品或者服务与他人的产品或者服务相区别，它就是一件商标；如果该商标符合法律规定的注册条件，使用者可以就此提出注册申请，使其成为注册商标，获得商标权。如果将它作为产品的外观与产品相结合，能够符合专利法规定的外观设计条件，它还可以被批准为外观设计专利，取得专利权。如果将它作为装潢使用于产品上，不仅能够使产品产生美感，刺激消费者的购买欲望，而且还能够引导消费者购买产品，产生一种特殊的标示作用，那么它可以受到反不正当竞争法的保护。这就是智慧创作物“一体

---

① 参见刘武俊：《中国立法观念检讨》，载《法制日报》2000 年 5 月 7 日第 3 版。

多权”的表现形态。

由此可见，智慧创作物能够从多维度产生利益，具有各种不同的价值。对于这种多维度利益和多视角的价值，法律都应当提供保护。“在任何一个社会，法律本身都促成对其自身神圣性的信念。它以各种方式要求人们的服从。不但诉诸他们物质的、客观的、有限的和合理的利益，而且还向他们对超越社会功利的真理、正义的信仰呼吁。也就是说，以一种不同于流行的现实主义和工具主义理论的方式确立法的神圣性。”①也就是说，法律就是给人们提供“物质的、客观的、有限的和合理的利益”，对人们的权利义务进行分配，人们才能自觉自愿遵守它，服从它，把它视为超越社会功利的真理，去信仰它。换一个视角看，法律就是国家利益、集体利益、社会利益和私人利益的配置者和保护神。

现行知识产权各单行法，对于不同的对象能够从自己的维度和视角提供应有的保护，而且所提供的保护基本达到了国际水平。但是，它们却不能对同一智慧创作物从不同维度和视角提供立体保护。这种现象早已不是新话题了，而是众所周知的老问题。从 20 世纪 90 年代一直到现在，人们一直在关注这个问题，也一直在讨论这个问题，并且从理论和实务两个方面提出了很好的建议和解决方案。从某种角度看，这个问题得到了一定程度的解决，尤其是在《专利法》、《著作权法》和《商标法》先后作过修改后，在法律上和实践中都有所改观，但效果不是特别显著。问题的关键在于知识产权各单行法各行其是，缺乏应有的体系化。每一部单行法都是单向度的，不可能超越其范围去调整不属于自己领域内的关系，不可能建立起多维度的体系。解决上述问题，不仅需要维持注册商标的权威性和稳定性，同时还要协调与其他种类知识产权之冲突。如果编纂知识产权法典，就需要作出一项相应的原则性规定，使知识产权保护适应其“一体多权”之多维度特征。

三、知识产权制度法典化的国际化与本土化目标

法律的国际化和本土化涉及法律的移植问题。关于法律移植，哲学家孟德斯鸠在《论法的精神》中作过精辟论述：“为一国人民而制定的法律，应该是非常适合于该国人民的；所以如果一个国家的法律竟能适合于另外一个国家的话，那只是非常凑巧的事。”②孟德斯鸠的论述说明了每一个国家的文化、宗教、法律、施政的准则、先例、风俗、习惯等与其他国家的差异，导致了法律上的差

① 〔美〕哈罗德·J. 伯尔曼：《法律与宗教》。资料来源于法律思想网：http://www.law-thinker.com。

② 〔法〕孟德斯鸠：《论法的精神》（上册），张雁深译，商务印书馆 1982 年版，第 6 页。

异。如果要移植法律,首先就得要将这种差异弥合,然后才能使其适用于本国。也就是说,只是将法律国际化而不进行本土化,那么,就可能因政治、经济、文化、历史以及风俗习惯等而对法律产生排异,而无法适用;如果只注意本土化而不注意国际化,则会因狭隘和局限而导致与国际社会的冲突或者不协调。因此,在法律制定过程中,立法者就应当同时兼顾此两者。

一般而言,法律的国际化,主要是先进国家法律或者法律制度对落后国家法律或者法律制度的侵入和影响,反之则难以成立。换言之,人们总是愿意移植、吸收或者借鉴比自己更发达之国家的法律,如古代日本移植中国法,近代日本移植西方法等。少数情况下,由于某种特殊原因(如革命、战争或者历史传统等),也会出现近、现代国家移植、吸收(或曰复兴)古代社会的法律,高文明国家(或民族)吸收低文明国家的法律(或习惯)。各个国家、民族之间法律的相互交流、相互影响与移植(国际化与本土化),既不受时间的限制,也不受空间的限制,已形成法律文化进步、发展的一个普遍现象,也是法的形成、发展和进化的一个客观规律,并不依人的主观意志为转移。从哲学角度看,法律的国际化和本土化是一对矛盾。它们既互相对立,又互相统一。法律的国际化,强调了法在各个国家间的交流、影响;法律的本土化,强调了法要有本国、本民族的特色。前者强调了法的普遍性,后者强调了法的特殊性。而法的普遍性寓于法的特殊性之中。也就是说,任何先进的法律制度,只有与各个国家、民族的实际相结合,才能发挥它的效用,才能体现出它的普遍性(指导力)。反之任何国家、民族的法律,也只有在它们对本国、本民族的政治、经济、文化等发展具有重大的促进作用时,它才能显示出自己的优点和特色,才对其他国家和民族产生吸引力,才能走向国际。

法律的国际化,并不是指一个国家的所有法律都必须成为国际法,而是指它应当具有两个方面的指向:(1) 从法律的渊源与构成要素的角度看,指国家的法律在其形成、发展和演变中,都不可能是孤立的,而是或多或少地受到其他国家、民族和地区法的影响,移植了其他的法律;(2) 从法律的包容性角度看,指国家的法律与国际条约、国际惯例以及发达国家的法律制度具有较强的兼容性。如果讲知识产权法的国际化,正如我们上一部分论述知识产权法典应遵循的基本原则所介绍的第五项原则"遵守国际条约和遵循国际惯例原则",就是要求我们编纂知识产权法典时不能闭门造车,而应当对我国已经缔结、加入和批准的知识产权保护国际条约,对知识产权领域已为国际社会普遍接受并实行的惯例进行充分的研究,同时还要对其他国家(尤其是经济发达国家)的知识产权保护制度进行研究,能吸收的尽可能地吸收。这样做,不仅有利于提高我国的知识产权保护水平,使我国的知识产权制度符合国际标准,与国际接轨,而且还可以少走弯路,提高立法效率,节约立法成本。

法律的本土化,则是指任何一个国家的法律,要发挥其内在的价值、功能和社会作用,必须与其本国(本民族、本地区)的政治、经济、文化、历史传统以及风俗习惯等密切结合,成为该国文化的一个组成部分,为人们所接受并自觉遵守。对法律本土化,孟德斯鸠认为:"一般地说,法律,在它支配着地球上所有人民的场合,就是人类的理性;每个国家的政治法规和民事法规应该只是把这种人类理性适用于个别的情况。为某一国人民而制定的法律,应该是非常适合于该国的人民的;所以如果一个国家的法律竟能适合于另外一个国家的话,那只是非常凑巧的事。法律应该同已建立或将要建立的政体的性质和原则有关系;不论这些法律是组成政体的政治法规,或是维持政体的民事法规。法律应该和国家的自然状态有关系;和寒、热、温的气候有关系;和土地的质量、形势与面积有关系;和农、猎、牧各种人民的生活方式有关系。法律应该和政制所能容忍的自由程度有关系;和居民的宗教、性癖、财富、人口、贸易、风俗、习惯相适应。最后,法律和法律之间也有关系,法律和它们的渊源,和立法者的目的,以及和作为法律建立的基础的事物的秩序也有关系。应该从所有这些观点去考察法律。"① 这位哲学大师的精辟论述深刻而具体地告诉我们,"无论是政治法规还是民事法规"都没有放之四海而皆准的可能,偶尔的巧合与相同是有的。另一方面,它还告诉我们,虽然每一个国家制定的法律必须根植于本国家的土壤,来源于本国家的文化,适用于本国家的环境,服务于本国家的政治,造福于本国家的人民,而没有放之四海而皆准的共同法规,但有共同的"法的精神"。法律之所以能够国际化,其理由在于有共同的"法的精神";法律之所以又必须本土化,其理由于在"每个国家的政治法规和民事法规应该只是把这种人类理性适用于个别的情况"。作为法律组成部分的知识产权法当然应当遵循这样的原则。

知识产权法的本土化,就是将我国已经缔结、加入和批准的知识产权保护国际条约和其他国家(尤其是经济发达国家)优秀的知识产权保护制度引进来,然后结合我国的实际情况,编纂出符合我国政治、经济、文化、历史传统以及风俗习惯等的法律规范。以专利制度为例说明之:我国已经加入的专利保护国际条约主要有《巴黎公约》、《专利合作条约》以及《知识产权协定》。它们要求各个成员对发明、工业品外观设计和实用新型提供法律保护,但这些条约并未强制性地规定必须采取何种方式给予保护。其他国家在此方面的做法大体有四种模式:(1) 以《知识产权法典》给予保护,如法国和菲律宾等;(2) 以《专利法》对该三种对象提供保护,如美国等;(3) 以《专利法》、《工业品外观设计法》

① 〔法〕孟德斯鸠:《论法的精神》(上册),张雁深译,商务印书馆 1982 年版,第 6 页。

和《实用新型法》分别给予保护，如日本等；(4) 将发明与外观设计放在一起保护，将实用新型作为发明之一种对待，并未专门规定对实用新型的保护，如英国等。从国际化的角度看，我国必须以某种法律形式来对这三种对象进行保护，并且还得要对其他成员或者成员国的国民给予国民待遇等。从本土化的角度看，我们就得考虑外国已采用的四种模式，究竟哪一种最适合我国的实际情况，或者我们能否独立地开创一种新的模式。在此过程中，我们应当考虑立法成本、实际操作成本、实际运作效益、对发明创造的促进作用、对国家经济发展正反两方面的影响等。最后，我们采取了三位一体的《专利法》模式。在模式确定以后，我们还结合我国的具体实际，将五个方面的对象明确排除于保护范围之外，规定了国家计划许可制度，以及判断新颖性的混合标准等。在此，充分表现了我们专利制度国际化与本土化相结合的体例。在法典化过程中，我们就更应当同时考虑国际化和本土化的问题。

就国际化而言，加拿大渥太华大学法学院的 Daniel J. Gervais 教授认为，当今时代是数字化和因特网时代，由此而引发的诸多问题要寻找合理的解决方案，已经不是某一个国家的事情，而是全球性的问题，任何一个国家想单独解决都是不可能的。加拿大国家研究会在信息时代知识产权报告中规定，数字化引发了一个二律背反的现象：如果要有效地保护知识产权，那么社会公众合理接触智慧创作物的权利就可能被剥夺；如果允许社会公众合理地接触智慧创作物，知识产权所有人的权利就可能难以保障。[①] 在数字化和文化交流十分频繁的今天，经济全球化早已成为人们的共识，因此，完全漠视其他国家的法律和习惯，完全不考虑国际组织可能起到的作用，任何一个国家的发展都是有困难的。这并不是什么新话题。知识产权的发展历史已经充分地证明，单纯只是保护自己国家的作品或者发明创造，必然会导致仿制、假冒产品的泛滥[②]；另一方面，如果对其他国家或者地区国民的知识产权给予应有的保护，自己国家的自然人、法人或者其他组织的知识产权在其他国家或者地区却得不到保护，那么，这样的国家或者地区就无法引进外商的投资，无法与外国商人进行正常、有效的国际贸易。

知识产权制度发展到现在，国际上已经历了四个历史阶段：第一个阶段是

---

① 参见 Daniel J. Gervais：The Internationalization of Intellectual Property：New Challenges from the Very Old and the Very New. Fordlaw Intellectual Property，Media and Entertainment Law Journal，929 Vol. 12，2001—2002。

② 为了本国一时的利益，美国长期坚持只保护本国人的知识产权，而拒绝给外国人的作品提供保护，从而导致美国国内的盗版猖獗，直到 1909 年美国新的版权法诞生。参见 History of Copyright-Chronology，资料来源于：http://www.sitesurfer.com/pointerbox/pb_32.php。

由君授特权向法定权利的发展阶段，此一阶段为 17 世纪至 19 世纪末，其主要标志是以特权形式存在的知识产权逐渐被法定权利所取代，以“天赋人权”或“自然权利”为理论基础创立了英国、法国和美国等国家的知识产权制度，而且随着资本主义日益强盛，保护的范围逐渐地从国内向国际扩展，国家与国家之间的双边条约也愈来愈多，作用也越来越明显。第二阶段是从国内保护向国际保护过渡，自 19 世纪末至 20 世纪 70 年代末，以《巴黎公约》和《伯尔尼公约》的缔结、世界知识产权组织的成立为标志。第三阶段由单一保护向综合保护过渡，自 20 世纪 80 年代至 90 年代初，以《知识产权协定》的缔结并生效实施为标志。第四阶段是由现实空间向虚拟空间过渡，由平面保护向立体保护过渡，自 1996 年至现在以及在今后相当长的一段时间，以网络的普及和传统知识、生物多样性保护问题的提出为标志。①

在知识产权保护国际化发展过程中，我国只能算是参与了第三和第四两个阶段，即我国用二十多年的时间走过了资本主义发达国家三四百年的发展道路。换言之，我国的知识产权制度基本上是以移植为主发展的，同时进行国际化和本土化工作。鉴于此，在法典化过程中，讨论国际化和本土化不会有任何障碍，只不过是进一步的深化、细化和精化而已。

四、中国知识产权制度法典化的战略部署和障碍

（一）中国知识产权制度法典化的两步走战略

笔者以为，我国在知识产权制度法典化上可以实行两步走的战略：第一步，民法典仅对知识产权作一般规定，但单行法依然保留。其理由是：(1)《知识产权协定》已明确知识产权的性质为私权，因此知识产权从本质上讲仍是民法的一个组成部分，在民法典中对其作原则性规定有其象征意义；(2) 在民法典中对其作原则性规定可以使私权特别是财产权体系更加完善，由此可以为公民和法人提供一个完整的权利保护体系；(3) 民法典中只作原则性规定，其他单行法仍然存在，在适用法律方面较为方便，也不破坏民法典的审美要求；(4) 作出原则性规定有利于知识产权法律体系的系统化，减少其内部矛盾。第二步，待时机成熟之后，可以在民法典之下编纂知识产权法典。其中，民法典中关于知

---

① 参见 Daniel J. Gervais: The Internationalization of Intellectual Property: New Challenges from the Very Old and the Very New. Fordlaw Intellectual Property, Media and Entertainment Law Journal, 929 Vol. 12, 2001—2002。资料来源于：http://www.heinonline.org/HOL/Page? handlc = hein.journals/frdipm12&collection = journals&id = 1&size = 2。

识产权的一般性规定，涉及知识产权的性质、范围、效力、利用、保护，与其他法的关系等原则性条款。此外，可整合、汇集各知识产权单行法规，将各具体制度作为知识产权法典的各个专章。

（二）中国民法典编纂与知识产权制度法典化

正是由于民法法典化对知识产权制度法典化具有强烈的指导性作用，我国的知识产权制度法典化研究必须与民法典的研究和制定工作紧密联系起来。笔者以为，我国未来的知识产权制度法典化研究和立法工作将从以下几个方面受到民法典编纂的影响：

1. 我国民法典的制定将对知识产权法典的制定产生"示范效应"

笔者以为，知识产权法典的制定与法典的功能紧密相联。当前我国知识产权工作中仍然存在着法律体系无序、立法层次不统一、行政管理体制分散、社会知识产权意识薄弱等问题，已经严重影响到法律的权威性和实施效力。如果将考察的视野放宽，可以认为知识产权领域所存在的这些问题也正是当前我国整个私法领域所普遍存在的问题，对这些问题的解决也将构成今后我国民事法律领域的工作重点。正如有学者而言，民法典具有统一国法、揭示价值、建立体系、集中资讯、整套继受等功能①。世界各国民法法典化的历史也已经表明，民法典所具有的这些功能决定了它能够比较完美地解决私法领域中存在的诸多问题。基于此，民法法典化可以对知识产权制度法典化产生较强的"示范效应"，故而在许多已经实现民法法典化的国家里，将知识产权制度法典化也可能成为一种潜在的立法意愿。通过前文的分析可以了解到，制定了知识产权法典的各个国家之前大都已经制定了本国的民法典。就连斯里兰卡这样具有非法典化传统的英美法系国家，在没有制定民法典的前提下也制定了本国的知识产权法典，法典化所具有的优势可见一斑。笔者甚至以为，如果说以《葡萄牙工业产权法典》为肇始标志的第一次知识产权制度法典化浪潮的出现还是立法者出于追随《保护工业产权巴黎公约》而采取的一种被动性立法行为的话，那么以1979年《斯里兰卡知识产权法典》为肇始标志的第二次知识产权制度法典化浪潮则应该是立法者基于民法典的"示范效应"而采取的一种主动性立法行为。基于上述理由，我们认为，为了圆满地解决我国知识产权领域出现的一系列问题，将知识产权制度法典化不失为一种明智的选择。

2. 我国民法典的制定将为知识产权制度法典化提供理论储备

法典编纂有赖于理论研究的体系化和系统化，知识产权法典也必须建立在

① 苏永钦：《民法典的时代意义》，资料来源于：http://law-thinker.com/show.asp? id=2047.

对知识产权领域作全面、透彻的理论研究和分析的基础之上。但社会科学在一定程度上存在着自发性研究的特点,即在没有外来刺激的情况下,研究者可能会根据自身的喜好和知识储备来决定研究的领域和方向,这就容易形成研究力量和研究主题的分散性及不均衡性,以至于产生一些“集体无意识”状态下的理论研究空白点。这可能会导致理论研究体系化的进程缓慢。而一定的外在刺激则可以打破这种自发性研究状态,将研究主题导入新的方向,进而消灭一些研究空白点。在法学研究领域,法典化就是最为有力的外在刺激。法典化势必要求对相关领域的问题进行全面和透彻的了解,这样既扩大了研究面、消灭了研究空白点,又导致了研究的深入。与此同时,法典化可以使更多的人投入到相关领域的研究,造成该领域研究的繁荣。而作为民事领域的基本法,民法典的研究和制定工作是不可能将知识产权遗忘的。为此,民法法典化可以为知识产权研究的发展提供一种外在刺激。

在我国,知识产权还不是一门成熟的学科。成熟学科的特征是:基本的定理、原理、研究方法已经形成;研究实践很少在基本原理上发生争论。[①] 由于成熟学科已经完成了基本的体系建构,余下的工作就是局部的、细节的经营,从而使研究者从基础研究中解脱出来,转向细节研究。以细节研究为主的格局,应当发生在学科体系成熟之后。[②] 我国的知识产权研究曾在较长的时间内呈现出“假熟”和过度细化的缺点,即绝大多数研究成果只涉及某个具体的技术领域,如网络与著作权、生物技术与专利、域名与商标;或是对某个制度的比较研究。[③] 而与知识产权基本概念、原理等有关的基础理论却研究不足或被有意无意地忽视了。但近几年来学者们对于知识产权基础理论的研究明显升温。笔者以为,这在很大的程度上受益于民法法典化研究工作的促进。回顾近年来我国学者在民法法典化方面的研究工作,就会发现许多学者已经对知识产权基础理论进行了比较详细的研究,其中主要涉及以下几个方面的核心问题:(1)知识产权的权利属性如何?是否属于民事权利的范围?[④] (2)知识产权法与民法典的关系如何?[⑤] (3)是否有必要在民法典中设立专门的知识产权编?如果需要的

---

① 〔挪〕斯坦因·U.拉尔森:《社会科学理论与研究方法》,任晓译,上海人民出版社 2002 年版,第 46 页。

② 李琛:《论知识产权法的体系化》,北京大学出版社 2005 年版,第 80—83 页。

③ 同上书,第 81 页。

④ 代表性观点参见冯晓青、刘淑华:《试论知识产权的私权属性及其公权化趋向》,载《中国法学》2004 年第 1 期;吴汉东:《关于知识产权私权属性的再认识——兼评“知识产权公权化”理论》,载《社会科学》2005 年第 10 期。

⑤ 代表性的观点参见李宗辉:《知识产权法与民法典关系学术综述》,资料来源于:http://www.cpahkltd.com/cn/Publications/061lzh.htm。

话,则知识产权编应该规定哪些内容?郑成思教授和吴汉东教授还分别拟定了民法典知识产权编的学者建议稿。[①] 对于上述问题的研究毫无疑问对民法典的制定具有重要的意义,但同时也促进了知识产权基础理论研究的完善和成熟,更为我国知识产权制度法典化的研究提供了理论储备。

3. 我国知识产权法典立法工作的启动有赖于民法典的制定完毕

虽然学术界对于知识产权制度法典化的研究工作已经蓬勃展开,但知识产权法典立法工作的正式启动却还需要选择恰当的时机。笔者以为,知识产权法典立法工作应当于我国民法典制定工作完成之后再开始启动。通过笔者前文的论述可以得知,世界各国一般都是先制定民法典,然后再制定知识产权法典。我国也不应例外。这主要是因为民法典的相关规定将对知识产权法典的内容和结构产生重要的影响。

在内容上,民法典将在诉讼时效、夫妻共同财产、继承、合同、质押、侵权责任等诸多方面涉及知识产权,并就这些内容与知识产权法典发生交叉。为此,立法者也将面临一个如何使知识产权法典与民法典之间保持协调一致的问题,否则就有可能造成两者在内容上的冲突、重叠或遗漏。而民法典的早日出台可以为知识产权法典的立法者提供一个明确的立法指导,以有效避免法典之间的不协调现象。

在结构上,民法典采取何种方式处理知识产权法也会对知识产权法典的立法者造成影响。在现代社会,民法典已经不再可能像《法国民法典》和《德国民法典》那样回避知识产权。我国《物权法》的出台表明我国已经放弃了广义上的财产法立法模式而采取了有体物的立法模式。在有体物的立法模式下,我国未来的民法典已经不太可能像《意大利民法典》那样将知识产权作为民法典的一章,也不可能像《蒙古国民法典》那样将知识产权与所有权糅合在一起。由此,我国民法典只可能采取以下两种方式来处理知识产权:第一种方式是民法典中不设单独的知识产权编,只是在民法典的总则部分简单规定知识产权是民事权利的一种或者知识产品属于民事客体的一类,而知识产权的具体内容则由知识产权法典予以详细规定。如果采用这种方式,则最大的优点在于其既确立了知识产权的私权地位,又将民法典的立法难度大幅度减小,使我国民法典早日出台,同时也会给知识产权法典的立法者留下较大的自由空间。第二种方式则是像《越南民法典》那样,一方面在总则中规定知识产权是一种民事权利,另一方面又设置单独的知识产权编,同时还制定单独的知识产权法典。较前一种

---

① 具体参见郑成思:《知识产权论》,法律出版社 2003 年版,第 77—138 页;吴汉东:《知识产权立法体例与民法典编纂》,载《中国法学》2003 年第 1 期。

方式而言,该方式无疑立法难度要大许多。因为民法典的立法者要考虑知识产权编应当规定哪些内容,而知识产权法典的立法者则要考虑应当如何处理其与民法典知识产权编的关系,即知识产权法典是否需要设置总则?总则的规定与民法典知识产权编的规定是否保持一致?如果不保持一致,知识产权法典总则应当规定哪些内容?而所有这些问题的解答都必须要以民法典的出台为前提。

(三)中国知识产权制度法典化的障碍

就其近现代意义来说,法典是"就某一现行的部门法进行编纂而制定的比较系统的立法文件"。[①] 民法典是"规定于一部法典之内的体系化的民法规范整体"。[②] 法典编纂则是"重新审定某一法律部门的全部现行法律规范,废除已经陈旧的,修改互相抵触的部分,弥补其缺陷或空白,使之成为基于某些共同原则、内容协调一致、有机联系的统一法律"。[③] 无论是"法典"、"民法典"还是"法典编纂","系统"、"体系化"、"有机联系的统一"是其核心的关键词,个中原因乃在于"人类力求将公平正义以可靠而且可以理解的方法实现在人间的努力,已促使法律学采用体系思维向体系化的方向运动"。"盖非如是不足以贯彻平等原则,不足以确保法的确定性、可预见性,维护立法及司法之稳定性及继续性,或法律适用之实用性。"[④]一言以蔽之,法典是体系化、系统化的法,体系化、系统化乃法典之灵魂。因此,尽管法规汇编是和法典编纂功能类似的"法规系统化的又一形式,即按一定顺序把现行法规汇编成册",然而"法规汇编不同于法典编纂,它不是新的立法活动,只是对现行法规进行外部整理,使之系统化,无论在形式上或内容上一般不作任何变动"。[⑤] 法典编纂和法规汇编在所达致的法的体系化、系统化程度上有质的不同,法规汇编所导致的法的体系化、系统化程度和法典编纂不可同日而语,只有法典编纂才能达到如《德国民法典》那样的"优良的法律计算机"、"不同寻常的精巧的金缕玉衣"[⑥]的体系化、系统化程度。

正是因为法典法是体系化、系统化的法,法典法必定且只能是学术研究的产物。萨维尼认为,"法学有两大任务,一方面必须系统地理解法律,一方面必须历史地解释法律。法律的诸多的个别形式,总是与特定制度结合起来的,它

---

① 《中国大百科全书》光盘 1.1 版,法学卷,法典条。

② 张俊浩主编:《民法学原理》,中国政法大学出版社 2000 年版,第 14 页。

③ 《中国大百科全书》光盘 1.1 版,法学卷,法典条。

④ 黄茂荣:《法学方法与现代民法》,中国政法大学出版社 2001 年版,第 406—460 页。

⑤ 《中国大百科全书》光盘 1.1 版,法学卷,法典条。

⑥ 〔德〕K. 茨威格特、H. 克茨:《比较法总论》,潘汉典、米健、高鸿钧、贺卫方译,法律出版社 2003 年版,第 220 页。

们的规则立基在民族中存在的基本信念之上。法学必须由这些基本理念出发，来解释个别的规范。透过系统的法学方法，我们可以凸显并定义这些法律制度，然后在其内在的关连上掌握一个(法律的)系统”。对萨维尼而言，“支配各个法律制度的民族基本信念是历史的产物。法律科学在历史考察上追索各个法律制度或存或亡的发展，然后在这样的历史考察的基础上，建构其系统的考察”。[①] 为实现此二任务，“法学家必当具备两种不可或缺之素养，此即历史素养，以确凿把握每一时代与每一法律形式的特性；系统眼光，在与事物的整体的紧密联系与合作中，即是说，仅在其真实而自然的关系中，省察每一概念和规则”。[②] 法学家的这两项任务尤其是第二项任务是体系化、系统化的法典形成的必要条件。因为“从事实到规则绝不是自动的如河水倒映物体一般，而是蕴涵着人的心智努力从而去更加深入细致地刻画和解释社会生活。规则固然不能脱离事实，但须知在此基础上还有重要的一步，也就是必须能从我们日常生活中分离提升出一个法律世界”。“法律绝不仅仅是生活的简单反映，也是对生活的精心重构。”法律是“一个人为的理性世界”。[③] 因此，“虽然法典的法律效力的确取决于立法者的认可，但是绝不能因此就认为法典是立法者的作品”。“法典，尤其是私法领域的规模巨大的民法典，一直是而且将来也会是法学家的作品。立法者在此过程中的功能不过是履行形式上的批准手续而已。这样的批准不能改变法典的法学家作品的性质，因此，法典编纂不是一种通常的立法活动，它不是立法者的政治意志的产物，它仍然是法学家活动的产物。法典编纂是通过法学逻辑对于私法领域的法秩序进行整理、规划和改善的活动。因此，法典编纂仍然是不折不扣的学术活动。”[④]

不过，尽管“法典编纂仍然是不折不扣的学术活动”，然而学术法与法典法也还是有区别的，它只是从习惯法到法典法的一个中间阶段。蒂堡在和萨维尼论战中曾指出，“纯粹以理论学说形态存在的法的确不确定，而这种不确定性实际上来自权威的缺乏”。由于法学“最终的结果是要产生规则，而规则如果无权威性的背景，就不会取得规则的属性。所以，法学最终总是要以某种方式直接或间接地诉求于一个权威，来获得规则的属性”。因此“法典编纂，在保持了私法规则与法学学说的密切联系的前提下，又在事实上成为一种权威确立机制。

---

① 林端：《德国历史法学派——兼论其与法律解释学、法律史和法律社会学的关系》，载《清华法学》第三辑，清华大学出版社 2003 年版，第 42 页。

② 〔德〕弗里德里希·卡尔·冯·萨维尼：《论立法与法学的当代使命》，徐章润译，中国法制出版社 2001 年版，第 37 页。

③ 张超：《法律：一个理性空间》，载《读书》2005 年第 3 期。

④ 薛军：《蒂堡对萨维尼的论战及其历史遗产——围绕〈德国民法典〉编纂而展开的学术论战书评》，载《清华法学》第三辑，清华大学出版社 2003 年版，第 125—126 页。

法典编纂是理论自发进行的‘定分止争’的过程,不同的理论在法典编纂的过程之中相互竞争,相互融合,试图被写入法典之中获得权威性的支持”。[1] 这表明,尽管法典法之骨髓与主体是学术法,然而毕竟不等同于学术法。学术法缺乏法典法所具有的权威性和确定性,而法典法则不仅为学术法提供了权威,同时更使互相竞争的学术法在法典中达致统一。

学术法不仅是法典法的骨髓与主体,而且是法典法形成即法典化过程的一个必经阶段,也即“在从成文法到法典法的过程中,往往有一个学术法的发展和积淀时期”。因为“按照人类思维习惯,从对某一具体案件的命令或告示到对某一类事情进行规范;从各种单行法的颁布到对其相互协调而发现它们的内在机理;尔后,才有可能对某一领域甚至整个人类私人生活进行归纳和总结,从而形成完整的私法法典。这一渐进过程,对人类思维和理性的要求也越来越高。”因此,“法律学术传统及发展程度,成为制约民法法典化成长的第一个直接的因素”。[2] 法典化的历史实践也表明,“对于源自罗马法传统的大陆法系国家而言,私法理论的发达程度,在法律家阶层中是否形成‘学术法’,对于编纂民法典具有实质性的影响”。不仅如此,“与其他力量相比,一个国家的法律家阶层及其营造的系统化私法理论是塑造民法典的直接力量”。[3] 经验表明,“大陆法系的学者在拥有法典之前,其学术就已具有体系化特征了。正是他们在使法律体系化方面的成功,才使得现代民法典成为可能。人们无法想象没有多马和波蒂埃的法国民法典或没有潘德克顿法学的德国民法典。”[4]因此“《法国民法典》的基本结构是法学理论传统的产物,它甚至可以说成是非自然的”。[5] 概言之,没有发达的法学理论和成熟的学术法,就没有法典法,学术法是法典化的基本途径与必经之路。

在我国,知识产权法在目前无法法典化的真正实质障碍是知识产权(法)的非理论化、非体系化和学术法之阙如。因为在今天,知识产权学界有

---

① 薛军:《蒂堡对萨维尼的论战及其历史遗产——围绕〈德国民法典〉编纂而展开的学术论战书评》,载《清华法学》第三辑,清华大学出版社 2003 年版,第 127 页。

② 易继明:《私法精神与制度选择——大陆法私法古典模式的历史含义》,中国政法大学出版社 2003 年版,第 269—270 页。

③ 张生:《中国近代民法法典化研究(1901—1949)》,中国政法大学出版社 2004 年版,第 15 页。

④ 詹姆斯·格德雷:《法典编纂与法律学术》,载《私法研究》创刊号,中国政法大学出版社 2002 年版。

⑤ 〔美〕艾伦·沃森:《民法法系的演变及形成》,李静冰、姚新华译,中国政法大学出版社 1992 年版,第 258 页。

"不少人认为'知识产权无理论'"。[①] 而知识产权的确也是非理论化和非体系化的。因为目前就知识产权法最为基础的概念——知识产权和知识产权客体——在学术界尚未形成统一认识,甚至有学者认为"知识产权目前还不是法学概念"。因为迄今为止"知识产权的'客体一般'并不存在,知识产权难以界定其内涵与外延,不足以成为法学概念,而只能作为指称一组相关权利的语词来使用"。[②] 最为基础的概念尚且不存在,知识产权缺乏体系化之基本前提,无法提供法典化所需之学术法。由于不具备成熟的体系化的知识产权理论,知识产权学术法也不可能成熟,因此目前知识产权无法法典化。这才是知识产权无法法典化的实质障碍!

不过显然,尽管目前知识产权制度法典化存在着理论化、体系化不足及学术法阙如的障碍,但这些障碍并非不能克服,更不意味着知识产权不能法典化、永远无法法典化。法德民法典立法模式之所以未涉及知识产权也只是"缘于立法时知识产权作为制度出现未久,民法学对其知之无多,尚未形成体系化的认识;另外也缘于知识产权是否属于民法的范畴确值研讨"。[③] 在今天我国的民法学界,知识产权属于民法的范畴人们已达成共识,而民法学对知识产权认识逐步深化并最终形成体系化的认识也并非不可能。遥想当年,自蒂堡提出制定至《德国民法典》最终产生,经过了漫长的82年的理论研究的准备。[④] 今天,在知识产权学界,作为法学和法律体系化最集中体现的知识产权总论问题的研究如火如荼[⑤],知识产权之理论化、体系化、知识产权学术法之形成既非不可能,甚至也并不遥远。

当然,目前制定知识产权法典还有很多工作要做,主要是继续为知识产权法的体系化进行学术上的准备,包括建立知识产权法的基本理论范畴主要是知识产权客体的理论范畴和统一的知识产权概念,建立知识产权法共同的基本规则如知识产权法法律原则,使知识产权(法)体系化等,以逐步形成知识产权的"学术法"。显然,这些工作是知识产权法学家的历史使命。因为"把纷呈繁杂

---

① 陶鑫良、袁真富:《知识产权法总论》,知识产权出版社2005年版,第457页。在唐广良先生为该书写的序言中也提到了"知识产权无理论"的问题,参见该书序言。

② 张俊浩主编:《民法学原理》,中国政法大学出版社2000年版,第541页。

③ 同上书,第15页。

④ 《德国民法典》迟迟无法产生的主要原因当然是政治条件不具备等因素,但学术法之缺乏显然也是重要的因素。

⑤ 如王太平先生研究知识产权法法律原则的《知识产权法法律原则:理论基础与具体构建》(法律出版社2004年版)、《知识产权客体的理论范畴》(知识产权出版社2008年版)、金海军博士研究知识产权私权属性的《知识产权私权论》(中国人民大学出版社2005年版)、李琛博士研究知识产权法的体系化的《论知识产权法的体系化》(北京大学出版社2005年版)、陶鑫良先生和袁真富先生研究整个知识产权总论问题的《知识产权法总论》(知识产权出版社2005年版),等等。

的社会生活、市场交易、人情世故，凝结升华为简达、系统、逻辑的法律，是这个时代赋予我们法学家的责任”。① 而不管有多少工作要做，有多长的路要走，本书对知识产权法法典化有很大的信心。一言以蔽之，知识产权制度法典化，前途是光明的，道路是曲折的。

编纂知识产权法典，是一项长久大计，一旦法典诞生，就得要经受历史和现实的双重检验。历史的检验表现为：在知识产权发展过程中，既要具有稳定性，又要具有灵活性。过于频繁的修订，不仅成本过高，而且可信度会受到怀疑，任何一部法典都应遵循该原则。灵活性要求法典具有相当的弹性、韧性和一定程度的延展度，以确保其施行效果。这是知识产权体系的开放性和发展性决定的。现实的检验表现为：知识产权体系虽然是一个完整的整体，相互之间具有内在统一性和协调性，但是，不可否认和忽视各项具体的权利所具有的相对独立性以及彼此之间的冲突性。在强调法典一体性、统一性、权威性和国际性的同时，正确理顺各权利体系之间的关系，是解决现实问题的关键所在。

本章对知识产权法典目标取向的定位，集中在以下几个方面，即：(1) 化虚为实，使知识产权法由虚无状态转变为实在的法典，而不只是一个概念或者一个理论的旗帜；(2) 积零为整，将分散存在的知识产权各单行法进行彻底整合，形成一个有机的统一体；(3) 内外兼顾，在充分尊重知识产权国际公约和国际惯例的原则下，在充分借鉴并吸收其他国家知识产权法律规范之精华的前提下，在充分考察我国现行知识产权各单行法规定的基础上，编纂我国的知识产权法典，既能做到国际化，又能保证本土化；(4) 实现第三步跨越，即从法律虚无向法律工具为第一步跨越，从法律工具到法律实用为第二步跨越，现在使其从法律实用向法律至上的跨越，则为第三步跨越，让知识产权制度现代化；(5) 抑扬互动，就是将知识产权整个法律体系协调化，让知识产权最大限度地发挥其效用，促进国家综合国际竞争力的提升。

确立这样的目标取向，既是现实的需要，也是未来的需要。在我国现行知识产权法律体系下，以我国目前知识产权理论成果和实践经验，这样的目标是完全可以实现的。

---

① 张超：《法律：一个理性空间》，载《读书》2005 年第 3 期。

第十二章
未来中国知识产权法典的基本结构

一、法典结构编排遵循的原则

范式(paradigm)源出于希腊文,含有"共同显示"之意,由此引出模式、模型、范例等义。范式理论最初是由库恩于1968年提出的,基本含义是指特定的科学共同体从事某一类科学活动所共同掌握并必须遵守的一般原理、模型和范例。它包括四方面要素:(1)范式是一定时期内科学共同体的"看问题的方式",包括思维原则、方法论和价值观。(2)范式是科学共同体一致接受的某一专业学科的基本理论和取得的重大科学成就,包括可以进行逻辑和数学演算的符号概括系统。不同的学科部门各有自己的范式,每一学科在发展的不同阶段,也会有不同的范式。(3)科学共同体拥有的仪器设备和操作运演方式。(4)每一范式均拥有的自己的范例是根据公认的科学成就做出的典型的具体题解。① 每一科学共同体成员须通过范例的学习,才能掌握范式,学会解决同类问题的方法。

库恩主张,科学是由前科学发展而来的。前科学阶段,科学尚未形成大家一致接受的公认理论,也即尚未形成该学科的范式。在科学发展的成熟阶段上,各派理论经过长期论辩与竞争,其中一种由于科学实验的重大成果的支持而战胜其他理论,为该学科越来越多的成员所拥护,于是就产生了公认的范式。这种形成范式的成熟科学就是常规科学,其活动的本质是共同体在范式支配下的一种"解难题的活动"。"常规科学是一种高度确定的活动"②,它的研究对象定向聚焦于范式内部的大量肯定有解的难题。范式规定了常规科学的使命,常规科学则需用新的实验和观察经验不断验证模式,从理论上使范式更为精确,并进一步扩大范式的实际应用范围,使之不断完善和巩固。处于同一范式之下的科学共同体成员之间具有理论的通约性,即有着互通的理论语言和方法论基础。

---

① 参见泽熙:《库恩、范式及其转换》,资料来源于:http://www.booker.com.cn。
② 同上。

同自然科学研究相似，作为人文科学的知识产权法学研究也有本学科的主导范式。它是一定时期一定国度（民族、地域）内从事知识产权法学研究的法学共同体所共同遵守的法学理论体系、方法论规定、价值标准、符号系统、逻辑运演程序和模态范例。知识产权法学每一种新的范式都必须对该学科全部的既定原则进行重新的解释，同时还必须确定批评、研究其基本方法论程序，也即创造一套解释知识产权的技巧和规则，由此也创造了解释的对象。

学科的研究范式可划分为理论研究范式和实践研究范式两种基本类型。理论研究范式一般研究学科研究人员和学科自身的关系、学科方法论等，因此其更多地体现为对学科基础研究和社会实践的一种人文思考。知识产权法典理论范式，首先必须解决法典化过程中可能遇到的重大课题，包括基本原则、基础理论、方法论以及各法律门类相互之间的关系。实践研究范式往往只关注实际问题的研究与解决，更多地是基础研究和应用研究，即本体性研究。[①] 知识产权制度法典化范式就是其中的实践范式之一。实践范式所要解决的主要是法典架构，以利于编纂一部符合中国实际的知识产权法典。

知识产权保护模式的选择，是一个非常重要的课题，需要认真研究，因为它既受制于市场结构或市场性质，同时对它又能产生反作用。[②] 当市场结构或市场性质确立后，知识产权保护模式应与之相适应。例如，我国在 20 世纪 80 年代中期以前实行计划经济，经过改革后过渡到有计划的商品经济。这样的市场结构或者市场性质，决定我们不可能采用更加开放和现代化的知识产权保护模式。更早期一些，我国根本上可以不需要知识产权保护，或者仅仅需要非常简单的保护模式就足够了。但是，在市场经济模式下，特别是在知识经济时代，若仍固守原有的保护模式，我们经济建设的速度必将受到巨大影响，甚至可能会是寸步难行。例如，20 世纪 90 年代的前半叶，就知识产权保护问题，美国曾三次对我国进行指责。任何一次争端，若不能及时地达成谅解，都可能导致相互进行贸易报复。这三次知识产权谈判虽然都以双赢的结果结束，但它充分说明在市场结构或市场性质确立以后，知识产权保护模式所具有的重要意义。然而，知识产权保护机制，却可以因为追求不同的社会及经济目的而被操纵。为了追求社会的最大利益，历史上曾发生过多次改变专利法或者著作权法保护向度的例子。这样的考虑与国家经济、科技发展及工业化程度息息相关。例如，1869 年荷兰完全废除专利体系，其原因在于工业家与经济学者一致认为专利体系之废除有助于产品的扩散、成本的降低及工业化的加速。

---

① 叶成林、徐福荫：《远程教育研究及其理论范式》，载《开放教育研究》2003 年第 3 期。

② 柏安东、徐尧、李杏芬：《知识经济下之智慧财产权体系》，资料来源于：http://www.stic.gov.tw。

另一个有趣的例子发生在19世纪的俄罗斯。它在1896年采取一个新的专利体系,因为当时俄罗斯是一个发展程度较低的国家,官方害怕国外发明者在俄罗斯取得专利后,滥用其所得之技术独占权,将专利产品在俄罗斯以高价贩卖,却不在其境内制造这些产品。俄罗斯不仅拒绝采用法国或德国等先进国家的专利模式,也拒绝加入《巴黎公约》。然而,俄罗斯了解它仍依赖国外的技术,因此新的专利制度采取不同的手段以使专利申请更具吸引力,特别是针对外国人,给予其专利的保护期限与俄罗斯民众相同,并将专利的使用要求的年限由2年增加至5年。①

美国专利法的改变则始于第二次世界大战末期,其目的在于协调专利权与潜在社会利益(技术扩散)之平衡。在二战期间,有很多因联邦政府经费补助的研究计划而产生的专利;它们虽然属于政府所有,但并未给予其专有权,一般公众不需缴纳任何费用便可使用。此种做法虽然有利于创新技术的快速扩散,但是许多专利技术(特别是在新的领域)却没有很好地被开发使用,原因是任何公司都不愿意在没有专有权的环境下将技术商品化。20世纪80年代,史蒂芬生·怀得科技创新法案以及拜杜法案(Bayh-Dole Act)改变了美国推动技术扩散的法制架构。其主要内容为由所有的联邦实验室担负起技术转移的工作,及允许学术机构可以保有因研究计划成果而产生的专利权,即使这些计划是由联邦政府所提供的经费。②

一个优秀的知识产权保护范式,首先应当能够促进智力劳动者的创作热情,鼓励智力劳动者将更多的时间、精力、智慧和资金投入到的新的创作活动中去,这也是建立知识产权制度的原初目标。智力劳动者能够通过知识产权保护获得一定期限的独占权,对其创作积极性具有良好的刺激效果。具有活力和效率的知识产权制度,能够给天才的智力劳动者带来利益,同时激励他们的创作积极性。其次,知识产权保护模式应能最大限度地促进社会财富的增长。如果一种知识产权范式只是单方面地强调保护智力劳动者个人的权利和利益,忽视社会利益,不考虑社会财富的增长,那么,它不一定是成功的范式。

我们选择知识产权法典范式应当遵循以下基本原则,对现行的知识产权各单行法进行整合,并结合我国现实情况,完成知识产权法典编纂。

1. 设立“总则”,统揽全局

法典的“总则”是对该法典所调整之法律关系以及该法典之施行中具有统领性、全局性和普遍性的基本原则、基本制度和其他一般问题所作的规定,是法

---

① 柏安东、徐尧、李杏芬:《知识经济下之智慧财产权体系》,资料来源于:http://www.stic.gov.tw。

② 同上。

典的重要组成部分。大陆法系国家一般称之为总则或一般规定,美国的教科书中称之为普遍问题,英国的论著中称之为基本问题或一般事项。[①] 民法典的"总则"或者"一般规定"由《德国民法典》首创,它将民法各项制度中的共同性内容抽象为一般性的总则规定,使整个民事法律制度的一体性或体系化得以成立[②],具有非常重要的价值。

正是因为"总则"或"一般规定"具有重要的地位,《知识产权协定》创设了"总条款和基本原则"作为统领整个《协定》之纲领。如果将《知识产权协定》当做一部法典,那么它就是创设"总则"的开拓者。知识产权法典设置"总则",是知识产权制度发展的客观要求,需要人们进行深思熟虑的研究。知识产权制度虽然已演绎了五百多年,但人们对知识产权制度一体性或体系化的认识却一直存在较大分歧,极端的观点甚至认为知识产权各权利体系之间没有共同属性,只不过是聚集于一个旗帜下的若干散兵游勇。[③] 法国和菲律宾的知识产权法典都没有"总则部分"。然而,"总则"在知识产权法典中居于统帅地位,是贯穿整部法典的灵魂和核心,是对事关法典全局性、根本性内容的概括和综合。它由法典分则的实际材料提炼升华而成,源于分则又高于分则。其主要意义在于:(1) 总则的内容具有高度的抽象性和概括性,这样就为法官日后的自由裁量和法律解释留下了充足的空间,保证整部法典的弹性和灵活度,增强其与时俱进的进化能力和适应能力,实现法典的灵活、简练和安全价值。(2)"总则"对于整部法典具有综合统领之功能,法典有了"总则"就有了统一的精神格调和指导原则,法典的全部内容据此展开也就得以前后贯通、和谐统一,从而成为一个有机联系的整体。(3)"总则"可以拓展法典的涵盖面,提高其内容的全面性和完整性,弥补法典调整空间在细条上的不足,从而克服立法的遗漏和滞后。[④]

2. 与我国的法律体系协调一致

一般地讲,法律体系是指一国全部法律规范依照一定的原则和要求所组成的有机的统一整体,以法律形式反映和规范国家政治、经济、文化和社会的各项制度。由于各国的政治制度、经济制度、文化传统和法律理念存在着明显的差异,故导致即使是相同法系的国家其法律体系也是个性突显,不同社会制度、不同法系国家法律的实体内容的差别就更大了。建立中国特色社会主义法律体

---

① 参见黄进、杜焕芳:《关于国际私法总则的若干思考》,载《跨国法评论》2004 年第 1 辑。

② 参见米健、韩光明:《中国民法典编纂中的基本思路和方法》,载《法制日报》2004 年 1 月 8 日。

③ 参见 Brad Templeton: A Radical Theory of Property,资料来源于:http://www.templetons.com/brad/。

④ 参见黄进、杜焕芳:《关于国际私法总则的若干思考》,载《跨国法评论》2004 年第 1 辑。

系,需要研究和明确两方面的问题:一方面要科学地界定这一法律体系的构成,确定它包括哪些不同效力的规范性文件,即法律体系的范围,确定它由哪些法律部门组成,即法律的分类。另一方面要阐明这一法律体系所具有的本质特征,揭示我国法律体系的社会主义性质。中国特色社会主义法律体系,应该是适应我国社会主义初级阶段的基本国情,与社会主义的根本任务相一致,以宪法为统帅和根本依据,由部门齐全、结构严谨、内部协调、体例科学的法律及其配套法规所构成,是保证我们的国家沿着中国特色社会主义道路前进的各项法律制度的有机的统一整体。①

在此法律体系下,其法律构成就是具体法律的表现形式必须与之相适应,法律体例则要服从于和服务于它。法律体例主要指法律存在的外部文本结构形式,指法律卷、编、章、节、条、款、项、目等的划分,段落的划分及划分的原则和技术等。就一个规定内容较多、较为复杂的法律来说,完整的法律体例形式就更需要认真研究。在立法实践中,这种完整的、理想的法律体例形式并不多见,多数情况是使用其中的一部分,有时甚至仅是其中的一种,例如只采用"条"的形式来建构一部法律。② 我国现行法律结构基本上采用的是"章、节、条、款、项、目"等层次,少有或者基本没有"卷、编"③或者更高的层次。形成此种现状的原因可能是多方面的,但主要可归纳为三点:(1) 我国虽然具有五千年的文明史,但法律建设未曾受到历朝历代君王的足够重视,因此法律的制定、法典的编纂始终未能被郑重其事地对待过。仅有的少数法律也是简单粗陋,其结构体例非常简洁。(2) 自改革开放以来,我国立法奉行"宜粗不宜细,宜小不宜大"的指导思想,使得我国现在的法律文本都是短小、概括式的,只须有章、节、条、款、项、目等层次就足够了,不必上升至"卷、编"或者更高层次。(3) 法律的单一性,决定了法律结构的层次需求。到目前为止,除了《刑法》、《刑事诉讼法》、《民事诉讼法》、《合同法》等相当于"法典"的法律之外,大多数法律都只是普通的制定法,因此其保护对象基本是单一的。这种单一性的法律所需要的结构层次当然不会很高。

我国的知识产权法典毫无疑问应当采用与《刑法》、《刑事诉讼法》和《民事诉讼法》等相同的体例结构,由编、章、节、条和款等构成,这与《菲律宾知识产权法典》的体例比较接近。

---

① 参见王维澄:《关于有中国特色社会主义法律体系的几个问题》,载全国人大培训中心编:《九届全国人大常委会法制讲座》,中国民主法制出版社 2003 年版,第 170 页以下。

② 李林:《中国法律体系构成》,资料来源于:http://chinalawlib.com/92357784.html。

③ 现在,我国的法律中采用了"编"层次结构的只有《刑法》、《刑事诉讼法》和《民事诉讼法》等,绝大多数法律采用的结构层次都是"章、节、条、款、项、目"。

3. 确保法典的覆盖面,并使其结构严谨、形式美观、条理清晰

正如前面所述,知识产权法典应当源于单行法,但不能是单行法的简单拼凑。我国现行知识产权单行法基本覆盖了《知识产权协定》的保护范围,因此,以此为基础编纂而成的知识产权法典所覆盖的范围只能等于或者宽于原知识产权单行法的保护范围,而不能窄于它们。该原则决定了我国知识产权法典至少应包括以下内容:著作权与相关权、商业标志权、专利权、工业品外观设计权、集成电路布图设计权、植物新品种权、商业秘密权和反不正当竞争等。另外考虑到法典的前瞻性或超前性,尤其是目前国际上正在研究并且引起国际社会广泛关注的传统知识等,因此,《知识产权法典》应将其纳入其中,绝不能对此置若罔闻。另一方面,作为 WTO 成员,我们不仅有权利保护这些对象,更有义务为这些对象提供不低于《知识产权协定》要求的保护。

在保护范围基本确定的前提下,为了使其结构严谨、形式美观、条理清晰,我们应当对法典编、章、节、条和款的设计精雕细琢。例如,以文学产权为编名,将著作权和相关权分别作为独立的一章纳入其下,是可行且合理的选择。但是,若以工业产权为编名,将专利权、工业品外观设计权、商业标志权等纳入其下,就会造成法典形象上的畸形,因为在“商业标志权”下还有商标权、商号权、域名权、地理标志权等。当以商业标志权为“章”时,商标权、商号权、域名权、地理标志权等只能成为其中的一节,其形式必然缺乏美感。因此,法典不宜设“工业产权编”,而应当将专利权与工业品外观设计权合成一编,将商业标志权单独设立为一编,再将其他的权利置于“其他知识产权编”,使整部法典结构严谨、形式美观、条理清晰,符合预期目标。

二、未来知识产权法典的结构编排

谈讨知识产权法典的结构编排,实际上是要解决以下几个方面的问题:第一,是否需要在知识产权法典中设置总则编;第二,是否需要在知识产权法典中对侵犯知识产权的行为进行集中规定,并设置单独的侵权行为编;第三,各知识产权具体权利应当如何编排。

(一) 是否需要在知识产权法典中设立总则编

1. 外国知识产权法典对总则的态度

通过对法国、斯里兰卡、菲律宾、越南四国知识产权法典的考察,我们可以发现各国在设立知识产权总则编上的态度不一。知识产权法典在其产生初期是没有总则编的,1979 年的《斯里兰卡知识产权法典》、1992 年的《法国知识产权法典》、1997 年的《菲律宾知识产权法典》和 2003 年的《斯里兰卡知识产权法典》都未设置单独的总则编。这种不设置总则编的做法对知识产权法典的“法典性”造成了一定的影响。有学者在评价《法国知识产权法典》时就认为,《法国知识产权法典》不能称为真正意义上的法典,充其量是一部法规汇编,因为它“没有一个总则凌驾于专利、版权、商标等具体的知识产权法之上,只是将相关的法律松散地汇集在一起,法典化的意义更多地体现并停留于形式上”。[①] 如果按照这一标准对斯里兰卡、菲律宾知识产权法典进行评价,几乎也可以得出相同的结论。但 2005 年《越南知识产权法》的诞生则打破了知识产权法典中不设总则编的“惯例”,第一次以专编的形式设立了总则编。

2. 从系统论的角度看总则设立的必要性

从世界范围来看,法典的设置有法国式和德国式两者模式,而这两种模式的重要区别就在于是否设置了总则编。但从各国法律实践的经验来看,实际上并不能得出一个类似于“有总则编的法典优于无总则编的法典”这样的结论。因此,我们在对各国知识产权法典进行考察时,也不能必然地认为设置了总则的《越南知识产权法》就比没有设置总则的法国、斯里兰卡、菲律宾知识产权法典更优秀。在此,我们从系统的结构、功能和环境三者之间的关系来探讨我国未来的知识产权法典是否要设立单独的总则编。

系统最重要的特点就在于系统的非加和性。系统论认为,在系统的整体与部分之间存在着一种非加和关系,即“整体不是其部分的总和”或者“整体大于部分的总和”。[②] 由于系统内部各部分之间存在着相互作用,每一个部分的性质与行为依赖于其他部分,并影响着其他部分的性质和行为,所以,整体中部分的性质与行为不同于在孤立状态下部分的性质与行为。同时,系统中各构成部分都是按照一定方式相互联系,形成了具有一定结构的整体,出现了它的组成部分所不具有的新的品质、新的功能和新的规律,因此,整体的功能也就不是各部分功能的简单相加。[③] 从这个角度来说,知识产权法典也不是各知识产权单行法的简单相加,知识产权法典的功能也不是各知识产权单行法的功能简单相加就能够实现的。从功能的角度来看,制定法典的目的就是要使法典的功能大于各单行法的总和,而多出来的那部分功能在很大程度上就是通过总则予以实

① 陶鑫良、袁真富:《知识产权法总论》,知识产权出版社 2005 年版,第 412 页。

② 如果系统各部分之间的组合成功造成系统的结构合理,则系统的整体功能会大于部分功能之和,如果系统各部分之间的组合不成功造成系统的结构不合理,则会导致系统的整体功能小于各部分功能之和。系统论的这一观点也提醒我们,如果法典结构不合理,可能会造成负功能,那样的话还不如保持现有的单行法体例,所以对于法典的制定一定要持谨慎态度。

③ 邹珊刚等著:《系统科学》,上海人民出版社 1987 年版,第 89 页。

现的。

总的来说，知识产权法典总则的下列几个功能是各分则无法圆满地完成的：

(1) 维护法律系统的稳定性

从系统论角度看，环境是指某一系统之外的所有其他事物或存在。系统和环境之间通常都有物质、能量和信息的交换。环境的特点和性质的变化，往往会引起系统的性质和功能的变化；反之，由于系统的作用不同，也会引起环境的变化。两者相互作用的结果，有可能使系统改变或失去原有的功能。因而系统就要有一种特殊的功能来适应环境的变化，保持和恢复原有的功能。这就是系统的环境适应性。①

确定性是法律尤其是法典的重要特点之一。法典一方面是对以往立法的一个清理与回顾，另一方面也是对未来社会状况的前瞻。如果法律经常修改，无疑会损害法典的权威性。但法律的确定性与不确定性是矛盾的共同体，从法律发展的历史来看，法律的确定性是相对的，而不确定性是绝对的，法律总是处于一个确定——不确定——确定的历史循环状态之中。也即黑格尔所规定的："法的完善性只是永久不断地对完整性的接近而已"②。由于社会的不断发展和科学技术的不断进步，知识产权法与其他法律相比修改更为频繁，确定性更差，所以，我们在此强调的稳定性只是要求能够最大限度地延长知识产权法典由确定到不确定阶段周期的时间长度。

而在知识产权法典中设立总则就能够很好地体现这种环境适应性，发挥知识产权法典对环境的适应能力，延长法律变换的周期。因为总则的内容具有高度的抽象性和概括性，它没有预先确定任何具体的事实状态，也没有赋予具体的法律后果，具有很大的模糊性和灵活性，这样就为法官日后的自由裁量和法律解释留下充足的空间。从这种意义上说，总则的内容可以保证整部法典的弹性和灵活度，缓解法律自身的局限性与现实生活的矛盾，增强其与时俱进的进化能力和适应能力，实现法典的灵活和安全价值，并最终实现法律选择结果的最大合理化。③《法国知识产权法典》之所以制定后在短短 6 年时间里就先后 12 次修改或增补④，没有制定总则恐怕也是重要的原因之一。

(2) 协调统一知识产权法律体系

法律规范的凌乱、冲突、重复和空白是法律体系无序的重要表现形式，而这

---

① 邹珊刚等著：《系统科学》，上海人民出版社 1987 年版，第 50 页。

② 〔德〕黑格尔著：《法哲学原理》，范扬、张企泰译，商务印书馆 1979 年版，第 225 页。

③ 黄进、杜焕芳：《关于国际私法总则的若干思考》，载《跨国法评论》2004 年第 1 辑。

④ 参见黄晖为《法国知识产权法典》中译本所作的译者序，引自《法国知识产权法典》，商务印书馆 1999 年版，第 10 页。

种无序已经严重影响到我国知识产权法律总体功能的发挥,有时甚至会导致负向功能的产生。[①] 根据系统原理可知,在组成要素不变的前提下,通过改变要素之间的相互作用关系,即改变系统结构,就可以实现改变系统总体功能的作用。而法典的编纂实际上就是一个使知识产权法体系由无序变为有序的过程,力图通过改变知识产权法律系统的结构来最大限度地发挥其总体功能。法的编纂有助于实现法的科学化、系统化,可以帮助人们发现现行法的弊端,从而去改善它、消除它;可以促使解决现行法的零散、混乱和缺漏等问题;可以将重复、庞杂的同类规范综合为单一的、系统化的法。[②]

法典编纂是一个对现行法律进行清理的过程,采取分析和综合相结合的方法来进行。所谓分析,主要是分析研究既有的同类单行法,找出它们的可用和应废之处、重复和空白之处。所谓综合,主要是保留其可用之处,扬弃其应废之处,删除其重复之处,填补其空白之处。所谓以综合的形式出现,就是在对同类单行法加以改造完善后,形成一个统一的法。[③] 在立法者集中注意力进行分析的前提下,即使不设置总则编,应该也可以最大限度地消除各单行法之间的冲突,在这里就只存在分析方法而没有综合方法,更没有综合的形式。这种做法,虽然消除了法律冲突,但可能导致重复规范的出现。然而,“总则编”可以将各具体规范的共同规则抽象出来予以统一规定,既可以促成知识产权法律的系统化、协调性,也可以最大限度地减少具体规则的重复规定,使法典更为简洁。[④]

(3) 促进知识产权理论研究的完善和深入

从法学研究的角度考虑,知识产权法典中设立“总则编”比不设立“总则编”更有利于知识产权理论研究的完善和深入。在我国,知识产权还不是一个成熟学科。成熟学科的特征是:基本的定理、原理、研究方法已经形成;研究实践很少在基本原理上发生争论。[⑤] 由于成熟学科已经完成了基本的体系建构,余下的工作就是局部的、细条的经营,从而“使研究者从基础研究中解脱出来,转向细条研究”。以细条研究为主的格局,应当发生在学科体系成熟之后。[⑥] 但当前,我国知识产权理论研究却违背了这一科学研究发展的基本规律,呈现

---

① 系统论认为系统不仅会产生正功能,而且在某些条件下还可能产生负功能。比如专利授权的程序如果设计不合理,则可能会打消社会大众对于申请专利的积极性,这就是其负功能的一种表现。

② 周旺生:《立法学》,法律出版社 2000 年版,第 681 页。

③ 同上书,第 684 页。

④ 屈茂辉、李龙:《论民法典总则的功能及体系》,载《云南大学学报法学版》2004 年第 2 期。

⑤ 〔挪〕斯坦因·U. 拉尔森:《社会科学理论与研究方法》,任晓译,上海人民出版社 2002 年版,第 46 页。

⑥ 李琛:《论知识产权法的体系化》,北京大学出版社 2005 年版,第 80—83 页。

出“假熟”和过度细化的缺点。绝大多数研究成果只涉及某个具体的技术领域，如网络与著作权、生物技术与专利、域名与商标，或是对某个制度的比较研究。[①]而与知识产权基本概念、原理等有关的基础理论却研究不足或被有意无意地忽视了。

学术研究存在着自主性和自发性的特点，容易形成研究者的“集体无意识”。所以，克服上述知识产权理论研究中的缺点需要一定的外在刺激，而知识产权法典“总则编”正好可以成为这一刺激来源。知识产权法典的“总则编”须建立在对各分编的共同规则予以归纳和综合的基础之上，设立“总则编”必然会刺激理论界对知识产权的概念、特征、属性、基本原理、规律等进行深入研究，从而克服当前知识产权研究“重细节轻基础”的缺点，达到基础研究与细节研究的相对平衡，逐渐由假熟走向成熟。

（4）“总则编”的设立有助于弘扬知识产权基本精神和理念

制定知识产权法典的目的之一就是弘扬知识产权基本精神和理念，强化全社会的知识产权意识，以图在全社会形成良好的知识产权文化氛围。知识产权制度的产生已有几百年历史，但中国引进知识产权制度则只是近代的事情。对于我国社会大众来说，知识产权尚属于新生事物，在商务印书馆 1996 年修订印刷的《现代汉语词典》中也还没有“知识产权”词条，很多人连知识产权这一名词都未曾听说过，更别说对它有一定的了解了。[②] 经过近几年来不断开展的知识产权宣传工作，社会大众的知识产权意识有了一定的提高。但是，他们从整体上缺乏对知识产权的认识，对知识产权的理解主要还是建立在商标权、专利权、著作权等具体权利之上，尚没有将它们综合与抽象到更高的层次。在这种认知背景下，如果不在知识产权法典中设立“总则编”，而是开篇就对各知识产权具体权利进行规定，可能会割裂知识产权与其下属各具体权利的联系。社会大众可能会产生以下疑问：为什么名为知识产权法典，但法典的具体条文中却看不到对知识产权的具体规定？法典中商标权、专利权和著作权等权利与知识产权之间到底存在着什么关系？如果产生这样的效果，则制定知识产权法典的意义就要大打折扣了。

知识产权法典的“总则编”在立法上起着将知识产权与其下属各具体权利予以联结和沟通的桥梁过渡作用。它通过对各具体权利的共同点和一般事项予以归纳和总结，对知识产权的立法目的、保护范围、私法属性、基本原则等内容进行规定，可以有效地将社会公众的知识产权意识由具体权利层次提高到抽

① 李琛：《论知识产权法的体系化》，北京大学出版社 2005 年版，第 81 页。

② 马维野：《知识产权文化建设的思考》，载《知识产权》2005 年第 5 期。

象的知识产权层次,从而从整体上弘扬知识产权基本精神和理念。如果从这一角度考虑,则对于《法国知识产权法典》为何不设立总则编就又有了一种新的解释:法国作为近现代知识产权制度的发源地,其知识产权文化氛围已经十分发达,社会公众已经能够从整体上对知识产权进行把握,"总则编"在弘扬知识产权基本精神和理念方面已无太大的存在必要性。

3. 从法律传统的角度看总则编的设立

H. A. 西蒙从方法论的角度将决策分为"程序化"和"非程序化"两类。程序化决策问题是指重复出现的一类决策问题,这类决策因为过去有过反复处理的经验,在长期处理这类决策的实践中,逐渐摸索出这类问题的规律性,从而可能制定出一套固定的程序,凡是遇到这类决策问题,就可以依据以往的经验,用常规办法和已确定的程序来进行处理。非程序化决策,指的是这类决策问题比较新颖,过去未曾发生过,或因其性质和结构尚捉摸不定,处理这类问题没有以往的经验可以依据,因而无法用常规的办法和已确定的规范、程序来进行处理,而必须依靠决策者的知识、经验,以一种探索性的方式获得这类问题的解决。[①] 法国、斯里兰卡、越南、菲律宾四国知识产权法典在是否设立"总则编"上都考虑了本国的立法传统,采用了一种程序化的决策方式:(1)《法国知识产权法典》沿袭了《法国民法典》的做法,没有规定总则。但它比《法国民法典》做得更为彻底,不仅没有规定总则,而且连序编也没有。(2)斯里兰卡长期处于英国的殖民统治之下,独立后的法律也沿袭了英国殖民统治时期所确立的模式,在传统上属于普通法系国家,并不热衷于法律的体系化和系统化,更谈不上有法典化的习惯,所以,1979 年制定知识产权法典时不规定"总则编"也在情理之中,2003 年的《斯里兰卡知识产权法典》则是对这一模式的传承。(3)菲律宾曾经长期处于西班牙的殖民统治之下,许多西班牙法律的效力延伸到菲律宾,其中也包括 1889 年《西班牙民法典》。独立后的菲律宾于 1950 年颁布了《菲律宾民法典》并一直沿用至今。这部民法典沿袭了 1889 年《西班牙民法典》的结构体例[②],而 1889 年《西班牙民法典》在结构上又模仿了《拿破仑民法典》[③],所以,

---

① 邹珊刚等著:《系统科学》,上海人民出版社 1987 年版,第 368 页。

② 徐国栋:《东欧剧变后前苏联集团国家的民商法典和民商立法》,载梁慧星主编:《民商法论丛》第 14 卷,法律出版社 2000 年版,第 328 页。

③ 1889 年《西班牙民法典》的结构为:序言、第一编"人"、第二编"财产、所有权及其变更"、第三编"取得财产的各种方式"、第四编"债与合同"。1950 年《菲律宾民法典》的结构与《西班牙民法典》的结构完全相同。《西班牙民法典》的结构详见徐国栋:《东欧剧变后前苏联集团国家的民商法典和民商立法》,载梁慧星主编:《民商法论丛》第 14 卷,法律出版社 2000 年版,第 327—328 页。《菲律宾民法典》的结构详见何勤华、李秀清主编:《东南亚七国法律发达史》,法律出版社 2002 年版,第 401—402 页。

《菲律宾民法典》只有一个关于法律适用的序言而没有“总则编”。由此可知,《菲律宾知识产权法典》不设立“总则编”也是其民法典体例的影响所致。(4)《越南知识产权法》“总则编”的制定则是沿袭《越南民法典》的立法惯性使然。《越南民法典》在编排体例上的一个重要特点,就是其具有浓厚的“总则”情节。《越南民法典》除“总则编”外,财产与所有权编、债与合同编、继承法编、土地使用权转让编等均设有各编的“小总则”。知识产权在《越南民法典》中与上述四编是处于平行地位,在民法典之外单独编纂《知识产权法典》时,立法者为其设立“总则编”就是顺理成章的。

反观我国,在法典中设置“总则编”也可以从立法传统和教学传统中寻找其支撑点。中国古代,无论是《法经》还是《大清律例》都采纳了总则分则的立法技术。[①] 改革开放以来,我国制定的一系列法典性法律文件如《刑法》、《民事诉讼法》、《刑事诉讼法》等都设置了“总则编”。正在进行的民法典编纂工作中,学术界和立法界就设立民法典总则已基本达成共识,几部公开的民法典草案都有“总则编”。由此可见,我国的《知识产权法典》设置“总则编”是合理的,与我国的立法传统相适应。从知识产权法的教学方面看,各大学使用的知识产权法学教材的第一编大都命名为“总论”、“导论”或“绪论”等,其后才是各项具体的权利制度。“总论”部分所涉及的内容有:知识产权的概念、范围、特征、主体、客体、基本原则和地位等,与知识产权法的一般性和共同性规则息息相关。到目前为止,学习知识产权法的学生们基本习惯了“总则—分则”的结构模式,因此,在我国的《知识产权法典》中设置“总则编”与我国的知识产权法学教学模式是相适应的。

(二)是否有必要设立单独的侵权行为编

在知识产权制度法典化的过程中,如何对侵权行为规范进行处理也是一个值得重视的问题,主要涉及以下两方面的问题:第一,是否要设立单独的“侵权行为编”;第二,“侵权行为编”应当规定哪些基本内容。

1. 外国知识产权法典对侵权条款的处理

一个完整的侵权行为条款应当包括侵权行为以及对侵权行为的法律制裁即法律责任两方面。法国、斯里兰卡、菲律宾、越南四国知识产权法典对知识产权侵权条款的处理总的来说可以分为三种模式,而且这三种模式应该说涵盖了对侵权条款的全部方法。

模式一:将侵权行为及其法律制裁措施进行捆绑,贯穿于法典的各分编中,

---

① 李雨峰:《知识产权制度法典化论证质评》,载《现代法学》2005 年第 6 期。

以菲律宾和法国的知识产权法典为代表。例如,《菲律宾知识产权法典》将专利侵权行为及其法律制裁规定在第 2 编“专利法”第 8 章“专利权人的权利和专利侵权行为”中,将商标侵权行为和商号侵权行为及其法律制裁规定在第 3 编“商标、服务商标和商号法”中,将版权侵权行为及法律制裁规定在第 4 编“著作权法”第 17 章“侵权”中。《法国知识产权法典》的做法也大体相同。

模式二:在法典的末编集中对侵权行为及其法律制裁措施进行规定,以《斯里兰卡知识产权法典》(2003)为代表。该法典将违法行为及法律制裁作为第 38 章统一规定在第 11 编“杂则”中。该章共 27 条,对侵犯知识产权行为采用的是列举式,分别规定了伪造注册登记簿、侵犯著作权、侵犯工业设计权、冒充工业设计、侵犯专利权、冒充专利、非法披露与专利相关的信息、侵犯商标权、冒充注册商标、其他侵犯注册商标的行为和虚假商品说明行为、法人团体的违法行为等侵权行为,同时规定了对各类侵权行为的法律制裁措施。

模式三:在各分编中对具体侵权行为进行规定,但在法典之末设立单独的一编对法律制裁措施进行集中规定,以《越南知识产权法》为代表。该法将各类侵犯知识产权行为分别放在各编中进行规定,使得各类侵权行为呈一种分散状态,第 5 编“知识产权保护编”则对侵权行为的法律制裁措施进行了集中规定。“知识产权保护编”有 3 章,分别是“知识产权保护总则”、“知识产权侵权行为的民事救济措施”和“知识产权侵权行为的行政和刑事救济措施,智力财产进口和出口的控制”。

2. 我国知识产权法典宜采取的模式

我们以为,我国未来的《知识产权法典》可以采取第二种模式,即在法典中设立专门的“侵权行为编”,并将各类侵犯知识产权行为及其法律责任集中规定在此编之中。采用这一模式的理由在于:

(1) 有利于使知识产权法典具有更强的体系性和系统性。法典编纂的目的之一在于使知识产权法律体系化、系统化。一个完整的权利体系包括主体、客体、内容、限制、利用、保护与救济等方面。从微观上看,如果将上述诸方面予以集中规定,无疑可保证各个权利体系的完整。但是,如果超越单个权利体系将其放在知识产权法典这个大系统中考虑,这种模式之弊端就表现得很明显,其理由是:如果不设立“侵权行为编”,而是将侵犯各种具体权利的行为分散于相应的分编中,其结果就是各分编变成了相对独立的部分,违背了编纂知识产权法典之本旨。可以说,仅从形式上看,没有“侵权行为编”的知识产权法典与一般意义上的法律汇编并无太大的区别,其区别仅在于是否设置了“总则编”。另一方面,法典之“总则编”在一般情况下并不发生直接的法律适用,人们在适用法律时关注的往往是法典各分编的规定,而不是法典本身。设置单独的“侵权行为编”则是对各类知识产权侵权行为之共性的提取,与“总则编”相互配合,使知识产权法典在整体上具有系统性和体系性。

(2) 有利于强化知识产权保护。即使设置单独的“侵权行为编”也可以采用《越南知识产权法》的做法,将具体侵权行为规定在各分编中,“知识产权保护编”只规定对知识产权侵权行为的法律制裁措施。一般情况下,一个完整的侵权行为条款应包括侵权行为以及对侵权行为的法律制裁即法律责任两个方面的内容,而《越南知识产权法》所采用的模式却将侵犯具体权利的行为与相应的法律制裁措施作了割裂式规定,对当事人适用法律造成一定的困难。可以设想当事人在越南适用知识产权法的情形:首先他要到法典的各分编中去寻找相关的条文以判断是否有侵权行为的存在,若侵权行为成立,则需要到“知识产权保护编”中寻找相应的法律责任。如果将侵权行为和法律责任集中规定于“侵权行为编”,可以保证当事人适用法律的完整性和便捷性,有利于强化知识产权的保护。

3. “侵权行为编”应规定的内容

结合前面的论述,鉴于知识产权行政保护和司法保护与知识产权侵权救济之间的紧密联系,我们认为,我国未来的《知识产权法典》之侵权行为编可以定名为“行政、司法及救济编”,由以下几个方面的内容构成:(1) 知识产权法院,本部分主要规定知识产权法院的组成和职能;(2) 国家知识产权局,本部分的内容主要包括知识产权局的组成和知识产权局各分局的职责;(3) 知识产权侵权行为,本部分的内容主要包括知识产权侵权的定义以及判断标准等;(4) 救济措施与法律责任,本部分主要规定知识产权诉讼、救济措施、法律责任等。

三、知识产权法典各分编的编排

(一) 外国知识产权法典分编的编排

知识产权法典分编的编排涉及如何在法典中对各类具体的知识产权权利体系进行建构的问题。对于这一问题,外国知识产权法典有两种处理模式。

第一种模式是汇编式,法国、斯里兰卡、菲律宾知识产权法典所采取的就是这一模式,而且尤以《斯里兰卡知识产权法典》表现得最为明显。对于知识产权所属范围内的每一类具体权利的保护都离不开主体、客体、内容、限制、利用、保护与管理等主题。《斯里兰卡知识产权法典》的建构以保护对象为中轴线,采用了汇编式的构建方法,即知识产权所属范围内的每一类具体权利单独构成一编,8 种具体保护对象即构成了 8 编,每一编都对权利客体、权利主体、权利取得、权利内容、权利转移等主题作了规定。法国和菲律宾知识产权法典基本上也是按此方式编纂的。只不过《法国知识产权法典》首先从总体上将知识产权分为了文学艺术产权和工业产权两大部分，每一部分都下辖几种权利，在此基础上再来建构各具体权利体系，与斯里兰卡和菲律宾知识产权法典的分散相比在整体形式上要显得更集中一些。

第二种模式是抽象式，《越南知识产权法》采取的就是这一模式。《越南知识产权法》一方面从总体上将知识产权分为著作权及相关权、工业产权和植物品种权三大类，另一方面从各具体保护对象中将它们在权利取得、权利内容、权利转让等方面的共同点抽象出来，并以权利主题而不是保护对象为中轴线来建构法典体系。这一点在其"著作权编"和"工业产权编"表现得尤为明显。以著作权部分的编排为例，《斯里兰卡知识产权法典》的"著作权编"分为著作权和相关权两章，《菲律宾知识产权法典》的"著作权编"也可以大致分为著作权和相关权两大部分，都是对著作权与相关权两者的内容进行分别规定。《越南知识产权法》的"著作权编"则将著作权与相关权在保护条件、内容、限制、期限、权利人、转让等方面的共性提取出来，分为六章；"工业产权编"采用了同样的建构方法，通过对各项工业产权共性的归纳作为建构法典的中轴线。

《斯里兰卡知识产权法典》著作权编	《越南知识产权法》著作权及相关权编	《越南知识产权法》工业产权编
第1章 著作权 第2章 表演者、录音制作者以及广播组织权	第1章 著作权及相关权的保护条件 第2章 著作权和相关权保护的内容、限制和期限 第3章 著作权所有人和相关权所有人 第4章 著作权和相关权的转让 第5章 著作权和相关权注册证书 第6章 著作权、相邻权领域的代理、咨询和服务机构	第7章 工业产权的保护要求 第8章 发明、工业设计、布图设计、商标和地理标志工业产权的建立 第9章 工业产权所有人、权利范围和限制 第10章 工业产权的转让 第11章 工业产权的代理

（二）我国未来知识产权法典权利体系的建构

通过对外国知识产权法典所采用的两种编纂模式——汇编式与抽象式——的比较研究，笔者认为，在权利体系的建构上，我国未来知识产权法典采取汇编形式更为合理。

汇编式的优点在于权利体系的建构比较完整,每一个具体权利的主体、客体、内容等方面都是集中在一起,能够使人对该权利有一个全面和整体的了解;其缺点在于依照此种模式建构法典可能导致法典各部分之间的联系较为松散,甚至是相互独立,即使抽出其中一部分也不会对其他部分的正常运转产生太大的影响,无法充分体现出法典的整体性。此外,用汇编式建构的法典由于需要对某些权利之间的共同点或交叉点进行重复规定,所以还可能出现法条重叠过多的情况。

而像《越南知识产权法》所采用的抽象式的优缺点正好与汇编式的优缺点相对应。抽象式的优点体现在以下几个方面:(1) 体现出法典的系统性和整体性。由于抽象式的建构方法是将各具体权利在权利取得、权利内容、权利转让等方面的共同点抽象出来,这使得法典各部分之间的联系非常紧密。从《越南知识产权法》中的"著作权及相关权编"和"工业产权编"的结构就可以看出来,其下属的每一章都是不可缺少的一个环条,这种方法充分体现了法典的系统性和整体性。(2) 法律条文简洁。用抽象式建构的法典由于对权利间某些共同点与交叉点进行了集中规定,使得法典的条文显得非常简洁。

抽象式的缺点则在于:(1) 了解和适用法律有一定的困难。由于抽象式将具体权利的各方面打散,当事人必须要上下对照,将各章的内容紧密结合起来才能对某个权利有一个完整的了解,很明显这种方法对法律的理解和适用造成了一定的困难。(2) 对法典的整体稳定性可能造成不利的影响。在汇编式的情况下,由于各个权利体系之间是相互独立的,对某类权利的修改一般只会涉及法典的局部,并不会对法典的整体造成太大的影响。但在抽象式的情况下,由于各个权利体系之间相互交叉,联系紧密,对某类权利的修改就可能会涉及法典的各个部分,对法典的整体性造成不利的影响。

从我国具体的实际情况考虑,当前我国公众知识产权意识还比较欠缺,知识产权法典在很大程度上还要起到普法宣传的功能,方便公众对法律了解和适用应该是法典在形式上应当考虑的一个方面。此外,从总体上说,虽然法律的变动是绝对的,法律的稳定性是相对的,但对于正处在法治现代化过程中的我国而言,最大限度地保证法律的稳定性是十分必要的,只有这样才能增强公众对法律的信仰和尊重。基于这两点原因,汇编模式比抽象模式更适合于我国未来的知识产权法典。

此外,形式美也是法典构建过程中应当注意的一个问题。一部优秀的法典应当保证各部分之间在法律条文上的大体均衡。从这一角度上说,像《斯里兰卡知识产权法典》那样每种权利构成一编,整个法典分为十一编的做法不太适合我国。虽然法国和越南的知识产权法典对权利进行了适当的集中,分为文学艺术产权和工业产权,但从整体上看也不太协调。因为文学艺术产权部分只包含了著作权及相关权的内容,而工业产权部分却要包含专利权、商标权、集成电路布图设计权、商业秘密权、商号权、地理标志权等内容,两者在法律条文的数量上严重失调,影响了法典的形式美。因此,可以考虑将知识产权法典除总则和侵权行为编以外的部分分为文学产权、专利权与专有权、商业标志权、其他权利这五编。文学产权编的内容包括著作权及其相关权;专利权与专有权编的内容包括发明专利、实用新型专利和外观设计专利,商业秘密权、集成电路布图设计权、植物新品种权;商业标志权编的内容包括商标权、商号权、地理标志权、域名权;其他权利编的内容则包括传统知识保护、生物多样性保护和反不正当竞争等。

在上一部分,我们已经论证了《知识产权法典》的体例为五个层次:编、章、节、条和款。本法典中,除了"编"统一编号之外,"章"依"编"、"节"依"章"、"条"依"节"、"款"依"条"而定。因此,本法典的"条序"表现形式是"第×××-××条"。此"条序"中的第一个×是"编"的序号,第二个×是"编"中"章"的序号,第三个×是"章"中"节"的序号,"-"后面的××则是"节"中条的序号,例如"第123-45条"所表示的是"第1编第2章第3节中的第45条"。

鉴于此,本书提出我国《知识产权法典》的模拟范式如下:

第1编　总则

第2编　文学产权

第1章　著作权

第1节　一般规定

第2节　可版权对象

第3节　著作权

第4节　权利的归属

第5节　保护期与限制

第6节　著作权的利用

第2章　相关权

第1节　一般规定

第2节　图书出版者权

第3节　表演者权

第4节　视听制品制作者权

第5节　广播组织权

第6节　数据库制作者权

第 7 节　相关权的限制
第 3 章　集体管理组织
第 3 编　专利权与专有权
第 1 章　发明专利权
第 1 节　一般规定
第 2 节　可专利对象和条件
第 3 节　专利申请
第 4 节　专利申请的审查
第 5 节　专利权
第 6 节　专利权无效
第 7 节　专利权期限与限制
第 8 节　权利的恢复
第 2 章　实用新型与外观设计权
第 1 节　一般规定
第 2 节　可登记对象和条件
第 3 节　登记申请
第 4 节　登记申请的审查
第 5 节　实用新型或者外观设计专有权的内容
第 6 节　登记的无效
第 7 节　登记的有效期与限制
第 8 节　权利的恢复
第 3 章　知识技术权
第 1 节　商业秘密权
第 2 节　布图设计权
第 3 节　植物新品种权
第 4 编　商业标志权
第 1 章　商标权
第 1 节　一般规定
第 2 节　商标注册的申请
第 3 节　注册申请的审查和核准
第 4 节　注册商标的期限与续展
第 5 节　商标权及其限制
第 6 节　注册商标撤销
第 2 章　企业名称权

第 3 章　地理标志权
第 4 章　域名权
第 5 编　其他权利
第 1 章　传统知识保护
第 2 章　生物多样性保护
第 3 章　反不正当竞争
第 6 编　行政、司法与救济
第 1 章　知识产权法院
第 1 节　成立知识产权法院
第 2 节　知识产权法院组成
第 3 节　知识产权法院的职能
第 2 章　知识产权局
第 1 节　重组国家知识产权局
第 2 节　知识产权局的组成
第 3 节　知识产权局各分局的职责
第 3 章　知识产权救济
第 1 节　知识产权侵权
第 2 节　知识产权诉讼
第 3 节　知识产权救济
第 4 节　海关保护
第 7 编　过渡规定

该法典的具体内容，请看后面的附件《知识产权法典》建议稿。

四、未来民法典中知识产权的编排模式

正如笔者在前文所主张，未来我国知识产权制度法典化的工作可以采取两步走的策略。第一步即要争取在未来的《中华人民共和国民法典》中找到知识产权的位置，以此来确立知识产权的私权属性及其在现代社会中的重要地位。第二步即在第一步的基础上，待各种时机成熟之际，制定一部知识产权法典，以此作为知识产权领域的基本法。由此，未来的《中华人民共和国民法典》中对知识产权采取何种编排模式也是需要我们加以思考和研究的重要问题。

我们曾经论述，认为链接式是处理知识产权法与民法典关系的最佳模式。下面，我们将对该问题作进一步探讨，即以何种方式将两者链接。

笔者以为主要有两种链接方式：

第一种是“点”链接方式，即民法典中不设单独的知识产权编，而只是在民法典的总则部分简单规定知识产权是民事权利的一种或者知识产品属于民事客体的一类，而知识产权的具体内容则由各知识产权单行法或未来的知识产权法典予以详细规定。采用这种链接方式最大的优点在于既确立了知识产权的私权地位，又将民法典的立法难度大幅度减小。而且我国现行的《民法通则》中采取的就是这一方式，无论是从立法传统还是立法技术上来说都比较方便，也有利于民法典的早日出台。但从法典编纂的形式意义和标志性意义而言，这种做法的缺点在于不利于突出知识经济时代知识产权的重要地位，有忽略或贬低知识产权地位之嫌，并且会造成民法典权利体系的空缺。

第二种则是“面”链接方式，即像《越南民法典》那样，一方面在民法典总则中规定知识产权是一种民事权利，另一方面又设置单独的知识产权编，同时还制定单独的知识产权法典。较前一种链接方式而言，该方式无疑立法难度要大许多。但其恰好可以弥补“点”链接方式的缺点与不足，既彰显出知识产权的地位，又保证了民法典各编所构成的民事权利体系的完整。笔者以为这应当是我国未来民法典立法工作的努力方向。

郑成思教授和吴汉东教授曾分别就民法典知识产权编拟定过专家建议稿。两位教授的方案各有特点。

郑成思教授的方案将未来中国民法典知识产权编分为6章84条，分别是第1章“一般规定”(22条)，第2章“作者权与传播者权”(13条)，第3章“专利权”(23条)，第4章“商标权”(18条)，第5章“商业秘密”(3条)，第6章“反不正当竞争保护”(5条)。总的来看，郑成思教授的方案显现出四大特点：(1)学理性较强，例如“知识产权是专有权，或称对世权”，“知识产权的客体表现为一定的信息”等规定，这些内容其实都属于理论教学的内容，是不宜出现在一部法律文件中的。(2)公法性较强，在其中规定了“财产保全”、“独占被许可人的诉讼地位”、“非独占被许可人的诉讼地位”、“直接起诉协助侵权人”等较多的诉讼法规范，对保持民法典的私法性造成了不利的影响。(3)与民法典其他部分的内容有一定的重复，例如在民法典总则中本来就会有关于“禁止权利滥用”这一基本原则的规定，那么在民法典分编中就没有必要再出现这一规定了，而郑成思教授的方案中对这一内容又进行了重复规定。(4)法条的编排顺序不是十分合理，例如“知识产权保护的目的”应该是位于法律文件前端，但郑成思教授却将其放在了第1章第21条。此外，笔者还以为，如果采取郑成思教授的方案，则有可能在法律的适用过程中造成选法困难的后果。因为一旦包含知识产权编的民法典获得颁布，各知识产权单行法在知识产权法典制定之前其实是不会被废止的，由于郑成思教授的方案对知识产权权利内容规定得较为具体，很多与各单行法的内容重复，这就会给具体案件的法律适用者造成困惑：是选用作为特别法的知识产权单行法的条文还是选用作为民事基本法的民法典知识产权编的条文作为判案的依据？

吴汉东教授认为，民法典中的"知识产权编"，仅是一般性规定，其相关条款的规定应考虑遵循以下规则：首先，民法典所规定的基本原则与一般制度，应适用于各项权利制度，包括知识产权制度，基于上述规范的普遍适用性，"知识产权编"不另作规定；其次，"知识产权编"所规定的一般性条款，应是从各项知识产权制度中抽象出来且共同适用的，该编并不影响相关民事特别法的独立存在；再次，"知识产权编"着力描述的应是该类制度与其他民事权利制度的不同之处，即基于知识产权制度特性所体现的一般性规范。基于这一观点，吴汉东教授将未来中国民法典知识产权编分为 8 条，分别为：第 1 条"知识产权的性质"，第 2 条"知识产权的范围"，第 3 条"知识产权的效力"，第 4 条"知识产权的利用"，第 5 条"与在先权利的关系"，第 6 条"知识产权的保护"，第 7 条"禁止知识产权滥用"，第 8 条"与民事特别法"的关系。① 与郑成思教授的方案相比，吴汉东教授的方案比较概括、抽象和简洁，从保持民法典各编形式平衡的角度来说，其法律条文的数目似乎还是稍显简略，只有 8 条，应有进一步丰富的可能性。

结合郑成思和吴汉东两位教授的方案，我们认为我国未来民法典知识产权编应当以权利主体——权利客体——权利的基本内容——权利产生——权利的行使——权利的期限——权利的保护为主线，对知识产权一般性的内容进行规定。这样设计的理由在于，我国法理学界近年来的研究表明，权利是法哲学的基石范畴，现代法的本位则是权利本位。② 这一结论尤其适用于民法。在民法学界，学者们也认为，权利是民法的核心概念，民法最基本的职能就在于对民事权利的确认和保护。民法体系的建构以权利为基本的逻辑起点，民法就是一部权利法。③ 但由于知识产权法具有的"混合法"特点，知识产权法调整的社会关系涵盖私法与公法两大领域，极易使人忽视知识产权的私权属性。因此，以权利为主线构建民法典知识产权编，实际上是在表明"知识产权为私权"的权利属性和权利本位的法律理念，有助于人们更方便地了解知识产权，增强人们的知识产权意识。而且，民法典知识产权编作为民法典的分编，从保持系统一致性的角度来考虑，民法典的各分编作为子系统必须要与民法典这个大系统保持

---

① 吴汉东教授对知识产权法一般规定的制度设计及其解说，详见吴汉东：《知识产权立法体例与民法典编纂》，载《中国法学》2003 年第 1 期。

② 张文显：《法哲学范畴研究》（修订版），中国政法大学出版社 2001 年版，第 334—366 页。

③ 王利明：《民法总则研究》，中国人民大学出版社 2003 年版，第 66 页，第 22—23 页。

一致。因此民法典知识产权编的功能在于像其他编那样来宣示知识产权作为一种民事权利而具有的基本内容。这项功能决定了民法典知识产权编的内容应当是对知识产权在权利方面的基本私权性规定。

此外,从维护知识产权法律体系稳定性的功能出发,民法典知识产权编还应当对知识产权法的诸项基本原则进行规定。但当前学术界对于知识产权法具有哪些基本原则存在争论,远未达成共识。[①] 知识产权法基本原则的确立是我国知识产权制度法典化面临的最大难题之一,如果将这一问题解决了,则知识产权制度法典化的进程将会顺利不少。因此,知识产权法基本原则应当成为我国未来一段时间内的研究重点。

在实际立法中还存在着这样一个问题,即如何处理知识产权基本原则与民法基本原则之间的关系。笔者以为,民法基本原则是其效力贯穿民法始终的民法根本规范,其效力贯穿于民事关系的各个领域。由于知识产权的私权属性,民法典总则编确立的一系列基本原则,如平等原则、公平原则、意思自治原则、诚实信用原则、公序良俗原则等都可以适用于知识产权领域。为此,应当将知识产权基本原则与民法基本原则予以区分。知识产权基本原则相对于民法基本原则来说,只能属于民法具体原则,而民法具体原则是民法基本原则在具体民事关系领域内的展现,其效力只限于具体的民事关系领域。[②] 在知识产权法典中不必对民法基本原则予以规定,而只须对知识产权基本原则进行规定。在目前关于知识产权法基本原则的研究中,只有王太平博士明确注意到其与民法基本原则之间的区别,认为知识产权基本原则应当包括主体原则(确立独立的主体)、类型与内容原则(法律限定主义或法定主义)、客体原则(一客体一知识

---

① 徐瑄教授认为知识产权自然权利的保护原则,应该包括权利来源正当性、合法性原则;获得手段正当性原则、权利不得滥用原则;也包括知识产权法中行政机关的审查原则:即社会本位原则、利益平衡原则、社会利益优先原则、保障社会知识产品供给原则。同时,作为知识产品生产和再生产的规则,知识产权法也应当遵循现代市场秩序原则:"市场至上"、诚实信用原则、信息公开原则、慎用市场特权原则等。详见徐瑄:《知识产权制度法典化的思考》,载《南方经济》2002 年第 8 期。而王太平博士认为,知识产权原则应当包括主体原则(确立独立的主体)、类型与内容原则(法律限定主义或法定主义)、客体原则(一客体一知识产权)、变动原则(公示与公信主义)、权利范围与行使原则(合理限制),详见王太平:《知识产权法法律原则理论基础与具体构造》,法律出版社 2004 年版,第 227—258 页。陶鑫良教授认为,知识产权基本原则应当包括:诚实信用原则、公序良俗原则、利益平衡原则与合理保护原则,详见陶鑫良、袁真富:《知识产权法总论》,知识产权出版社 2005 年版,第 14—27 页。刘春茂先生认为,知识产权法的基本原则为:鼓励和保护智力创造活动的原则、促进智力成果推广应用的原则、遵守国家法律和社会公德的原则,本国法与参加国际公约相一致的原则,详见刘春茂主编:《知识产权原理》,知识产权出版社 2002 年版,第 24—29 页。

② 徐国栋:《民法基本原则解释——成文法局限性之克服》,中国政法大学出版社 1992 年版,第 46 页。

产权)、变动原则(公示与公信主义)、权利范围与行使原则(合理限制)。[①] 依王太平博士的论述,这五项原则能够涵盖诸如知识产权权利重叠、知识产权滥用等内容。所以在下文笔者拟定的民法典知识产权编建议稿的基本原则部分就建立在王太平博士的研究成果基础之上。

《民法典知识产权编》建议稿

第一条[知识产权的定义]

知识产权是法律赋予自然人、法人或者其他组织对其智慧创作物享有的专有权利。

说明:本条旨在说明知识产权的定义。此处采取了内涵式定义方法。

第二条[立法目的与依据]

为保护知识产权权利人的专有权,促进知识的创新、传播与应用,依据宪法制定本法典。

说明:本条旨在说明法典的立法目的与依据。在立法目的方面,既表明了法典的直接目的即保护权利人的专有权,又表明了法典的最终目的即促进知识的创新、传播与应用。而以宪法为法典的立法依据,为法典标明了合法性来源。

第三条[知识产权的属性]

知识产权属于民事权利。

说明:本条旨在阐明知识产权的本质属性。知识产权是民法对知识形态财产进行法律调整的结果,是从传统所有权中分离出来的新的独立的财产形态。尽管知识产权具有自身的法律特征,但是在"私权"这一本质属性方面,与其他民事权利并无二致。这一条款是对《知识产权协定》关于"知识产权为私权"的立法回应,是对知识产权在私法领域中地位的明确肯定。但由于"私权"在我国尚属于一个理论性概念,一般民众并不能够清晰了解其本质含义,所以适用已经普及化的"民事权利"概念来替代它。

第四条[主体独立原则](略)

第五条[知识产权法定主义原则](略)

第六条[一客体一权利原则](略)

第七条[知识产权公示原则](略)

第八条[知识产权合理限制原则](略)

说明:上述五条旨在对知识产权基本原则进行说明。知识产权基本原则是

---

① 王太平:《知识产权法法律原则理论基础与具体构造》,法律出版社 2004 年版,第 227—258 页。

对知识产权内容的抽象和归纳，它具有指导立法、指导司法审判和指导当事人行为等功能。但由于目前学术界对于知识产权基本原则的具体内容还存在争议，尚不能得出一致性的意见，所以笔者对这部分的内容也只进行简单的涉及。但我们认为，知识产权基本原则是知识产权法典总则的重要组成部分，也应当是我国学术界今后研究的重点领域。

第九条［本法适用主体］

中华人民共和国自然人、法人和非法人团体依据法律在中华人民共和国取得的知识产权受本法保护。

外国人依据其所属国与中华人民共和国共同缔结或参加的国际条约或互惠原则在中华人民共和国取得的知识产权受本法保护。

无国籍人依据其惯常居住地与中华人民共和国共同缔结或参加的国际条约或互惠原则在中华人民共和国取得的知识产权受本法保护。

香港特别行政区、澳门特别行政区和台湾地区居民依有关法律在中国大陆取得的知识产权受本法保护。

说明：本条旨在对知识产权的适用主体进行说明，也表明了知识产权编的对人效力和地域效力范围。该条是对民法典总则相关条款的具体落实。第一款说明对内国人的效力。第二款、第三款分别说明了对外国人、无国籍人的法律效力。第四款则说明了对港澳台居民的法律效力。

第十条［知识产权的客体］

本法所称知识产权是指就下列内容所享有的权利：(一) 文学、艺术、科学等作品及其传播；(二) 商标、商号及其他有关商业标识；(三) 专利；(四) 集成电路布图设计；(五) 商业秘密；(六) 植物新品种；(七) 传统知识；(八) 生物多样化；(九) 法律规定的其他智力创作成果。

说明：本条旨在概括知识产权的体系范围。以我国参加的《成立世界知识产权组织公约》、《知识产权协定》等主要国际公约为基础拟定。与第一条相配合，该条实际上是以列举方式为知识产权进行定义。

第十一条［知识产权的产生］

各项具体的知识产权依照法律规定的条件产生。

法律规定需要登记或注册的，必须由相应的行政机关依照法定程序审查批准予以登记或注册后，始能产生。申请人可以委托代理机构代为办理相关事务。

说明：本条旨在对知识产权的产生进行说明。知识产权只有在满足法律规定的各项条件的基础上才能成立。除了著作权和商业秘密权等少数权利外，大多数知识产权的产生都必须要经过国家的授权。

第十二条[知识产权的基本内容]

知识产权权利人享有的权利具有排他性,包括精神权利和财产权利。

说明:本条旨在说明知识产权的基本权利内容。知识产权包含的具体权利项虽然十分复杂,但总的来说可以分为精神权利和财产权利两大类。而且这些权利是具有排他性的专有权。

第十三条[知识产权的行使]

知识产权权利人可以以合同的形式转让、许可他人使用自己的知识产权,或者以知识产权为标的设定质权。转让、许可或者设定质权合同中,权利人未明确的权利内容,另一方当事人不得行使。转让合同和设定质权合同自合同登记之日起生效。

知识产权的转让或者许可使用,除法律或合同另有规定之外,不意味着其载体所有权的转移,反之亦然。

说明:本条旨在说明知识产权的利用方式及法律后果。第一款说明知识产权的利用方式,主要是转让与许可使用。转让意味着知识产权的财产权利的全部让渡,即知识产权主体的变更。许可使用只是表明知识产权中的一个或几个权项的有条件利用,即形成同一客体为不同主体同时使用的情形。这是与有形财产使用的不同之处。第二款说明知识产权利用的法律后果,即在转让与使用中知识产权与所有权的关系。具言之,智力成果所体现的知识产权与智力成果之有形载体所体现的所有权,是两种不同的财产权利,除有特别规定或者约定之外,转让或者许可使用其中一种权利,并不意味着涉及另外一种权利。

第十四条[知识产权的期限]

知识产权权利人享有的精神权利的保护不受时间限制,但法律另有规定的除外。知识产权权利人享有的财产权在法律规定的期限内受保护。

说明:本条旨在说明知识产权的期限性。与普通的财产所有权相比,期限性是知识产权的基本特点之一。但也存在以下特殊之处:某些知识产权如商业秘密权和商号权的保护一般不受时间限制;知识产权包括精神权利和财产权利,精神权利的保护一般不受时间限制。

第十五条[知识产权法律责任]

国家保护依照法律、法规取得的知识产权。侵犯知识产权的,应当依法承担损害赔偿等民事责任。侵犯知识产权构成对行政管理秩序侵害的,应当依法承担行政责任;构成犯罪的,应当依法承担刑事责任。

说明:本条旨在对知识产权法律责任进行规定。侵犯知识产权应当根据侵权情节、损害后果等承担民事责任、行政责任和刑事责任。由于知识产权法律责任涉及的内容较为详细,所以安排在专门的“法律责任编”中予以规定,在此仅作概括性的规定。

第十六条[知识产权诉讼时效]

侵害知识产权的诉讼时效为两年,从权利人或者利害关系人知道或者应当知道侵权之日起计算。

权利人或者利害关系人超过两年起诉的,如果侵权行为在起诉时仍在继续,在该项权利有效期限内,人民法院应当判决侵权人停止侵权行为及负其他民事责任,损害赔偿额应当自权利人向人民法院起诉之日起向前推算两年计算。

权利人或者利害关系人并非由于自己的过失而在诉讼时效内未起诉的,时效过后一年内仍旧有权提起请求侵权赔偿及请求其他民事救济的诉讼。

说明:本条旨在对知识产权的诉讼时效进行说明。知识产权虽然是一项民事权利,但由于知识产品无形性的特征,使得其诉讼时效也不同于民法典所规定的普通诉讼时效,为此需要进行专门的规定,以便与民法典总则中的诉讼时效部分相对应。第一款规定知识产权的普通诉讼时效。第二款和第三款说明知识产权的特殊诉讼时效。

第十七条[与其他法律的关系]

其他相关法律对知识产权另有特别规定的,依照其规定。

说明:本条旨在说明知识产权法单行法与民法典知识产权编之间的关系。从知识产权的私权属性角度理解,知识产权单行法与民法典之间为特别法与一般法的关系。知识产权单行法的规范具有优先适用性。

本章所构创之《知识产权法典》结构,既考虑到了知识产权保护国际化的要求,同时也考虑到了知识产权保护本土化的要求。从知识产权保护国际化的角度看,此法典从以下几个方面有所体现:(1) 在保护范围上,既注意到了《知识产权协定》第二部分的规定[①],又注意到了《巴黎公约》[②]、《伯尔尼公约》和《罗马公约》的规定[③]。(2) 将国际上各国现在十分关注但尚未达成一致的“传统知识”与“生物多样性”保护等内容纳入其中。根据 WIPO 和 WTO 知识产权委员会的报告,可以预见在不久的将来,这两项内容一定会成为知识产权保护的

---

① 《知识产权协定》第二部分是“关于知识产权的可保护性、范围和保护标准”。它规定的保护对象是:第一节　著作权及其相关权利,第二节　商标,第三节　地理标记,第四节　工业品外观设计,第五节　专利,第六节　集成电路布图设计(拓扑图),第七节　对未公开信息的保护,第八节　对许可合同中限制竞争行为的控制。

② 《巴黎公约》(斯德哥尔摩文本)第 1 条第 2 款规定:“工业产权的保护对象是专利、实用新型、工业外观设计、商标、服务商标、商号、产地标记或原产地名称以及反不正当竞争。”

③ 《伯尔尼公约》和《罗马公约》分别是关于版权保护和邻接权的国际条约。

重要内容。这也是前瞻性立法的需要。(3)参考了《法国知识产权法典》、《菲律宾知识产权法典》。在知识产权制度本土化方面,编纂我国《知识产权法典》首先应当注意以我国现有的知识产权保护各单行法为基础,离开了这样的前提,试图另搞一套新制度,是行不通的。我国现有制度中已经有的而且被理论和实践证明是科学的、合理的、可行的内容,应当予以保留,在可能的情形下加以发展和完善。我国现有制度中已经有的,但被理论或者实践证明有缺陷、不适当或者不可行的,则尽可能废止、删除或修改,能保留的,经过修改后保留;不能保留的或者保留无益的,则废止或删除之。我国现有制度中没有的,但是被其他国家的实践证明是可行的、科学的、合理的,则予以吸收并使之本土化,如关于建立我国知识产权法院和重组国家知识产权局的部分,即是这种选择的结果。

到目前为止,知识产权法典仍属于稀缺资源,仅有为数不多的几部法典和一部《知识产权协定》,十分珍贵。就这几部法典而言,虽然指导思想、立法技术、立法水平和保护模式都非常值得学习和借鉴,但是其范式却并不令人十分满意。主要原因在于这几部法典给人的感觉不像是法典,倒像是法律法规汇编。从编纂法典的历史看,法国编纂了世界历史上的第一部民法典。该法典自问世以来,一直受到世人的关注,而且有着深远的影响。因此,对法国的法典编纂技巧和技术,不应该有任何怀疑。菲律宾也是一个法律建设非常好的国家,其法典编纂技术也应当是肯定的。从范式角度看,现有的几部知识产权法典既有优点,也有缺陷,我们不宜简单地照搬。

1.《法国知识产权法典》没有"总则"或者"知识产权一般规定"。对一部法典而言,"总则部分"具有形象作用、统辖作用、协调作用和补充作用(弹性作用)等非常重要的作用,是其他任何部分都不能替代的。所谓法典,是指调整某一种类社会关系的法律规范,依照一定的原则、规则、体系编纂而成的法律典章。作为一部法律典章,现代编纂者总是试图尽可能地将社会生活某一领域的全部内容纳入法典调整的范围。然而,按照《优士丁尼国法大全》的立法思想,正如《法国民法典》宣告的那样:"将所有情况都预先规定在法典中是一个不可能达到的目标。"预先规定所有的情况、包括那些只是偶然出现的情况不是法典的任务,法典只要对那些经常出现的情况加以调整就足够了,因为在人类生活和生产活动中总是会出现新的问题。对于那些法典中未明确规定的情况,可以通过法典中的总则进行调整。总则中的规定是适用范围最广的规则之一。总之,作为法典适用的补充,法典预先规定了,对于那些未作明确规定的情况,可以类推的方式参照法典中的其他规则或者参照法的一般原则。[①] 对“法的一般原则”进行参照的规定是在法典化过程中形成的行之有效的立法技术并且成为被各国普遍接受的解决方案。[②]《普鲁士民法典》(1796 年)在导论的第 49 段中明确规定了可以对“本法典中规定的一般原则”进行参照,以法典中规定的其他条款自动完成对法典的补充,从而将类推适用限定在法典本身。

2. 修改频繁,也是《法国知识产权法典》没有总则或者知识产权一般规定所引起的连锁反应。正如上面所说,法典中的总则部分首先表明制定本法典的根本宗旨和目的、指导思想和基本原则、所调整之各具体法律关系相互之间的独立与统一、矛盾与协调,以及对无以穷尽事宜之补充。该部分对知识产权保护而言更是特别重要,因为知识产权保护体系是一个开放的、发展的、变化的体系,它要不断地吸收新对象,它要随时适应传统对象在新的环境下的变化。典型的例子是“传统知识与生物多样性”是新的对象,网络环境给传统的“版权制度”提出了新的挑战。当情形发生巨大变化时,修改法典是必要的,但是,稍微有一点变化就得修法才能适应,则是不正常的现象,是法典本身缺乏应有之弹性的表现。《法国知识产权法典》自 1992 年实施以来,经过了十几年时间,但此间已被修改了十余次,几乎每年一次或者一年两次。这样的修改频率是空前的。这不仅增加了立法成本和负担,而且使整体的知识产权保护制度始终处于动荡状态,不利于知识产权保护。

《菲律宾知识产权法典》之体例,与法国有所不同,虽然也没有总则,而且其编目较少,除去第一编“知识产权局”和第五编“过渡规定”之外,只有三编,即专利法编、商标法编和版权法编,但它所保护的对象却覆盖了《知识产权协定》的规定。尤其值得注意的是,“菲式”结构与我国一般法典的编排结构十分接近,因此,本书选择了与其相同的模拟法典范式。

《知识产权协定》虽然是国际条约,但是,如果不考虑其中的具体规定内容,仅从结构的角度看,是一个很不错的编排。其最显著特征就是:它将知识产权作为一个完整体系贯穿于整个协定之始终,各类的具体权利只是在第二部分作明确规定,在其他部分则都是从知识产权之整体角度进行规定。既有总则和一般规定,又有分则;既有实体性内容,又有程序性措施;既有私法性规定,又有行政性、刑事性规定;既有普通的国内保护要求,又有海关保护措施。如果按照该范式将它转化为国内的知识产权法典,将是一个理想的选择。但是,将这种模式移接于国内法,是否合适,尚缺乏应有的理论和实践经验,因此暂且不论。

---

① 〔意〕桑德罗·斯奇巴尼:《法典化及其立法手段》,丁玫译,载《中外法学》2002 年第 1 期。

② 〔意〕桑德罗·斯奇巴尼:《罗马共同法的编纂》,转引自桑德罗·斯奇巴尼:《法典化及其立法手段》,丁玫译,载《中外法学》2002 年第 1 期。

第十三章
中国知识产权制度法典化效果的具体落实

一、知识产权制度法典化的过程与实效分析

（一）知识产权制度法典化的过程分析

知识产权制度法典化，实际上是一个过程，立法者在该过程中对我国知识产权制度演进历史中的功过得失进行总结，对我国现行知识产权制度的优劣进行考察，同时也对我国知识产权制度在网络时代、知识经济时代之发展趋势进行思索。知识产权制度法典化是将中国知识产权制度的“过去、现在和未来联系在一起的共通桥梁”。过去的知识产权法律体系不是被抛弃了，而是被现在所保留。经过知识产权制度法典化后，将过去和现在的知识产权法律体系融合为一体，成为未来实现的“可能性”。另一方面，在知识产权制度法典化的过程中，对过去制度的保留和吸收，是有选择的。我国现有的知识产权法律体系由三个部分组成：法律规范体系、司法体系（知识产权审判机构）以及行政管理体系（知识产权授权机构和管理机构）。知识产权制度法典化必须充分注意到这种客观存在。

从法律规范的角度看，一方面，如果《知识产权法典》仅仅是现行知识产权各单行法的简单汇集与拼接，那么其价值则极为有限；另一方面，倘若对知识产权体系进行彻底的整合，形成一种全新的范式，不仅难度比较大，其风险也比较大。但是，客观地讲，这种全新的范式是一个理想的范式。目前尽管尚无国内法可资参照，但知识产权理论研究和《知识产权协定》之实例已经为此打下了基础。

从知识产权的司法体系角度看，我国的现行体制已经在原有基础上进行了很大的改进，不仅将知识产权案件的管辖级别提高到了中级法院（少数基层法院经过特别指定有管辖权），而且有管辖权的各法院都建立了专门负责知识产权案件的审判庭（民事审判第三庭或第五庭，现在统一称为知识产权庭）。但是，由于知识产权的特殊性，知识产权侵权纠纷中时常伴随着知识产权效力的确认问题，即知识产权无效宣告的问题，因此使纠纷变得更加复杂。如果维持

现有的知识产权司法体系，那么法典化工程相对比较轻松一些，但无法使法典化工程产生预期实效；如果对现行知识产权司法体系进行改造，法典化工程量相对就会大一些，因为它直接涉及许多方面的具体事项，这也是一个十分棘手的难题。

从知识产权行政体系方面看，这是一个更艰巨的项目。我国现有知识产权行政机构，从中央的各知识产权管理部门①到地方相对应的部门，所涉人数之多可想而知。如果重组国家知识产权行政部门，无疑相当于在一池平静的湖面投下一颗重磅炸弹，必定有巨大的冲击波。如果维持现状，知识产权制度法典化的意义就得大打折扣。菲律宾在编纂知识产权法典的同时组建了知识产权局（菲律宾原来没有这样名称的机构设置），将原来的专利局、商标局、版权局等机构全部撤销，其职能完全由知识产权局取代，然后在知识产权局内设立相应的部门，形成了全国统一的知识产权行政管理机构。

为了使法典化工程产生预期实效，作一些应有的努力是必要的，也是值得的。进行知识产权制度法典化之前，首先需要做好攻坚战的心理准备。法典化虽然不抛弃过去，但却也不是照搬过去，而是对过去进行有选择的凝聚。法典化要立足现在，但也不能唯现实是从，需要将现在推向未来。法典化着眼于未来，要将过去、现在和未来有机地串联起来。因此，法典化的过程非常重要。科学合理地设计法典化过程，才可能有理想的结果。

（二）知识产权制度法典化的实效分析

法律制度成立的基础是具体的法律规范与实施法律规范的机构。法律规范的效力，是法治过程的第一次飞跃，而法律实效则是法治过程的第二次飞跃。要完成法治过程的第二次飞跃，即将法律效力转化为法律实效。这个过程需要司法、执法、守法等各个环节的配合，同时还是对法律规范设计方案成败的检验。具而言之，一项法律规范的效力要转化为法律实效，就一定要在立法时充分估计到它的实施，可能会遇到哪些方面的具体问题，需要在哪些方面进行投资。没有这样的周密考虑，就不可能产生理想的实效。② 同样，法律效力，如果因为执行的问题不能转化法律实效，那么不仅有关法律的预期不能实现，而且会使法律的权威性受到动摇。

法律实效，不同学者有不同观点，形成“仁智现象”。一种观点认为，法律实

---

①　国家知识产权局负责专利以及宏观知识产权事务、国家版权局负责版权事务、国家工商行政管理局负责商标、不正当竞争、商业秘密、原产地标志、企业名称等事务、国务院农业部和林业局负责植物新品种权的授权等。

②　参见倪正茂：《法治过程：从法律效力到法律实效》，载《解放日报》2003 年 12 月 9 日。

效就是法律的功能和立法的目的实现的程度和状态；另一种观点认为，法律实效是指人们实际按照法律规定的行为模式去行为，法律被人们实际遵守、执行和适用。这两种观点，前者侧重于法律实施的效果，即法律实施后对社会生活的影响以及法律的价值、立法目的的实现的程度，后者侧重于法律实施的状态，即法律被人们实际施行的状态、程度，而将法律效果与法律实效分离开来。① 我们认为，这两种观点都只是从某一方面解读了法律实效，存在着一定的缺憾。第一种观点强调了结果，第二种观点强调了过程，如果将两者结合起来，就比较完整了。具而言之，法律实效应当是通过人们对法律规范的遵守、执行和适用，使法律的功能和立法目的得以实现的程度和状态；或者说法律实施的现实结果与法律预期之差距。这种差距值越小，意味着法律实效越高；差距越大，表明其实效越低。差距值为正数时，表示法律实效为正向效果或者积极效果；差距值为负数时，则表示法律实效为负向效果或者消极效果；如果差距值为零，则表示该项法律没有产生任何实效，或者说该项法律既未对社会产生积极效果，也未对社会产生消极效果，该项法律没有意义。例如，我国1986年通过的《破产法（试行）》就属于法律实效基本为零的情形，因为该项法律被通过实施后，既未被适用过，也未对企业经营状况的改善起任何作用。当然，这种零实效法律是罕见的。另一方面，法律能否产生实效，即法律是否为零实效，还可以衡量一个社会对法律重视的程度。在一个法律至上主义的国家，从法案的提出，到法律的通过和实施，其本身就有严格的制度约束，而且是良性的。在这样的国家，法律通常是正向实效，负向实效极少，零实效基本不可能发生。反过来，在一个极权主义的国家，法律要么是一种摆设，要么是一种为我所用的工具，因此，从法案的提出到法律的通过实施，都是极权主义者意志的体现。这样的法律，基本上不会产生正向实效，要么是负向实效，要么是零实效。法律能否产生相应的实效是法治社会与官僚社会的重要区别之一，一切官僚社会都是讲形式的，许多法律往往不是为了实行，而是为了装饰或掩饰。②

因此，从法律规范被实施后所产生的社会效果来看，法律实效有正面效果、负面效果和零效果三种情况。如果是正面效果，意味着法律的实施实现了法律的价值和立法的目的。如果是负面效果，则法律没有实现其价值，且还会给社会或个人带来危害或其他负面效应。零实效是指法律实施之后，并未在社会上引起相应的反响或给个人带来任何后果，一切依然如故。负面效果和零效果意

---

① 参见屠世超：《制约法律实效的内在因素与立法对策》，资料来源于：http://www.netease.com。

② 同上。

味着法律没有效益,法律的制定与实施是一种法制基础设施建设,肯定有必要的投入,要消耗一定的社会资源和一定的成本,因此,必然要求有一定的并且是尽可能大的社会产出,即法律效益。当然法律效益具有多方面的内容,除法律的经济效益外,还包括政治效益、伦理效益和社会效益等。因此,从更深层次上讲,法律实效还包括有法律效益的含义,要求立法活动和法律的实施讲究效益,以更好地实现法律提高全民福祉、实现社会正义之价值,实现法律效益的最大化,避免社会资源的浪费。

法律实效与法律效力不同,法律效力是指法律规范的约束力,而法律实效则是这种约束力在现实生活中实现的状态和程度,法律效力属于法的"应然"的范畴,法律实效则属于法的"实然"的范畴。但两者也有密切的联系,只有法律具有实效,被人们严格地实施,才能实现法律的约束力,同时,只有有效的法律才能得到实施并产生实际的效果。因此,法律实效与法律效力互为前提。

从法律实效的角度研究法律,可以帮助我们从更广泛的空间和时间上去观察法律,进而更充分地发挥法律的社会功能。法律缺乏实效,只能成为具文。研究法律不能仅仅限于静态的法律条文,更应研究动态的法律实施的情况,法律对人们生活的影响等等。强调法律实效,一方面是考察制定法律的目的,通过法律的制定和实施使其所调整的相应社会关系有序、健康、稳定,由此而对社会的进步和发展产生良好的效果;另一方面,为了使法律能够产生其预期的效果,就必须有相应的投入,包括司法机构、执法机构和管理机构的设置或者重组,关于法律意识的培养和教育等;最后,强调法律实效,也可能对不能产生相应实效的法律进行检讨、反省和批判,然后根据具体情况进行针对性的修改、删除、废止或替换。如果不注意法律实效,那么,立法者所追求的只是法律的有无、法律的多寡,却忽视了法律的质量和效益。就知识产权制度而言,我国的知识产权制度赖以建立的各单行法都已经基本齐备,相应的司法、执法和行政机构也已建立,而且已经具有了一定的实效。如果不考虑知识产权制度应当具有什么样的实效,建立怎样的制度才能产生更大的实效,与其预期存在着多大的差距,那么,讨论知识产权制度法典化就没有基础。根据"效益越高,风险越大"之铁律,要增加知识产权制度的效益或实效,要对知识产权制度法典化,必然会面临比较高的风险。如果不这样做,就没有了风险。所以,强调法律实效和效益,就要敢于开拓创新,在法典的编纂过程中以及法典的实施方面,都要有所创新。

能够在多大程度上达到法律的预期,实现制定该法律的目标和价值,使法律实效取得正向效用,需要考虑诸多因素,如立法者为法律确定的价值和目标是否符合本国当前的实际,制定该法律所依据的原则、创设的制度、作出的具体规定能否被人们所接受等。法律作为功能系统,其效用的正常发挥,同时受内部和外部两方面因素的影响。但法律实效能否充分地实现,在很大程度上受法律自身内在因素的制约。一部移植自他国的法典,可能因与移植者的文化环境不合而导致其效用的减损;同样地,一部制定后无人知晓的法律可能成为具文,这些是制约法律效力之发挥的外部因素。正是在这个意义上,我们特别强调知识产权制度法典化,虽然不可避免地要引进国际上公认的制度和借鉴发达国家经过实践证明效果颇佳的制度和规范,但一定要将它们本土化,植根于本国的文化土壤里,使其成为本国法律的一个有机组成部分,被人们自觉地遵守和执行。例如,专利领域的"禁反言原则",由美国首先在专利制度中采用,后来被许多国家专利制度所接纳,有利于公平合理地确定专利权的保护范围。我国现行专利法虽然还没有对此作明确规定,但北京市高级人民法院已经将它作为北京市法院审理专利侵权纠纷时考虑的原则。① 再如,著作权领域的禁止破坏或规避"技术保护措施"的规定②,也是从 WCT 引入的,但如何与我国的文化相融合,它的利弊得失有哪些,我们还缺乏充分的研究。然而,美国已有知识产权学者对版权人采用"技术保护措施"保护其作品,阻止普通公众对作品的接触是否公平、合理提出了异议。③ 一方面,在数字技术时代,版权人如果不采取技术措施保护自己的利益,那么其作品一经出版发行,就有可能完全失去控制,成为公有领域的产品;另一方面,如果允许版权人采用技术措施,那么,普通公众就无法合理使用那些被采用了技术保护措施的作品,就使版权人利益与社会利益关系的调节器——合理使用制度失灵,实际上就是让版权所有人不正当地获取了普通社会公众的那部分利益,构成了对普通社会公众利益的侵占。如何解决这一矛盾,不是一件容易的事。我国著作权法引入了该项制度,但没有相应的研究,要么是人们还未意识到问题的严重性,要么是该项制度尚未引起人们的足

① 参见 2001 年 9 月 29 日北京市高级人民法院关于执行《专利侵权判定若干问题的意见(试行)》的通告,京高法发[2001]229 号。该《意见》第 43 条和第 44 条规定:"禁止反悔原则,是指在专利审批、撤销或无效程序中,专利权人为确定其专利具备新颖性和创造性,通过书面声明或者修改专利文件的方式,对专利权利要求的保护范围作了限制承诺或者部分地放弃了保护,并因此获得了专利权,而在专利侵权诉讼中,法院适用等同原则确定专利权的保护范围时,应当禁止专利权人将已被限制、排除或者已经放弃的内容重新纳入专利权保护范围","当等同原则与禁止反悔原则在适用上发生冲突时,即原告主张适用等同原则判定被告侵犯其专利权,而被告主张适用禁止反悔原则判定自己不构成侵犯专利权的情况下,应当优先适用禁止反悔原则。"

② 参见《中华人民共和国著作权法》第 47 条第(6)项的规定:"未经著作权人或者与著作权有关的权利人许可,故意避开或者破坏权利人为其作品、录音录像制品等采取的保护著作权或者与著作权有关的权利的技术措施的,法律、行政法规另有规定的除外"。

③ 参见〔美〕David Nimmer: A Riff on Fair Use in the Digital Millennium Copyright Act,刊载于 University of Pennsylvania Law Review, Vol. 148,1999—2000。

够重视,但总有一天会发生冲突。诸如此类的问题能否得到解决,直接关系到知识产权法典的实效。

影响法律实效的诸因素中,只有来自法律内部的妨碍其效用正常发挥的因素,才是我们应当给予足够重视的因素,且将它称为法律的局限性。我国现今的立法工作已陷于一个令人迷惑的怪圈:一方面渴求立法的领域比比皆是,社会呼唤尽快立法以解燃眉之急,如《反腐败法》、《反性骚扰法》以及保护农民工合法权利方面的法,的确是空缺的。但另一方面,制定大量的法律、法规却缺少可操作性,又不得不制定更多的法律、法规来进行补充、完善及整合。法律的制定呈现为一种"马太效应"。法律的难以操作表现在以下方面:(1) 立法主体众多,立法权限混乱,法律冲突加剧。这些立法主体之间的权限范围在法律上并无明确规定或法律上的依据,这就导致立法者往往站在各自的立场,从局部利益出发,作出互相矛盾的规定,造成法律操作的困难。(2) 在"宜粗不宜细"、"宁简勿繁"、"有总比没有好"的指导思想支配下,片面追求法律的数量,而无视质量。因此,许多法律都是纲要式、原则性的概括,一旦面对复杂的社会现实,进入操作阶段,其模糊性、粗糙性、简陋性就表现得淋漓尽致,很难为执法提供一个明确、清晰的依据。在这样的状况下,法官就有了充分的自由裁量空间,在此空间中所作出的裁判,执行起来当然是困难重重。(3) 在进行立法时,往往不是从宏观上、总体上把握,充分考虑其与现存法律、法规的衔接和协调,而是"头痛医头,脚痛医脚",进行短期行为式的立法,这样匆匆出台的法律不可避免地要进行后期大量的法规补救与解释工作,从而导致附法①体系过分膨胀。例如,《民法通则》总共只有156条,为了执行《民法通则》,最高人民法院颁布了一个《关于贯彻执行〈中华人民共和国民法通则〉若干问题的意见》达二百多条;再以刑法为例,目前对刑法的补充规定、司法解释已超过了刑法条款的数十倍,这种做法本身就是法律缺乏可操作性的明证。知识产权法更是这样,法律法规若干部,实施细则、条例若干部,操作规则、管理办法若干部、最高人民法院的解释若干部,内部的操作规程不知还有多少,既不符合透明原则,又不符合规范标准,破坏了法律制度本身的和谐与统一②。

立法缺乏可操作性,其弊害是可想而知的:(1) 法律的公正性丧失,导致法官自由裁量权扩大,难以保证法律实施公平、纠纷得以合理解决。(2) 损害了法律的权威性和严肃性,民众对法的信仰和尊重减弱,法律成长的寿命不长。由于法律缺乏可操作性,它的目标和价值预期就难以实现,其法律实效当然也

---

① 附法,是指为实施法律,由国务院颁布的行政规章、条例或者由最高人民法院颁布的实施意见或者办法等,也有称"副法"的。

② 参见田成有:《立法:社会转型期的挑战》,载《东方》1996年第4期。

就要大打折扣。因此,制定法律应当考虑以下几个方面:

1. 法律是否反映社会的客观现实需要

马克思认为:"法律应当是事物的法的本质的普遍和真正的表达者,因此,事物的法的本质不应该去迁就法律,恰恰相反,法律倒应该去适应事物的法的本质。"①他所说的"事物的法的本质",是指法所调整的各种客观的社会关系的必然性和规律性,法律要适应"事物的法的本质",就是要求立法必须以客观事实为基础,以事物的本性为前提,以客观发展规律为依托,充分考虑客观需要与可能,而不是凭主观臆断,任意妄为。所以马克思说:"立法者应该把自己看作一个自然科学家,他不是在制造法律,不是在发明法律,而仅仅是在表达法律,他把精神关系的内在规律表现在有意识的现行法律之中。"②当客观环境并没有提出制定某种法律的需要时,单凭主观意志去立法,其结果只能归于失败。但是,反过来,当现实的法律规范已经明显地不能满足社会发展的需要,与时代的发展速度不相吻合时,修改法律或者制定新的法律来取代旧法律,也非常重要。

2. 法律规范是否具有明确性

一方面,法律应当具有原则性、抽象性,因此也表现出了一定的模糊性。另一方面,法律更应当具有明确性,即在原则性、抽象性规定的总架构下,要让人们能够清楚地知道什么行为可为,什么行为不可为,如何使原则性、抽象性的规定具体化等。例如,在"著作权属于作者"的原则下,谁是作者?如何确定?不同种类的作品的作者确定的条件是什么?法律另外又作了哪些规定?这都得要明确。如果只有原则性、抽象性规定,法律就无法实施,当然也就难以产生相应的实效。法律只有具有明确性,法律的适用者才能严格适用法律的规定处理有关问题,避免法律适用上的主观的、随意的因素,保证法律适用结果的统一性和权威性。法律含糊其辞、模棱两可的规定必然会对法律的实施造成困难,降低法律的实效。法律的明确性同时还要求法律规范之间、法律与法律之间的内容必须协调一致,法律规定互相矛盾、互相冲突,只会使人们感到无所适从。③

3. 法律的话语环境是否适宜

法律有一个特殊的话语环境,在这个特殊的话语环境中,每一个术语、词组和句子所具有的含义,应当是始终一致的,不得有前后同词不同义,同义不同词的现象。如果出现这种立法现象,法律的实施必将遭遇不可预测的障碍。例

---

① 〔德〕卡尔·马克思:《第六届莱茵省议会的辩论(第三篇论文)》。资料来源于:http://www.jc.gov.cn/personal/ysxs/zzty/zzty1.htm。

② 《马克思恩格斯全集》第1卷,人民出版社1956年版,第183页。

③ 参见屠世超:《制约法律实效的内在因素和立法对策》,资料来源于:http://www.netease.com。

如，我国现行的《商标法》所营造的话语环境就不是特别适宜，某些用词用语所指向的含义并不一致，容易造成一定的误解。如“注册商标的撤销”，《商标法》第 41 条所规定的“注册商标的撤销”，其法律后果是导致被撤销的注册商标自始不存在，实际上是一种无效后果。该法第 44 条和第 45 条规定的“注册商标的撤销”，其法律后果导致注册商标自被撤销之日起终止其法律效力，不溯及既往。这种不同语义完全可以使用不同的术语，将它们所具有的内涵加以区别，但商标法却始终没有加以区别。另外，《商标法》第 41 条的撤销所产生的法律后果与专利法规定的无效宣告相同，同样都属于知识产权法律体系范围的法律术语，同义却不同语，这就是话语环境的不适宜。如果将《商标法》第 41 条规定的“撤销”修改为“注册商标的无效”，不仅使商标法中的“同语不同义”问题解决了，而且使商标法与专利法上的“同义不同语”问题也得以解决。知识产权制度法典化要解决这种话语环境，避免出现“同义不同语，同语不同义”的现象。知识产权法律体系是一个整体，在这个完整体系内，应当有一个适宜的话语环境，它能够增强人们对知识产权的清楚了解和把握，从而提高知识产权的可适用性，增加知识产权的实效。

二、知识产权法院与法典化效果的具体落实

（一）我国知识产权审判现状

与其他种类的审判相比，知识产权审判具有非常突出的个性特征：诉讼种类多，技术难度高，专业范围广，持续时间长，诉讼成本高。因此，知识产权案件审判实践的公正、公平、效率，以及执法的快捷和有力，对知识产权所有人、利害关系人、相对人以及社会公众，都有直接的重大影响。到现在为止，虽然只有泰国等少数国家成立了知识产权法院或者专利法院，但至少已经有了先例。另一方面，我国近几年知识产权案件迅速增长，尤其在我国入世后，更是如此。据统计，全国法院在 2003 年—2007 年间共受理和审结一审著作权案件 25835 件和 25331 件，年均增长 30.65% 和 33.38%；一审专利案件 14843 件和 14401 件，年均增长 17.64% 和 14.84%；一审商标案件 10409 件和 9687 件，年均增长 42.82% 和 41.35%。[①] 但是，我国现在的知识产权审判情况却不尽如人意，有时甚至是很让人失望。因此，有很多有识之士认为，解决我国目前这种知识产权审判现状，不改革不行，小改革也不行，而应当进行改造，即成立知识产权法院。我们认为，成立知识产权法院，不只是为了改变现在这种审判现状，更重要的作

① 邰中林：《2003—2007 知识产权审判数据分析》，载《法制资讯》2008 年第 4 期。

用在于确保知识产权法典实施的法律实效，同时也是知识产权制度法典化实效的表现形式之一。

2000年，我国人民法院系统进行了民事审判制度改革。这次改革，在一定的程度上使我国的民事审判制度有所完善，尤其是对知识产权审判进行了完善。此前，我国的知识产权案件审理大体有三种做法：一是专庭审理，即法院设立专门的知识产权审判庭负责知识产权案件的审理。1993年以后，北京、上海、天津、广东等十多个省市高级人民法院以及部分中级人民法院成立了专审知识产权案件的知识产权庭，少数基层人民法院也成立了知识产权庭。在这些地方，由知识产权庭负责知识产权纠纷案件的审理。二是分庭审理，即没有设立审判知识产权案件的专门法庭，但是著作权纠纷案件基本固定由民事审判庭审理，专利权、商标权以及不正当竞争纠纷案件则由经济庭审理。也就是说，除了已成立专门知识产权庭的法院之外，其他法院则按这样的分工来审理知识产权案件。这种做法虽然不如知识产权庭审理知识产权案件专业，但还是比较稳定的。三是随诉审理，即知识产权案件原则上由民事庭、经济庭或行政庭负责审理，但并未进行具体分工，当事人向谁起诉，由谁审理。也就是说，不论什么类型的知识产权案件，只要受诉法院有管辖权，那么，当事人向哪个庭起诉，就由哪个庭审理。这种做法有利于解决相互推诿扯皮的问题，但是，它没有注意到知识产权纠纷案件的专业性和复杂性。这种"百花齐放"的审判模式可谓中国知识产权审判史上的一个趣闻。

我国法院系统2000年进行的民事审判制度改革，将原来的民事、经济和海事等审判庭合并成立大民事审判庭，然后再将大民事审判庭分为民事审判一庭、民事审判二庭、民事审判三庭和民事审判四庭，少数法院还有民事审判五庭。经过重组后，知识产权纠纷案件由民事审判三庭审理，也有由民事审判五庭审理的。至此，在我国的人民法院内，知识产权纠纷案件的审判得以统一，基本解决了乱受理、滥审判的状况。

根据最高人民法院关于著作权、专利权和商标权民事审判问题的相关解释，我国审理著作权、专利权和商标权纠纷案件的初审法院一般为中级人民法院，但不同知识产权案件的初审法院因具体情况而定。

这样的审判模式，在现有体制下，不论其优劣好坏，还是能够应付的。但是，在知识产权制度法典化完成后，知识产权各单行法将不再存在，知识产权制度将实行一体化，其中最重要的改造工程就是将知识产权授权与知识产权的无效、撤销等程序分离，使行政机关不再承担准司法审判的功能。此后，知识产权的无效、撤销等程序由知识产权法院专司审理之职。另一方面，除法律另有规定外，知识产权的无效和撤销，只能由与知识产权有利害关系的当事人在知识产权侵权诉讼中作为一种抗辩手段使用,不得无缘无故地对知识产权提起无效诉讼,使知识产权所有人疲于应付。如果不成立知识产权法院,现在的法院是无法承担这项重大工作的。

(二)设立知识产权法院的必要性

在2002年北京国际知识产权论坛上,国家知识产权局国际合作司司长乔德喜先生在其专题发言中谈到了未来中国专利制度发展要面对的五个问题,包括是否能设立专利法院,统一专利无效和专利侵权案件的审理。在乔司长思路的启发下,上海新闻媒体的记者就"上海现在是否需要建立这样的法院"之问题采访了上海从事知识产权工作的相关专家。接受采访的专家告诉记者,上海不仅需要建立专利法院,更迫切需要的是建立知识产权法院。①

接受采访的专家认为,现在中国需要的不单单是一个专利法院,更应该是知识产权法院。中国加入WTO之后,知识产权方面的纠纷会越来越多。在我国,现在处理专利无效案的程序很麻烦:首先,有关当事人需要向专利复审委员会提出无效宣告请求,经过专利复审委员会裁定,再通过行政诉讼程序,完结后再回到审理专利侵权纠纷的程序。这种做法不仅费时费力,而且效果并不好。将专利侵权诉讼与专利无效诉讼统一审理是许多国家的做法。但是,如果仅仅单设一个专利法院,它就会与法院现有的知识产权审判庭在设置上发生冲突,不可能将知识产权庭的专利部分割裂出来给专利法院。另外,随着经济的发展,市场的逐渐成熟,尤其是入世后,知识产权纠纷案件越来越多,有些案件可能同时涉及著作权、专利权或者商标等方面的问题,只能由统一的知识产权法院审理。如果将它分割开来,分别由专利法院审理专利部分,由普通法院的知识产权审判庭来审理著作权或者商标权的部分,不仅事实上不可能,而且还可能乱套。因此,现在的情况是,我们要建立的是一个独立的知识产权法院,并且是势在必行。当然,也有的被采访者对建立知识产权法院的可能性和可操作性表示了担心。②

在2001年4月10日全国政协会议期间,全国政协委员吴伯明先生就我国的知识产权保护工作发言时认为,自改革开放以来,我国知识产权保护工作取得了长足的进步,其表现是,知识产权法律法规逐步建立并修改完善,使我国知识产权法律与《知识产权协定》的标准相一致。③ 另一方面,加强知识产权司法

---

① 参见《专家建议:建知识产权法院》,载《上海青年电子社区青年报》。资料来源于:http://www.why.com.cn/epublish/gb/paper1/1202/class000100020/hwz133535.htm。

② 资料来源同上。

③ 参见吴伯明:《建议在我国设立知识产权法院》,资料来源于:http://www.gmdaily.com.cn。

工作,保护当事人的合法权益,使知识产权纠纷大幅度增加。他认为,考虑到知识产权行政案件的特殊性,在我国筹建知识产权法院的时机已经成熟。吴委员认为,我国设立知识产权法院有很多方面的好处,但最主要的好处可概括为:

1. 有利于树立良好的国际形象

随着我国知识产权法律体系的完善,法院系统已经在最高人民法院、高级人民法院、中级人民法院以及部分基层人民法院设立了知识产权庭,专司知识产权案件的审理工作,取得了很大的成绩。国内媒体对我国知识产权司法保护一直进行着积极的宣传,国外媒体对此也有相关的报道。但是,各级法院的知识产权庭还不足以解决在知识产权纠纷案件审理过程中出现的各种问题,例如,在专利侵权诉讼中被告提出专利权无效之抗辩时,将导致诉讼的中止,需等到国家知识产权局专利复审委员会对被告的专利权无效请求进行复审以及就此引起的相应的行政诉讼程序完结后,再视具体情况来决定是否恢复专侵权诉讼程序。成立知识产权法院有利于加强知识产权保护,积极推行我国国家知识产权战略的实施,树立良好的知识产权保护国际形象。

2. 有利于遏制地方保护主义

根据有关法律规定,知识产权侵权案件与确权案件分别由不同的机构审理。就专利案件而言,侵权案件是由侵权行为发生地的中级人民法院审理;但被告方可以在法律规定的期间内,请求国家知识产权局专利复审委员会宣告专利权无效。也就是说,专利侵权案件由法院审理,专利确权案件由国家知识产权局审理。通常的程序是,先确权,再判是否侵权。然而,由于两者的不统一,导致案件审理周期过长,不利于专利保护。设立知识产权法院,将知识产权侵权与专利权无效案件的合并审理,可以解决上述问题,有利于审判标准的统一。另外,由于侵权案件管辖的规定,地方保护主义也会在一定程度上影响司法公正,设立知识产权法院,还可以有效地遏制地方保护主义,保证司法审判的公正性,有效维护权利人的合法权益。

3. 有利于节约审判资源

目前,国务院有关知识产权行政部门设立的行政复审部门,如国家知识产权局专利复审委员会、国家工商行政管理局商标评审委员会,在审理双方当事人的案件时,其审理方式与法院的基本相同。在这种情况下,这些机构可以被认为是准司法机构。其审理人员通过培训都可以充实到法院,而不必在法院系统专门再培训一批,因为这些人员已经具有十几年的专利和商标案件的审理经验,对提高司法审判水平有利。同时,这些机构也可以被部分精简掉,以提高办事效率。按照上面的分析,设立知识产权法院,既可以精简机构,又可以节约人力资源,有利于知识产权案件审判水平的提高。

4. 有利于提高审判效率

根据我国目前的知识产权法律,知识产权行政案件在国务院知识产权行政部门都设立了两级行政程序,当事人不服行政部门决定起诉到法院的,还需要两级司法程序才能终审。这样,行政部门与司法部门的程序加在一起有四级,审理程序漫长,不利于知识产权保护。设立知识产权法院,至少可以省去一级行政复审程序,有利于提高审判效率。

综上所述,我国设立知识产权法院既是必要的,也是可行的,应尽早准备、尽快实施。国际上设立知识产权法院已有很多成功的经验可以借鉴。[①]

有人认为,应当以现行《著作权法》、《专利法》、《商标法》等单行法为基础,制定一部统一的《知识产权法》,将其共性的内容写入总则,如在商标、专利申请过程中要遵循公平、诚实信用原则,限制侵犯他人合法在先权利的行为;将个性的内容写入分则。对于知识产权的司法保护,可以在北京成立专门的知识产权法院,对知识产权纠纷案件实行专属管辖。对知识产权的行政保护可以在地方(直辖市、省会所在地市、国务院批准设立的较大的市)成立知识产权管理局,分别由《知识产权法》赋予其相应的职责权限,从而"一揽子"最大限度地便利当事人解决商标权等权利冲突而引发的纠纷。[②] 该项建议,不仅考虑到了在北京市设立知识产权法院的问题,而且还考虑到了编纂《知识产权法典》和组建知识产权管理局的问题,可谓是细致周到。

现在越来越多的知识产权人士呼吁,将专利、商标、著作权、商业秘密等知识产权纠纷案件交由专门的法院来审理。中国社会科学院知识产权中心的郑成思教授认为,这样做至少有两个好处,一是节省人力、物力资源,二是保证审判标准的统一性。从理论上讲,专利、商标经行政审批授权后,接下来出现的事情都应交由法院来管,比如有人诉商标权、专利权无效,或者在专利侵权或商标侵权诉讼中被告方提出反诉等。中国《专利法》、《商标法》制定于20世纪80年代,当时的法院系统无力承担撤销注册商标、宣告专利权无效这样的诉讼,因此,为了解决注册商标撤销的问题,国家工商行政管理局就设立了商标评审委员会;为了解决专利权无效的问题,国家专利局就设立了专利复审委员会。然而,经过近30年的实践,情况已经发生了很大的变化。自1993年北京市率先在法院内部设立知识产权审判庭以来,现在,最高人民法院、高级人民法院、中级人民法院以及部分基层人民法院都设立了知识产权庭,法官们日趋丰富的审判经验已完全可以胜任注册商标的撤销和专利权无效宣告的任务。在这种情况

---

① 参见吴伯明:《建议在我国设立知识产权法院》,资料来源于:http://www.gmdaily.com.cn。

② 参见张海燕、杨晓林:《由一起商标抢注案对我国商标行政与司法程序衔接问题的探讨》,资料来源于:http://www.civillaw.com.cn。

下,设立知识产权法院专司知识产权纠纷案件的审理之职,应当是最好的选择。国外有许多国家都已设立专利法院或者知识产权法院,专司专利、商标、版权等知识产权案件的审理。这样做可省时省力,避免重复劳动或同一个案子产生不同审判结果。

郑成思教授曾经解释说,现在,知识产权案件基本由民事审判三庭——知识产权庭负责审理,但该庭无权审理知识产权刑事案件。另一方面,大多数专利、商标侵权案都会提出专利权、商标权无效请求,因此又要牵涉到授予相关权利的行政机关。如当事人对行政机关作出的决定不服并诉诸法院,案件就要由知识产权庭移转到行政审判庭审理,这意味着又要有人再对案件熟悉一遍。从一个方面讲,如此重复能够让更多法官对同样的事实作出判断,根据相关的法律作出裁决,避免让少数人的主客观原因误断误判;从另一方面讲,如此重复既浪费了十分有限的资源,又延误了审判时间,完全没有必要。正因为知识产权案件的复杂,加上确实存在一部分模糊区,一个知识产权案件交由同一法院的不同法庭来审理,结果有时可能会很尴尬,即不同的法官会作出不同的裁决,比如知识产权庭认为受侵害的专利是有效的,但行政审判庭会认为受侵害的专利无效。呼吁设立专利法院,旨在追求审判的一致性,如果一时做不到这一步,至少应保证在同一法庭审理知识产权案件,不要中途交由其他法庭审理。①

我们认为,我国现在设立知识产权法院的时机已基本成熟,其表现为:(1)经过改革开放以来三十年的法律制度建设,知识产权审判所依赖的法律法规已经基本具备,"有法可依"的问题基本解决了。(2)经过多年的司法实践,法院已经基本具备了进行知识产权专门审判所需的经验,而且已有一大批具有相当水平的法官。(3)市场经济的逐渐成熟,科学技术的飞速发展,我国法院审理的知识产权案件每年呈快速上升趋势,原来认为成立专门的知识产权法院,可能没有足够多的案件审理,造成人、财、物的浪费,这个问题现在已经不存在了。(4)经过三十年的法学教育和理论研究,知识产权法律体系已经建立起来了,而且相应的理论已初步形成。例如,关于知识产权的种类、权利内容、权利限制、侵权行为、归责原则、责任形式以及赔偿标准等,基本达成了共识,这为知识产权法院的建立奠定了理论基础。

依法治国,建设社会主义法治国家,是已经写进宪法的一项基本国策和治国方略。我国已经于2008年颁布了《国家知识产权战略纲要》,标志着我国已经开始将知识产权提高至国家战略层面进行考虑和实施。知识产权制度是完成国家知识产权战略任务的重要保障,而建立知识产权法院是保证知识产权保

① 资料来源于:http://www.Legaltheory.com.cn。

护得以全面落实的重要手段。

成立知识产权法院,使其人、财、物全部脱离地方,直接由国家财政拨款,独立行使审判权,这样做虽然不一定能够在一朝一夕解决所有的弊端,但至少为克服这样的弊端创造条件,使之成为可能。

(三) 未来我国知识产权法院的模式

由上分析,我们认为建立知识产权法院,不仅时机已基本成熟,条件已基本具备,而且也有迫切的需要,有许多方面的优点。然而,我们应当依据何种模式来组建知识产权法院呢?

从国际的经验来看,将知识产权审判从现实的审判体制中剥离出来构建统一的知识产权法院,主要有四种模式①:(1) 设置专门的知识产权法院独立处理所有的知识产权案件或主要的知识产权案件;(2) 在普通法院中设置专门的知识产权法庭独立审理知识产权案件,或者配备具有知识产权背景的法官审理知识产权案件;(3) 设立商业法院或专门法院审理知识产权案件和其他商事纠纷;(4) 设立专门的上诉法院审理知识产权案件和特定类型上诉案件。

上述四种模式中第二种类型是当前我国现实中采用的知识产权案件审判模式,但究其实质,并非真正意义上的统一知识产权法院模式,因此是改革的起点而非方向;第三种模式在我国没有先例,也不会有合适的商业法院与之并行,亦不足采。所以,从现实的角度看,可供借鉴的知识产权法院模式包括:(1) 独立的知识产权法院体系;(2) 知识产权上诉法院体系;(3) 专利(包括植物新品种、集成电路布图设计)上诉法院体系。下面将对此三种模式展开分析。

1. 独立知识产权法院模式分析

建立独立的知识产权法院体系,是对现行知识产权司法体制进行的彻底改革,意味着要将知识产权审判从普通人民法院中立体式地剥离出来,使知识产权司法体系成为一个直接隶属于最高人民法院的体系。这种独立的知识产权司法体制实行三审终审原则,即设立知识产权初审法院、上诉法院和终审法院,知识产权终审法院是最高人民法院。在此模式下,地方各级法院与知识产权法院没有任何隶属关系,均无权审理知识产权案件;其中,北京市的知识产权初审法院,除了管辖北京地区的知识产权民事、行政和刑事案件外,还管辖因知识产权权利人或者申请人对国务院知识产权行政部门的无效和异议裁决不服的行政诉讼案件。

---

① International Bar Association Intellectual Property and Entertainment Committee, International Survey of Specialized Intellectual Property Courts and Tribunals, London, February 2005.

(1) 独立知识产权法院模式的基本特点

此种模式符合“大知识产权审判格局”的观念,是对上海浦东知识产权审判模式(“三审合一”模式)的深化。现在,虽然最高人民法院、高级和中级人民法院以及享有知识产权案件管辖权的基层人民法院已经成立了知识产权庭,但是,它们却是名实不符,在许多法院仍然是:知识产权行政案件在行政庭审理,知识产权刑事案件在刑事庭审理,只有知识产权民事案件在知识产权庭审理。这种多头审理知识产权案件的格局,造成许多问题。为此我国知识产权司法审判模式的设置应与时俱进,“应当设立一个集知识产权民事、刑事、行政‘三审合一’的知识产权法院”。①

此种模式意味着将专利复审委员会、商标评审委员会等具有“准司法”性质的行政管理部门划出去,与知识产权初审法院合并,统一由知识产权初审法院(主要是北京知识产权初审法院)行使该类案件的管辖权。将专利复审委员会、商标评审委员会等具有“准司法”性质的行政部门的审理人员通过培训充实到司法部门,以节约司法资源。② 这对于解决被告滥用无效宣告程序以拖延诉讼的现象,将会有釜底抽薪的作用。同时我们建议在立法中明确规定,不服专利局、商标局驳回申请的决定和专利强制许可的案件,以专利局、商标局为被告;任何人请求宣告专利权或者注册商标无效的案件,应以无效申请人为原告、权利人为被告向知识产权法院起诉,从而解决知识产权司法保护与行政程序的交叉和矛盾。

此种模式意味着在我国建立起立体式的知识产权法院体系。发生知识产权纠纷后,当事人应直接在知识产权初审法院起诉,对初审法院判决或裁定不服的,可以向知识产权上诉法院上诉。当事人对于上诉法院的裁定不服的,可以向终审法院提起诉讼。终审法院设置在最高人民法院。

考虑到知识产权案件和我国现有人力、物力、财力等审判资源的有限性,知识产权法院也应受到数量的约束。也就是说,不可能在每一个省、自治区或者直辖市设立一个上诉法院,也不能只在全国范围设立一个上诉法院。那么,初审法院和上诉法院分别应当设立几个,属于运筹学和统计学范畴的问题。设得过多,会造成资源的浪费,同时还会产生与现有审判体制同样的弊端;设得过少,可能给当事人造成很多不必要的麻烦,让当事人感到诉讼的不便。鉴于此,应在每个省、自治区、直辖市首府所在地各设一家知识产权初审法院,同时考虑

---

① 《我国知识产权行政管理与司法审判体制及法律问题调查》,资料来源于:http://www.chinaiprlaw.com/spxx/spxx327.htm。

② 参见吴伯明:《建议在我国设立知识产权法院》,资料来源于:http://www.gmw.cn/01gmrb/2001-04/10/GB/04%5E18747%5E0%5EGMC2-108.htm。

到上诉案件相对的有限性,应对其设置的数量作限制性的安排。

根据近几年各地知识产权案件数量、经济发展水平、地缘关系以及交通便利状况(参见图表),建议在全国范围内设立六个上诉法院,具体分布为:北京市、沈阳市、成都市、武汉市、上海市以及广州市。北京市的上诉法院专门负责北京、河北、山西、天津、内蒙古的知识产权案件的上诉审,沈阳上诉法院负责黑龙江、吉林、辽宁的知识产权案件上诉审;成都上诉法院负责四川、重庆、陕西、甘肃、宁夏、云南、新疆、西藏和贵州的知识产权案件上诉审;武汉上诉法院负责河南、安徽、湖北、湖南、江西的知识产权案件的上诉审;上海上诉法院负责上海、江苏、浙江、山东的知识产权案件的上诉审;广州上诉法院负责广东、福建、广西、海南的知识产权案件上诉审。通过对 2002—2004 年上述六个区域知识产权民事案件审判数据分析可以发现:(1) 知识产权案件的分布差距较大。北京、上海和广州三个地区囊括了全国一半以上的知识产权案件。但是由于地域限制不可能将发达地区与欠发达地区捆绑起来确定地域管辖,因此要实现知识产权法院案源的绝对平衡是不可能的。(2) 知识产权上诉案件在不同区域之间的分布相对比较平衡。北京、沈阳、成都、上海、武汉、广州等六个城市的知识产权案件审理数量较多,审判资源相对集中,而且均处于所在区域有利位置,交通便利,有利于当事人参加诉讼。因此,确定在这六个城市设立知识产权上诉法院是较为合适的。

(2) 独立知识产权法院模式的利弊分析

依照这种模式,全国的知识产权司法审判完全独立于普通人民法院,形成了一个独立的、完整的知识产权司法审判体系。这种法院体系模式从总体上来说是知识产权司法体制改革比较理想的目标,符合知识产权司法专业化的终极需求。完全独立的知识产权法院体系相对于现行的知识产权司法体系和其他几种模式,主要有以下几个优点:

① 统一了知识产权审判机构,解决了现行知识产权案件多头审判的混乱格局。在我国现阶段虽然有不少法院已经建立了统一的知识产权庭审理知识产权民事、刑事和行政案件,但大多数知识产权案件还是由民事庭、刑事庭和行政庭分别审理的,而且即使是建立统一的知识产权庭的地方,审判级别之间有很多都是不对称的。也就是说,很多知识产权审判庭找不到相对应的上级或下级知识产权审判庭。这就使得现在的知识产权审判体系显得不够严谨。建构独立的知识产权法院体系,这个问题将迎刃而解。

② 排除了地方和部门保护主义的干扰,有利于统一知识产权司法标准。我国现行的知识产权司法体系下,知识产权案件的审判分散于普通人民法院的各个审判庭。普通人民法院由于人事和财政受地方政府的制约,地方保护主义

在所难免。独立的知识产权法院体系下知识产权法院所需财政资金由中央财政拨付,人事由法院自己管理,不再受制于地方政府,为克服地方保护主义提供了体制保障。

③ 可以大大提高知识产权案件审判的效率。建立独立的知识产权法院后,知识产权法官由熟悉专业知识的人员担任,他们审理案件就会比普通人民法院的法官更加得心应手;在这种知识产权司法体系下,现行专利复审委员会和商标评审委员会的复审行政程序被纳入司法程序之中,行政程序对司法程序的制约在统一的司法程序中得到解决;而且,统一的知识产权法院有利于案件审理的流水化作业。这些都有助于知识产权审判效率的提高。

④ 可以保证知识产权审判的质量。建立独立的知识产权法院,在一定程度实现了司法独立,而且专业法官审理知识产权案件也同时提高了案件判决的权威性,原来审理案件较少的知识产权庭现在案源得到保障,审判人员可以在实践中不断摸索,在实践中成长,从而能够更好地把握和理解知识产权案件的规律,有助于从根本上保障知识产权审判的质量。

⑤ 可以提高知识产权案件判决的确定性,有利于在知识产权领域开展国际司法协助。我国现行法院都遵循两审终审制,但又以再审程序为例外,这就大大增加了判决的不确定性。有些外国法院也就以此为借口拒绝承认和执行我国法院的判决。独立的知识产权法院体系实行三审终审制,最高人民法院为终审法院,这就大大提高了我国知识产权案件判决的确定性,从而有利于开展国际司法协助,树立我国保护知识产权的良好形象。

当然也应看到,任何知识产权法院模式的设计都不可是完美无瑕的,独立的知识产权法院体系与其他的知识产权审判体制相比,也存在着一些缺点,这主要表现在以下几个方面:

① 增加了当事人的诉讼成本,对当事人进行诉讼造成了一些不便。按照这种知识产权法院的设想,知识产权上诉法院是在六个城市设置的,一个知识产权法院的地域管辖范围相当大。由于地域的限制,有些当事人不得不到外地诉讼,这与现行的知识产权司法体制下当事人在住所地法院即可诉讼相比,增加了诉讼成本,给当事人带来了不便。特别是"不同区域的人们提起普通的版权和不正当竞争侵权诉讼存在不便"[①],从某种意义上增加了偏远地区居民的负担。

② 在独立的知识产权法院体系下,知识产权法院的维持成本比较高。独

---

① katsumi shinohara, Outline of the Intellectual property High Court of Japan, AIPPI Journal, May 2005, pp. 131—147.

立的知识产权法院体系要求重新建立一套独立于普通人民法院的知识产权法院,并确保其高效率地运转。这就可能需要重新选派法官及法院行政人员、设置知识产权法院场所、购置现代化的高技术设备。但这些都需要资金投入,与现行的知识产权司法体系相比,成本较高。

③ 独立的知识产权法院实行"三审终审制",与我国现行的"两审终审制"相冲突,不利于知识产权审判工作的平稳过渡。对于审级原则的修改涉及方方面面,在现行基本法律规则未作修改之前,知识产权案件单独实行三审终审制,存在与现行诉讼程序衔接的问题。

④ 独立的知识产权法院体系将知识产权刑事案件整合进知识产权法院的受案范围,存在着实务上的难点。理论上的知识产权犯罪行为固然是清楚的,但实践中知识产权犯罪案件从公安机关立案侦查到检察机关的起诉,再到人民法院的审判,通常是并案侦查、合并起诉,法院最后的判决也往往是以非法经营罪等罪名竞合、牵连、吸收的原则进行判决。例如 2005 年各级人民法院受理侵犯知识产权的犯罪案件 406 件,与知识产权相关的两类案件即生产、销售伪劣商品犯罪案件和非法经营犯罪案件各为 911 件和 1562 件,比知识产权犯罪案件要多得多。因此将知识产权刑事案件从普通法院中剥离出来存在操作上的困难,而且实践上也没有必要。

⑤ 独立的知识产权法院体系对现行的知识产权审判体制的改革力度太大,涉及《人民法院组织法》、《民事诉讼法》、《行政诉讼法》、《刑事诉讼法》、《商标法》、《著作权法》、《专利法》等一系列法律的修改,因此难度也就增大,不可能在一次改革中就能完成。

2. 知识产权上诉法院模式

正是为了克服独立的知识产权法院模式所存在的弊端,知识产权上诉法院模式得以生成。知识产权上诉法院模式是指,根据我国目前的实际情况,在北京地区、东北地区、西北地区、西南地区、中南地区和华东地区分别设立一个知识产权上诉法院,直接隶属于最高人民法院。知识产权一审案件的审判体制维持现状①,知识产权上诉法院为二审法院,专门负责知识产权上诉审。根据两审终审原则,知识产权上诉法院作出的判决或裁定,为终审判决或裁定。此外,北京知识产权上诉法院还专门管辖权利人或申请人对国务院知识产权行政部门授权裁决不服的行政诉讼案件,北京上诉法院的裁决为终审裁决。

---

① 主要是普通法院体系中的中级人民法院,当然也可以由最高人民法院指定诸如北京市海淀区、上海市浦东区等极个别的区级人民法院审理知识产权一审案件。

(1) 知识产权上诉法院模式的基本特点

此种模式与第一种模式相比,具有很多相同的特点。在选择知识产权上诉法院的设置地域和数量时,同样根据统计学和运筹学的模型,选择在北京市、沈阳市、成都市、武汉市、上海市、广州市等六个城市设立知识产权上诉法院;并且这些知识产权上诉法院对知识产权上诉案件享有专属管辖权。

此种模式的最大特点是将知识产权案件的二审集中到独立于普通人民法院的知识产权上诉法院。一审案件基本维持现状,并且仍然坚持现行的两审终审制。因此这种模式实现了将知识产权上诉审剥离出普通人民法院,是一种只在上诉审上横向剥离的模式。

此种模式的另一个特点是确定北京市知识产权上诉法院专门审理知识产权权利人或申请人对国务院知识产权行政部门授权裁决不服的行政诉讼案件,且北京上诉法院的裁决是终审判决。这实际上在一定程度对于专利复审委员会、商标评审委员会等"准司法机构"的司法权限给予了肯定。

(2) 知识产权上诉法院模式的利弊分析

知识产权上诉法院模式是许多国家采用的模式,其优点是:

① 在一定程度上实现了知识产权司法独立,排除地方和部门保护主义的干预,实现知识产权上诉审判标准的相对统一。根据此种模式在六个主要城市设立知识产权上诉法院,可以排除地方政府等对知识产权司法的干预。虽然知识产权纠纷案件的初审仍然会受到地方保护主义或某些非法律因素的影响,但可以通过知识产权上诉法院将这种影响降至最低限度。

② 可以提高知识产权案件的审判效率和审判质量。知识产权上诉法院的设立,可以从根本上实现知识产权终审裁判的专业化、高效率性和高效力性。此外,将不服行政授权的行政诉讼案件集中到北京知识产权上诉法院审理,并且将其裁决作为终审判决,既不违反"司法审查"的原则,也提高了案件的审判效率。

③ 具有连续性和稳定性,因此可操作性比较强。在这种模式下,知识产权上诉法院虽然独立于普通人民法院,但知识产权纠纷案件的一审格局基本稳定,有利于知识产权案件审判的稳定性和连续性。同时又在实质上设置了独立的知识产权上诉法院体系,推动了知识产权审判体制的改革,符合循序渐进开展司法改革的原则。

④ 改革成本比较低。由于直接审理知识产权一审案件的依然是普通人民法院,所以在这一模块上基本不需要改革投入,因此,可以集中人力、物力和财力于知识产权上诉法院。另一方面,因为知识产权上诉法院在全国也只有6个,还可以充分整合现有的各省高级人民法院的审判力量和审判资源,故改革

的投入不会很多。

虽然知识产权上诉法院有很多优点，但它也存在着一定的不足，主要体现在对现行知识产权司法体系的改革不彻底。该种模式只是实现了知识产权终审程序的横向独立，知识产权一审案件审理仍然依靠普通法院，这种司法改革的不彻底性带来了随附性的问题。例如，一审法院是否要受知识产权上诉法院监督？也就是说，知识产权一审法院和上诉法院的关系该如何处理，这就是一个不好回答但又不可回避的问题，并且可能会在一定程度上制约知识产权上诉法院的有效运转。

3. 北京知识产权法院模式

由于司法改革是一项复杂的系统工程，需要相互配套的体系，特别是需要《人民法院组织法》、《民事诉讼法》、《刑事诉讼法》、《行政诉讼法》等多项法律的修改和配合才可能完成。北京知识产权法院体系模式是指，以北京市高级人民法院知识产权审判庭为基础，组建一家审理特定类型知识产权案件的北京知识产权法院。该法院不再是普通法院系统的组成部分，而是直接隶属于最高人民法院，统一管辖北京市的知识产权案件的上诉审，以及不服国务院知识产权行政部门授权而引发的行政诉讼案件等。北京知识产权法院的判决是终审判决。

(1) 北京知识产权法院模式的基本特点

此种模式与前两种模式相比带有浓厚的妥协性和过渡性。知识产权审判体制改革的重点集中于不服行政授权的行政案件，对于其他类型的知识产权案件维持现状。同时，北京知识产权法院是作为独立的知识产权法院而存在的，从一定程度上具有现实意义。

此种模式的第二个主要特点是维持了现有专利复审委员会和商标评审委员会的"准司法"权限。但为了防止行政程序和司法程序重复所造成的效率低的弊端，对于不服行政授权决定的诉讼在北京知识产权法院进行，并且北京知识产权法院所作的判决为终审判决。因此在某种意义上讲，专利复审委员会和商标评审委员会等所作出的复审和评审决定，已被视为是接近一次司法审判，同时这又不违背《知识产权协定》有关司法审查的原则性要求。这一特征与第二种模式相近似，也是针对当前最需要解决的问题而采取的措施。

此种模式的第三个特点就是将北京市的知识产权案件的上诉审集中管辖。

(2) 北京知识产权法院模式的利弊分析

北京知识产权法院体系的设置从总体上看改革的空间非常小，它的宣传功能要强于其实效，它只涉及对现行知识产权授权中行政诉讼体制的改革，对现有的知识产权司法体系影响不大，符合逐步改革、稳步推进的原则。北京知识产权法院实际上是充分考虑到各方利益基础上进行的制度设计，因此可能比较容易被各方接受。此外，北京知识产权法院设置和维持的成本比较低，改革的难度较前两种模式要小。由于该体系只要求在全国设立一家北京知识产权法院，而且是以北京市高级人民法院知识产权审判庭为基础组建的，因此也就不会花费太大的人力、物力和财力，比在全国建立几个知识产权上诉法院的成本要低。

同时还应看到，北京知识产权法院体系模式由于是各方利益妥协下的制度设计，它仅仅只是在有限领域的尝试，因此并不能最终解决知识产权案件审判司法独立问题，也不能从体制上确保实现司法的公正与效率。

三、统一的行政管理体制与法典化效果的具体落实

知识产权是一种私权，除著作权和商业秘密外，其他种类权利的取得需要经过相关行政机关的授权，是世界各国共同的规则。知识产权行政机关对知识产权法典的实施实效，不同于知识产权法院。知识产权法院是通过司法程序确保知识产权的实效，而知识产权行政机关则是从授权方面加强知识产权法律的实效。在某种意义上讲，知识产权行政机关对知识产权实效的影响可能更大。如果知识产权行政机关不能严格履行其职责，公平、合理、高效地授予各项权利，让劣质、低效的发明创造获得专利权，让不符合商标注册条件的商标得以注册，就必然扰乱整个知识产权制度的运行，知识产权法院也将无能为力。

为了确保智力劳动者所施加劳动的对象是属于公共领域的资源，而且其施加劳动所产生的结果能够与其他私人享有的智慧创作物相区别，需要采取一定的确认措施或程序。1623 年的英国《垄断法规》第 2 条明确规定："一切垄断权，以及一切委任、授权、许可、令状、专利权、宣告、禁止、限制、援助保证和与前述各项相关之其他事务及其效力，此中的每一项类皆须依本域内之普通法而非其他规则进行审查、听证、诉讼和裁判。"①在此，作为知识产权一个组成部分的专利权被承认是一种"垄断权"受到保护。与此同时，该法规要求包括专利权在内的一切垄断权的取得都必须经过"审查、听证、诉讼"后予以裁判。由此可见，第一部保护专利权的法规即规定"专利权的取得须经过审查"。

在知识产权领域，建立一个符合本国实际，高效、公平、合理的知识产权行政机关，不仅非常必要，而且非常重要。美国的知识产权保护历史就是一个明

① 参见 English Statute of Monopolies of 1623，资料来源于：http://www. ipmall. info/hosted_resources/lipa/patents/English_Statute1623. pdf。

显的例证。在美国建国之初,为了确保专利权的质量,确保专利制度的作用,成立了以国务卿、军事顾问和司法部长组成的三人审查委员会,在专利审查过程中严把质量关,这肯定是对专利制度高度重视的表现。但是,它却产生了事与愿违的实效,也就是专利制度的预期效果未能实现。为了改正这个过于严厉的做法,美国又全盘取消了对专利申请的实质审查,这种矫枉过正的做法使专利权的取得过于泛滥,让许多质量低劣的所谓发明取得了专利权。由于在当时既没有上诉制度,也没有无效制度,所以,对如此的劣质专利,国家也无能为力。通过两次失败的教训,美国后来才找到了符合专利制度需要的行政机构设置,即于1802年成立了专利局,1836年重组专利局,使其成为一个附属于国务院的独立机构,经过逐步的改进和完善,达到了理想的预期目标。后来,美国成立了"专利商标局"专门负责授予专利、注册商标以及发布关于专利商标的信息等。

为了提升专利商标局的地位,保证专利法和商标法的实施实效,美国又制定了《专利商标局实效法》(Patent and Trademark Office Efficiency Act),对其专利商标局进行了重建,即"重建专利商标局作为美国专利商标局"(The Reestablishment of the Patent and Trademark Office as the United States Patent and Trademark Office)。该法于2000年3月29日生效。美国制定《专利商标局实效法》,重建美国专利商标局,是为了将原来的专利商标局建成一个隶属于商务部的政府机构(注意:美国商务部长由美国总统兼任),使其成为一个功能性组织。根据该法,重建的美国专利商标局将采用定性定量方法和标准来评估符合公平和竞争原则(the principle of impartiality and competitiveness)的实施成本。重建的美国专利商标局,在商务部长的指导下,继续授予专利权、核准商标注册,以及发布关于专利商标的信息。但是,该局享有独立的财政预算、开支、人事安排和其他行政管理权力。[①] 由此可见,为了使法律的实施更有实效,改组知识产权行政机构是一个很重要的措施。

当今世界各国设立知识产权行政机关的模式可分为两种:一种是单一模式,如菲律宾等国家;另一种是分散模式,这种分散模式又可分为二分式、三分式和多分式。

知识产权行政机关的一体化模式,就是设立国家知识产权局,将与知识产权行政事务有关的职责都交由该局,由其统一管理。《菲律宾知识产权法典》将菲律宾与知识产权有关的政府部门进行了重组,创立了菲律宾国家知识产权局。该法典第一编第5条"知识产权局的职责"规定知识产权局具有以下职责:

---

① 参见"DEPARTMENT OF COMMERCE—United States Patent and Trademark Office",资料来源于:http://www. micropat. com/og/ogn2000509/patuspt. html。

(1) 审查发明专利申请、实用新型和工业品外观设计注册申请;(2) 审查商标、地理标志和集成电路布图设计注册申请;(3) 进行技术转让协议登记,处理关于技术转让付酬的争议,以及研究与实施促进技术转让且为技术转让提供便利的战略对策;(4) 促进将专利技术作为技术开发工具的利用;(5) 在其出版物上定期发布已授予的专利权、已核准注册的商标、实用新型和工业品外观设计和已登记的技术转让协议;以及(6) 对影响知识产权的争议程序进行行政裁决。另外,知识产权局保有与向该局提出的知识产权申请有关的记录、文本、说明书、文档以及其他材料和资料。该法典第6条规定了知识产权局的组织结构:(1) 知识产权局由干事长负责,由两名副干事长协助干事长工作。(2) 知识产权局由六个局组成,每个局由局长负责,并有一位局长助理协助局长工作。(3) 干事长、副干事长、各局局长和局长助理由总统任命;该局的其他官员和雇员由工商业部长依据《公务员法》任命。他们各自的职责以及各局的职责此编也作了明确规定。在知识产权局的六个分局中没有版权局,那么版权事务由哪一个局负责,此编未作规定,而是在该法典第四编第六章“交存与版权标志”第190条规定,作品版权人授权公开出版的作品,自该作品首次出版后3个星期内向国家图书馆和最高法院图书馆办理作品交存和登记手续。除此之外,关于版权的其他事务则由干事长依职权处理。

由此可见,采用单一模式的知识产权局,对知识产权事务有一个全面一致的部署和安排,有利于国家知识产权战略的实施。菲律宾在2001年总结其加入WTO所取得的成绩时,高度评价了其知识产权法典实施的实效。在报告中说:“非常有意义的成绩应归结于给知识产权提供了协调一致并有效的保护。”①“从1995年以来,国会通过了几部法律,包括贸易保护措施和知识产权保护方面的法律,它们对提升我国的贸易地位起到了很好的作用。”②这说明菲律宾政府对现在的知识产权保护状况是满意的,也说明它现在的知识产权保护制度是有实效的。

除菲律宾外,美国政府管理知识产权的机构其名称虽然不是“知识产权局”而是“专利商标局”,但是它与菲律宾的“知识产权局”行使的职能基本相同,即除作品的交存和登记由国会图书馆办理之外,知识产权领域的其他事务差不多都由该局管理。美国的知识产权保护对美国经济发展和贸易交往的促进作用是举世公认的。美国在知识产权保护方面素有强烈的个性特征,其举措很多,如《竞争与贸易综合法》中的“特殊301条款”、《税法》中的“337条款”,虽然遭

---

① 参见 The Philippines in the World Trade Organization,资料来源于:http://www.tradesuccess.org/stories/storyReader $190#_ftn1。

② 同上。

到其他许多国家的异议,但它仍然是很有实效的。它们不仅使美国的知识产权在本国内得到了很好的保护,而且在国外也能得到很好的保护。此外,其他还有许多国家的知识产权行政机关也是由"工业产权局"(如巴西)或者专利商标局等统一管理和实施知识产权事务。

除此种模式外,其他一些国家的做法并无定式,我国的做法则最为特别,诸部门分立。我国现有的知识产权行政机关,分别成立于不同的时期。商标局在20世纪50年代就已经成立了,而且一直存在着。专利局成立于1980年,版权局成立于1985年。当时,专利局是一个属于国务院的独立机构,版权局与国家新闻出版署为一套班子,两块牌子,基本上可以算是与专利局平行。1998年进行机构改革时,成立了国家知识产权局,取代了原来的专利局,而原来的专利局则变成了知识产权局的一个组成部分。除这三个主要机构外,还有农业部和林业局负责对植物新品种权的审查授权等,我国的知识产权行政机构门类众多,职责单一,各自为阵。这种格局是否有必要改造重组,需要研究。

在知识产权领域,知识产权行政部门具有非常特殊的作用。首先,知识产权制度赖以存在的基础是给智力劳动者授予知识产权。虽然各个国家授予知识产权的具体做法有所不同,但由相应的国家知识产权行政机关依照法律规定的程序对智力劳动者授予权利则是相同的。到现在为止,除了著作权、商业秘密权和某些实行商标权使用取得原则的国家的商标权之外,其他种类知识产权的取得都需要经过相应的国家知识产权行政机关的授权。

国家知识产权行政机关的授予行为,虽然首先是一种行政行为,是代表国家对知识产权申请人之申请进行受理、审查、授权和公告等,但是,更为重要的是它所为的是一种确权行为,直接关系到公民、法人或者其他组织对自己进行智力、人力、物力和财力投资而创作出来的结果能否产生相应权利。那么,国家知识产权行政机关应当如何行使其权力,发挥其作用呢?现在,由于我国的知识产权行政机关是在计划经济体制下形成的架构,其功能和作用仍然遗存有计划经济时代的痕迹。(1)授权职能。除版权局外,专利局、商标局、农业部和林业局都具有给智力劳动者授予相应知识产权的职能。(2)矫正职能。根据知识产权各单行法的规定,除版权局外,每一个授予机关都有权对其授予的相应权利依照法定程序予以撤销或者宣告无效。(3)管理职能。根据知识产权各单行法的规定,每一个知识产权行政机关(包括版权局)都有权对相应的知识产权行使管理职能。(4)裁判职能。根据相关法律的规定,每一个知识产权行政机关都有权对其所辖范围内的知识产权纠纷进行裁判。(5)立法职能。例如,国家知识产权局有权提出《专利法》及其实施细则的草案,制定相应的实施规则等;国家工商行政管理局有权提出《商标法》及其实施条例的草案,制定相应的规章，如《驰名商标认定和保护规定》等；版权局有权提出《著作权法》及其实施条例草案，制定相应规章，如《作品自愿登记办法》等。

上述五项或者更多的职能中，除了授权职能和矫正职能属于其应有职能之外，其他的职能基本上属于附加职能，完全可以从中分离出来，由其他机关或者司法部门去执行。如对知识产权的管理、对知识产权纠纷的裁判等，可以分别交由商务部门、司法机关或者仲裁机构去进行，让知识产权行政机关尽可能地集中精力进行知识产权的授权和矫正工作。完善我国的知识产权制度，不仅仅只是一个号召，而应当付诸实施。进行知识产权制度法典化，编纂知识产权法典，建立知识产权法院，重组国家知识产权局，实施国家知识产权战略，则是最有效的举措。而重组国家知识产权局，则是实现"精简、统一、效能"原则的最佳方式。我国现有的各知识产权行政机构，对我国知识产权制度的发展的确起过很重要的作用，如果没有这些机构的有效运作，我国的知识产权保护不可能在二十多年的短暂时间内取得如此令世人瞩目的进步。这些机构的运作，不仅为我国知识产权制度的进一步发展奠定了基础，而且提供了宝贵的经验和教训。对一个国家的法制建设而言，成功的经验是财富，失败的教训同样是财富。但是，国家现有的知识产权行政部门过于庞杂，同样的职能却由不同的部门进行，不利于国家知识产权战略的实施。实施国家知识产权战略，是使知识产权保护取得实效的最佳途径，但是，没有"精简、统一、效能"的指挥中心，各自为政，是难以产生预期实效的。为了实施知识产权战略，以知识产权立国，日本进行了一系列有力的改革，制定知识产权战略计划，成立知识产权战略会议，由首相任部长；内阁成立了知识产权战略部，制定了知识产权基本法，建立了东京知识产权高等法院，力度之大，前所未有。

现在，我国的国家知识产权战略已经颁布并正在实施之中。实施国家知识产权战略，就是要全面提高我国知识产权创造、管理、实施和保护的能力，关键是提高自主知识产权的数量和质量，重点发展拥有自主知识产权的核心技术和配套技术，提升全社会掌握和应用知识产权制度的能力和水平，通过总体谋划，培育和发展国家竞争力。实施知识产权战略的根本目的，在于服务全面建设小康社会的民族大业，促进经济和社会全面、协调、可持续发展。经过多年的实践和探索，我们在创新体系建设、专业人才培养、知识产权成果转化等方面积累了宝贵经验，相关工作手段不断丰富。随着社会主义市场经济体制的不断完善，市场机制对创新主体的激励作用越来越明显。① 然而，我们的国家知识产权局除了具有这个名称之外，并不享有对知识产权进行统一运作的实际权力。通过

① 参见《积极实施知识产权战略》，载《中国知识产权报》2004 年 1 月 14 日。

知识产权制度法典化,知识产权法典编纂完成后,实施知识产权战略的重头戏就是建立知识产权法院和重组国家知识产权局,使其能够名副其实地担当起实施知识产权战略的重任。

重建国家知识产权局可选择之模式为:知识产权局直属国务院领导,下设若干局,包括专利局、商标局、版权局、国际事务局、上诉委员会和政策法规研究室等。为了提高知识产权局统领实施知识产权战略的权威性,可以考虑由国务院副总理或者国务委员担任总局长,而下属各局为部级机关,统一指挥,统一协调,统一管理,统一运作,提高知识产权行政部门的效能,最终使知识产权制度法典化产生最佳实效。具体安排为:专利局专门负责专利申请、植物新品种权申请、集成电路布图设计权申请以及实用新型登记申请的受理、审查、授权以及与此工作相关的文献管理、文献检索、文献服务等工作;商标局专门负责商标注册、地理标志注册申请的受理、审查、核准注册以及与此相关的信息工作;版权局专门负责作品登记、软件登记、工业品外观设计登记、传统知识保护等工作;国际事务局专门负责知识产权国际条约的缔结、知识产权的对外保护、我国知识产权在国外保护情况的调查等工作;上诉委员会专司专利局、商标局、版权局审查、授权过程中出现的上诉案件;而政策法规研究室则专门负责本国法律法规的研究,对知识产权法典的修改、对实施条约的修改等提出建议稿等。

除此之外,关于知识产权纠纷的处理等,国家知识产权局不必介入,地方各级知识产权局则可以根据具体情况,逐步退出。如版权侵权纠纷、专利侵权纠纷、商标侵权纠纷,可以直接向知识产权法院或者知识产权庭提起诉讼,也可以向仲裁机关申请仲裁,不必经由地方知识产权局处理。另一方面,地方各级知识产权局也不必处理这样的纠纷。处理侵权纠纷,不是行政事务,行政机关完全没有必要介入。关于知识产权的权属纠纷或者其他纠纷,地方各级知识产权局也没有参与调解处理的必要。以前,知识产权各单行法都规定对知识产权纠纷(包括侵权纠纷、权属纠纷或者其他纠纷)可以由知识产权行政机关调处,其指导思想和目的不明确。(1)行政机关的职能是什么,必须弄清楚。经济学界对政府职能的主张是"小政府",经济学界以两种理论支持此种主张。一为市场失灵论,认为政府的经济角色,应该限于维持稳定的社会秩序和公平的竞争条件;除非因信息不足、独占性经济权力的存在,或风险与不确定性等因素,而使市场失灵外,政府不应干预经济活动或扭曲市场价格机能。二为政府失灵论,市场失灵论忽略经济关系的政府意义,但政府失灵论则相当充分地考虑到政治层面非经济因素的影响。例如选民的非理性偏好、政治人物的寻租行为、立法部门的争权夺利、利益团体的游说、政商挂钩、黑金坐大、社会运动,甚至威权体制的残余与不合时宜的法规等,均促成政府的失灵。两者皆导引出小而有能力的政府是最好的政府的结论。在市场经济条件下,既然是小政府好,那么,政府就不应当做不该它做的事。处理知识产权纠纷,无论从哪一个角度看,都不应当是政府职责范围内的事,所以,应当将它还原到本来归属处。(2) 行政机关根本就没有办法解决这样的纠纷。一旦当事人之间发生纠纷,向地方知识产权局提出调解请求,被请求者就得进行调解处理。这种调处的理论基础是当事人对政府的信赖,认为政府一定会站在公正、公平、合理、合法的立场上进行处理。实际上,这种信赖是靠不住的,虽然政府是值得信赖的,但具体进行调处的人不一定值得信赖,政府的运作机制也无法保证调处人是完全可信赖的。一旦调处人实施了不值得信赖的行为,其所损害的不仅是某一方当事人的利益,而且还损害了政府的形象。在行政机关经过一番周折后,如纠纷未能得到妥善处理,还要回到司法程序。这种过程有三个方面的缺陷:(1) 对当事人是不利益的:时间浪费了,金钱浪费了,精力浪费了,更重要的是信赖破坏了;(2) 对政府是不利益的:为了应付这样的调处,需要安排专门的人(即使是兼职,也需要有人花费这样的精力),不利于"小政府"的标准,减损政府的形象,分散政府的注意力;(3) 对法院是不利益的:有些纠纷,经过行政机关处理后,使本来简单的问题复杂化,使法院审理时,往往发生一些不必要的障碍,例如,假如行政机关裁定甲方获胜,乙方向法院起诉,那么,如果该行政机关对法院施加一定的压力(许多情况下是可能的),就可能使法院作出对法律不负责任的裁判,本该胜诉的乙方得到不公正的判决。

基于上述理由,建议各地方知识产权局也不必参与知识产权纠纷的处理,如此做法的利益是非常明显的。

通过对知识产权制度法典化过程实效的分析,我们知道,知识产权制度法典化过程,不仅是一种挑战,同时也是一种机遇。在此过程中,我们可以严肃认真地考察现行的知识产权各单行法,肯定优点,检讨缺失,匡正错误,以图发展。通过分析,我们知道了法律实效有三种样态:正态、负态与零态。处于正向实效状态的法律,对国家的经济发展、社会进步与文化文明具有积极作用;处于负向实效状态的法律,则具有消极作用;处于零实效状态的法律,则为虚位法,无任何价值。然而,影响法律实效的因素主要有三个方面,即立法因素、司法因素和执法因素。

从立法方面看,为了保证所立之法律的实效,应当从立法动议、草案拟订到草案的审议与修改,再到最后的通过等方面把好关。无效用之法,坚决不立;可立可不立之法,可先列入立法计划,等到时机成熟时再为;急需之法,应当尽快立,但也不能因仓促而害其良善,损其实效。从司法方面看,建立专门的知识产权法院，是一种必要的抉择，但仍需进行科学论证，周密设计。从执法的角度看，从国家知识产权行政部门的设立到运作，从海关备案到检查等，都应当形成一个相互协作、配合的整体。

知识产权法院有三种可选择模式，一是设立知识产权初审法院、上诉法院和终审法院；二是维持现在的知识产权一审现状，在六个主要城市各设立一个知识产权上诉法院；三是只在北京设立一个知识产权法院。此三种模式，各有利弊。

国家知识产权局的重组，对知识产权制度的发展具有非常重要的意义，尤其对知识产权法典的实施实效，更是不可忽视的因素。重组之基本架构是：以现在的国家知识产权局为基础，将专利局、版权局、商标局以及农业部与林业局所为审批授权功能集中，形成一个名副其实的国家知识产权局，统一部署，统一授权，统一运作，彻底改变多头所为之现状。

确保知识产权制度法典化之实效，就是确保知识产权制度之实效，进而增强我国法律制度的实效，向着更高目标前进。

附:《知识产权法典》建议稿*

第一编　总　　则

第 111-01 条[立法目的与依据]

为了促进智慧创作物的创作与传播,鼓励将智慧创作物转化为社会生产力,国家授予自然人、法人或者其他组织对其智慧创作物享有排他性的精神权利和财产权利,依据民事基本法制定本法典。

第 111-02 条[名称]

第 1 款:本法典的名称为《中华人民共和国知识产权法典》。

第 2 款:如无特别说明,本法典所称的"本法典"指《中华人民共和国知识产权法典》。

第 111-03 条[保护范围]

第 1 款:本法典所称的知识产权,是指自然人、法人或者其他组织依据本法典对其智慧创作物享有的具有排他性的精神权利和财产权利,包括:

1. 著作权与相关权;
2. 商业标志权,包括商标权、服务标记权、商号权、地理标志权和域名权;
3. 发明专利权;
4. 工业品外观设计和实用新型权;
5. 集成电路布图设计权;
6. 植物新品种权;
7. 未披露信息权;
8. 反不正当竞争;
9. 其他知识产权,包括对传统知识、生物多样性等的保护;
10. 法律、法规规定的由智慧创作物产生的其他一切权利。

---

* 本模拟法典所采用的条目体例是:第一个数字表示编,第二个数字表示章,第三个数字表示节,在"-"后面的两位数字表示在"编、章、节"下条的顺序号。条下面再分款,款下面以"之几"表示项,使整个法典编目非常清晰。例如,第 325-03 条,就是第三编、第二章、第五节的第三条。

第 2 款:本法典所称的智慧创作物,是指自然人利用其智慧和知识独立研究、开发、表达或者展示的,符合本法典规定之相应条件并可以某种(现在已有的或者今后开发出来的)有形形式再现的成果。

第 111-04 条[私权原则]

第 1 款:本法典承认知识产权为私权。

第 2 款:自然人、法人或者其他组织依本法典享有的权利,受本法典保护,但本法典另有规定除外。

第 3 款:自然人、法人或者其他组织依本法典享有的权利,除可依本法典规定的程序予以撤销、宣告无效外,其他任何单位或者个人应当尊重之。

第 111-05 条[与民事基本法的关系]

第 1 款:知识产权法律体系属于民事法律体系的一个组成部分。

第 2 款:知识产权法律关系的发生、变更和终止,应当遵循民事基本法规定的各项基本原则以及相关制度。

第 111-06 条[物权性]

第 1 款:自然人、法人或者其他组织依据本法典取得的知识产权,是一项独立的物权,可以进行质押或作为其他物权的客体。

第 2 款:考虑到相对人以及第三人的利益,自然人、法人或者其他组织将知识产权进行质押或者作为其他物权客体的,应当经国家知识产权局登记并予公告。

第 3 款:知识产权质押或者其他物权的设立,未经国家知识产权局登记并公告的,不得对抗善意第三人。

第 111-07 条[权利协调原则]

第 1 款:知识产权的取得,不得侵犯他人在先依法取得的合法权利,但在先权利人在本法典规定的期限内未依法行使其撤销请求权、无效宣告请求权或者其他请求权的,在后取得的知识产权,成为不可争辩的权利,受本法典保护;本法典另有规定的除外。

第 2 款:除非在后权利存在有损相应的在先权人现实的或者可预见的利益,在先权人应当优先选择损害赔偿请求权,然后与在后权利人就知识产权使用许可事项在合理期限内以合理条件进行协商,签订使用许可合同;在后权利人拒绝就此进行协商或者经过协商不能达成协议的,在先权人可以行使撤销请求权或者无效宣告请求权。

第 111-08 条[公共利益原则]

第 1 款:当公众健康受到传染病、特殊病毒或者其他灾害性瘟疫威胁且国家宣布进入紧急状态时,国家可以直接授权有关救治机构利用其智慧创作物而不必经相应的知识产权所有人许可,但应给予相应的知识产权所有人适当的补偿。

第 2 款:自国家宣布紧急状态解除之日起的一个适当期限内,国家的直接授权使用应当终止。否则,使用者应当依法承担侵权责任。

第 3 款:本法典所称的知识产权所有人,是指依据本法典享有知识产权的自然人、法人和其他组织。

第 111-09 条[禁止权利滥用原则]

知识产权所有人行使其知识产权,不得侵犯他人合法的在先权利,不得违反法律、妨害公序良俗或者损害社会公共利益。

第 111-10 条[与国际条约的关系]

本法典之规定与中华人民共和国缔结、参加或者批准的知识产权国际条约不相符的,遵循该项国际条约的规定。

第 111-11 条[外国人和无国籍人]

第 1 款:外国人依据其所属国与中华人民共和国共同缔结、参加或者批准的知识产权国际条约在中华人民共和国享有知识产权,并受本法典保护。

第 2 款:外国人之所属国没有与中华人民共和国共同缔结、参加或者批准的知识产权国际条约的,根据其所属国对中华人民共和国国民的互惠原则在中华人民共和国享有知识产权,并受本法典保护。

第 3 款:无国籍人根据其惯常居所地国与中华人民共和国共同缔结、参加或者批准的知识产权国际条约在中华人民共和国享有知识产权,并受本法典保护。

第 4 款:无国籍人之惯常居所地国没有与中华人民共和国共同缔结、参加或者批准的知识产权国际条约的,根据其惯常居所地国对中华人民共和国国民的互惠原则在中华人民共和国享有知识产权,并受本法典保护。

第 111-12 条[港、澳、台同胞]

香港特别行政区、澳门特别行政区和台湾地区居民可以依据中华人民共和国的有关法律和本法典之规定,在中国大陆享有知识产权,并受本法典保护。

第二编　文学产权

第 1 章　著　作　权

第 1 节　一般规定

第 211-01 条[定义]

第 1 款:著作权,是指自然人、法人或者其他组织对文学、艺术和科学作品依本法典享有的精神权利和经济权利的总称。

第 2 款:本法典所称的著作权与版权为可相互替代的术语,具有相同含义。

第 3 款:本法典所称的作品,是指自然人运用其智慧和知识独立表达或者展示的,具有独创性并且能够以某种(现在已有的或者将来开发出来的)有形形式复制的创作物。

第 4 款:本编所称的创作,是指自然人运用其智能和知识将文字、数字、符号、语言、颜色、光线、音符、线条等构成要素按照一定的规律、规则、逻辑关系和顺序进行排列以直接表达其思想、观点、情感、意见、建议等的活动。

第 211-02 条[著作权取得原则]

第 1 款:中国自然人、法人或者其他组织的作品,自创作之时起,依本法典自动取得著作权,而不论其表现形式和表达方式如何。

第 2 款:外国国民的作品,依该国民所属国与中华人民共和国共同缔结、参加或者批准的著作权国际条约或者双边、多边条约,依据本法典,在中华人民共和国取得著作权。

第 3 款:无国籍人的作品,依该无国籍人惯常居所地国与中华人民共和国共同缔结、参加或者批准的著作权国际条约或者双边、多边条约,在中华人民共和国取得著作权。

第 4 款:外国国民或者无国籍人的作品,首先或者同时首先在中华人民共和国境内发表的,依据本法典,在中华人民共和国取得著作权。

第 5 款:外国国民或者无国籍人的作品,首先或者同时首先在与中华人民共和国共同缔结、参加或者批准的著作权国际条约或者双边、多边条约的国家或者地区公开发表的,依据本法典,在中华人民共和国取得著作权。

第 211-03 条[著作权保护]

第 1 款:依本法典取得的著作权,受法律保护,但法律另有规定的除外。

第 2 款:著作权人行使其著作权,不得侵害他人在先取得的合法权利。

第 2 节　可版权对象

第 212-01 条[可版权对象]

第 1 款:自然人、法人或者其他组织对下列作品可依本法典享有著作权:

1. 文字作品;
2. 口述作品;
3. 配词或者不配词的音乐作品;
4. 戏剧、曲艺、舞蹈作品;
5. 美术作品;

6. 电影、电视作品以及以类似于摄制电影、电影方法所创作的作品；

7. 图形作品、建筑物作品、模型作品；

8. 计算机软件；

9. 法律、法规规定的其他作品。

第2款：著作权保护不能及于作品所表达的思想、观点、方法、过程、程序等。

第3款：本条所称的文字作品，是指由文字、符号、数字等构成的小说、散文、故事、教案、演讲稿、诗词、小册子、教科书等作品。

第4款：本条所称的口述作品，是指由口头语言等构成的演讲、授课、辩论、布道、电视讲话、采访口述等作品，但由创作者口述同时由其他人记录而产生的作品，为文字作品。

第5款：本条所称的音乐作品，是指由音符、节奏、韵律以及相应的符号、线条等构成的配词或者不配词的作品。

第212-02条［不可版权的对象］

下列对象不适用于本编的规定：

1. 法律、法规，国家机关的决议、决定、命令和其他具有立法、行政、司法性质的文件，及其官方正式译文；

2. 时事新闻；

3. 历法、通用数表、通用表格和公式。

第3节　著　作　权

第213-01条［精神权利］

第1款：依本编规定，作者享有发表权、署名权、作者身份权、修改权和保护作品完整权。

第2款：本条第1款规定的权利由作者终身享有，不得转让，不得剥夺，但本编另有规定的除外。

第213-02条［发表权］

第1款：发表权，是指作者决定是否将作品公之于众的权利。

第2款：发表权包括以下权项：

1. 决定将作品公之于众；

2. 决定将作品不公之于众；

3. 决定作品公之于众的时间、地域范围和方式。

第3款：决定不公之于众的，作者应当以明示方式为之。作者生前未以明示方式为之者,其继承人或者手稿的合法占有人可推定作者同意将其作品公之于众。

第 4 款:作者将未发表作品之原件转让时,视为作者同意将该作品公之于众。

第 5 款:作者将未发表作品授权他人创作演绎作品的,视为作者同意将该作品公之于众。

第 213-03 条[署名权]

第 1 款:署名权,是指作者决定在作品上以作者身份署名的权利。

第 2 款:署名权包括下列权项:

1. 决定在作品上以真实姓名作为作者署名;
2. 决定在作品上以笔名、化名、代号或者其他形式作为作者署名;
3. 决定在作品上以匿名方式署名;
4. 禁止他人未经许可,擅自改变其署名方式;
5. 禁止非作者擅自在其作品上以作者身份署名。

第 3 款:经作者同意,非作者可以在作品上以作者身份署名,但这种署名不改变作品著作权之归属及其性状。

第 213-04 条[作者身份权]

第 1 款:作者身份权,是指自然人、法人或者其他组织依本编享有的主张或者否定其为某作品之作者的权利。

第 2 款:作者身份权包括下列权项:

1. 主张其为某作品之作者;
2. 否定其为某作品之作者;
3. 否定他人为其所创作品之作者;

第 3 款:行使该项权利时,由权利人负举证责任。

第 213-05 条[修改权]

第 1 款:修改权,是指作者自己修改或者授权他人修改其作品的权利。

第 2 款:此条所称的修改,包括对作品之表达形式、作品所表达之内容以及构成作品之要素所进行的变更、删略、增添或者其他改变。

第 3 款:未经作者授权,任何人不得擅自修改作品之表达形式、作品所表达之内容以及作品的构成要素,但本编另有规定的除外。

第 4 款:修改权包括下列权项:

1. 作者自己对作品进行修改;
2. 作者授权他人对作品进行修改;
3. 作者对他人未经授权所作之修改的追认。

第5款:作者对他人未经授权所作之修改享有追认或者否认的权利。

第6款:经过追认后的修改与授权后的修改具有同等效力。在作品公开发表前,作者知道或者应当知道他人未经授权擅自修改其作品,明确追认或者未作出否认表示的,则产生追认的效力。否认必须以明示方式表示。

第213-06条[保护作品完整权]

第1款:保护作品完整权,是指作者禁止他人对其作品作有损其名誉、声誉的贬损、歪曲或者篡改的权利。

第2款:本编所称的贬损,是指没有事实根据,故意捏造、虚构、传播某种信息,旨在使作者和/或者作品受到社会否定性评价的行为。

第3款:本编所称的歪曲,是指故意制造与作者本意不相符的信息,引起公众对作者和/或者作品产生误解,从而损害作者和/或者作品名誉、声誉的行为。

第4款:本编所称的篡改,是指擅自改变作品的表达形式、作品所表达的内容或者作品的构成要素,导致公众对作者和/或者作品产生误解,从而损害作者和/或者作品名誉、声誉的行为。

第213-07条[财产权利]

第1款:依本编规定,著作权人享有自己实施或者授权他人实施其作品的独占权。

第2款:未经著作权人许可,任何自然人、法人或者其他组织不得擅自实施他人受著作权保护的作品,本编另有规定的除外。

第3款:著作权人有权请求实施受著作权保护的作品的自然人、法人或者其他组织向其支付相应的使用费,本编另有规定的除外。

第4款:本编所称的对作品的实施,是指自然人、法人或者其他组织以复制、公开发行、公开表演、公开展示、广播、改编、汇编、延拓、网络传输或者出租等方式对作品加以利用的行为。

第5款:本条第4款所称的复制,是指以复印、抄写、印刷、临摹、拓印、翻录、翻拍、数字化、打印等方式制作一份或者多份作品复制件的行为。

第6款:本条第4款所称的公开发行,是指为满足公众要求向公众公开提供作品复制件的行为。

第7款:本条第4款所称的公开表演,是指在公共场所以动作、姿势、表情、语言或者借助某种设备使公众得以观赏和/或者闻听作品的行为。

第8款:本条第4款所称的公开展示,是指将作品原件和/或者复制件在公共场所陈列,供公众观赏的行为。

第9款:本条第4款所称的广播,是指将作品以有线和/或者无线方式提供给公众接收以便观赏和/或者闻听的行为。

第 10 款:本条第 4 款所称的改编,是指以现有作品为基础,采用翻译、注释、整理或者其他方式创作新作品的行为,包括将平面作品改变为立体作品,或者将立体作品改变为平面作品。由此产生的作品称为改编作品。

第 11 款:本条第 4 款所称的汇编,是指对现有作品、作品之部分、作品之标题或者单纯的数据进行选择,并以某种方式进行整理、编排而形成一个具有某种逻辑关系之整体的行为。由此产生的作品称为汇编作品。

第 12 款:本条第 4 款所称的延拓,是指以现有作品所创作的典型艺术形象或者主要角色为基础,在时间和/或者空间上进行向前和/或向后延伸和/或拓展,创作出新作品的行为。由此产生的作品称为延拓作品或后续作品。

第 13 款:本条第 4 款所称的网络传输,是指将作品上载于互联网供用户在自己选定的时间和/或地点使用的行为。

第 14 款:本条第 4 款所称的“出租”,是指有偿许可他人临时使用视听作品、计算机软件的行为,但计算机软件不是出租的主要标的的除外;

第 15 款:本条第 4 款所称的“等方式”,是指现在已有的或者未来开发出来的但本款未列举的对作品加以利用的一切可能方式。

第 4 节　权利的归属

第 214-01 条[著作权一般归属]

第 1 款:著作权归作者或者被视为作者的法人或者其他组织所有,但本编另有规定的除外。

第 2 款:本编所称的作者,是指直接创作作品的自然人。

第 3 款:本编所称的“被视为作者的法人或者其他组织”,是指主持并以其名义创作,而且对由此产生之作品承担法律责任的法人或者其他组织。

第 214-02 条[自动产生的作品]

第 1 款:由电子计算机或者其他自动设备根据操作者发出的指令按照其运行程序自动产生的作品,著作权由发出指令的人享有。发出指令的人与电子计算机或者其他自动设备的所有者不相同的,著作权由他们共同所有。

第 2 款:本条所称的“自动产生的作品”,是指某作品是由电子计算机或者其他自动设备根据指令按照其运行程序创作出来的,其所表达的思想内容与指令的发出者或者电子计算机或者其他自动设备的所有者具有直接关系。

第 3 款:本条第 2 款所称的“思想内容”,是指由作品品素构成所展示的使阅读、观看、闻听或者同时进行视听欣赏的公众所感受的一种存在现象。

第 214-03 条[合作作品]

第 1 款:合作作品著作权由合作作者共同享有。

第 2 款:合作作者的署名顺序由合作作者商定。署名顺序商定后,未经全部合作作者一致同意,任何人不得擅自变更署名顺序。

第 3 款:合作作品有主要创作者或者创作组织者的,该合作作品著作权由该主要创作者或者创作组织者决定行使以及行使的方式。但该主要创作者或者创作组织者行使合作作品著作权时,不得损害其他合作作者的合法权益。

第 4 款:各合作作者的创作部分能够独立于合作作品的,该部分产生的著作权归相应的创作者享有。各相应部分合作作者行使其著作权时,不得损害整体作品著作权,不得妨害整体作品著作权的行使,并不得侵害其他合作作者的合法权益。

第 5 款:本编所称的合作作品,是指由两个或者两个以上的自然人,根据其共创作品的合意进行创作,并将各自的贡献融合为一个整体而形成的作品。

第 6 款:本编所称的创作作品的合意,是指每一个自然人相互表达的愿意共同创作一件作品的意思表示。该意思表示可以明示,也可以默示;可以采用书面形式,也可以采用口头形式或者当事人认为合适的其他形式。有主要创作者或者创作组织者的,这种意思表示只须向该主要创作者或者创作者组织者表达即可。

第 7 款:本编所称的贡献,是指每一个自然人所为的对合作作品的完成具有实质性效用的行为和成果,包括创意、构思、设计、创作和修改以及由此产生的结果。

第 214-04 条[组合作品]

第 1 款:组合作品著作权由作品的组合者享有。组合作品著作权人享有的著作权不及于被组合作品。组合作品著作权人行使其著作权时,不得侵害、妨害和损害被组合作品著作权人的利益。

第 2 款:本编所称的组合作品,是指由两件或者两件以上独立的作品组合而成,但各独立作品之创作者没有共同创作作品的合意而产生的作品。

第 214-05 条[委托作品]

第 1 款:自然人接受他人委托创作的作品,是委托作品。委托作品著作权的归属由委托人和受托人双方在合同中约定。对著作权的归属,当事人双方未作约定或者约定不明确的,由创作该作品的自然人享有著作权。

第 2 款:另一方当事人,在合同目的范围内,享有在自作品交付之日起二年内对该作品的优先使用权。在此期限内,未经委托人同意,作者不得擅自许可他人以与其委托人相同的使用方式使用该作品。在此期限内,委托明确表示不使用的,其优先使用权丧失。在此期限内,委托人既未明确表示不使用,又未对该作品加以使用,经作者催告而不能得到明确答复的,推定该委托人没有使用作品的意图,其优先使用权丧失。

第 214-06 条[职务作品]

第 1 款:雇员依雇佣合同履行自己的职责所创作的作品为职务作品。职务作品著作权归创作作品的雇员享有,但本编另有规定的除外。

第 2 款:该雇员的雇主,在其业务范围内,享有在自职务作品交付之日起二年内的优先使用权。在此期限内,未经雇主同意,作者不得擅自许可他人以与其雇主相同的使用方式使用该作品。在此期限内,雇主明确表示不使用的,其优先使用权丧失。在此期限内,雇主既未明确表示不使用,又未对该作品加以使用,经作者催告而不能得到明确答复的,推定该雇主没有使用作品的意图,其优先使用权丧失。

第 3 款:地图、示意图、工程设计图纸、工程设计模型以及计算机软件等职务作品的著作权归雇主享有,但雇员享有署名权和作者身份权。

第 214-07 条[改编作品]

第 1 款:改编作品著作权归改编者享有,但改编者行使著作权时不得侵害、妨碍和损害被改编作品的著作权。

第 2 款:除依合同约定取得对被改编作品的独占改编权外,改编者不得阻止他人对同一作品进行同样的改编。即使依合同约定取得了对被改编作品的独占改编权,改编者也不得阻止他人对同一作品进行其他形式的改编。

第 3 款:本编所称的改编作品,是指自然人、法人或者其他组织依据本编第 213-07 条第 10 款规定的改编方式创作的作品。

第 214-08 条[汇编作品]

第 1 款:汇编作品著作权归汇编者享有,但汇编者行使著作权时不得侵害、妨碍和损害被汇编资料的著作权。

第 2 款:除依合同约定取得对被汇编作品的独占汇编权外,汇编者不得阻止他人对同一资料进行汇编。

第 3 款:本编所称的汇编作品,是指自然人、法人或者其他组织依据本编第 213-07 条第 11 款规定的汇编方式创作的作品。

第 214-09 条[视听作品]

第 1 款:视听作品著作权由创作者享有,但导演、编剧者、作词者、作曲者、摄影者等享有在作品上以作者身份署名的权利。

第 2 款:视听作品著作权人行使著作权时,不得侵害、妨碍和损害导演、编剧者、作词者、作曲者、摄影者等人的合法权益,也不得侵害、妨碍和损害其他相关权人的合法权益。

第 3 款:本编所称的视听作品,是指电影或者以类似拍摄电影方式创作的作品。

第 214-10 条[名义作品]

第 1 款:名义作品的著作权由在作品上署名的人享有,本法典另有规定或者当事人另有约定的除外。

第 2 款:名义作品,是指以某人的名义进行发起、立意、草拟、修改、定稿和发表,并由其承担相应法律责任而创作的作品。

第 214-11[作品载体与著作权的关系]

第 1 款:作品载体依《民法典》的规定产生物权,受《民法典》保护。

第 2 款:作品载体之物权的设立、变更和终止依《民法典》的规定,对该载体所附载之作品的著作权不产生影响,但当事人另有约定的除外。

第 3 款:作品载体物权人行使其物权时,应当尊重该载体所附载之作品著作权人的著作权。

第 4 款:未经作者同意,作品原件所有人不得擅自变更、毁损、涂污或者消灭该作品原件;无正当理由,作品原件所有人不得拒绝该载体所附载之作品的作者或者著作权人为行使其著作权对该作品的接触。但该载体所附载之作品的作者或者著作权人因接触该载体给原件所有人造成损失或者损害的,应当承担赔偿责任。

第 5 款:作品原件所有人公开拍卖或者转让该原件,其价格超过原交易价格 100% 的,就超过部分,作者享有 5%—10% 的利益分享权。该项再售利益分享权只能由作者及其法定继承人在本法典规定的著作权保护期限内享有,不得转让。

第 6 款:本编所称的作品载体,是指附载作品的有形物质载体,包括原件和复制件。

第 7 款:本编所称的作品原件,是指附载作品的原始物质载体。

第 214-12[著作权的转移]

第 1 款:著作权属于自然人的,自然人死亡后,其依据本法典第 213-07 条享有的权利在本法典规定的保护期内,依照继承法的规定转移。

第 2 款:著作权属于法人或者其他组织的,法人或者其他组织变更、终止后,其依据本法典第 213-07 条享有的权利在本法典规定的保护期内,由承受其权利义务的法人或者其他组织享有;没有承受其权利义务的法人或者其他组织的,由国家享有。

第 5 节 保护期与限制

第 215-01 条[精神权利]

作者或者其他著作权人依法享有的署名权、作者身份权、修改权和保护作品完整权的保护不受时间限制,但本法典另有规定的除外。

第 215-02 条[发表权与财产权利]

第 1 款:著作权属于自然人的,作品的发表权和本法典第 213-07 条规定的财产权利的保护期为作者终生及其死亡后 50 年,截止于作者死亡后第 50 年的 12 月 31 日。

第 2 款:合作作品的发表权和本法典第 213-07 条规定的财产权利的保护期,截止于最后死亡的合作作者死亡后第 50 年的 12 月 31 日。

第 3 款:作者身份不明的作品的发表权和本法典第 213-07 条规定的财产权利的保护期为 50 年,截止于该作品首次发表后第 50 年的 12 月 31 日;自作品创作完成后超过 40 年以后首次发表的,截止于作品首次发表后的第 10 年的 12 月 31 日;但自创作完成之日起超过 50 年的,不再受本法典的保护。在此期限内,作者身份得以确定的,根据情况分别适用本条第 1 或 2 款的规定。

第 4 款:著作权属于法人或者其他组织(包括除署名权外著作权中的其他权利属于法人或者其他组织)的,作品的发表权和本法典第 213-07 条规定的财产权利的保护期为 50 年,截止于作品首次发表后的第 50 年的 12 月 31 日;自作品创作完成后超过 40 年以后首次发表的,截止于作品首次发表后的第 10 年的 12 月 31 日;但自作品创作完成后超过 50 年首次发表的,不再受本法典保护。

第 5 款:摄影作品、视听作品的发表权和本法典第 213-07 条规定的财产权利的保护期为 50 年,截止于作品首次发表后的第 50 年的 12 月 31 日;自作品创作完成后超过 40 年以后首次发表的,截止于作品首次发表后的第 10 年的 12 月 31 日;但自作品创作完成后超过 50 年首次发表的,不再受本法典保护。

第 6 款:本条所称的作者身份不明的作品,是指匿名作品、作者所署的假名不为公众所知的假名作品、佚名作品或者因其他原因导致无法确认作者身份的作品。

第 7 款:本条所称的首次发表,是指作品第一次被合法地公之于众。

第 8 款:本条所称的匿名作品,是指作品的全部作者均以匿名方式在作品原件上署名的作品。

第 9 款:本条所称的假名作品,是指作品的全部作者均以非法定的本名在作品原件上署名的作品。

第 10 款:本条所称的佚名作品,是指非因作者本人的原因而导致在作品原件上没有作者署名而无法知道具体作者的作品。

第 215-03 条[著作权的穷竭]

第 1 款:经作者或者著作权人许可,作品原件或者依法制作的复制件被合法投放市场销售后,对该原件或者复制件进行占有、使用、收益或者处分的,不必经该原件或者复制件所附载之作品的作者或者著作权人许可或者授权，且不构成对其著作权的侵犯，但第 214-11 条第 5 款规定的除外。

第 2 款：对作品原件的转售，第 214-11 条第 5 款规定的作者或者其法定继承人依法享有的利益分享权受保护。

第 3 款：著作权人有权禁止他人未经许可擅自以经营目的，将在其他国家或者地区合法制作并投放市场销售的作品复制件进口到本国。

第 215-04 条[合理使用]

第 1 款：本编所称的合理使用，是指对已发表作品进行使用，可以不经著作权人许可，不向其支付使用费，且不构成对其著作权之侵犯，但应当按作者采用的署名方式注明作者姓名或者名称、指出作品出处、标注作品标题，而且不得侵犯被使用作品著作权人依法享有的其他权利。在决定对已发表作品的使用是否为合理使用时，应当考虑下列因素：

1. 对作品的使用只是为了非经营目的；
2. 受版权保护作品之性质；
3. 所使用的部分仅占整个作品的一小部分且不是作品的实质性部分；以及
4. 对作品的使用不得构成对著作权人的竞争，影响该作品的潜在市场。

第 2 款：本条第 1 款所称的“已发表作品”，是指经作者或者著作权人许可而公之于众的作品。

第 3 款：一般情况下，不得对未发表的版权作品进行合理使用，但为作者的利益或者司法目的的除外。

第 4 款：为个人学习、研究或者欣赏，使用他人已经发表的作品。

第 5 款：为介绍、评论某一作品或者说明某一问题，在作品中适当引用他人已经发表的作品。

第 6 款：为报道时事新闻，在报纸、期刊、广播电台、电视台等媒体中不可避免地再现或者引用已经发表的作品。

第 7 款：报纸、期刊、广播电台、电视台等媒体刊登或者播放其他报纸、期刊、广播电台、电视台等媒体已经发表的关于政治、经济、宗教问题的时事性文章，但作者声明不许刊登、播放的除外。

第 8 款：报纸、期刊、广播电台、电视台等媒体刊登或者播放在公众集会上发表的讲话，但作者声明不许刊登、播放的除外。

第 9 款：为学校课堂教学或者科学研究，翻译或者少量复制已发表作品，供教学或者科研人员使用，但不得对被使用的已发表作品的潜在市场构成影响。

本款所称的“学校”，是指依据《中华人民共和国教育法》第 26 条和第 27 条设立的各级各类学校。

第10款:国家机关为执行公务在合理范围内使用已发表作品。

第11款:图书馆、档案馆、纪念馆、博物馆、美术馆等为陈列或者保存版本的需要,复制本馆收藏的作品。

第12款:由慈善、宗教机构、组织或者团体组织的,不给表演者支付报酬、公众可以免费自由参加、组织者没有从中获得任何费用的对已发表作品进行的表演;或者由私人在其家庭范围内对已发表作品进行的表演。

第13款:对设置或者陈列在室外公共场所的艺术作品,为教学、学习、研究、欣赏、评论、批评或者其他非经营目的,以临摹、绘画、摄影、录像等方式制作复制件,但将该复制件用于发表或者其他商业目的的除外。

第14款:将中国自然人、法人或者其他组织已经发表的以汉语言文字创作的作品翻译成少数民族语言文字作品在国内出版,免费向公众提供此种翻译作品复制件,但翻译者以营利目的所为的此种翻译除外。

第15款:将已经发表的作品改成盲文出版,免费向盲人提供此种盲文作品复制件,但此种盲文作品改编者以营利目的的除外。

第215-05条[法定许可使用]

第1款:在下列情况下,使用者对已发表作品的使用,可以事先不经著作权人许可,但必须依据法律的规定向著作权人支付使用费,并按作者采用的署名方式注明作者姓名或者名称,指出作品出处,标注作品标题,而且不得侵犯被使用作品著作权人依法享有的其他权利:

1. 为实施九年制义务教育和国家教育规划而编写出版教科书,除作者事先声明不许使用的外,可以不经著作权人许可,在教科书中汇编已经发表的作品片段或者短小的文字作品、音乐作品或者单幅的美术作品、摄影作品,但应当按照规定支付报酬,按作者采用的署名方式注明作者姓名或者名称、指出作品出处、标注作品标题,并且不得侵犯被使用作品著作权人依法享有的其他权利。

2. 广播电台、电视台播放他人已发表的作品,可以不经著作权人许可,但应当支付报酬,按作者采用的署名方式播报作者姓名或者名称、作品出处和作品标题,并且不得侵犯被使用作品著作权人依照本法享有的其他权利;著作权人声明不许播放的不得播放。

第2款:本条所称的"著作权人依法享有的其他权利",包括著作权人依法享有的著作权中的其他权利以及著作权人作为中国自然人、法人或者其他组织依法享有的一切权利,例如隐私权、姓名权、名誉权、商标权、专利权、商业秘密权等。

第215-06条[超过保护期的法律状态]

第1款:超过本法典规定著作权保护期的作品,进入公有领域,任何人可以免费自由使用,但不得侵犯作者或者其他著作权人依法享有的精神权利。

第2款:超过本法典规定著作权保护期但属于本法典所规定的传统知识范围的作品,依据本法典的规定受保护。

第3款:对超过本法典规定著作权保护期的作品的作者或者其他著作权精神权利的保护,依下列规定:

1. 精神权利的所有人为自然人的,由该自然人的法定继承人或者其他直系卑血亲依法享有禁止他人对该自然人精神权利侵害的权利。该自然人没有法定继承人或者其他直系卑血亲的,由作品原件的合法所有人代为行使。

2. 精神权利的所有人为法人或者其他组织的,在其主体资格消灭后,由其权利和义务的继受者代为行使禁止他人对其精神权利侵害的权利;没有权利义务继受者的,其精神权利也随之消灭,不再受保护。

第6节　著作权的利用

第216-01条[一般规定]

著作权人可依据本法典之规定以许可、转让、出租、信托或者担保方式利用其作品,但不得侵犯他人在先取得并受法律保护的权利。

第216-02条[版权作品使用许可]

第1款:本编第216-01条所称的"许可",是指通过版权作品使用许可合同,著作权人授权他人在合同约定的期限和地域范围内以约定的使用方式专有的或者非专有的利用作品,对方当事人依据约定向著作权人支付报酬的法律行为。

第2款:本条第1款所称的"版权作品使用许可合同",是指著作权人与对方当事人就利用其版权作品之事项达到的协议,包括书面合同、口头合同、电子合同以及双方理解的默示合同。此合同关系中的著作权人被称为许可人,获得许可对版权作品进行利用的当事人被称为被许可人。

第3款:本条第1款所称的"对作品的专有使用权",是指根据版权作品使用许可合同的约定,被许可人在合同约定的期限和地域范围内享有排斥包括著作权人在内的其他任何人以与合同约定的使用方式相同的方式对合同所约定的版权作品进行利用的权利。

第4款:本条第1款所称的"对作品的非专有使用权",是指根据版权作品使用许可合同约定,被许可人在合同约定的期限和地域范围内享有以合同约定的使用方式对版权作品进行利用的权利。

第5款:本条第1款所称的"报酬",是指被许可人向许可人支付的稿费、版税或者其他费用。

第216-03条[著作权转让]

第1款:本编第216-01条所称的“转让”,是指通过著作权转让合同,著作权人将其依本法典所享有的财产权利中的一项或者几项或者全部转移给对方当事人,同时取得相应报酬的法律行为,但不得将著作权卖绝。

第2款:本条第1款所称的“著作权转让合同”,是指著作权人与对方当事人就转移本法典规定财产权利中的一项或几项或者全部并支付相应报酬所达成的协议。该合同必须采用书面形式或者电子形式,不得采用口头形式或者其他形式。此合同关系中的著作权人被称为转让人,依此合同取得著作权的对方当事人被称为受让人。

第3款:本条第1款所称的“报酬”,是指双方当事人在合同中约定的由受让方向转让方支付的价金。

第4款:本条第1款所称的“卖绝”,是指在著作权转让合同中,著作权人将被转让作品根据本法典现在已经享有的、今后可能享有的各项财产权利一并转让给受让人的法律行为。

第216-04条[著作权出租]

第1款:本编第216-01条所称的“出租”,是指著作权人许可他人临时使用其依法享有著作权的视听作品、计算机软件或者本法典所规定的其他作品并取得相应报酬的法律行为。

第2款:在著作权出租法律关系中,依法享有著作权的自然人、法人或者其他组织称为出租人,由此获得对著作权保护的视听作品、计算机软件或者本法典规定的其他作品临时使用权的人被称为租用人。

第3款:在出租合同约定的使用期限内,租用人享有对被租用作品依据合同约定的使用方式进行使用的权利,但未经著作权人许可,租用人对被租用作品不得进行其他的使用。

第216-05条[著作权信托]

第1款:本编第216-01条所称的“信托”,是指著作权人基于对受托人的信任,将其依本法典第213-07条享有的财产权利委托给受托人,由受托人按其意愿以自己的名义,为委托人的利益或者特定目的,进行管理或者处分的行为。

第2款:在著作权信托法律关系中,著作权人被称为委托人,依据著作权人的委托对其依本法典第213-07条享有的财产权利进行管理或者处分的人为受托人,如著作权集体管理组织等。

第3款:著作权信托法律关系中的其他事项,由《中华人民共和国信托法》调整。

第216-06条[著作权担保]

第1款:本编第216-01条所称的“担保”,是指将著作权中的财产权利以质押方式对债务人的债务进行担保的法律行为。

第2款:著作权担保法律关系中的其他事项,由《中华人民共和国民法典》调整。

第216-07条[版权作品使用许可合同]

第1款:自然人、法人或者其他组织需要使用受本法典保护的作品的,应当与著作权人签订版权作品使用许可合同,但本法典另有规定的除外。

第2款:版权作品使用许可合同应当包括以下条款:

1. 当事人:包括许可人和被许可人姓名或者名称、居住地或者经营地地址、联系方式、电子邮件地址以及当事人认为与当事人有关的其他必要的联络信息;

2. 标的:包括作品名称、创作完成的时间、首次发表的时间、作品正在被使用的情形、交付使用标的作品载体的时间、被许可人对作品载体的权利义务以及当事人认为与使用标的有关的其他必要的信息;

3. 使用许可的性质:被许可人所获得的使用许可权是专有的还是非专有的。一般情况下,合同对此未作约定或者给定不明确的,推定被许可人所获得的为非专有使用许可权,但有相反证明的除外;

4. 使用许可的期限:被许可人所获得的使用许可权的开始时间和截止时间,以日为单位。合同对此未作约定或者约定不明确的,许可人基于合理理由提前三个月通知被许可人终止合同,被许可人基于合理理由提前三个月通知许可人终止合同,但法律另有规定的除外;

5. 使用许可的范围:被许可人所获得的使用许可权的有效地域范围,以省、自治区、直辖市、特别行政区或者国家为单位。合同对此未作约定或者约定不明确的,被许可人所获得的使用许可权在标的作品的著作权有效地域范围内有效;

6. 使用费标准及其计算方法:被许可人向许可人支付使用费的多少、币种以及计算方法、支付方式等。合同对此未作约定或者约定不明确的,依据国家对同类作品所规定的标准、计算方法确定使用费的多少,以作品著作权保护国之法定通用货币为单位。当事人事后就此达成协议的,依此协议办理;

7. 违约责任:违约责任:当事人一方或者双方违反合同约定的,应当承担相应的违约责任;因违约给对方当事人造成损害的,应当给予赔偿。赔偿方式和赔偿数额由当事人在合同中约定。合同未约定或者约定不明确的,当事人可以协商解决;当事人不愿意协商或者协商不成的,依据《中华人民共和国民法典》的规定处理。

8. 当事人双方认为需要约定的其他必要条款。

第 3 款:版权作品使用许可合同经公证机关公证后生效。

第 216-08 条[著作权转让合同]

第 1 款:著作权人转让著作权财产权利中的一项、几项或者全部的,应当与受让人签订著作权转让合同。

第 2 款:著作权转让合同应当包括以下条款:

1. 当事人:包括转让人和受让人姓名或者名称、居住地或者经营地地址、联系方式、电子邮件地址以及当事人认为与当事人有关的其他必要的联络信息;

2. 标的:包括作品名称、创作完成的时间、首次发表的时间、作品正在被使用的情形、是否需要交付转让作品的载体或者交付作品载体的时间以及当事人认为与转让著作权有关的其他必要的信息;

3. 转让权利:被转让之财产权利的具体名称或者为本法典第 213-07 条所规定的财产权利之全部;

4. 转让范围:受让人所受让之权利的有效地域范围,以国家为单位。合同对此未作约定或者约定不明确的,受让人所受让的权利在转让作品的著作权有效地域范围内有效;

5. 转让费标准及其支付方式

6. 违约责任:违约责任:当事人一方或者双方违反合同约定的,应当承担相应的违约责任;因违约给对方当事人造成损害的,应当给予赔偿。赔偿方式和赔偿数额由当事人在合同中约定。合同未约定或者约定不明确的,当事人可以协商解决;当事人不愿意协商或者协商不成的,依据《中华人民共和国民法典》的规定处理。

7. 当事人双方认为需要约定的其他必要条款。

第 3 款:著作权转让合同经公证机关公证后生效。

第 4 款:产生被转让之著作权的作品经著作权登记组织登记的,著作权受让人应当自著作权转让合同生效后三个月内持合同原本向该作品的原登记组织办理变更登记手续。未办理变更登记手续的,不得对抗善意第三人。

第 216-09 条[著作权信托合同]

第 1 款:著作权人将其依本法典享有的财产权利中的一项、几项或者全部委托他人管理或者处分的,应当签订书面著作权信托合同。

第 2 款:著作权信托合同应当包括以下条款:

1. 当事人:包括委托人和受托人姓名或者名称、居住地或者经营地地址、联系方式、电子邮件地址以及当事人认为与当事人有关的其他必要的联络信息。

2. 标的:包括作品名称、创作完成的时间、首次发表的时间、作品正在被使用的情形以及当事人认为与著作权信托有关的其他必要的信息。

3. 委托管理或者处分的权利:委托人委托受托人管理或者处分的财产权利的具体名称或者为本法典第 213-07 条所规定的财产权利之全部。

4. 委托人和受托人双方的权利义务。

5. 受托人向委托人支付作品使用费或者分配使用费的标准和方式。

6. 违约责任:当事人一方或者双方违反合同约定的,应当承担相应的违约责任;因违约给对方当事人造成损害的,应当给予赔偿。赔偿方式和赔偿数额由当事人在合同中约定。合同未约定或者约定不明确的,当事人可以协商解决;当事人不愿意协商或者协商不成的,依据《中华人民共和国民法典》的规定处理。

7. 当事人双方认为需要约定的其他条款。

第 3 款:受托人已拟订的著作权信托合同的格式合同的,其相关规定不得违反本法典及《中华人民共和国民法典》的有关规定。如有违反本法典和《中华人民共和国民法典》有关规定的,从有利于委托人的角度解释,或者归于无效。

第 4 款:著作权信托合同经公证机关公证后生效。

第 216-10 条[著作权质押合同]

第 1 款:著作权人将其依本法典享有的财产权利用于对自己或者其他人之债务担保而设定质押的,应当与被担保债务的债权人签订著作权质押合同。

第 2 款:著作权质押合同中的著作权人为出质人,被担保债务之债权人为质权人,用于担保债务的著作权为质物或者质押物。

第 3 款:著作权质押合同应当具备以下条款:

1. 当事人:包括出质人和质权人姓名或者名称、居住地或者经营地地址、联系方式、电子邮件地址以及当事人认为与当事人有关的其他必要的联络信息。

2. 标的:包括作品名称、创作完成的时间、首次发表的时间、作品正在被使用的情形以及当事人认为与著作权质押有关的其他必要的信息。

3. 质物:出质财产权利的具体名称或者为本法典第 213-07 条所规定的财产权利之全部。

4. 出质人和质权人双方的权利义务。

5. 违约责任:当事人一方或者双方违反合同约定的,应当承担相应的违约责任;因违约给对方当事人造成损害的,应当给予赔偿。赔偿方式和赔偿数额由当事人在合同中约定。合同未约定或者约定不明确的,当事人可以协商解决;当事人不愿意协商或者协商不成的,依据《中华人民共和国民法典》的规定处理。

6. 当事人双方认为需要约定的其他条款。

第 4 款:著作权质押合同经公证机关公证后生效。

第 5 款:产生出质著作权的作品已经过作品登记机关登记的,自著作权质押合同生效三个月内,质权人应当持著作权质押合同原件到原作品登记机关进行质押登记。未在规定期限内办理登记的,不得对抗善意第三人。

第 216-11 条[著作权合同的变更、终止与解除]

第 1 款:著作权合同的订立、变更、终止与解除等,本法典有规定的,依本法典的规定;本法典没有规定,依据《中华人民共和国民法典》的规定。

第 2 款:本条所称的"著作权合同",是指本法典所规定的关于著作权利用的合同。本法典未明确规定的关于著作权利用的合同,直接适用《中华人民共和国民法典》的规定。

第 216-12 条[著作权的其他利用]

著作权人可以采取本法典第 213-01 条所规定利用方式之外的其他方式对其著作权加以利用,但不得侵犯他人在先取得并受法律保护的合法权利。

第 2 章　相　关　权

第 1 节　一 般 规 定

第 221-01 条[定义]

第 1 款:本法典所称的"相关权",是指由第二客体[①](Second Subject-Matter)产生的与著作权相关的权利,包括图书出版者权、表演者权、录音录像制作者权、广播组织权以及数据库制作者权。

第 2 款:本法典所称的"第二客体",是指产生图书出版者权的图书、产生表演者权的已固定的表演、产生唱片制作者权的视听制品、产生广播组织权的已固定的广播电影节目和产生数据库制作者权的数据库。

第 221-02 条[相关权的取得]

第 1 款:中国自然人、法人或者其他组织在传播作品过程中所产生的第二客体,自完成之时起自动产生相关权。

---

① 将相关权的客体称为"第二客体"(Second Subject-Matter)有三个方面的含义:第一,作品是著作权领域的第一客体,是著作权法保护的主要对象,在著作权制度产生之初就存在;第二,相关权本来就是与著作权相关的权利,它的客体与作品相比当然处于第二的位置;第三,英国版权法就是将相关权的客体称为第二客体,因此,采用这个概念符合拿来主义原则,即将他人合理的东西直接拿来为我所用。我国现行著作权法未对相关权客体作统一称呼性规定,不利于相关权成为一个独立的体系。本模拟法典既然将相关单独作为一章与著作权平等对待,那么,对相关的客体的统一称呼就要作规定。

第 2 款:外国人的第二客体,依据该外国人所属国与中华人民共和国共同缔结、批准或者参加的相关权国际条约在中华人民共和国享有的相关权,受本法典保护;该外国人所属国与中华人民共和国没有共同缔结、批准或者参加的相关权国际条约的,依据其惯常居所地国与中华人民共和国共同缔结、批准或者参加的相关权国际条约享有的相关权,受本法典保护。

第 3 款:无国籍人的第二客体,依据其惯常居所地国与中华人民共和国共同缔结、批准或者参加的相关权国际条约在中华人民共和国享有的相关权,受本法典保护。

第 221-03 条[第二客体登记]

第 1 款:相关权人可以向作品登记机关自愿办理第二客体登记。第二客体登记与否,不影响相关权的效力。

第 2 款:经作品登记机关登记所获得的第二客体登记证书,在相关权侵权诉讼中,可以作为相关权所有人的初步证据,同时可作为向海关办理备案手续的权利证明文件。

第 3 款:第二客体登记机关每个月的 15 号在其网站上公布上一个月的第二客体登记。

第 221-04 条[登记的异动]

第 1 款:第二客体的登记是可以异动的。

第 2 款:自第二客体登记公布之日起 5 年内,相关权利害关系人可以向知识产权法院提起第二客体登记变更或者撤销诉讼。

第 3 款:本条第 1 款所称的“异动”,是指第二客体登记的变更或者撤销。

第 4 款:相关权利害关系人对第二客体登记的异动诉讼期限截止于第二客体登记公布后第 5 年的 12 月 31 日。

第 5 款:相关权利害关系人对第二客体登记的异动诉讼期限不适用于诉讼时效的中断、中止和延长。

第 6 款:第二客体登记异动诉讼期限届满后,该项第二客体登记所确认的相关权人成为不可争辩的相关权主体。

第 7 款:除相关权利害关系人可以在第二客体登记异动诉讼期限内向知识产权法院提起第二客体登记异动请求外,其他任何人无权请求知识产权法院对第二客体登记进行异动。

第 8 款:在法院对第二客体登记异动所作出的裁定生效日,第二客体登记机关应当立即依照法院的生效裁定对相应之第二客体登记办理异动手续,并于当日在其网站上公布。

第 9 款:第二客体登记被撤销的,由该项登记所产生法律效力视为自始不存在;第二客体登记被变更的,其效力溯及至该项第二客体的原登记之日。

第10款:本条所称的"相关权利害关系人",是指与某相关权有直接权利义务关系的自然人、法人或者其他组织。

第2节 图书出版者权

第222-01条[图书出版者]

本法典所称的"图书出版者",是指依据中华人民共和国法律设立的出版社。

第222-02条[图书出版合同]

第1款:图书出版者需要出版他人受著作权保护之作品的,应当与著作权人签订图书出版合同。

第2款:本条第1款所称的"出版",是指将作品附载于某种有形物质载体提供给公众以满足其合理需求的行为。

第3款:图书出版合同应当适用本法典第216-01条的规定,但根据图书出版合同各自特点需要作其他约定的,由当事人双方通过协商约定。

第222-03条[图书出版者权]

图书出版者权,是指图书出版者对其出版的图书享有的专有出版权。

第222-04条[图书出版者权的内容]

图书出版者对其出版的图书所享有的专有权包括:

1. 对其制作的装帧设计、版式设计享有的专有权;

2. 依图书出版合同所出版的图书,在合同约定的期限内,享有重印、再版和改版的专有权;

3. 对已超过版权保护期限作品所出版的图书,有权禁止他人以同样的装帧或者版式出版该图书;

4. 有权在其出版的图书上标注自己出版者身份。

第222-05条[保护期]

第1款:图书出版者对其制作的装帧设计和版式设计享有的专有权的保护期为50年,截止于附载该装帧设计和版式设计之图书首次公开销售日起的第50年的12月31日。

第2款:图书出版者对依图书出版合同对其出版的图书所享有的重印、再版或者改版的专有权,依图书出版合同的约定。

第3款:图书出版者享有的在其出版的图书上标注出版者身份的权利不受时间限制。

第3节 表演者权

第 223-01 条[定义]

本法典所称的“表演者”,是指以动作、声音、语言、表情、手势、姿势或者其他肢体语言向公众再现作品的自然人,包括演员、歌唱者、演奏者、舞蹈者和表演、歌唱、演说、朗诵、演奏或以别的方式表演文学或艺术作品的其他人员。

第 223-02 条[表演条件]

第 1 款:使用他人的版权作品进行表演的,表演者(表演者个人或者表演组织者)应当取得著作权人许可,并支付报酬。表演组织者组织表演的,由该组织者取得著作权人许可,并向其支付报酬。

第 2 款:使用他人受著作权保护的改编作品进行表演的,表演者(表演者个人或者表演组织者)应当同时取得改编作品著作权人和被改编原作品著作权人的许可,并向他们分别支付报酬。

第 3 款:本法典所称的“版权作品”,是指依据本法典的规定享有著作权并受保护的作品。

第 223-03 条[表演合同]

第 1 款:表演者使用他人的版权作品进行表演的,应当与著作权人表演合同,但法律另有规定的除外。

第 2 款:表演合同应当适用本法典第 21601 条关于版权作品使用许可合同的规定,但根据各表演所具有的特点,当事人双方需要就具体事项进行协商并作出相应约定的除外。

第 223-04 条[表演者权的内容]

第 1 款:表演者对其表演享有:

1. 表演者身份权,即在表演现场、在对其表演进行转播、在对其表演制作的视听制品上、视听制品的包装上或者其他用于包装该视听制品并与该视听制品构成一个销售整体的物品上、在广播组织制作的广播电视节目中,或者其他利用其表演的场合表明其表演者身份的权利;

2. 表演形象权,即保护表演形象不受歪曲,或者许可他人对其表演形象进行商业利用并获得报酬的权利;

3. 现场直播权,即许可他人从现场直播和公开传送其现场表演,并获得报酬的权利,本法典另有规定的除外;

4. 录制权,即许可他人对其表演制作视听制品,并获得报酬的权利,本法典另有规定的除外;

5. 复制权,即许可他人对附载有其表演的视听制品或者广播电视节目进行

复制,并获得报酬的权利,本法典另有规定的除外;

6. 发行权,即许可他人为满足公众需要,公开销售附载有其表演的视听制品,并获得报酬的权利,本法典另有规定的除外;

7. 广播权,即许可他人播放附载有其表演的视听制品,并获得报酬的权利,本法典另有规定的除外;

8. 网络传播权,即许可他人通过信息网络向公众传播其表演,并获得报酬。

第 2 款:自然人、法人或者其他组织以本条第 1 款第 3 至 6 项规定的方式使用表演者的表演,同时需要使用他人版权作品的,使用者不仅需要取得该表演者的许可,向表演者支付报酬,而且还应当取得著作权人许可,并向其支付报酬。

第 223-05 条[保护期]

第 1 款:本法典第 222-04 条第 1 款规定的第 1 项权利的保护期不受限制。

第 2 款:本法典第 222-04 条第 1 款规定的第 2 项至第 8 项权利的保护期为五十年,截止于该表演公开进行之日后第五十年的 12 月 31 日。

第 4 节　视听制品制作者权

第 224-01 条[定义]

第 1 款:本法典所称的"视听制品",是指录音制品和录像制品。

第 2 款:本法典所称的"录音制品",是指任何对表演的声音和其他声音的专门录音。

第 3 款:本法典所称的"录像制品",是指视听作品以外的任何有伴音或者无伴音的连续相关形象、图像的录制品。

第 4 款:本法典所称的"录音制作者",是指录音制品的首次制作人。

第 5 款:本法典所称的"录像制作者",是指录像制品的首次制作人。

第 224-02 条[使用他人版权作品的条件]

第 1 款:视听制品制作者使用他人版权作品制作视听制品的,应当取得著作权人许可,并向其支付报酬,但本法典另有规定的除外。

第 2 款:视听制品制作者使用他人受著作权保护的改编作品制作视听制品的,应当同时取得改编作品著作权人和被改编作品著作权人许可,并分别向他们支付报酬,但法典另有规定的除外。

第 3 款:视听制品制作者使用他人版权作品制作视听制品的,应当与著作权人签订视听制品制作合同,但本法典另有规定的除外。

第 4 款:视听制品制作者与著作权人签订的视听制品制作合同应当适用本法典第 216-01 条的规定,但根据视听制品制作合同各自的特点,当事人双方认为需要就具体事项协商并作出约定的除外。

第 224-03 条[与表演者签订合同]

视听制品制作者对他人受著作权保护的表演制作视听制品，应当同表演者订立合同，并向其支付报酬。

第 224-04 条[视听制品制作者权的内容]

第 1 款：视听制品制作者对其制作的视听制品依本法典享有：

1. 复制权，即许可他人对其制作的视听制品以各种方式进行复制，并获得报酬的权利，本法典另有规定的除外；

2. 发行权，即许可他人为满足公众需要而公开销售其视听制品，并获得报酬的权利，本法典另有规定的除外；

3. 出租权，即许可他人将其制作的视听制品原件或者复制件以营利目的提供给公众临时观看或者闻听，并获得报酬的权利，本法典另有规定的除外；

4. 播放权，即许可他人将其制作的视听制品通过广播或者电视进行播放，并获得报酬的权利，本法典另有规定的除外；

5. 网络传播权，即许可他人将其制作的视听制品通过信息网络向公众传播，并获得报酬的权利，本法典另有规定的除外；

6. 视听制品制作者身份权，即在视听制品上、视听制品的包装上或者其他用于包装该视听制品而且与该视听制品构成一个销售整体的物品上注明其视听制品制作者身份的权利。

第 2 款：自然人、法人或者其他组织以本条第 1 款规定的方式使用视听制品，同时需要使用他人版权作品的，使用者不仅需要取得该视听制品制作者的许可，向视听制品制作者支付报酬，同时还应当取得著作权人许可，并向其支付报酬。

第 224-05 条[保护期]

第 1 款：第 224-04 条第 1 款规定的视听制品制作者享有的前五项权利的保护期为五十年，截止于该制品首次制作完成后第五十年的 12 月 31 日。

第 2 款：第 224-04 条第 1 款规定的视听制品制作者身份权的保护期不受时间限制。

第 5 节　广播组织权

第 225-01 条[定义]

第 1 款：本法典所称的“广播组织”，是指依法设立的有线或者无线广播电台和电视台。

第 2 款：本法典所称的“广播组织权的客体”，是指广播组织自己制作的广播电视节目。

第 225-02 条[对作品的使用]

第 1 款:广播组织播放他人未发表的版权作品,应当取得著作权人许可,并向其支付报酬。

第 2 款:广播组织播放他人已发表的版权作品,可以不经著作权人许可,但应当依法律规定向其支付报酬。

第 225-03 条[对第二客体的使用]

第 1 款:广播组织使用他人未发表的受相关权保护的视听制品,应当取得相关权人的许可,并向其支付报酬。

第 2 款:广播组织使用他人已发表的受相关权保护的录音制品,可以不经录音制品制作者许可,但应当依照法律规定向其支付报酬。

第 225-04 条[广播组织权的内容]

第 1 款:广播组织对其制作的广播电视节目依本法典享有:

1. 转播权,即许可他人对其制作的广播电视节目进行转播,并获得报酬的权利,本法典另有规定的除外;

2. 视听制品制作权,即许可他人利用其制作的广播电视节目录制作视听制品,并获得报酬的权利,本法典另有规定的除外;

3. 复制权,即许可他人对附载有其制作的广播电视节目的视听制品进行复制,并获得报酬的权利,本法典另有规定的除外;

4. 播放权,即许可他人通过广播、电视或者其他方式播放其附载有其制作的广播电视节目的视听制品,并获得报酬的权利,本法典另有规定的除外;

5. 网络传播权,即许可他人将附载有其制作的广播电视节目的视听制品通过信息网络向公众传播,并获得报酬的权利,本法典另有规定的除外;

6. 广播组织身份权,即在广播电视节目中指明其广播组织身份或者在附载有其制作的广播电视节目的视听制品上、制品的包装上或者其他用于包装该视听制品而且与该视听制品构成一个销售整体的物品上注明其广播组织身份的权利。

第 2 款:自然人、法人或者其他组织以本条第 1 款规定的方式使用广播电视节目或者附载有广播电视节目的视听制品,同时需要使用他人版权作品的,使用者不仅需要取得该广播组织、视听制品制作者的许可,向其支付报酬,同时还应当取得著作权人的许可,并向其支付报酬。

第 225-05 条[保护期]

第 1 款:本法典第 224-03 条第 1 款规定的前五项权利的保护期为 50 年,截止于广播电视节目首次公开播放后的第 50 年的 12 月 31 日。

第 2 款:本法典第 224-03 条第 1 款规定的第 6 项权利不受时间限制。

第 6 节　数据库制作者权

第 226-01 条[定义]

第 1 款:本法典所称的“数据库”,是指以系统或有序的方法编排的、并可通过电子或其他方式单独访问的独立作品、数据或其他材料的集合。

第 2 款:本法典所称的“数据库制作者”,是指发起数据库的编制,在数据库的编制、检验和展示过程中,在财力、技术和人力方面进行了实质性投入,并承担相应投资风险的人。

第 226-02 条[数据库的编制]

第 1 款:自然人、法人或者其他组织利用他人的版权作品编制数据库的,应当取得著作权人的许可,并向其支付报酬。

第 2 款:自然人、法人或者其他组织编制数据库所利用的信息、资料、数据或者其他材料,涉及他人的商业信息、私人信息、传统知识或者受法律保护的其他权利的,应当充分尊重有关权利所有人的权益,并不得侵犯他人在先取得的合法权利。

第 3 款:自然人、法人或者其他组织利用公有领域的信息、资料、数据或者其他材料编制数据库的,不得禁止他人对通过自己的劳动所搜集的同样的信息、资料、数据或者其他材料进行利用。

第 226-03 条[数据库制作者的权利]

第 1 款:自然人、法人或者其他组织编制的数据库,具有独创性,符合本法典第二编第一章所规定的著作权条件的,依本法典的规定享有著作权,受本法典保护。

第 2 款:自然人、法人或者其他组织编制的数据库,不具有独创性,不符合本法典第二编第一章规定的著作权条件,但在对所编制信息、资料、数据或者其他材料的搜集、整理和编排过程付出了相应资金、技术和人力劳动的,依本法典的规定,享有以下专有权:

1. 使用权,即许可他人以符合数据库编制目的的方式对数据库进行利用,并获得报酬的权利,但本法典另有规定的除外;

2. 复制权,即许可他人对其数据库以任何方式进行复制,并获得报酬的权利,但本法典另有规定的除外;

3. 发行权,即许可他人为满足公众需要,公开销售其数据库复制件,并获得报酬的权利,但本法典另有规定的除外;

4. 提取权,即许可他人从其编制的数据库中提取重要部分或者大部分加以

利用,并获得报酬的权利,但本法典另有规定的除外;

5. 网络传输权,即许可他人将其数据库通过互联网提供给公众,并获得报酬的权利,但本法典另有规定的除外;

6. 数据库制作者身份权,即在数据库或者数据库复制件上或者复制件的包装上,或者其他用于包装该数据库复制件并与该数据库复制件构成一个销售整体的物品上标注数据库制作者身份的权利。

第 226-04 条[保护期]

第 1 款:第 226-03 条第 1 款规定的数据库著作权中的发表权和财产权利的保护期为 50 年,截止于数据库首次发表后的第 50 年的 12 月 31 日;自数据库编制完成后 40 年以后 50 年以内发表的,其保护期截止于首次发表后第 10 年的 12 月 31 日;但超过 50 年发表的,不再受本法典保护。

第 2 款:第 226-03 条第 2 款规定的前五项专有权的保护期为 20 年,截止于数据库首次发表后的第 20 年的 12 月 31 日;自数据库编制完成后 10 年以后 20 年以内发表的,其保护期截止于首次发表后第 10 年的 12 月 31 日;但超过 20 年发表的,不再受本法典保护。

第 3 款:第 226-03 条第 2 款规定的数据库制作者身份权的保护不受时间限制。

第 7 节　相关权的限制

第 227-01 条[相关权的穷竭]

第 1 款:经相关权人许可,依法制作的第二客体复制件被合法投放市场销售后,对该复制件进行占有、使用、收益或者处分的,不必经该复制件所附载之第二客体的相关权人许可,且不构成对其相关权的侵犯,本法典另有规定的除外。

第 2 款:相关权人有权禁止他人未经许可擅自以经营目的,将在其他国家或者地区合法制作并投放市场销售的第二客体复制件进口到本国。

第 227-02 条[对第二客体的合理使用]

第 1 款:对第二客体的合理使用,是指对已发表相关乏味体进行使用,可以不经相关权人许可,不向其支付使用费,且不构成对其相关权之侵犯,但应当按相关权人采用的表明其身份的方式注明第二客体制作者姓名或者名称、指出第二客体出处、标注第二客体标题,而且不得侵犯被使用第二客体之相关权人依法享有的其他权利。在决定对已发表第二客体的使用是否为合理使用时,应当考虑下列因素:

1. 对第二客体的使用只是为了非经营目的;

2. 受相关权保护的第二客体的性质；

3. 所使用的部分仅占整个第二客体的一小部分且不是其实质性部分；以及

4. 对第二客体的使用不得构成对相关权人的竞争，影响该第二客体的潜在市场。

第2款：本条第1款所称的“已发表的第二客体”，是指根据第二客体的性质，为满足公众的合理要求，经作者许可，以有线或者无线方式公之于众，而且公众可以在他们自己选择的时间和地点以有线或者无线方式接触到的第二客体。

第3款：具体规定可以参照本法典第215-04条第3款以后各款的规定。

第227-03条［法定许可使用］

在下列情况下，使用者对已发表的第二客体的使用，可以事先不经相关权人许可，但必须依据法律的规定向其支付使用费，并按相关权人采用的表明其身份的方式注明其姓名或者名称，指出第二客体出处，标注第二客体标题，而且不得侵犯被使用第二客体相关权人依法享有的其他权利：

1. 录音制作者使用他人已经合法录制为录音制品的音乐作品制作录音制品，可以不经著作权人许可，但应当按照规定支付报酬，按作者采用的署名方式注明作者姓名或者名称、指出作品出处、标注作品标题，并且不得侵犯被使用作品著作权人依法享有的其他权利；著作权人声明不许使用的不得使用。

2. 广播电台、电视台播放已经出版的录音制品，可以不经著作权人许可，但应当支付报酬，按作者采用的署名方式播报作者姓名或者名称、作品出处和作品标题，并且不得侵犯被使用作品著作权人依法享有的其他权利；著作权人声明不许播放的不得播放；当事人另有约定的除外。

第3章　集体管理组织

第231-01条［集体管理组织］

本法典所称的“集体管理组织”，是指著作权和相关权集体管理组织（以下简称为“著作权管理组织”），是依据《中华人民共和国民法典》的规定设立的根据著作权人和相关权人的委托，以自己的名义为著作权人和相关权人主张权利，并可以作为当事人进行涉及著作权或者相关权的诉讼、仲裁活动的独立法人。

第231-02条［著作权集体管理组织的性质］

著作权集体管理组织是非营利性的独立法人。

第231-03条［与著作权集体管理组织的关系］

著作权人或者相关权人通过与著作权集体管理组织签订著作权或者相关

权信托合同,将其依本法典享有的著作权或者相关权委托著作权集体管理组织进行管理的,著作权集体管理组织对合同约定的著作权或者相关权中的一项、几项或者全部,取得与其管理职能相应的管理和处分权。

第 231-04 条[著作权集体管理组织的权限]

著作权集体管理组织根据著作权或者相关权信托合同取得的对委托作品或者第二客体的管理和处分权限如下:

1. 发放使用许可:即著作权集体管理组织有权对其受托管理的作品或者第二客体向自然人、法人或者其他组织发放使用许可证;

2. 收取使用报酬:即著作权集体管理组织有权请求使用其受托管理的作品或者第二客体的自然人、法人或者其他组织支付并收取约定或者法定使用费;

3. 使用报酬的分配:即著作权集体管理组织有权对其收取的著作权或者相关权使用费,扣除为管理其受托作品或者第二客体所需要的必要开支、管理费以及著作权集体管理组织章程规定的其他合法费用外,定期向委托人进行分配;

4. 进行诉讼:即著作权集体管理组织有权以自己的名义对未经其许可擅自使用其受托管理的作品或者第二客体的自然人、法人或者其他组织提起侵权诉讼、对使用其受托管理的作品或者第二客体未按照约定或者法律规定支付相应报酬自然人、法人或者其他组织提起支付使用费诉讼;

5. 进行仲裁:即著作权集体管理组织有权依据仲裁条款或者仲裁协议以自己的名义请求仲裁;

6. 其他权利:即著作权集体管理组织依据信托合同约定或者组织章程规定为履行其信托职能而享有的其他权利。

第 231-05 条[著作权集体管理组织的义务]

著作权集体管理组织根据著作权或者相关权信托合同对委托人承担以下义务:

1. 发放使用许可:即著作权集体管理组织有义务对其受托管理的作品或者第二客体向自然人、法人或者其他组织发放使用许可证;

2. 收取使用报酬:即著作权集体管理组织有义务请求使用其受托管理的作品或者第二客体的自然人、法人或者其他组织支付并收取约定或者法定使用费;

3. 使用报酬的分配:即著作权集体管理组织有义务对其收取的著作权或者相关权使用费,扣除为管理其受托作品或者第二客体所需要的必要开支、管理费以及著作权集体管理组织章程规定的其他合法费用后,定期向委托人进行分配;

4. 进行诉讼:即著作权集体管理组织有义务以自己的名义对未经其许可擅自使用其受托管理的作品或者第二客体的自然人、法人或者其他组织提起侵权诉讼、对使用其受托管理的作品或者第二客体未按照约定或者法律规定支付相应报酬自然人、法人或者其他组织提起支付使用费诉讼；

5. 进行仲裁：即著作权集体管理组织有义务依据仲裁条款或者仲裁协议以自己的名义请求仲裁。

6. 其他义务：即著作权集体管理组织依据信托合同约定或者组织章程规定为履行其信托职能而应当履行的其他义务。

第 231-06 条［委托人的权利与义务］

第 1 款：著作权信托合同关系中的委托人，在信托合同约定的期限内，享有以下权利：

1. 作品或者第二客体使用知情权，即著作权人或者相关权人有权请求著作权集体管理组织依据信托合同约定或者著作权集体管理组织章程规定的期限向其委托人报告作品或者第二客体使用情况；

2. 作品或者第二客体使用费分配权，即著作权人或者相关权人有权请求著作权集体管事组织依据信托合同约定或者著作权集体管理组织章程规定的限制、方式、标准和办法向其分配作品或者第二客体的使用费；

3. 催办权，即著作权人或者相关权人有权催促著作权集体管理组织履行其诉讼、仲裁等义务；

4. 其他权利，即依据信托合同或者著作权集体管理组织章程而享有的其他权利。

第 2 款：著作权信托关系中的委托人，在信托合同约定的期限内，应当履行以下义务：

1. 停止就委托作品或者第二客体向第三人发放使用许可，即在信托合同约定的期限内，委托人丧失了对委托作品或者第二客体已经委托著作权集体管理组织管理和处分的那部分权利；

2. 协助义务，即委托人应当协助著作权集体管理组织行使对第三人的侵权起诉。

第三编　专利权与专有权

第 1 章　发明专利权

第 1 节　一 般 规 定

第 311-01 条［定义］

第 1 款：本法典所称的“发明”，是指对产品、方法及其改进所作出的新的技术方案。

第 2 款:本法典所称的“专利”,是指经国家知识产权局专利局依照本法典规定的审查程序,确定符合本法典规定之条件并颁发了相应证书的发明。

第 311-02 条[合法原则]

对违反国家法律、社会公德或者妨害公共利益的发明,不授予专利权。

第 311-03 条[保密原则]

第 1 款:申请专利的发明涉及国家安全或者重大利益需要保密的,按照国家有关规定办理。

第 2 款:在专利申请公开前,国家知识产权局对专利申请负有保密义务;未经专利申请人或者其代理人申请提前公开其申请的,国家知识产权局不得自行决定公开其专利申请。

第 311-04 条[专利权唯一原则]

第 1 款:在中华人民共和国领域内,相同主题的发明只能被授予一项专利权。

第 2 款:在中华人民共和国领域内,相同主题的技术方案只能获得本编规定的专利权或者专有权中的一项。

第 311-05 条[专利权与专有权相互转换]

第 1 款:发明专利权申请人在提出专利申请的同时或者之后,可以就相同主题的发明依照本编第 2 章的规定向国家知识产权局提出实用新型专有权登记申请。

第 2 款:国家知识产权局专利局依照本法典规定对该项发明专利申请进行审查,决定授予专利权的,申请人所提出的实用新型专有权登记申请或者已取得的实用新型专有权自动终止;不能获得专利权的,则不影响该项实用新型的登记申请或者已取得的专有权。

第 311-06 条[先申请原则]

第 1 款:两个以上的申请人分别就同样的发明申请专利的,专利权授予最先申请的人。

第 2 款:本编所称的“同样的发明”,是指两项或者两项以上的相比较的发明,具有相同的必要技术特征构成,具有相同的实用功效。

第 3 款:判断专利申请的先后,以专利申请日的先后为标准,享有优先权的,以优先权日为准。

第 4 款:本条第 1 款所称的“最先申请”,是指在相比较的若干项专利申请中,申请日或者优先权日为最早的那份申请。

第 5 款之一:本条第 3 款所称的“专利申请日”,是指专利申请人向国家知识产权局递交必要专利申请文件的日期;享有优先权的,以优先权日为申请日,但本法典另有规定的除外。

之二:专利申请人以邮寄方式向国家知识产权局递交必要专利申请文件的,以寄送必要专利申请文件的寄出之邮戳日为申请日;寄出必要专利申请文件的邮戳日无法辨认的,以国家知识产权局收到必要专利申请文件的邮戳日为申请日;专利申请人有相反证明的,则以该证明所确定的日期为申请日。

之三:专利申请人以电子邮件方式寄送必要专利申请文件的,则以电子邮件发出之日为申请日。

第6款:本条第5款所称的"专利申请人",是指依据本编规定有权就发明向国家知识产权局提出专利申请的自然人、法人或者其他组织。

第7款:本条第5款之一所称的"必要专利申请文件",是指专利申请人依据本编规定向国家知识产权局提交的请求书、发明说明书及其摘要、权利要求书以及必要的附图之全部或者其中的请求书、发明说明书和权利要求书三件。

第311-07条[专利申请优先权]

第1款:专利申请人自发明在外国第一次提出专利申请或者其他权利申请之日起十二个月内,又在中国就相同主题提出专利申请的,依照该外国同中国签订的协议或者共同参加的国际条约,或者依照相互承认优先权的原则,可以享有优先权。

第2款:专利申请人自发明在中国第一次提出专利申请或者其他权利申请之日起十二个月内,又向国家知识产权局就相同主题提出专利申请的,可以享有优先权。

第3款:专利申请人要求优先权的,应当在提出专利申请的时候提出书面声明,并且在三个月内提交第一次提出的专利申请或者其他权利申请文件的副本;未提出书面声明或者逾期未提交专利申请文件副本的,视为未要求优先权。

第4款:上述三款所规定的期限是刚性的,不具有可变更性。

第311-08条[外国人或者无国籍人]

第1款:在中国没有经常居所或者营业所的外国国民在中国申请专利的,依照其所属国同中国签订的协议或者共同参加的国际条约,或者依照互惠原则,根据本法典办理。

第2款:在中国没有经常居所或者营业所的无国籍人在中国申请专利的,依照其惯常居住地国同中国签订的协议或者共同参加的国际条约,或者依照互惠原则,根据本法典办理。

第311-09条[专利代理]

第1款:在中国没有经常居所或者营业所的外国国民或者无国籍人在中国

申请专利和办理其他专利事务的,应当委托国务院专利行政部门指定的专利代理机构办理。

第 2 款:中国单位或者个人在国内申请专利和办理其他专利事务的,可以委托专利代理机构办理。

第 3 款:专利代理机构应当遵守法律、行政法规,按照被代理人的委托办理专利申请或者其他专利事务;对被代理人发明创造的内容,除专利申请已经公布或者公告的以外,负有保密责任。

第 311-10 条[向国外申请专利]

第 1 款:中国自然人、法人或者其他组织将其在国内完成的发明向其他国家或者地区申请专利的,应当先向国家知识产权局申请专利,委托其指定的专利代理机构依据本法典的规定办理。

第 2 款:中国自然人、法人或者其他组织可以根据中华人民共和国参加的有关国际条约提出专利国际申请。申请人提出专利国际申请的,应当遵守前款规定。

第 3 款:国家知识产权局依照中华人民共和国参加的有关国际条约、本法典和国务院有关规定处理专利国际申请。

第 311-11 条[发明人身份权]

发明人享有的发明人身份权包括以下内容:

1. 在专利申请文件中写明自己是发明人的权利;

2. 在由其发明产生的专利产品上或者专利产品的包装上或者其他用于包装专利产品并与该专利产品构成一个销售整体的物品上表明其发明人身份的权利;

3. 在其他与其发明有关的广告或者其他宣传材料上表明其发明人身份权利。

第 2 节　可专利对象和条件

第 312-01 条[可专利对象]

符合本法典规定条件的发明,可依据本法典规定的程序取得专利权。

第 312-02 条[不可专利的对象]

第 1 款:以下所列所项为不可专利的对象:

1. 科学发现;

2. 智力活动的规则和方法;

3. 人类疾病的诊断和治疗方法;

4. 动物和植物品种;

5. 以原子核变换方法所获得的物质。

第 2 款:生产、培育动物和植物品种的方法为可专利对象。

第 312-03 条[一般条件]

授予专利权的发明,应当具备新颖性、创造性和实用性。

第 312-04 条[新颖性]

第 1 款:本编第 312-03 条所称的“新颖性”,是指申请专利的发明不属于现有技术范围。

第 2 款:本条第 1 款所称的“现有技术范围”,是指在专利申请日以前在国内外出版物上已经公开的技术,或者在国内公开使用或者以其他方式为公众以合法方式可获得的技术,或者在国内外已经取得专利权、已登记为实用新型的技术,但在专利申请日公开的技术不属于现有技术。

第 3 款:本条第 2 款所称的“出版物”,是指一切向公众提供信息、资料、数据或者其他内容的载体,包括有形物质载体和无形的电子载体等。

第 4 款:本条第 2 款所称的“公开”,是指信息、资料、数据或者其他内容处于未采取任何保密措施的状态,或者虽然采取某种保密措施但任何人只要按照相应要求进行了注册或登记并交纳相应费用即可接触的状态。

第 5 款:现有技术的公开日,以附载信息、资料、数据或者其他内容的载体上标注的日期为准;相关载体未标注其公开日期或者其所标注的日期与其实际公开日期不相符的,则以有关事件的发生日为其公开日。

第 312-05 条[冲突申请]

在被审查之专利申请的专利申请日前,第三人就同样的发明已向中国国家知识产权局提出专利申请,并且在被审查之专利申请的专利申请日以后公开的技术,视为现有技术,使申请专利的发明丧失新颖性。

第 312-06 条[宽展期]

申请专利的发明在申请日以前六个月内,有下列情形之一的,不丧失新颖性:

1. 在中国政府主办或者承认的国际展览会上首次展出的;

2. 在规定的学术会议或者技术会议上首次发表的;

3. 他人未经申请人同意而泄露其内容的。

第 312-07 条[单独对比原则]

判断申请专利的发明是否具有新颖性时,专利审查人员只能将被审查的发明与某一项对比技术进行对比。

第 312-08 条[创造性]

第 1 款:本编第 312-03 条所称的“创造性”,是指同现有技术相比,申请专利的发明不是显而易见的。

第2款:本条第1款所称的“显而易见”,是指由申请专利的发明所属技术领域的普通技术人员能够通过简单推理即可完成相应发明的情形。

第312-09条[实用性]

第1款:本编第312-03条所称的“实用性”,是指申请专利的发明能够在工业上运用并产生积极效果。

第2款:本条第1款所称的“在工业上运用”,是指申请专利的发明具有再现性,即能够在相同的技术条件下进行生产、加工、制造或者使用。

第3款:本条第1款所称的“积极效果”,是指申请专利的发明在工业上运用后,能够在某些方面对技术进步、社会发展或者经济繁荣产生促进作用。

第3节 专利申请

第313-01条[专利申请权]

专利申请权,是指自然人、法人或者其他组织对发明享有的请求国家知识产权局授予专利权的权利。

第313-02条[专利申请权的产生]

自发明完成之日起,专利申请权自动产生。

第313-03条[雇佣发明]

第1款:雇佣发明的专利申请权归雇主享有。

第2款:本条第1款所称的“雇佣发明”,是指雇员依据雇佣合同履行其职责而完成的发明。

第313-04条[自由发明]

第1款:自由发明的专利申请权归发明人享有。

第2款:本条第1款所称的“自由发明”,是指发明人依自己的意志利用自己时间、资金、资料、设备等完成的发明。

第3款:本条第1款所称的“发明人”,是指对发明的完成作出了实质性贡献的人。为发明的完成提供辅助性服务、资料、咨询或者其他帮助的人,不是发明人。

第313-05条[委托发明]

第1款:委托发明的专利申请权,由委托人和受托人在委托合同中约定,由合同约定的人享有该委托发明的专利申请权;委托合同对此未作约定或者约定不明确的,该委托发明的专利申请权归其发明人享有。

第2款:本条第1款所称的“委托发明”,是指一方当事人接受另一方当事人的委托所完成的发明。

第 313-06 条[共同发明]

第 1 款:共同发明的专利申请权共同发明人共同享有,但当事人另有约定的除外。

第 2 款:本条第 1 款所称的“共同发明”,是指两个或者两个以上的自然人、法人或者其他组织依据合同约定,共同投资、共担风险、共同研究开发所完成的发明。

第 313-07 条[专利申请权的转让]

第 1 款:专利申请权可以依据本编规定进行转让。

第 2 款:专利申请权转让应采书面形式,自双方当事人签字之日起生效,但本法典另有规定的除外。

第 3 款:中国自然人、法人或者其他组织向外国人转让专利申请权的,应当经国务院有关主管部门批准。此种专利申请权转让合同自国务院有关主管部门批准之日起生效。

第 4 款:在专利申请人向国家知识产权局已经提出专利申请后转让专利申请权的,当事人双方应当在专利申请权转让合同生效后 15 天内向国家知识产权备案。未经备案的,专利申请权转让不发生法律效力。

第 313-08 条[专利申请权的移转]

第 1 款:专利申请权可以通过继承、赠与、遗赠或者其他方式进行移转。

第 2 款:专利申请权的继承人行使其专利申请权的,应当向国家知识产权局或者其他当事人出具有合法继承权的证据。

第 3 款:以赠与、遗赠或者其他方式移转专利申请权,当事人应当以书面形式进行,否则,不发生移转之法律效力。

第 4 款:在专利申请人向国家知识产权局已经得出专利申请后发生专利申请权移转的,受移转人应当在取得专利申请权后 15 天内持有关证明向国家知识产权备案。未经备案的,专利申请权的移转不发生法律效力。

第 313-09 条[专利申请权的终止]

专利申请权随着专利权的获得而终止。

第 313-10 条[专利申请文件]

专利申请人就其发明向国家知识产权局申请专利的,应当提交请求书、说明书及其摘要、权利要求书以及必要的附图等文件。

第 313-11 条[请求书]

第 1 款:本编第 313-10 条所称的“请求书”,是指专利申请人向国家知识产权局提交的请求给其发明授予专利权的法定文件。

第 2 款:专利申请人提交本条第 1 款规定的请求书,应当写明发明的名称,发明人的姓名,申请人姓名或者名称、地址,以及其他事项。

第 3 款:本条第 1 款规定的请求书中的发明人只能是自然人,不能是法人或者其他组织。

第 4 款:本条第 2 款之二所称的“其他事项”,包括以下内容:

1. 申请人的国籍;

2. 申请人是自然人、法人或者其他组织或者其他组织的,其总部所在的国家;

3. 申请人委托专利代理机构的,应当注明的有关事项;

4. 要求优先权的,应当注明的有关事项;

5. 申请人或者专利代理机构的签字或者盖章;

6. 申请文件清单;

7. 附加文件清单;

8. 其他需要注明的有关事项。

第 5 款:申请人为两个或者两个以上而未委托专利代理机构的,应当指定其中的一位为代表人。

第 313-12 条[说明书]

第 1 款:本编第 313-10 条所称的“说明书”,是指专利申请人向国家知识产权局提交的对其发明之技术特征进行解释的法定文件。

第 2 款:专利申请人提交本条第 1 款规定的说明书,应当对发明作出清楚、完整的说明,以所属技术领域的技术人员能够实现为准;必要的时候,应当有附图。

第 3 款:专利申请人提交本条第 1 款规定的说明书,应当按以下方式和顺序撰写:

1. 发明的名称,该名称应当与请求书中的名称一致;

2. 发明所属技术领域;

3. 就申请人所知,写明对发明的理解、检索、审查有用的背景技术,并且引证反映这些背景技术的文件;

4. 发明的目的;

5. 写明要求保护的发明的技术方案,使所属技术领域的技术人员能够理解,并且能够达到发明的目的;

6. 发明与背景技术相比所具有的有益的效果;

7. 有附图的,应当对其作相应的图面说明;

8. 详细描述申请人认为实现发明的最好方式,在适当的情况下,应当举例说明;有附图的,应当对照附图。

第 4 款之一:专利申请人应当按照前款规定的方式和顺序撰写说明书,除非其发明的性质用其他方式或者顺序撰写能节约说明书的篇幅并使他人能更好地理解其发明。

之二:发明的说明书中不得使用“如权利要求……所述的……”一类的引用语,也不得使用商业性宣传用语。

第 313-13 条[摘要]

第 1 款:专利申请人提交本条第 1 款规定的摘要,应当写明发明所属的技术领域、需要解决的技术问题、主要技术特征和用途,但可以包含最能说明发明的化学式。有附图的专利申请,应当由申请人指定并提供一幅最能说明该发明技术特征的附图。附图的大小及清晰度应当保证在该图缩小到 4 厘米乘以 6 厘米时,仍能清楚地分辨出图中的各个细节。

第 2 款:摘要文字部分不得超过 200 个汉字。

第 3 款:摘要中不得使用商业性宣传用语。

第 313-14 条[权利要求书]

第 1 款:本编第 313-10 条所称的“权利要求书”,是指专利申请人向国家知识产权局提交的请求法律对其发明给予保护的范围。

第 2 款:专利申请人提交本条第 1 款规定的权利要求书,应当以说明书为依据,说明要求专利保护的范围;说明书没有说明的技术特征,不得成为权利要求的对象;说明书有说明但权利要求书没有要求的,不受法律保护。

第 3 款:权利要求书应当说明发明的技术特征,清楚并简要地表述请求保护的范围。

第 4 款:权利要求书有几项权利要求的,应当用阿拉伯数字顺序编号。

第 5 款:权利要求书中使用的科技术语应当与说明书中使用的科技术语一致,可以有化学式或者数学式,但是不得有插图。除绝对必要的外,不得使用“如说明书……部分所述”或者“如图……所示”的用语。

第 6 款:权利要求中的技术特征可以引用说明书附图中相应的标记,该标记应当放在相应的技术特征后面,并置于括号内,以利于理解权利要求。附图标记不得解释为对权利要求的限制。

第 7 款:权利要求书应当有独立权利要求,也可以有从属权利要求。独立权利要求应当从整体上反映发明的技术方案,记载为达到发明目的的必要技术特征。从属权利要求应当用要求保护的附加技术特征,对引用的权利要求作进一步的限定。

第 8 款:发明的独立权利要求应当包括前序部分和特征部分,按照下列规定撰写:

1. 前序部分:写明发明要求保护的主题名称和发明主题与现有技术共有的必要技术特征;

2. 特征部分:使用“其特征是……”或者类似的用语,写明发明区别于现有技术的技术特征。这些特征和前序部分写明的特征合在一起限定发明要求保护的范围。

第9款:发明的性质不适合用本条第8款规定方式表达的,独立权利要求可以用其他方式撰写。

第10款:一项发明应当只有一个独立权利要求,并写在同一发明的从属权利要求之前。

第11款:发明的从属权利要求应当包括引用部分和限定部分,按照下列规定撰写:

1. 引用部分:写明引用的权利要求的编号及其主题名称;

2. 限定部分:写明发明附加的技术特征。

第12款:引用一项或者两项以上权利要求的从属权利要求,只能引用在前的权利要求。引用两项以上权利要求的多项从属权利要求,不得作为另一项多项从属权利要求的基础。

第313-15条[微生物专利申请]

第1款:申请专利的发明涉及新的微生物、微生物学方法或者其产品,而且使用的微生物是公众不能得到的,除该申请应当符合本编的其他规定外,申请人并应当办理下列手续:

1. 在申请日前或者最迟在申请日,将该微生物菌种提交国家知识产权局指定的微生物菌种保藏单位保藏,并在申请时或者最迟自申请日起三个月内提交保藏单位出具的保藏证明和存活证明;期满未提交证明的,该菌种被视为未提交保藏;

2. 在申请文件中,提供有关微生物特征的资料;

3. 涉及微生物菌种保藏的专利申请应当在请求书和说明书中写明该微生物的分类命名(注明拉丁文名称)、保藏该微生物菌种的单位名称、地址、保藏日期和保藏编号;申请时未写明的,应当自申请日起三个月内补正;期满未补正的,该菌种被视为未提交保藏。

第2款:有关微生物的发明专利申请公布后,任何单位或者个人需要将专利申请所涉及的微生物作为实验目的使用的,应当向国家知识产权局提出请求,并写明下列事项:

1. 请求人的姓名或者名称和地址;

2. 不向其他任何人提供菌种的保证;

3. 在授予专利权之前,只作为实验目的使用的保证。

第 313-16 条[专利申请的单一性]

第 1 款:一件专利申请应当限于一项发明。属于一个总的发明构思的两项以上的发明,可以作为一件申请提出。

第 2 款:依照本条第 1 款规定,可以作为一件专利申请提出的属于一个总的发明构思的两项以上的发明,应当在技术上相互关联,包含一个或者多个相同或者相应的特定技术特征,其中特定技术特征是指每一项发明作为整体考虑,对现有技术作出贡献的技术特征。

第 3 款:符合前款规定的两项以上发明专利申请的权利要求,可以是下列各项之一:

1. 不能包括在一项权利要求内的两项以上产品或者方法的同类独立权利要求;
2. 产品和专用于制造该产品的方法的独立权利要求;
3. 产品和该产品的用途的独立权利要求;
4. 产品、专用于制造该产品的方法和该产品的用途的独立权利要求;
5. 产品、专用于制造该产品的方法和为实施该方法而专门设计的设备的独立权利要求;
6. 方法和为实施该方法而专门设计的设备的独立权利要求。

第 313-17 条[专利申请的分案]

第 1 款:一件专利申请包括两项或者两项以上发明的,申请人可以在本法典第 314-16 条第 1 款规定的期限届满前,向国家知识产权局提出分案申请;但是,专利申请已经被驳回、撤回或者视为撤回的,不能提出分案申请。

第 2 款:国家知识产权局认为一件专利申请不符合本法典第 313-16 条规定的申请单一性的,应当通知申请人在指定期限内对其申请进行修改;申请人期满未答复的,该申请视为撤回。

第 3 款:分案的申请不得改变原申请的类别。

第 313-18 条[专利申请日的保留]

第 1 款:专利申请人依照上一条规定提出的分案申请,可以保留原申请日;享有优先权的,可以保留优先权日,但是不得超出原申请公开的范围。

第 2 款:分案申请应当依照本法典的规定办理有关手续。

第 3 款:分案申请的请求书中应当写明原申请的申请号和申请日。提交分案申请时,申请人应当提交原申请文件副本;原申请享有优先权的,并应当提交原申请的优先权文件副本。

第 313-19 条[专利申请的撤回]

第 1 款:专利申请人可以在被授予专利权之前随时撤回其专利申请。

第2款:专利申请人行使专利申请撤回权的,应当向国家知识产权局提出撤回专利申请的书面申请,清楚地陈述撤回其专利申请的理由,并经国家知识产权局准许并在专利公报上公告后产生撤回效力。

第3款:专利申请人在其专利申请依照法定程序公布以前行使专利申请撤回请求权并被准许的,其申请专利的发明属于未公开技术,国家知识产权局负有保密义务。

第4款:专利申请人在其专利申请依照法定程序公布后行使专利申请撤回权并被准许的,其申请专利的发明为已公开技术,进入公有领域。

第5款:专利申请人在国家知识产权局依照法定程序将其申请专利的发明已经登载于专利公报上即将公布时行使其撤回权并被准许的,不影响国家知识产权局正常公布,其申请专利的发明为已公开技术,进入公有领域。

第6款:专利申请人的撤回请求未被准许的,进入正常的专利申请审查程序。

第313-20条[专利申请的修改]

第1款:专利申请人可以在被授予专利权之前随时主动或者根据国家知识产权局的审查意见修改其专利申请。

第2款:专利申请人对其专利申请的修改,不得超出原说明书和权利要求书记载的范围,不得超过其原申请的范围。

第3款:在国家知识产权局指定的修改期限内,专利申请人未及时对其专利申请文件进行修改的,视为放弃专利申请修改权。

第4节　专利申请的审查

第314-01条[专利申请审查部门]

由国家知识产权局专利局负责中华人民共和国领域内专利申请的审查。

第314-02条[专利审查员]

第1款:专利审查员由国家知识产权局长依照法律规定的程序根据专利局长的请求任命。

第2款:专利审查员应当具备的条件由立法机关制定专门法律予以规定。

第314-03条[专利审查员的回避]

第1款:在专利申请审查程序中,与被审查的专利申请有利害关系的审查员应当回避。

第2款:本条第1款所称的“与被审查的专利申请有利害关系的审查员”,是指有下列情形之一的专利审查员:

1. 是当事人或者其代理人的近亲属的;

2. 与专利申请或者专利权有利害关系的；

3. 与当事人或者其代理人有其他关系，可能影响公正审查和审理的。

第 314-04 条［自行回避］

第 1 款：专利审查员得知或者被告知属于上一条第 2 款所列情形之一种或者一种以上的，应当自行回避。

第 2 款：应当自行回避而未自行回避的，由专利局长提请知识产权局长撤销其专利审查员资格，且不得再被任命为专利审查员。

第 314-05 条［请求回避］

第 1 款：在后专利申请人或者与在后专利申请有利害关系的其他人得知对某项在先专利申请进行审查的专利审查员具有第 314-03 条第 2 款所列情形之一种或者一种以上的，可以书面形式向专利局提出回避请求。

第 2 款：专利审查员回避请求书应当写明以下事项：

1. 被审查专利申请的名称、申请日、申请号；

2. 专利审查员的姓名及其所属审查组别；

3. 请求回避的理由。

第 3 款：专利局收到回避请求书的，应当自收到请求书后的第 5 个工作日内将回避请求意见通知被请求回避的专利审查员。

第 4 款：自专利局给被请求回避的专利审查员发放通知之日起的 5 个工作日内，由收到专利局通知的被请求回避专利审查员决定是否自行回避并说明理由，并将其决定以书面形式通知专利局长。

第 5 款：当被请求回避的专利审查员认识其不属于第 314-03 条第 2 款所列任何情形而决定不自行回避的，由专利局自收到该被请求人的书面通知之日起 5 个工作日进行核实，并适用本法典第 314-04 条的规定。

第 6 款：当被请求回避的专利审查员认识其属于第 314-03 条第 2 款所列情形之一种或者一种以上且请求自行回避的，由专利局作出决定并通知回避请求人。

第 314-06 条［申诉］

第 1 款：当专利局在第 314-05 条第 5 款情形下所作出的决定，被请求人或者回避请求人不服的，可以自收到专利局决定之日起的 15 天内向北京知识产权法院申诉。

第 2 款：进入申诉程序的回避请求，以知识产权法院最后的生效裁定为准。

第 314-07 条［专利申请的受理］

第 1 款：专利局专利申请审查部门（以下简称专利局）收到专利申请完整文件或者必要文件或者部分文件后，应当及时进行专利申请登记。

第 2 款:专利局收到专利申请完整文件或者必要文件以及专利申请费的,除了进行及时登记外,应当决定是否受理该项专利申请。决定受理的,应当确定专利申请日、给予专利申请号,并向专利申请人寄送专利申请受理通知书;决定不受理的,应当向专利申请人寄送不受理通知书,并说明理由,同时告知专利申请人应当补正的事项。

第 3 款:专利局收到专利申请部分文件不符合受理所需必要条件的,应当向专利申请人寄送专利申请文件收到通知书,并告知专利申请人应当补交的申请文件。

第 4 款:专利申请人未在专利局指定期限内补齐本编规定的专利申请文件的,其专利申请视为未提交,取消取第一次提交专利申请的日期。

第 5 款:专利申请文件有下列情形之一的,专利局不予受理,并且通知申请人:

1. 发明专利申请缺少请求书、说明书和权利要求书的;
2. 未使用中文的;
3. 申请文件所使用的格式、书写、字迹不符合规定的;
4. 请求书中缺少申请人姓名或者名称及地址的;
5. 外国人或者无国籍申请人明显不符合本法典规定的。

第 314-08 条[专利申请的初步审查]

第 1 款:自专利局决定受理专利申请且专利申请文件齐备的,专利局应当自决定受理日或者专利申请人提交了齐备的专利申请文件日(以后到的时间为准)起九个月内完成对专利申请的初步审查;但专利申请需要修改或者进行其他补正的,将此期限单独计算。

第 2 款:本条第 1 款所称的“初步审查”,是指专利局审查专利申请是否具备本编第 313-10 条规定的文件和其他必要的文件,这些文件是否符合规定的格式;并审查专利申请是否明显属于本编第 311-03 条、第 312-02 条的规定的,或者不符合本法典第 311-01 条和第 312-02 条第 1 款的规定的,或者明显不具有单一性的;

第 3 款:专利局应当将审查意见通知申请人,要求其在指定期限内陈述意见或者补正;申请人期满未答复的,其申请被视为撤回,申请人陈述意见或者补正后,专利局仍然认为不符合前款所列各项规定的,应当予以驳回。

第 4 款:专利申请人对专利局的驳回决定不服的,可以自收到专利局驳回决定之日起的 3 个月内向北京知识产权法院起诉。进入该项程序后,专利申请初步审查的结果,以知识产权法院最后的生效裁定为准。

第 314-09 条[专利申请的公布]

第 1 款:专利局对专利申请经初步审查认为符合本法要求的,自申请日起满十八个月,即行公布。

第 2 款:专利申请人可以请求专利局早日公布其专利申请。

第 3 款:专利申请人请求专利局早日公布其专利申请的,应当采用书面形式,详细写明发明名称、专利申请号、专利申请人、专利申请人姓名或者名称。

第 4 款:专利局收到专利申请人早日公布其专利申请的请求后,通过对其专利申请进行初步审查,除予以驳回的外,应当立即将申请予以公布。

第 314-10 条[临时权利]

发明专利申请公布后,申请人可以要求实施其发明的单位或者个人支付适当的费用。

第 314-11 条[实质审查]

第 1 款:自专利申请日起三年内,专利局可以根据申请人随时提出的请求,对其申请进行实质审查;申请人无正当理由逾期不请求实质审查的,该申请即被视为撤回。

第 2 款:专利局认为必要的时候,可以自行对专利申请进行实质审查。

第 314-12 条[参考资料的提交]

第 1 款:专利申请人请求实质审查时,应当提交在申请日前与其发明有关的参考资料。

第 2 款:申请专利的发明已经在外国提出过申请的,专利局可以要求申请人在指定期限内提交该国为审查其申请进行检索的资料或者审查结果的资料;无正当理由逾期不提交的,该申请即被视为撤回。

第 314-13 条[陈述意见或者修改申请]

专利局对专利申请进行实质审查后,认为不符合本编规定的,应当通知申请人,要求其在指定的期限内陈述意见,或者对其申请进行修改;无正当理由逾期不答复的,该申请即被视为撤回。

第 314-14 条[专利申请的驳回]

第 1 款:专利申请经申请人陈述意见或者进行修改后,专利局仍然认为不符合本编规定的,应当予以驳回。

第 2 款:专利申请人对专利局驳回其专利申请的决定不服的,可以自收到专利局驳回决定之日起的 3 个月内向北京知识产权法院起诉。进入该程序后,专利申请的实质审查结果以知识产权法院最后的生效裁定为准。

第 314-15 条[专利权的授予]

专利申请经实质审查没有发现驳回理由的,由国家知识产权局作出授予发明专利权的决定,发给发明专利证书,同时予以登记和公告。

第 314-16 条[专利权登记手续]

第 1 款:国家知识产权局发出授予专利权的通知后,申请人应当自收到通知之日起2个月内办理登记手续。申请人按期办理登记手续的,国家知识产权局应当授予专利权,颁发专利证书,并予以公告。

第2款:期满未办理登记手续的,视为放弃取得专利权的权利。

第314-17条[专利权的生效]

发明专利权自公告之日起生效。

第5节 专 利 权

第315-01条[定义]

第1款:本法典所称的"专利权",是指自然人、法人或者其他组织依据本法典规定在一定期限内对专利所享有的独占权,包括三个方面的内容:

1. 自己实施或者许可他人实施其专利并获得报酬的权利;
2. 禁止他人未经许可擅自以营利目的实施其专利的权利;
3. 转让或者放弃其专利权的权利。

第2款:本编所称的"实施",就产品专利而言,是指制造、使用、许诺销售、销售或者进口专利产品的行为;就方法专利而言,是指使用专利方法,或者制造、使用、许诺销售、销售或者进口依据该专利方法直接获得的产品的行为。

第315-02条[专利权人]

依据本编规定对发明享有专利权的自然人、法人或者其他组织,称为专利权人。

第315-03条[专利权的效力范围]

第1款:发明专利权的保护范围以其权利要求的内容为准,说明书及附图可以用于解释权利要求。但说明书及附图的内容不能引入权利要求。

第2款:专利独立权利要求从整体上反映发明专利的技术方案,记载解决技术问题的必要技术特征,其保护范围与从属权利要求相比最大。因此,确定专利权保护范围时,应当对保护范围最大的专利独立权利要求作出解释。

第315-04条[标记]

第1款:专利权人有权在其专利产品或者该产品的包装上或者其他用于包装专利产品并与之构成一个销售整体的物品(以下简称"专利载体")上标明专利标记和专利号(以下简称"专利标记")。

第2款:专利权人未在专利载体上做上专利标记的,不得对他人未经许可而实施该项专利的行为提起侵权诉讼,但专利权人向实施行为人以书面、口头或者其他方式提出过警告的除外。

第3款:专利权人对未经其许可擅自实施其未做专利标记的专利产品构成侵权,且以书面、口头或者其他方式提出过警告的人提起诉讼的,其效力仅及于自提出警告之日起以后的行为。

第 315-05 条[专利实施许可]

第 1 款:专利权人有权许可他人在专利权的有效地域范围内实施其专利。

第 2 款:专利实施许可,是指通过专利实施许可合同,专利权人授权他人在合同约定的期限和地域范围内以约定的使用方式的实施专利,对方当事人依据约定向专利权人支付使用费的法律行为。

第 3 款:本条第 2 款所称的“专利实施许可合同”,是指专利权人与对方当事人就实施其专利之事项达到的协议。该合同只能是书面形式或者电子合同形式。此合同关系中的专利权人称为许可人,获得许可对专利进行实施的当事人称为被许可人。

第 315-06 条[专利实施许可合同]

第 1 款:自然人、法人或者其他组织需要实施他人专利的,应当与专利权人订立实施许可合同,向专利权人支付专利使用费。

第 2 款:专利实施许可合同应当包括以下主要条款:

1. 合同当事人:许可人和被许可人姓名或者名称、住址或者营业所所在地地址、通讯地址、电子信箱地址以及当事人双方认为便于联系所需要的其他信息。

2. 合同标的:被许可实施专利的名称、专利号、专利申请日、专利授权日,实施情况、许可实施情况,以及被许可人需要了解的在关该专利的其他信息。

3. 使用方式:被许可人通过实施许可合同所获得的对该专利的实施方式。

4. 实施权的性质:被许可人通过实施许可合同所获得的对该专利的实施权是独占的、独家的还是普通的。

5. 使用期限:被许可人通过实施许可合同所获得的实施该专利的有效期限以其起点日期和终止日期。

6. 使用地域:被许可人通过实施许可合同所获得的对该专利的实施有效地域范围。

7. 使用费及其计算标准或办法。

8. 使用费的支付方式。

9. 专利权的维持:在专利实施许可合同的有效期限内,专利权人应当按照法律的规定缴纳专利费以维持其专利权的有效性。

10. 进技术的归属。

11. 可合同期限届满后被许可人的后续权利。

12. 违约责任

13. 当事人双方认为需要约定的其他条款。

第 3 款:专利实施许可合同经当事人双方签字后生效。

第 4 款:专利实施许可合同生效后 3 个月内,被许可人应当持合同正本一份向国家知识产权局专利局备案;未备案的,不得对抗善意第三人。

第 315-07 条[专利独占许可]

第 1 款:专利独占实施许可,是指在专利实施许可合同约定的期限和地域范围内,包括专利权人在内的其他任何人不得以与此合同约定的实施方式相同的方式实施被许可专利的一种实施许可。

第 2 款:在合同约定的期限和地域范围内,被许可人的独占实施权受到他人侵害的,被许可人可以自己的名义独立进行诉讼,也可以与专利权人共同提起诉讼,但侵害人是专利权人的除外。

第 3 款:未经专利权人许可,被许可人不得向第三人发放专利实施的分许可,但专利实施许可合同另有约定的除外。

第 315-08 条[独家实施许可]

第 1 款:专利独家实施许可,是指在专利实施许可合同约定的期限和地域范围内,专利权人不得再许可第三人以与此合同约定的实施方式相同的方式实施其专利的一种许可,但专利权人自己可以实施。

第 2 款:在合同约定的期限和地域范围内,被许可人的实施权受到他人侵害的,被许可人应专利权人共同提起诉讼。

第 3 款:未经专利权人许可,被许可人不得向第三人发放专利实施的分许可,但专利实施许可合同另有约定的除外。

第 315-09 条[普通实施许可]

第 1 款:专利普通实施许可,是指被许可人有权在专利实施许可合同约定的期限和地域范围内以合同约定的方式实施被许可专利的一种许可。

第 2 款:未经专利权人许可,被许可人不得向第三人发放专利实施的分许可,但专利实施许可合同另有约定的除外。

第 315-10 条[分许可]

第 1 款:专利实施分许可,是指由专利实施许可人依据专利实施许可合同约定向专利实施许可合同当事人之外的第三人发放的专利实施许可。

第 2 款:专利实施分许可不得超过专利实施许可合同约定的期限、地域和权限范围;超出的部分被许可人和分被许可人共同构成对专利权的侵犯。

第 3 款:本条第 2 款所称的“分被许可人”,是指专利实施分许可法律关系中的被许可人。

第 315-11 条[专利权转让]

第 1 款:专利权人有权转让专利权。

第2款:专利权转让,是指通过专利权转让合同,专利权人将专利权转让给对方当事人,同时取得相应报酬的法律行为。

第3款:本条第1款所称的“专利权转让合同”,是指专利权人与对方当事人就转移专利权并支付相应报酬所达成的协议。该合同必须采用书面形式或者电子形式,不得采用口头形式或者其他形式。此合同关系中的专利权人被称为转让人,依此合同取得专利权的对方当事人被称为受让人。

第4款:本条第1款所称的“报酬”,是指双方当事人在合同中约定的由受让方向转让方支付的价金。

第315-12条[专利权转让合同]

专利权转让合同应当包括以下主要条款:

1. 合同当事人:转让人和受让人姓名或者名称、住址或者营业所所在地地址、通讯地址、电子信箱地址以及当事人双方认为便于联系所需要的其他信息。

2. 合同标的:被转让专利的名称、专利号、专利申请日、专利授权日,实施情况、许可实施情况,以及受让人需要了解的在关该专利的其他信息。

3. 转让费及其支付方式。

4. 违约责任。

5. 当事人双方认为需要约定的其他条款。

第315-13条[放弃权]

第1款:在专利权的有效保护期内,专利权人随时可以书面形式向国家知识产权局声明放弃其专利权。

第2款:专利权的放弃声明,经国家知识产权局登记并公告后生效。被声明放弃的专利权自国家知识产权局的公告日起终止其效力,并不得恢复。

第6节　专利权无效

第316-01条[效力推定原则]

国家知识产权局依照法定程序授予的专利权,在依照本编规定的程序宣告无效以前,被推定为有效,受本法典保护。

第316-02条[无效请求]

第1款:在国家知识产权局公告授予专利权之日起,与专利权有关的利害关系人可以请求知识产权法院宣告专利权无效。

第2款:本条第1款所称的“与专利权有关的利害关系人”,是指专利权侵权诉讼中的被告、在先专利权人、在先实用新型权人或者本法典规定的其他人。

第3款:本条第1款所称的“专利权无效”,包括专利权全部无效和部分无效。

第 316-03 条[无效理由]

专利权利害关系人可以请求知识产权法院宣告专利权无效的理由如下:

1. 不具有新颖性、创造性或者实用性;
2. 授予专利权的对象不是本法典第 311-01 条规定的发明;
3. 属于本法典第 311-02 条规定的不授予专利权的对象;
4. 属于本法典第 312-02 条规定的不授予专利权的对象;
5. 权利要求超过了说明书的范围;
6. 申请人主体不符合本法典第 311-07 条的规定。

第 316-04 条[无效公告]

知识产权法院裁定无效的专利权或者专利权之部分,由国家知识产权局予以公告。

第 316-05 条[一事不再理原则]

经知识产权法院审理认定不成立的无效理由,专利权的其他利害关系人不得就同样的理由再次向知识产权法院提出无效宣告诉讼。

第 316-06 条[对世原则]

由知识产权法院就专利权无效作出的裁定,对任何人均具有法律约束力。

第 316-07 条[溯及原则]

第 1 款:专利权之整体被宣告无效的,该项专利权视为自始即不存在。

第 2 款:专利权之部分被宣告无效的,该专利权中被宣告无效的部分视为自始即不存在,但其他部分的效力仍然受本法典保护。

第 316-08 条[溯及原则之例外]

第 1 款:宣告专利权无效的决定,对在宣告专利权无效前知识产权法院作出并已执行的专利侵权的判决、裁定,已经履行或者强制执行的专利侵权纠纷处理决定,以及已经履行的专利实施许可合同和专利权转让合同,不具有追溯力。但是因专利权人的恶意给他人造成的损失,应当给予赔偿。

第 2 款:依照前款规定,专利权人或者专利权转让人不向实施许可被许可人或者专利权受让人返还专利使用费或者专利权转让费,明显违反公平原则的,专利权人或者专利权转让人应当向被许可人或者受让人返还全部或者部分专利使用费或者专利权转让费。

第 7 节　专利权期限与限制

第 317-01 条[专利权保护期]

第 1 款:专利权的保护期为 20 年,自申请日起算。

第 2 款:享有优先权,自其就该发明第一次在中国提出专利申请之日起算。

第 317-02 条[专利维持费]

第 1 款:专利权人应当自被授予专利权的当年开始缴纳年费。

第 2 款:专利权人没有按照本法典规定按时缴纳专利权维持费的,其专利权自上一年度届满之日起的第二天终止,经国家知识产权局公告后发生终止效力。

第 317-03 条[普通强制许可]

第 1 款:具备实施条件的法人或者其他组织以合理的条件请求专利权人许可实施其专利,而未能在合理长的时间内获得这种许可的,国家知识产权局根据该实施请求人的申请,可以给予其实施该专利的强制许可。

第 2 款:自专利权授予之日起满 3 年后,任何法人或者其他组织均可以依照本条第 1 款的规定,请求国家知识产权局授予实施该专利的强制许可。

第 317-04 条[为公共利益的强制许可]

在国家出现紧急状态或者非常情况时,或者为了公共利益的目的,国家知识产权局可以给予实施专利的强制许可。

第 317-05 条[交叉强制许可]

第 1 款:一项取得专利权的发明比在先取得专利权的发明具有显著经济意义的重大技术进步,其实施又有赖于前一发明的实施的,国家知识产权局根据后一专利权人的申请,可以给予实施前一发明的强制许可。

第 2 款:在依照前款规定给予实施强制许可的情形下,国家知识产权局根据前一专利权人的申请,也可以给予实施后一发明的强制许可。

第 317-06 条[强制许可请求文件]

第 1 款:自然人、法人或者其他组织请求强制许可的,应当向国家知识产权局提交强制许可请求书,说明理由并附具有关证明文件各一式两份。

第 2 款:国家知识产权局应当在自收到强制许可请求书后的 5 个工作日内将强制许可请求书的副本送交专利权人,专利权人应当在国家知识产权局指定的期限内陈述意见;期满未答复的,不影响国家知识产权局作出授予强制许可的决定。

第 317-07 条[相关证明]

依据本法典规定申请实施强制许可的自然人、法人或者其他组织,应当提出未能以合理条件与专利权人签订实施许可合同的证明。

第 317-08 条[强制许可的限制]

第 1 款:国家知识产权局作出的给予实施强制许可的决定,应当限定强制许可实施主要是为供应国内市场的需要;强制许可涉及的发明是半导体技术的,强制许可实施仅限于公共的非商业性使用,或者经司法程序或者行政程序确定为反竞争行为而给予救济的使用。

第 2 款:给予实施强制许可的决定,应当根据强制许可的理由确定实施的范围和时间。强制许可的理由消除并不再发生时,国家知识产权局应当根据专利权人的请求,经审查后作出终止实施强制许可的决定。

第 317-09 条[强制许可实施权的性质]

取得实施强制许可的自然人、法人或者其他组织不享有独占的实施权,并且无权允许他人实施。

第 317-10 条[强制许可实施费]

第 1 款:取得实施强制许可的自然人、法人或者其他组织应当向专利权人支付合理的使用费,其数额由双方协商;双方不能达成协议的,由国家知识产权局裁决。

第 2 款:依照本条第 1 款规定,请求国家知识产权局裁决使用费数额的,当事人应当提出裁决请求书,并附具双方不能达成协议的证明文件。

第 3 款:国家知识产权局应当自收到使用费数额裁决请求书之日起 3 个月内作出裁决,并通知当事人。

第 317-11 条[对强制许可裁决的起诉]

专利权人对国家知识产权局关于实施强制许可的决定不服的,或者专利权人和取得实施强制许可的自然人、法人或者其他组织对国家知识产权局关于实施强制许可的使用费的裁决不服的,可以自收到通知之日起 3 个月内向北京知识产权法院起诉。

第 317-12 条[专利权穷竭]

专利权人制造、进口或者经专利权人许可而制造、进口的专利产品或者依照专利方法直接获得的产品售出后,其他任何人使用、许诺销售或者销售该产品的,不必经专利权人许可,也不必向专利权人支付使用费,且不构成对其专利权的侵犯。

第 317-13 条[先用权]

在专利申请日前已经制造相同产品、使用相同方法或者已经作好制造、使用的必要准备,并且仅在原有范围内继续制造、使用的,不必经专利权人许可,也不必向专利权支付使用费,且不构成对其专利权的侵犯。

第 317-14 条[临时过境]

临时通过中国领陆、领水、领空的外国运输工具,依照其所属国同中国签订的协议或者共同参加的国际条约,或者依照互惠原则,为运输工具自身需要在其装置和设备中使用有关专利的,不必经专利权许可,也不必向专利权人支付使用费,且不构成对其专利权的侵犯。

第 317-15 条[为科学研究和实验的使用]

自然人、法人或者其他组织专为科学研究和实验而使用有关专利的,不必经专利权许可,也不必向专利权人支付使用费,且不构成对其专利权的侵犯。

第 317-16 条[为生产经营目的的使用]

第 1 款:自然人、法人或者其他组织为生产经营目的使用或者销售不知道是未经专利权人许可而制造并售出的专利产品或者依照专利方法直接获得的产品,能证明其产品合法来源的,不承担赔偿责任。

第 2 款:本条第 1 款所称的"不知道",是指专利产品或者依照专利方法直接获得的产品的使用者或者销售者已经尽了自己的注意义务,但仍然有充分的理由和证据相信其所使用或者销售的产品具有合法来源的情形,例如其使用或者销售的产品上没有专利标记等。

第 8 节　权利的恢复

第 318-01 条[定义]

本编所称的"权利的恢复",是指依据本编规定,专利申请人或者专利权人应当在本编规定的时间内或者国家知识产权局指定的时间内办理的手续、进行的程序、提交的文件、缴纳的费用或者其他应当办理的事项,未能在此期限内办理而导致其依本编规定享有的权利丧失,然后在本编规定的期限内向国家知识产权局提交书面请求,说明其未在本编规定或者国家知识产权局指定的期限内办理有关事项的理由并提供相应证明材料的,经国家知识产权局裁决,使其回复到原本应当进行的相应程序或者原来享有的权利。

第 318-02 条[优先权的恢复]

第 1 款:因不可抗力导致专利申请人未能在本编第 311-06 条规定的期限提交相关文件,根据本编第 311-06 条第 3 款规定而导致优先权丧失的,专利申请人应当在该项不可抗力结束后的 1 个月时间内(但至迟不得超过自其优先权丧失之日后的 6 个月)向国家知识产权局提交原本应当提交的文件,同时附交优先权恢复请求书、导致迟延提交的理由说明书以及证明其理由成立的证明材料,缴纳权利恢复请求费。

第 2 款:国家知识产权局在收到专利申请人提交本条第 1 款规定的请求、相关文件以及请求费之时起的 15 天内完成对该项请求的审查,并作出是否准予其优先权恢复的裁决。

第 3 款:国家知识产权局准予恢复其优先权的,该项专利申请的申请日以优先权日为准,本编规定的与该项专利申请相关的程序、事项以及权利均依此而行。

第4款:国家知识产权局驳回专利申请人的优先权恢复请求的,应当及时通知优先权恢复请求人。优先权恢复请求人对国家知识产权局作出的驳回其优先权恢复请求的裁决不服的,自收到国家知识产权局的驳回通知之日起3个月内可以向北京知识产权法院起诉。

第5款:进入诉讼程序后,该项优先权恢复请求的结果,以知识产权法院的最后生效裁定为准。

第318-03条[专利申请权的恢复]

第1款:因不可抗力导致专利申请人未能在本编第314-07条、第314-11条、第314-12条和第314-13条规定的期限提交相关文件,根据本编第314-07条、第314-11条、第314-12条第2款或者第314-13条的规定而导致专利申请权或者实质审查请求权丧失的,专利申请人应当在该项不可抗力结束后的1个月时间内(但至迟不得超过自其专利申请权丧失之日后的6个月)向国家知识产权局提交原本应当提交的文件,同时附交专利申请权或者实质审查请求恢复请求书、导致迟延提交的理由说明书以及证明其理由成立的证明材料,缴纳专利申请权恢复请求费。

第2款:国家知识产权局在收到专利申请人提交本条第1款规定的请求、相关文件以及请求费之时起的15天内完成对该项请求的审查,并作出是否准予其专利申请权恢复的裁决。

第3款:国家知识产权局准予恢复其专利申请权的,该项专利申请进入本编规定的与该项专利申请相关的程序。

第4款:国家知识产权局驳回专利申请人的专利申请权恢复请求的,应当及时通知专利申请权恢复请求人。专利申请权恢复请求人对国家知识产权局作出的驳回其专利申请权恢复请求的裁决不服的,自收到国家知识产权局的驳回通知之日起3个月内可以向北京知识产权法院起诉。

第5款:进入诉讼程序后,该项专利申请权恢复请求的结果,以知识产权法院的最后生效裁定为准。

第318-04条[专利权的恢复]

第1款:因不可抗力导致专利权人未能在本法典第314-16条规定的时间内办理专利权登记手续而导致被视为放弃专利权,或者第317-02条规定的期限缴纳专利维持费,根据本编第317-02条第2款规定而导致专利权丧失的,专利权人应当在该项不可抗力结束后的1个月时间内(但至迟不得超过自其专利权丧失之日后的6个月)向国家知识产权局缴纳提交专利权恢复请求书、导致未能按照缴纳专利维持费的理由说明书以及证明其理由成立的证明材料,缴纳专利权恢复请求费。

第2款:国家知识产权局在收到专利权人提交本条第1款规定的请求、相关文件以及请求费之时起的15天内完成对该项请求的审查,并作出是否准予其专利权恢复的裁决。

第3款:国家知识产权局准予恢复其专利权的,专利权人应当在自其收到国家知识产权局准予恢复其专利权裁决通知之日起的1个月时间内补交其未缴纳之相应年度的专利维持费及其滞纳金,并经国家知识产权局登记和公告后,其专利权恢复到正常状态。

第4款:国家知识产权局驳回专利权人的专利权恢复请求的,应当及时通知专利权恢复请求人。专利权恢复请求人对国家知识产权局作出的驳回其专利权恢复请求的裁决不服的,自收到国家知识产权局的驳回通知之日起3个月内可以向北京知识产权法院起诉。

第5款:进入诉讼程序后,该项专利权恢复请求的结果,以知识产权法院的最后生效裁定为准。

第2章 实用新型与外观设计权

第1节 一般规定

第321-01条[定义]

第1款:本法典所称的"实用新型",是指对产品的形状、构造或者其结合所提出的适于实用的新的技术方案。

第2款:本法典所称的"外观设计",是指对产品的形状、图案或者其结合以及色彩与形状、图案的结合所作出的富有美感并适于工业应用的新设计。

第321-02条[合法原则]

对违反国家法律、社会公德或者妨害公共利益的实用新型和外观设计,不予登记,不能产生实用新型专有权或者外观设计专有权。

第321-03条[保密原则]

第1款:申请专有权登记的实用新型涉及国家安全或者重大利益需要保密的,按照国家有关规定办理。

第2款:在申请专有权登记的实用新型被登记公告以前,国家知识产权局对专有权申请负有保密义务。

第321-04条[专有权唯一原则]

第1款:在中华人民共和国领域内,相同主题的实用新型和相同的外观设计只能被登记授予一项专有权。

第2款:在中华人民共和国领域内,相同主题的技术方案只能获得本编规定的专有权或者专利权中的一项。

第 321-05 条[专有权与专利权相互转换]

第 1 款:实用新型专有权申请人在提出专有权登记申请的同时或者之后,可以就相同主题的实用新型依照本编第 1 章的规定向国家知识产权局提出发明专利申请。

第 2 款:国家知识产权局专利局依照本编第 1 章规定的对发明专利申请的审查程序对该项专利申请进行审查,决定授予专利权的,该实用新型的专有权登记申请或者已取得的实用新型专有权自动终止;不能获得专利权的,则不影响该项实用新型的登记申请或者已取得的专有权。

第 321-06 条[先申请原则]

第 1 款:两个以上的申请人分别就同样的实用新型或者外观设计申请专有权登记的,专有权授予最先申请的人。

第 2 款:本编所称的"同样的实用新型",是指两项或者两项以上的相比较的实用新型,具有相同的必要技术特征构成,具有相同的实用功效。

第 3 款:本编所称的"同样的外观设计",是指两项或者两项以上的相对比的外观设计,具有相同的平面或者立体设计并且被使用同一种类的产品上。

第 4 款:判断专有权登记申请的先后,以登记申请日的先后为标准,享有优先权的,以优先权日为准。

第 5 款:本条第 1 款所称的"最先申请",是指在相比较的若干项登记申请中,申请日或者优先权日为最早的那份申请。

第 6 款之一:本条第 3 款所称的"登记申请日",是指登记申请人向国家知识产权局递交必要登记申请文件的日期;享有优先权的,以优先权日为申请日,但本法典另有规定的除外。

之二:登记申请人以邮寄方式向国家知识产权局递交必要登记申请文件的,以寄送必要登记申请文件的寄出之邮戳日为申请日;寄出必要登记申请文件的邮戳日无法辨认的,以国家知识产权局收到必要登记申请文件的邮戳日为申请日;登记申请人有相反证明的,则以该证明所确定的日期为申请日。

之三:登记申请人以电子邮件方式寄送必要登记申请文件的,则以电子邮件发出之日为申请日。

第 7 款:本条第 5 款所称的"登记申请人",是指依据本编规定有权就实用新型或者外观设计向国家知识产权局提出专有权登记申请的自然人、法人或者其他组织。

第 8 款:本条第 5 款之一所称的"必要登记申请文件",就实用新型而言,是指登记申请人依据本编规定向国家知识产权局提交的请求书、发明说明书及其摘要、权利要求书以及必要的附图之全部或者其中的请求书、发明说明书和权利要求书三件;就外观设计而言,是指登记申请人向国家知识产权局提交的请求书以及该外观设计的图片或者照片等文件,并且应当写明使用该外观设计的产品及其所属的类别。

第 321-07 条[专有权登记申请优先权]

第 1 款:登记申请人自实用新型在外国第一次提出专利或者专有权或者其他保护申请之日起十二个月内,又在中国就相同主题提出专有权登记申请的,或者自外观设计在外国第一次提出专有权登记或者其他权利申请之日起六个月内,又在中国就相同的外观设计提出专有权登记申请的,依照该外国同中国签订的协议或者共同参加的国际条约,或者依照相互承认优先权的原则,可以享有优先权。

第 2 款:实用新型专有权登记申请人自实用新型在中国第一次提出专有权登记申请或者其他权利申请之日起十二个月内,又向国家知识产权局就相同主题提出登记申请的,可以享有优先权。

第 3 款:登记申请人要求优先权的,应当在提出登记申请的时候提出书面声明,并且在三个月内提交第一次提出的登记申请文件的副本;未提出书面声明或者逾期未提交登记申请文件副本的,视为未要求优先权。

第 4 款:上述三款所规定的期限是刚性的,不具有可变更性。

第 321-08 条[外国人或者无国籍人]

第 1 款:在中国没有经常居所或者营业所的外国国民在中国提出实用新型或者外观设计专有权登记申请的,依照其所属国同中国签订的协议或者共同参加的国际条约,或者依照互惠原则,根据本法典办理。

第 2 款:在中国没有经常居所或者营业所的无国籍人在中国提出实用新型或者外观设计专有权登记申请的,依照其惯常居住地国同中国签订的协议或者共同参加的国际条约,或者依照互惠原则,根据本法典办理。

第 321-09 条[专有权登记事务代理]

第 1 款:在中国没有经常居所或者营业所的外国国民或者无国籍人在中国提出实用新型或者外观设计专有权登记申请和办理专有权登记其他事务的,应当委托国家知识产权局指定的专利代理机构办理。

第 2 款:中国单位或者个人在国内提出实用新型或者外观设计专有权登记申请和办理专有权登记其他事务的,可以委托专利代理机构办理。

第 3 款:专利代理机构应当遵守法律、行政法规,按照被代理人的委托办理实用新型或者外观设计专有权登记申请和专有权登记其他事务;对被代理人实用新型或者外观设计的内容,除国家知识产权依照法定程序进行公告的以外,负有保密责任。

第 321-10 条[向国外申请专利]

第 1 款:中国自然人、法人或者其他组织将其在国内完成的实用新型和外观设计向其他国家或者地区申请专利或者其他权利保护的,应当先向国家知识产权局申请专利或者专有权登记申请,委托其指定的专利代理机构依据本法典的规定办理。

第 2 款:中国自然人、法人或者其他组织可以根据中华人民共和国参加的有关国际条约提出专利国际申请。申请人提出专利国际申请的,应当遵守前款规定。

第 3 款:国家知识产权局依照中华人民共和国参加的有关国际条约、本法典和国务院有关规定处理专利国际申请。

第 321-11 条[发明人或者设计人身份权]

实用新型发明人或者外观设计的设计人享有的发明人或者设计人身份权包括以下内容:

1. 在专有权登记申请文件中写明自己是发明人的权利;

2. 在由其实用新型或者外观设计产生的产品上或者该产品的包装上或者其他用于包装该产品并与该产品构成一个销售整体的物品上表明其发明人或者设计人身份的权利;

3. 在其他与其实用新型或者外观设计有关的广告或者其他宣传材料上表明其发明人或者设计人身份权利。

第 2 节　可登记对象和条件

第 322-01 条[可保护对象]

符合本法典规定条件的实用新型或者外观设计,可依据本法典规定的程序取得专有权。

第 322-02 条[登记条件]

第 1 款:授予专有权的实用新型,应当具备新颖性、创造性和实用性。

第 2 款:授予专有权的外观设计,应当同申请日以前在国内外出版物上公开发表过或者国内公开使用过的外观设计不相同,而且也不相近似,并不得与他人在先取得的合法权利相冲突。

第 3 款:本法典关于实用新型应当具备的新颖性、创造性和实用性参照本编第 2 章对发明的新颖性、创造性和实用性的规定。

第3节 登记申请

第323-01条[登记申请权]

登记申请权,是指自然人、法人或者其他组织对实用新型或者外观设计享有的请求国家知识产权局通过登记授予其专有权的权利。

第323-02条[登记申请权的产生]

自实用新型或者外观设计完成之日起,登记申请权自动产生。

第323-03条[雇佣实用新型或者外观设计]

第1款:雇佣实用新型或者外观设计的登记申请权归雇主享有。

第2款:本条第1款所称的"雇佣实用新型或者外观设计",是指雇员依据雇佣合同履行其职责而完成的实用新型或者外观设计。

第323-04条[自由实用新型或者外观设计]

第1款:自由实用新型或者外观设计的登记申请权归创设人享有。

第2款:本条第1款所称的"自由实用新型或者外观设计",是指自然人依自己的意志利用自己时间、资金、资料、设备等完成的实用新型或者外观设计。

第3款:本条第1款所称的"创设人",是指对实用新型或者外观设计的完成作出了实质性贡献的人。为实用新型或者外观设计的完成提供辅助性服务、提供资料、提供咨询或者其他帮助的人,不是创设人。

第323-05条[委托实用新型或者外观设计]

第1款:委托实用新型或者外观设计的登记申请权,由委托人和受托人在委托合同中约定,由合同约定的人享有该委托实用新型或者外观设计的登记申请权;委托合同对此未作约定或者约定不明确的,该委托实用新型或者外观设计的登记申请权归其创设人享有。

第2款:本条第1款所称的"委托实用新型或者外观设计",是指一方当事人接受另一方当事人的委托所完成的实用新型或者外观设计。

第323-06条[共同实用新型或者外观设计]

第1款:共同实用新型或者外观设计的登记申请权共同创设人共同享有,但当事人另有约定的除外。

第2款:本条第1款所称的"共同实用新型或者外观设计",是指两个或者两个以上的自然人、法人或者其他组织依据合同约定,共同投资、共担风险、共同研究开发完成的实用新型或者外观设计。

第323-07条[登记申请权的转让]

第1款:登记申请权可以依据本编规定进行转让。

第2款:登记申请权转让应采书面形式,自双方当事人签字之日起生效,但本法典另有规定的除外。

第 3 款:中国自然人、法人或者其他组织向外国人转让登记申请权的,应当经国务院有关主管部门批准。此种登记申请权转让合同自国务院有关主管部门批准之日起生效。

第 4 款:登记申请人向国家知识产权局已经提出登记申请后转让登记申请权的,当事人双方应当在登记申请权转让合同生效后 15 天内向国家知识产权备案。

第 323-08 条[登记申请权的移转]

第 1 款:登记申请权可以通过继承、赠与、遗赠或者其他方式进行移转。

第 2 款:登记申请权的继承人行使其登记申请权的,应当向国家知识产权局或者其他当事人出具有合法继承权的证据。

第 3 款:以赠与、遗赠或者其他方式移转登记申请权,当事人应当以书面形式进行,否则,不发生移转之法律效力。

第 4 款:在登记申请人向国家知识产权局已经得出登记申请后发生登记申请权移转的,受移转人应当在取得登记申请权后 15 天内持有关证明向国家知识产权备案。未经备案的,登记申请权的移转不发生法律效力。

第 323-09 条[登记申请权的终止]

登记申请权随实用新型或者外观设计专有权的取得而终止。

第 323-10 条[实用新型登记申请文件]

第 1 款:就实用新型向国家知识产权局提出专有权登记申请的,申请人应当提交请求书、说明书及其摘要、权利要求书以及附图等文件。

第 2 款:实用新型登记申请人根据本条第 1 款规定的中请文件,参照本编第 1 章第 313-11 条至第 313-18 条的规定。

第 323-11 条[外观设计登记申请文件]

第 1 款:就外观设计向国家知识产权局提出专有权登记申请的,申请人应当提交请求书以及该外观设计的图片或者照片等文件,并且应当写明使用该外观设计的产品及其所属的类别。

第 2 款:依照本条第 1 款规定提交的外观设计的图片或者照片,不得小于 3 厘米 ×8 厘米,并不得大于 15 厘米 ×22 厘米。

第 3 款:同时请求保护色彩的外观设计登记申请,应当提交彩色图片或者照片一式两份。

第 4 款:外观设计登记申请人应当就每件外观设计产品所需要保护的内容提交有关视图或者照片,清楚地显示请求保护的对象。

第 323-12 条[外观设计简要说明]

第 1 款:申请外观设计专有权登记的,必要时,申请人应当写明对外观设计的简要说明。

第 2 款:外观设计的简要说明应当写明使用该外观设计的产品的设计要点、请求保护色彩、省略视图等情况。简要说明不得使用商业性宣传用语,也不能用来说明产品的性能。

第 323-13 条[产品样品或者模型]

第 1 款:就外观设计专有权登记申请而言,必要时,国家知识产权局可以要求申请人提交使用外观设计的产品样品或者模型。

第 2 款:申请人向国家知识产权局提交的使用外观设计产品样品或者模型的体积不得超过 30 厘米 ×30 厘米 ×30 厘米,重量不得超过 15 公斤。易腐、易损或者危险品不得作为样品或者模型提交。

第 323-14 条[实用新型登记申请的单一性]

第 1 款:一件实用新型登记申请应当限于一项实用新型。属于一个总的发明构思的两项以上的实用新型,可以作为一件申请提出。

第 2 款:依照本条第 1 款规定,可以作为一件实用新型登记申请提出的属于一个总的技术构思的两项以上的实用新型,应当在技术上相互关联,包含一个或者多个相同或者相应的特定技术特征,其中特定技术特征是指每一项实用新型作为整体考虑,对现有技术作出贡献的技术特征。

第 323-15 条[外观设计登记申请的单一性]

第 1 款:一件外观设计登记申请应当限于一种产品所使用的一项外观设计。用于同一类别并且成套出售或者使用的产品的两项以上的外观设计,可以作为一件申请提出。

第 2 款:本条第 1 款所称的“同一类别”,是指产品属于分类表中同一小类;成套出售或者使用,是指各产品的设计构思相同,并且习惯上是同时出售、同时使用。

第 3 款:依照本条条第 1 款规定将两项以上外观设计作为一件申请提出的,应当将各项外观设计顺序编号标在每件使用外观设计产品的视图名称之前。

第 323-16 条[登记申请的分案]

第 1 款:一件专有权登记申请包括两项以上实用新型或者外观设计的,申请人可以在本法典第 324-04 条第 1 款规定的期限届满前,向国家知识产权局提出分案申请;但是,专有权登记申请已经被驳回、撤回或者视为撤回的,不能提出分案申请。

第 2 款:国家知识产权局认为一件专有权登记申请不符合本法典第 324-14 条或者第 324-15 条规定的申请单一性的,应当通知申请人在指定期限内对其申请进行修改;申请人期满未答复的,该申请视为撤回。

第 3 款:分案的申请不得改变原申请的类别。

第 323-17 条[专有权登记申请日的保留]

第 1 款:专有权登记申请人依照上一条规定提出的分案申请,可以保留原申请日;享有优先权的,可以保留优先权日,但是不得超出原申请公开的范围。

第 2 款:分案申请应当依照本法典的规定办理有关手续。

第 3 款:分案申请的请求书中应当写明原申请的申请号和申请日。提交分案申请时,申请人应当提交原申请文件副本;原申请享有优先权的,并应当提交原申请的优先权文件副本。

第 323-18 条[登记申请的撤回]

第 1 款:实用新型或者外观设计登记申请人可以在被登记之前随时撤回其登记申请。

第 2 款:实用新型或者外观设计登记申请人行使其申请撤回权的,应当向国家知识产权局提出撤回登记申请的书面申请,清楚地陈述撤回其登记申请的理由,并经国家知识产权局准许并在公报上公告后产生撤回效力。

第 3 款:实用新型或者外观设计登记申请人在其申请依照法定程序进行登记并予以公告前行使撤回请求权并被准许的,其申请登记的技术方案或者设计属于未公开的对象,国家知识产权局负有保密义务。

第 4 款:实用新型或者外观设计登记申请人的撤回请求未被准许的,进入正常的登记申请审查程序。

第 323-19 条[登记申请的修改]

第 1 款:实用新型或者外观设计登记申请人可以在被登记之前随时主动或者根据国家知识产权局的审查意见修改其登记申请。

第 2 款:实用新型登记申请人对其申请的修改,不得超出原说明书和权利要求书记载的范围,不得超过原申请的范围;外观设计登记申请人对其申请的修改不得超过原申请的范围。

第 3 款:实用新型登记申请的说明书或者权利要求书的修改部分,除个别文字修改或者增删外,应当按照规定格式提交替换页。外观设计登记申请的图片或者照片的修改,应当按照规定提交替换页

第 4 款:在国家知识产权局指定的修改期限内,实用新型或者外观设计登记申请人未及时对其申请文件进行修改的,视为放弃对申请的修改权。

第 4 节　登记申请的审查

第 324-01 条[登记审查部门]

由国家知识产权局专利局负责实用新型和外观设计专有权登记申请的审

查工作。

第 324-02 条[参照执行]

关于对实用新型或者外观设计登记申请进行审查所涉及的审查员的条件、回避、申请人的申诉以及对申请的受理等规定,参照本编第 1 章第 314-02 条至第 314-07 条的规定。

第 324-03 条[对登记申请的审查]

第 1 款:专利局对实用新型或者外观设计进行的审查是形式审查,审查登记申请是否具备本法典第 323-10 条或者第 323-11 条规定的文件和其他必要的文件,这些文件是否符合规定的格式,并审查下列各项:

1. 实用新型登记申请是否明显属于本法典第 321-02 条、第 321-08 条、第 323-10 条、第 323-14 条、第 323-17 条第 3 款、第 321-01 条第 1 款、第 321-04 条、第 323-10 条第 3 款、分案申请的规定,或者依照本法典第 321-06 条规定不能被登记取得专有权。

2. 外观设计登记申请是否明显属于本法典第 321-02 条的规定,或者不符合本法典第 321-08 条的规定,或者明显不符合第 323-11 条、第 323-17 条第 4 款、第 321-01 条第 2 款、分案申请的规定,或者依照本法典第 321-06 条规定不能被登记取得专有权。

第 2 款:国家知识产权局应当将审查意见通知申请人,要求其在指定期限内陈述意见或者补正;申请人期满未答复的,其申请视为撤回。申请人陈述意见或者补正后,国家知识产权局仍然认为不符合前款所列各项规定的,应当予以驳回。

第 3 款:申请人对国家知识产权局作出驳回其申请的决定不服的,可以自收到驳回通知之日起 3 个月内向北京知识产权法院提起诉讼。进入诉讼程序后,该项申请的结果,以知识产权法院作出的最后生效裁定为准。

第 324-04 条[专有权的取得]

第 1 款:登记审查部门对实用新型或者外观设计专有权登记申请进行形式审查后没有发现驳回理由的,应当作出准予登记,授予专有权的决定,发给相应的专有权证书,并进行登记和公告。

第 2 款:实用新型专有权和外观设计专有权自公告之日起生效。

第 324-05 条[专有权证书]

第 1 款:国家知识产权局发出准予实用新型或者外观设计登记授予专有权的通知后,申请人应当自收到通知之日起 2 个月内办理登记手续。申请人按期办理登记手续的,国家知识产权局应当准予登记授予专有权,颁发专有权登记证书,并予以公告。

第 2 款:期满未办理登记手续的,视为放弃相应的登记,不能取得专有权。

第 324-06 条[已登记实用新型检索请求]

第 1 款:准予实用新型登记授予专有权的决定公告后,实用新型专有权人可以请求国家知识产权局作出已登记实用新型检索报告。

第 2 款:请求作出已登记实用新型检索报告的,应当提交请求书,并指明已登记实用新型的登记号。每项请求应当限于一项已登记实用新型。

第 3 款:国家知识产权局收到作出已登记实用新型检索报告的请求后,应当进行审查。请求不符合规定要求的,应当通知请求人在指定期限内补正。

第 324-07 条[已登记实用新型检索报告]

第 1 款:经审查,已登记实用新型检索报告请求书符合规定的,国家知识产权局应当及时作出已登记实用新型检索报告。

第 2 款:经检索,国家知识产权局认为所涉及的已登记实用新型不符合本编规定关于新颖性或者创造性的规定的,应当引证对比文件,说明理由,并附具所引证对比文件的复印件。

第 5 节　专有权的内容

第 325-01 条[定义]

第 1 款:本法典所称的"实用新型或者外观设计专有权",是指自然人、法人或者其他组织依据本法典规定在一定期限内对已登记实用新型或者外观设计所享有的专有权,包括三个方面的内容:

1. 自己实施或者许可他人实施其已登记实用新型或者外观设计并获得报酬的权利;

2. 禁止他人未经许可擅自以营利目的实施其已登记实用新型或者外观设计的权利;

3. 转让或者放弃其已登记实用新型或者外观设计专有权的权利。

第 2 款:本法典所称的"实施",就已登记实用新型而言,是指制造、使用、许诺销售、销售或者进口已登记实用新型产品的行为;就已登记外观设计而言,是指制造、销售、进口其已登记外观设计的产品。

第 325-02 条[专有权人]

依据本编规定对已登记实用新型或者外观设计享有专有权的自然人、法人或者其他组织,称为专有权人。

第 325-03 条[专有权的效力范围]

第 1 款:已登记实用新型专有权的保护范围以其权利要求的内容为准,说明书及附图可以用于解释权利要求。但说明书及附图的内容不能引入权利要求。

第 2 款:已登记实用新型独立权利要求从整体上反映已登记实用新型的技术方案,记载解决技术问题的必要技术特征,其保护范围与从属权利要求相比最大。因此,确定专有权保护范围时,应当对保护范围最大的独立权利要求作出解释。

第 325-04 条[标记]

第 1 款:专有权人有权在其已登记的实用新型或者外观设计产品或者该产品的包装上或者其他用于包装该产品并与之构成一个销售整体的物品(以下简称"专有权产品")上标明已登记实用新型或者外观设计标记和登记号(以下简称"专有权标记")。

第 2 款:专有权人未在专有权产品上做上专有权标记的,不得对他人未经许可而实施该项已登记实用新型或者外观设计的行为提起侵权诉讼,但专有权人向实施行为人以书面、口头或者其他方式提出过警告的除外。

第 3 款:专有权人对未经许可擅自实施其未做专有权标记的专有权产品构成侵权,且以书面、口头或者其他方式提出过警告的人提起诉讼的,其效力仅及于自提出警告之日起以后的行为。

第 325-05 条[参照执行]

关于已登记实用新型或者外观设计的实施许可、转让、放弃等权利的行使,分别参照本编第 1 章第 315-05 条至第 315-13 条的规定。

第 6 节　登记的无效

就已登记实用新型或者外观设计的无效宣告,参照本编第 1 章第 316-01 条至第 316-08 条的规定。

第 7 节　登记的有效期与限制

第 327-01 条[专有权的保护期]

已登记实用新型和外观设计专有权的期限为 10 年,均自申请日起计算;享有优先权的,以其第一次在中国提出专有权登记申请日为准。

第 327-02 条[参照执行]

关于对已登记实用新型或者外观设计专有权的限制参照本编第 1 章第 317-02 条至第 317-16 条的规定。

第 8 节　权利的恢复

关于实用新型或者外观设计登记申请权、修改权以及其他权利,或者已登记实用新型或者外观设计专有权丧失后的恢复,参照本编第 1 章第 318-01 条至第 318-04 条的规定。

第 3 章　知识技术权

第 1 节　商业秘密权

第 331-01 条[定义]

第 1 款:本编所称的“商业秘密”,是指不为公众所知悉、能为权利人带来经济利益、具有实用性并经权利人采取保密措施的技术信息和经营信息。

第 2 款:本条第 1 款所称的“不为公众所知悉”,是指所论及的信息是不能从公开渠道直接获取的状况。

第 3 款:本条第 1 款所称的“能为权利人带来经济利益、具有实用性”,是指所论及的信息具有确定的可应用性,能为权利人带来现实的或者潜在的经济利益或者竞争优势。

第 4 款:本条第 1 款所称的“权利人采取保密措施”,是指为了使“不为公众所知悉”的信息始终处于秘密状态,权利人采用的必要且有效的措施,包括订立保密协议,建立保密制度及采取其他合理的保密措施。

第 5 款:本条第 1 款所称的“技术信息和经营信息”,包括设计、程序、产品配方、制作工艺、制作方法、管理诀窍、客户名单、货源情报、产销策略、招投标中的标底及标书内容等信息。

第 6 款:本条第 1 款所称的“权利人”,是指依法对商业秘密享有所有权或者使用权的国民、法人或者其他组织。

第 331-02 条[禁止行为]

第 1 款:未经商业秘密所有人许可,任何人不得实施下列行为:

1. 以盗窃、利诱、胁迫或者其他不正当手段获取的权利人的商业秘密;

2. 披露、使用或者允许他人使用以前项手段获取的权利人的商业秘密;

3. 与权利人有业务关系的单位和个人违反合同约定或者违反权利人保守商业秘密的要求,披露、使用或者允许他人使用其所掌握的权利人的商业秘密;

4. 权利人的职员违反合同约定或者违反权利人保守商业秘密的要求,披露、使用或者允许他人使用其所掌握的权利人的商业秘密。

第 2 款:第三人明知或者应知前款所列违法行为,获取、使用或者披露他人的商业秘密,视为侵犯商业秘密。

第 331-03 条[处理机关]

侵犯商业秘密行为由县级以上工商行政管理机关认定处理。

第 331-04 条[对侵权行为的处理]

权利人(申请人)认为其商业秘密受到侵害,向工商行政管理机关申请查处侵权行为时,应当提供商业秘密及侵权行为存在的有关证据。被检查的单位和个人(被申请人)及利害关系人、证明人,应当如实向工商行政管理机关提供有关证据。权利人能证明被申请人所使用的信息与自己的商业秘密具有一致性或者相同性,同时能证明被申请人有获取其商业秘密的条件,而被申请人不能提供或者拒不提供其所使用的信息是合法获得或者使用的证据的,工商行政管理机关可以根据有关证据,认定被申请人有侵权行为。

第 331-05 条[处理前措施]

对被申请人违法披露、使用、允许他人使用商业秘密将给权利人造成不可挽回的损失的,应权利人请求并由权利人出具自愿对强制措施后果承担责任的书面保证,工商行政管理机关可以采取下列措施:

1. 扣留被申请人以不正当手段获取权利人的载有商业秘密的图纸、软件及其他有关资料;

2. 责令被申请人停止销售使用权利人商业秘密生产的产品。

第 331-06 条[处理措施]

第 1 款:违反本编第 331-02 条规定的,由工商行政管理机关责令行为人停止违法行为,并可以根据情节处以一万元以上二十万元以下的罚款。

第 2 款:工商行政管理机关在依照前款规定予以处罚时,对侵权物品可以作如下处理:

1. 责令并监督侵权人将载有商业秘密的图纸、软件及其他有关资料返还权利人。

2. 监督侵权人销毁使用权利人商业秘密生产的,流入市场将会造成商业秘密公开的产品。但权利人同意收购、销售等其他处理方式的除外。

第 331-07 条[从重处罚]

对侵权人拒不执行处罚决定,继续实施本编第 331-02 条所列行为的,视为新的违法行为,从重予以处罚。

第 331-08 条[权利人的选择]

权利人因损害赔偿问题向工商行政管理机关提出调解要求的,工商行政管理机关可以进行调解。权利人也可以直接向人民法院起诉,请求损害赔偿。

第 331-09 条[保密义务]

国家机关及其公务人员在履行公务时,不得披露或者允许他人使用权利人的商业秘密。工商管理机关的办案人员在监督检查侵犯商业秘密的不正当竞争行为时,应当对权利人的商业秘密予以保密。

第2节　布图设计权

第332-01条[定义]

第1款:本编所称的“集成电路”,是指半导体集成电路,即以半导体材料为基片,将至少有一个是有源组件的两个以上组件和部分或者全部互连线路集成在基片之中或者基片之上,以执行某种电子功能的中间产品或者最终产品;

第2款:本编所称的“集成电路布图设计(以下简称布图设计)”,是指集成电路中至少有一个是有源组件的两个以上组件和部分或者全部互连线路的三维配置,或者为制造集成电路而准备的上述三维配置;

第3款:本编所称的“布图设计权利人”,是指依照本节的规定,对布图设计享有专有权的自然人、法人或者其他组织;

第4款:本编所称的“复制”,是指重复制作布图设计或者含有该布图设计的集成电路的行为;

第5款:本编所称的“商业利用”,是指为商业目的进口、销售或者以其他方式提供受保护的布图设计、含有该布图设计的集成电路或者含有该集成电路的物品的行为。

第332-02条[取得原则]

第1款:中国自然人、法人或者其他组织创作的布图设计,依照本法典享有布图设计专有权。

第2款:外国人创作的布图设计首先在中国境内投入商业利用的,依照本法典享有布图设计专有权。

第3款:外国人创作的布图设计,其创作者所属国同中国签订有关布图设计保护协议或者与中国共同参加有关布图设计保护国际条约的,依照本法典享有布图设计专有权。

第332-03条[布图设计的独创性]

第1款:受保护的布图设计应当具有独创性,即该布图设计是创作者自己的智力劳动成果,并且在其创作时该布图设计在布图设计创作者和集成电路制造者中不是公认的常规设计。

第2款:受保护的由常规设计组成的布图设计,其组合作为整体应当符合前款规定的条件。

第332-04条[不受保护的对象]

本法典对布图设计的保护,不延及思想、处理过程、操作方法或者数学概念等。

第332-05条[布图设计专有权]

布图设计权利人享有下列专有权:

1. 对受保护的布图设计的全部或者其中任何具有独创性的部分进行复制；

2. 将受保护的布图设计、含有该布图设计的集成电路或者含有该集成电路的物品投入商业利用。

第 332-06 条[布图设计权的产生]

第 1 款：布图设计专有权经国家知识产权局登记产生。

第 2 款：未经登记的布图设计不受本条例保护。

第 332-07 条[布图设计权的归属]

第 1 款：布图设计专有权属于布图设计创作者，本法典另有规定的除外。

第 2 款：由法人或者其他组织主持，依据法人或者其他组织的意志而创作，并由法人或者其他组织承担责任的布图设计，该法人或者其他组织视为创作者。

第 3 款：由自然人创作的布图设计，该自然人是创作者。

第 4 款：两个以上自然人、法人或者其他组织合作创作的布图设计，其专有权的归属由合作者约定；未作约定或者约定不明确的，其专有权由合作者共同享有。

第 5 款：受委托创作的布图设计，其专有权的归属由委托人和受托人双方约定；未作约定或者约定不明的，其专有权由受托人享有。

第 332-08 条[保护期]

布图设计专有权的保护期为 10 年，自布图设计登记申请之日或者在世界任何地方首次投入商业利用之日起计算，以较前日期为准。但是，无论是否登记或者投入商业利用，布图设计自创作完成之日起 15 年后，不再受本条例保护。

第 332-09 条[布图设计权的承继]

第 1 款：布图设计专有权属于自然人的，该自然人死亡后，其专有权在本条例规定的保护期内依照继承法的规定转移。

第 2 款：布图设计专有权属于法人或者其他组织的，法人或者其他组织变更、终止后，其专有权在本条例规定的保护期内由承继其权利、义务的法人或者其他组织享有；没有承继其权利、义务的法人或者其他组织的，该布图设计进入公有领域。

第 332-10 条[登记部门]

国家知识产权局负责布图设计登记工作，受理布图设计登记申请。

第 332-11 条[保密原则]

申请登记的布图设计涉及国家安全或者重大利益，需要保密的，按照国家有关规定办理。

第 332-12 条[登记申请文件]

申请布图设计登记,应当提交:

1. 布图设计登记申请表;
2. 布图设计的复制件或者图样;
3. 布图设计已投入商业利用的,提交含有该布图设计的集成电路样品;
4. 国务院知识产权行政部门规定的其他材料。

第 332-13 条[不予登记]

布图设计自其在世界任何地方首次商业利用之日起 2 年内,未向国务院知识产权行政部门提出登记申请的,国务院知识产权行政部门不再予以登记。

第 332-14 条[布图设计登记]

布图设计登记申请经初步审查,未发现驳回理由的,由国家知识产权局予以登记,发给登记证明文件,并予以公告。

第 332-15 条[行政诉讼]

布图设计登记申请人对国家知识产权局驳回其登记申请的决定不服的,可以自收到通知之日起 3 个月内向北京知识产权法院起诉。

第 332-16 条[登记的撤销]

第 1 款:布图设计获准登记后,利害关系人认为该登记不符合本法典规定的,可以向知识产权法院起诉,请求撤销该项登记。

第 2 款:本条第 1 款所称的"利害关系人",是指侵权诉讼中的被告、在先权利人、布图设计权的被许可人等。

第 3 款:被撤销的布图设计权视为自始即不存在。

第 332-17 条[保密义务]

布图设计登记公告前,国家知识产权局的工作人员对申请登记的布图设计的内容负有保密义务。

第 332-18 条[转让权]

第 1 款:布图设计权利人可以将其专有权转让。

第 2 款:转让布图设计的,当事人应当订立书面合同,并向国家知识产权局登记,由国家知识产权局公告。布图设计专有权自登记之日起生效。

第 3 款:布图设计专有权的转让,未经国家知识产权局登记并公告的,不得对抗不产生转让的效力。

第 332-19 条[许可权]

第 1 款:布图设计权利人可以许可他人使用其布图设计。

第 2 款:许可他人使用其布图设计的,当事人应当订立书面合同。

第 332-20 条[布图设计权的限制]

下列行为可以不经布图设计权利人许可,不向其支付报酬:

1. 为个人目的或者单纯为评价、分析、研究、教学等目的而复制受保护的布图设计的；

2. 在依据前项评价、分析受保护的布图设计的基础上，创作出具有独创性的布图设计的；

3. 对自己独立创作的与他人相同的布图设计进行复制或者将其投入商业利用的。

第 332-21 条［布图设计专有权的穷竭］

受保护的布图设计、含有该布图设计的集成电路或者含有该集成电路的物品，由布图设计权利人或者经其许可投放市场后，他人再次商业利用的，可以不经布图设计权利人许可，并不向其支付报酬。

第 332-22 条［强制许可］

第 1 款：在国家出现紧急状态或者非常情况时，或者为了公共利益的目的，或者经人民法院、不正当竞争行为监督检查部门依法认定布图设计权利人有不正当竞争行为而需要给予补救时，国家知识产权局可以给予使用其布图设计的强制许可。

第 2 款：国家知识产权局作出给予使用布图设计强制许可的决定，应当及时通知布图设计权利人。

第 3 款：给予使用布图设计强制许可的决定，应当根据强制许可的理由，规定使用的范围和时间，其范围应当限于为公共目的非商业性使用，或者限于经人民法院、不正当竞争行为监督检查部门依法认定布图设计权利人有不正当竞争行为而需要给予的补救。

第 4 款：强制许可的理由消除并不再发生时，国家知识产权局应当根据布图设计权利人的请求，经审查后作出终止使用布图设计强制许可的决定。

第 332-23 条［强制许可的非独占性］

取得使用布图设计强制许可的自然人、法人或者其他组织不享有独占的使用权，并且无权允许第三人使用。

第 332-24 条［强制许可使用费］

取得使用布图设计强制许可的自然人、法人或者其他组织应当向布图设计权利人支付合理的报酬，其数额由双方协商；双方不能达成协议的，由国家知识产权局裁决。

第 332-25 条［行政诉讼］

布图设计权利人对国家知识产权局关于使用布图设计强制许可的决定不服的，布图设计权利人和取得强制许可的自然人、法人或者其他组织对国家知识产权局关于使用布图设计强制许可的报酬的裁决不服的，可以自收到通知之日起3个月内向北京知识产权法院起诉。

第332-26条[侵犯布图设计专有权的行为]

除本条例另有规定外,未经布图设计权利人许可,有下列行为之一的,行为人必须立即停止侵权行为,并承担赔偿责任:

1. 复制受保护布图设计的全部或者其中任何具有独创性的部分的;

2. 为商业目的进口、销售或者以其他方式提供受保护的布图设计、含有该布图设计的集成电路或者含有该集成电路的物品的。

第332-27条[损害赔偿数额]

侵犯布图设计专有权的赔偿数额,为侵权人所获得的利益或者被侵权人所受到的损失,包括被侵权人为制止侵权行为所支付的合理开支。

第332-28条[侵权诉讼]

未经布图设计权利人许可,使用其布图设计,即侵犯其布图设计专有权,引起纠纷的,由当事人协商解决;不愿协商或者协商不成的,布图设计权利人或者利害关系人可以向知识产权法院起诉。

第332-29条[诉前保全]

布图设计权利人或者利害关系人有证据证明他人正在实施或者即将实施侵犯其专有权的行为,如不及时制止将会使其合法权益受到难以弥补的损害的,可以在起诉前依法向人民法院申请采取责令停止有关行为和财产保全的措施。

第332-30条[不视为侵权]

第1款:在获得含有受保护的布图设计的集成电路或者含有该集成电路的物品时,不知道也没有合理理由应当知道其中含有非法复制的布图设计,而将其投入商业利用的,不视为侵权。

第2款:前款行为人得到其中含有非法复制的布图设计的明确通知后,可以继续将现有的存货或者此前的订货投入商业利用,但应当向布图设计权利人支付合理的报酬。

第3节 植物新品种权

第333-01条[定义]

本法典所称的"植物新品种",是指经过人工培育的或者对发现的野生植物加以开发,具备新颖性、特异性、一致性和稳定性并有适当命名的植物品种。

第333-02条[授权机关]

国家知识产权局负责植物新品种权申请的受理和审查,并对符合本法典规定条件的植物新品种授予品种权。

第333-03条[品种权的内容]

完成育种的自然人、法人或者其他组织对其授权品种,享有专有权。未经品种权所有人(以下称品种权人)许可,其他任何人不得为商业目的生产或者销售该授权品种的繁殖材料,不得为商业目的将该授权品种的繁殖材料重复使用于生产另一品种的繁殖材料;本法典另有规定的除外。

第 333-04 条[职务育种申请权的归属]

自然人履行雇佣合同完成的植物育种,植物新品种的申请权属于雇主。

第 333-05 条[自由育种申请权的归属]

自然人自由完成的植物育种,植物新品种的申请权属于该自然人。

第 333-06 条[委托育种]

自然人接受他人委托完成的育种,植物新品种的申请权归属由当事人在合同中约定;没有合同或者合同约定不明确的,申请权属于受托人。

第 333-07 条[合作育种]

自然人依据合作开发合同完成的植物育种,植物新品种的申请权归属由当事人在合同中约定;合同约定不明确的,申请权属于合作开发者共同所有。

第 333-08 条[品种权的归属]

植物新品种申请被批准后,品种权属于申请人。

第 333-09 条[品种权的单一性]

在中华人民共和国领域内,相同的植物新品种只能授予一项品种权。

第 333-10 条[先申请原则与先完成原则]

两个以上的申请人分别就相同的植物新品种申请品种权的,品种权授予最先申请的人;同时申请的,品种权授予最先完成该植物新品种育种的人。

第 333-11 条[权利的转让]

第 1 款:植物新品种的申请权和品种权可以依法转让。

第 2 款:中国国民就其在国内培育的植物新品种向外国人转让申请权或者品种权的,应当经国务院主管部门批准。

第 3 款:转让申请权或者品种权的,当事人应当订立书面合同,并向国家知识产权局登记,并予以公告。

第 4 款:植物新品种的申请权或者品种权转让合同,自国家知识产权局公告之日起生效。

第 333-12 条[品种权的限制]

在下列情况下使用授权品种的,可以不经品种权人许可,不向其支付使用费,但是不得侵犯品种权人依照本法典享有的其他权利:

1. 利用授权品种进行育种及其他科研活动;
2. 农民自繁自用授权品种的繁殖材料。

第 333-13 条[强制许可]

第 1 款:为了国家利益或者公共利益,国家知识产权局可以作出实施植物新品种强制许可的决定,并予以登记和公告。

第 2 款:品种权人对国家知识产权局作出强制许可的决定不服的,可以自收到通知之日起 3 个月内向北京知识产权法院提起诉讼。

第 333-14 条[强制许可使用费]

第 1 款:取得实施强制许可的自然人、法人或者其他组织应当依法向品种权人支付合理的使用费,其数额由双方商定。

第 2 款:双方不能就使用费的数额达成协议的,由国家知识产权局裁决。

第 3 款:当事人对国家知识产权局作出强制许可使用费的裁决不服的,可以自收到通知之日起 3 个月内向北京知识产权法院提起诉讼。

第 333-15 条[品种名称的使用]

不论授权品种的保护期是否届满,销售该授权品种应当使用其注册登记的名称。

第 333-16 条[可获得品种权的植物新品种]

申请品种权的植物新品种应当属于国家植物品种保护名录中列举的植物的属或者种。植物品种保护名录由国家知识产权局确定和公布。

第 333-17 条[获得植物新品种权的条件]

第 1 款:授予品种权的植物新品种应当具备新颖性、特异性、一致性、稳定性,并具备适当的名称。

第 2 款:本条第 1 款所称的"新颖性",是指申请品种权的植物新品种在申请日前该品种繁殖材料未被销售,或者经育种者许可,在中国境内销售该品种繁殖材料未超过 1 年;在中国境外销售藤本植物、林木、果树和观赏树木品种繁殖材料未超过 6 年,销售其他植物品种繁殖材料未超过 4 年。

第 3 款:本条第 1 款所称的"特异性",是指申请品种权的植物新品种应当明显区别于在递交申请以前已知的植物品种。

第 4 款:本条第 1 款所称的"一致性",是指申请品种权的植物新品种经过繁殖,除可以预见的变异外,其相关的特征或者特性一致。

第 5 款:本条第 1 款所称的"稳定性",是指申请品种权的植物新品种经过反复繁殖后或者在特定繁殖周期结束时,其相关的特征或者特性保持不变。

第 6 款:本条第 1 款所称的"适当的名称",是指申请品种权的植物新品种所具有的名称,并与相同或者相近的植物属或者种中已知品种的名称相区别。该名称经注册登记后即为该植物新品种的通用名称。

第 7 款:下列名称不得用于品种命名:

(一)仅以数字组成的;

(二)违反社会公德的;

（三）对植物新品种的特征、特性或者育种者的身份等容易引起误解的。

第 333-18 条[委托代理机构]

第 1 款:中国国民申请品种权的,可以直接或者委托代理机构向国家知识产权局提出申请。中国国民申请品种权的植物新品种涉及国家安全或者重大利益需要保密的,应当按照国家有关规定办理。

第 2 款:外国人、外国自然人、法人或者其他组织或者外国其他组织在中国申请品种权的,应当按其所属国和中华人民共和国签订的协议或者共同参加的国际条约办理,或者根据互惠原则,依照本法典办理。

第 333-19 条[品种权申请文件]

第 1 款:申请品种权的,应当向国家知识产权局提交符合规定格式要求的请求书、说明书和该品种的照片。

第 2 款:申请文件应当使用中文书写。

第 333-20 条[品种权申请日]

第 1 款:申请人向国家知识产权局提出品种权申请的,以国家知识产权局收到品种权申请文件之日为申请日。

第 2 款:申请文件是邮寄的,以寄出的邮戳日为申请日。

第 3 款:享有优先权的,以优先权日为申请日。

第 333-21 条[品种权申请的优先权]

第 1 款:申请人自在外国第一次提出品种权申请之日起 12 个月内,又在中国就该植物新品种提出品种权申请的,依照该外国同中华人民共和国签订的协议或者共同参加的国际条约,或者根据相互承认优先权的原则,可以享有优先权。

第 2 款:申请人要求优先权的,应当在申请时提出书面说明,并在 3 个月内提交经原受理机关确认的第一次提出的品种权申请文件的副本;未依照本法典规定提出书面说明或者提交申请文件副本的,视为未要求优先权。

第 333-22 条[品种权申请的受理]

对符合本法典第 333-19 条规定的品种权申请,国家知识产权局应当予以受理,明确申请日、给予申请号,并自收到申请之日起 1 个月内通知申请人缴纳申请费。对不符合或者经修改仍不符合本法典第 333-19 条规定的品种权申请,国家知识产权局不予受理,并通知申请人。

第 333-23 条[修改权或者撤回权]

申请人可以在品种权授予前随时修改或者撤回其品种权申请。

第 333-24 条[向国外申请]

中国国民将国内培育的植物新品种向国外申请品种权的,应当向国家知识产权局办理登记。

第 333-25 条[初步审查]

第 1 款:申请人缴纳申请费后,国家知识产权局对品种权申请的下列内容进行初步审查:

1. 是否属于植物品种保护名录列举的植物属或者种的范围;
2. 是否符合本法典第 333-18 条第 2 款的规定;
3. 是否符合新颖性的规定;
4. 植物新品种的命名是否适当。

第 2 款:国家知识产权局应当自受理品种权申请之日起 6 个月内完成初步审查。

第 3 款:经初步审查合格的品种权申请,国家知识产权局予以公告,并通知申请人在 3 个月内缴纳审查费。经初步审查不合格的品种权申请,国家知识产权局应当通知申请人在 3 个月内陈述意见或者予以修正;逾期未答复或者修正后仍然不合格的,驳回申请。

第 333-26 条[实质审查]

第 1 款:申请人按照规定缴纳审查费后,国家知识产权局对品种权申请的特异性、一致性和稳定性进行实质审查。申请人未按照规定缴纳审查费的,品种权申请视为撤回。

第 2 款:国家知识产权局主要依据申请文件和其他有关书面材料进行实质审查。认为必要时,国家知识产权局可以委托指定的测试机构进行测试或者考察业已完成的种植或者其他试验的结果。因审查需要,申请人应当根据国家知识产权局的要求提供必要的资料和该植物新品种的繁殖材料。

第 333-27 条[授权]

对经实质审查符合本法典规定的品种权申请,国家知识产权局应当作出授予品种权的决定,颁发品种权证书,并予以登记和公告。对经实质审查不符合本法典规定的品种权申请,国家知识产权局予以驳回,并通知申请人。

第 333-28 条[行政诉讼]

对国家知识产权局驳回品种权申请的决定不服的,申请人可以自收到通知之日起 3 个月内,向北京知识产权法院提起诉讼。

第 333-29 条[追偿权]

品种权被授予后,在自初步审查合格公告之日起至被授予品种权之日止的期间,对未经申请人许可,为商业目的生产或者销售该授权品种的繁殖材料的自然人、法人或者其他组织,品种权人享有请求其支付使用费的权利。

第 333-30 条[品种权保护期]

品种权的保护期限,自授权之日起,藤本植物、林木、果树和观赏树木为 20

年,其他植物为15年。

第333-31条[品种权维持费]

品种权人应当自被授予品种权的当年开始缴纳年费,并且按照审批机关的要求提供用于检测的该授权品种的繁殖材料。

第333-32条[品种权的终止]

有下列情形之一的,品种权在其保护期限届满前终止:

1. 品种权人以书面声明放弃品种权的;

2. 品种权人未按照规定缴纳年费的;

3. 品种权人未按照审批机关的要求提供检测所需的该授权品种的繁殖材料的;

4. 经检测该授权品种不再符合被授予品种权时的特征和特性的。品种权的终止,由审批机关登记和公告。

第333-33条[品种权的无效]

第1款:自国家知识产权局公告授予品种权之日起,利害关系人认为品种权不符合本法典规定实质条件的,可以请求知识产权法院宣告品种权无效。

第2款:本条第1款所称的"利害关系人",是指品种权侵权诉讼中的被告、在先品种权人以及与品种权有其他直接利益关系的人。

第3款:被宣告无效的品种权视为自始即不存在。

第4款:宣告品种权无效的决定,对在宣告前人民法院作出并已执行的植物新品种侵权的判决、裁定以及已经履行的植物新品种实施许可合同和植物新品种权转让合同,不具有追溯力;但是,因品种权人的恶意给他人造成损失的,应当给予合理赔偿。

第5款:依照前款规定,品种权人或者品种权转让人不向被许可实施人或者受让人返还使用费或者转让费,明显违反公平原则的,品种权人或者品种权转让人应当向被许可人或者受让人返还全部或者部分使用费或者转让费。

第四编　商业标志权

第1章　商　标　权

第1节　一般规定

第411-01条[定义]

第1款:本法典所称的"商标",是指由文字、字母、数字、图形要素、色彩的组合,以及上述要素的任何组合构成的、能够将特定自然人、法人或者其他组织的商品或服务与其他自然人、法人或者其他组织的商品或服务相区别的可视性标记或标记组合。

第2款:本法典所称的“注册商标”,是指经国家知识产权局商标局(以下简称“商标局”)核准注册的商标,包括商品商标、服务商标、集体商标和证明商标。

第3款:本法典所称的“未注册商标”,是指未经商标局核准注册的商标,或者注册商标因保护期届满被注销的商标,或者依本法典规定不能产生商标权的商标。

第3款:本法典所称的“商标注册人”,是指依据本法典规定提出商标注册申请,且其申请被商标局核准注册的自然人、法人或者其他组织。

第4款:本法典所称的“商标权”,是指商标注册人对注册商标在本法典规定的期限内享有的专有使用权。

第5款:本法典所称的“商品商标”,是指自然人、法人或者其他组织用以将自己的商品与他人的商品相区别的商标。

第6款:本法典所称的“服务商标”,是指自然人、法人或者其他组织用以将自己提供的服务与他人提供的服务相区别的商标。

第7款:本法典所称的“集体商标”,是指以团体、协会或者其他组织名义注册,供该组织成员在商事活动中使用,以表明使用者在该组织中的成员资格的标志。

第8款:本法典所称的“证明商标”,是指由对某种商品或者服务具有监督能力的组织所控制,而由该组织以外的自然人、法人或者其他组织使用于其商品或者服务上,用以证明该商品或者服务的原产地、原料、制造方法、质量或者其他特定品质的标志。

第9条:本法典所称的“商标的使用”,是指将商标附着于商品或者服务上在工商业活动进行商业运营的法律行为,包括将商标用于商品、商品包装或者容器以及商品交易文书上,或者将商标用于广告宣传、展览以及其他商业活动中。

第411-02条[商标权注册取得原则]

第1款:自然人、法人或者其他组织对其生产、制造、加工、拣选或者经销的商品,需要取得商标权的,应当向商标局申请商品商标注册。

第2款:自然人、法人或者其他组织对其提供的服务项目,需要取得商标权的,应当向商标局申请服务商标注册。

第3款:未注册商标使用人对其使用的商标不享有专有使用权,但本法典另有规定的除外。

第4款:自此以后,本法典有关商品商标的规定,适用于服务商标。

第 411-03 条[商标权的共有]

两个或者两个以上的自然人、法人或者其他组织可以共同向商标局申请注册同一商标,共同享有和行使该商标专用权。

第 411-04 条[自愿注册之例外]

第 1 款:国家规定必须使用注册商标的商品,未使用注册商标或者未使用商标的,不得在市场销售。

第 2 款:本条第 1 款所称的“国家规定必须使用注册商标的商品”,是指法律、行政法规规定的必须使用注册商标的商品。

第 411-05 条[可注册客体]

任何能够将特定自然人、法人或者其他组织的商品与其他自然人、法人或者其他组织的商品区别开的可视性标志,包括文字、图形、字母、数字、三维标志和颜色组合,以及上述要素的组合,均可以作为商标申请注册。

第 411-06 条[商标注册条件]

申请注册的商标,应当有显著特征,便于识别,并不得与他人在先取得的合法权利相冲突。

第 411-07 条[注册标记]

第 1 款:商标权人有权在其注册商标标识上标明“注册商标”或者注册标记。①

第 2 款:商标权人在其核定使用注册商标的产品上使用注册商标但未在其注册商标标识上标明“注册商标”或者注册标记的,该商标视为未注册商标。②

第 3 款:本条所称的“商标标识”,是指附载商标图案的有形物质载体。

第 4 款:未注册商标使用人在其使用的未注册商标标识上标明“注册商标”或者注册标记,或者商标权人将其注册商标使用于非核定使用的商品或者服务上并在该商标标识上标明“注册商标”或者注册标记的,构成冒充注册商标。③

---

① 该款表明在注册商标标识上做注册标记是商标权人的一项权利,任何人不得侵犯。

② 该款表明在注册商标标识上做注册标记不仅是商标权人的一项权利,同时也是一项义务。给商标权人规定此项义务之目的,是为了避免对公众造成误导。如果商标权人在其注册商标标识上不做注册标记,容易误导其他人对该商标进行侵犯,从而引发不必要的纠纷。因此,商标权人在其注册商标标识上未做注册标记的,该商标就视为未注册商标。在此情况下,该商标使用人就不得对他人行使商标权人的权利,充其量只能行使未注册商标使用人可能享有的保护。

③ 我国现行商标法第 48 条第 1 项规定了冒充注册商标行为,但未给予明确的界定。因为冒充注册商标行为,实际上就是与注册商标标记有关的违法行为,因此,我将它与注册商标标记编排在一起,以强化此种违法行为的特征。

第411-08条[禁止作为商标的对象]

第1款:下列标志不得用作商标之整体或者其主要且突出的部分的构成要素[①]:

1. 同中华人民共和国的国家名称、国旗、国徽、军旗、勋章相同或者近似的,以及同中央国家机关所在地特定地点的名称或者标志性建筑物的名称、图形相同的;

2. 同外国的国家名称、国旗、国徽、军旗相同或者近似的,但该国政府同意的除外;

3. 同政府间国际组织的名称、旗帜、徽记相同或者近似的,但经该组织同意或者不易误导公众的除外;

4. 与表明实施控制、予以保证的官方标志、检验印记相同或者近似的,但经授权的除外;

5. 同"红十字"、"红新月"的名称、标志相同或者近似的;

6. 带有民族歧视性的;

7. 夸大宣传并带有欺骗性的;

8. 有害于社会主义道德风尚或者有其他不良影响的。

第2款:县级以上行政区划的地名或者公众知晓的外国地名,不得作为商标。但是,地名具有其他含义或者作为集体商标、证明商标组成部分的除外。

第3款:在本法典生效之日或者之前已经注册并一直在工商业活动中使用的以本条第2款禁止使用的地名作为商标或者商标之主要且突出部分的商标继续有效,受本法典保护。

第411-09条[不可注册的商标]

第1款:中请注册的商标之整体或者其主要且突出的部分是由下列标志构成的,该件商标不可被核准注册:

1. 仅有本商品的通用名称、图形、型号的;

2. 仅仅直接表示商品的质量、主要原料、功能、用途、重量、数量及其他特点的;

3. 缺乏显著特征的。

第2款:由本条第1款所列标志构成其整体或者其主要且突出部分的商

---

① 我国现行《商标法》第10条所使用的用语是"下列标志不得作为商标使用"。该用语非常模糊,不容易理解,也造成其所涉面过于宽泛。笔者作的改进是"下列标志不得用作商标之整体或者其主要且突出的部分的构成要素"。第一,笔者的用语将用作商标的标记分为三种:(1) 商标的整体;(2) 商标的主要且突出的部分;(3) 次要或者不突出的部分。第二,《商标法》第10条所要禁止的,笔者的建议条款都包括进行去了,同时将不该包括进去的部分排除了。以下的条款作了相应的处理。

标,经过使用取得显著特征,并便于识别的,则可被核准注册。

第 411-10 条[不可注册的三维标志]

申请注册的商标之整体或者其主要且突出的部分是由三维标志构成,且该三维标志仅是由商品自身的性质产生的形状、为获得技术效果而需有的商品形状或者使商品具有实质性价值的形状的,该件商标不可被核准注册,但可作为未注册商标使用。

第 411-11 条[对驰名商标的保护]

第 1 款:申请注册的商标之整体或者其主要且突出的部分是对他人未在中国注册的驰名商标的复制、摹仿或者翻译,而且其申请核定使用的商品与该驰名商标所使用的商品为相同或者类似商品,容易导致混淆的,该件商标不予注册并禁止未经授权的使用。①

第 2 款:申请注册的商标之整体或者其主要且突出的部分是对他人已经在中国注册的驰名商标的复制、摹仿或者翻译,不论其申请核定使用的商品与该驰名商标所使用的商品是否相同和类似,误导公众,致使该驰名商标注册人的利益可能受到损害的,该件商标不予注册并禁止未经授权的使用。

第 411-12 条[注册过程中的驰名商标认定请求]

第 1 款:在商标注册过程中产生争议时,有关当事人(以下简称"驰名商标认定请求人")认为其商标构成驰名商标的,可以书面形式请求商标局对其商标进行驰名商标认定。驰名商标认定请求人提出驰名商标认定请求时,应当提交其商标构成驰名商标的证据材料。

第 2 款:收到驰名商标认定请求后,商标局应当在自收到该驰名商标认定请求书之日起的 5 个工作日内完成对该项请求的审查。

第 3 款:经审查,商标局认为该项驰名商标认定请求符合本法典规定条件的,应当在尽可能短的时间内裁决中止对与该被请求驰名商标认定之商标相冲突的注册申请(以下简称"冲突申请")审查,并通知冲突申请人和驰名商标认定请求人。不符合条件的,商标局则作出驳回该项认定请求的裁决。

第 4 款:冲突申请人对商标局作出的中止审查裁决不服或者驰名商标认定请求人对商标局作出的驳回其认定请求的裁决不服的,可以自收到相应的裁决

---

① 该款是对我国现行《商标法》第 13 条第 1 款所作的改进。改进点有三:(1) 语法修改。笔者认为《商标法》第 13 条第 1 款在语法上有缺陷,因此,修改为本款的语句。(2) 将它所用的"申请注册的商标"改进为"申请注册的商标之整体或者主要且突出的部分",排除了申请注册的商标中只是其次要或者不突出的部分使用了驰名商标,不会造成混淆的情形。(3) 将商标法规定的"不予注册并禁止使用"修改为"不予注册并禁止未经授权的使用"。笔者所考虑的是:商标注册申请未被核准,但却经商标权许可获得了使用权的,却是可以使用的。本条第 2 款所作的改进与此款基本相同。

通知之日起30日内向北京知识产权法院起诉。进入诉讼程序后,该项审查裁决的效力以法院最后的生效裁定为准。

第5款:驰名商标认定请求人的请求成立的,商标局将作出驰名商标认定决定,同时驳回本法典第411-11条规定的两种商标注册申请。

第411-13条[驰名商标认定应考虑的因素]

商标局或者知识产权法院认定驰名商标时,应当考虑下列因素:

1. 相关公众对该商标的知晓程度;
2. 该商标使用的持续时间;
3. 该商标的任何宣传工作的持续时间、程度和地理范围;
4. 该商标作为驰名商标受保护的记录;
5. 该商标驰名的其他因素。

第411-14条[无权注册申请]

未经授权,代理人或者代表人将被代理人或者被代表人的商标以自己的名义提出注册申请,被代理人或者被代表人提出异议的,不予注册并禁止未经授权的使用。

第411-15条[地理标志的保护]

第1款:申请注册的商标之整体或者其主要且突出的部分包含有商品的地理标志,而该商品并非来源于该标志所标示的地区,误导公众的,该件商标不予注册并禁止任何人使用;但是,已经善意取得注册的继续有效。

第2款:地理标志可以作为证明商标或者集体商标申请注册。以地理标志作为证明商标注册的,其商品符合使用该地理标志条件的自然人、法人或者其他组织可以要求使用该证明商标,控制该证明商标的组织应当允许。以地理标志作为集体商标注册的,其商品符合使用该地理标志条件的自然人、法人或者其他组织,可以要求参加以该地理标志作为集体商标注册的团体、协会或者其他组织,该团体、协会或者其他组织应当依据其章程接纳为会员;不要求参加以该地理标志作为集体商标注册的团体、协会或者其他组织的,也可以正当使用该地理标志,该团体、协会或者其他组织无权禁止。

第3款:本条第1款所称的"地理标志",是指标示某商品来源于某地区,该商品的特定质量、信誉或者其他特征,主要由该地区的自然因素或者人文因素所决定的标志。

第411-16条[外国人或者无国籍人的商标注册申请]

第1款:外国国民在中国申请商标注册的,应当按其所属国和中华人民共和国签订的协议或者共同参加的国际条约办理,或者按对等原则办理。

第2款:无国籍人在中国申请商标注册的,应当按照其惯常居住地国和中华人民共和国签订的协议或者共同参加的国际条约办理，或者按对等原则办理。

第 3 款：本条第 1、2 款所称的“外国国民和无国籍人”，是指在中国没有经常居所或者营业所的外国国民和无国籍人。

第 411-17 条［办理商标事项的代理］

第 1 款：当事人委托商标代理组织申请商标注册或者办理其他商标事宜，应当提交代理委托书。代理委托书应当载明代理内容及权限。

第 2 款：外国国民或者无国籍人在中国申请商标注册和办理其他商标事宜的，应当委托国家认可的具有商标代理资格的组织代理。

第 3 款：外国国民或者无国籍人委托商标代理组织申请商标注册或者办理其他商标事宜，应当提交代理委托书。代理委托书应当载明代理内容及权限，并载明委托人的国籍。

第 4 款：外国国民或者无国籍人的代理委托书及与其有关的证明文件的公证、认证手续，按照对等原则办理。

第 2 节　商标注册的申请

第 412-01 条［商标注册申请人］

第 1 款：自然人、法人或者其他组织需要在其生产、制造、加工、拣选或者经销的商品或者提供的服务上使用注册商标的，均可以向商标局提出商标注册申请。

第 2 款：已经向商标局提出商标注册申请的自然人、法人或者其他组织，是商标注册申请人，简称为“注册申请人”或者“申请人”。

第 3 款：申请商标注册的，申请人应当提交能够证明其身份的有效证件的复印件。商标注册申请人的名义应当与所提交的证件相一致。

第 412-02 条［商标注册申请文件］

第 1 款：每一件商标注册申请应当向商标局提交《商标注册申请书》1 份、商标图样 5 份；指定颜色的，并应当提交着色图样 5 份、黑白稿 1 份。

第 2 款：商标图样必须清晰、便于粘贴，用光洁耐用的纸张印制或者用照片代替，长或者宽应当不大于 10 厘米，不小于 5 厘米。

第 3 款：以三维标志申请注册商标的，应当在申请书中予以声明，并提交能够确定三维形状的图样。

第 4 款：以颜色组合申请注册商标的，应当在申请书中予以声明，并提交文字说明。

第 5 款：申请注册集体商标、证明商标的，应当在申请书中予以声明，并提交主体资格证明文件和使用管理规则。

第6款:商标为外文或者包含外文的,应当说明含义。

第412-03条[商标注册申请日]

第1款:商标注册申请日,以商标注册申请文件到达商标局的日期为准。

第2款:商标注册申请文件到达商标局的日期,是商标局收到商标注册申请文件的日期。

第412-04条[商标注册申请的受理]

第1款:商标局应当在商标注册申请日对该项申请进行登记;商标注册申请日处于法定假期的,在该假期结束后的第一个工作日予以登记。

第2款:商标局应当在对商标注册申请文件登记之日起的5个工作内,书面通知申请人其已收到商标注册申请文件和确定的申请日,并要求申请人在指定的期限内缴纳商标注册申请费。

第3款:申请手续齐备,申请文件符合本法典规定的条件,而且申请人已缴纳商标注册申请费的,商标局应当作出受理该项申请的决定,并立即通知申请人;申请手续不齐备或者未按照规定填写申请文件的,商标局作出不予受理的决定,书面通知申请人并说明理由;申请手续基本齐备或者申请文件基本符合规定,但是需要补正的,商标局通知申请人予以补正,限其自收到通知之日起30日内,按照指定内容补正并交回商标局。在指定期限内补正并交回商标局的,保留申请日期;期满未补正的,视为放弃申请,商标局应当书面通知申请人。

第4款:商标注册申请人对商标局不予受理的决定不服的,可以自收到通知之日起的30日内向北京知识产权法院起诉。进入诉讼程序后,该项申请的受理与否,以法院最后的生效裁定为准。

第412-05条[按商品分类表填报]

第1款:申请商标注册的,申请人应当按规定的商品分类表填报使用商标的商品类别和商品名称。

第2款:商品名称或者服务项目应当按照商品和服务分类表填写;商品名称或者服务项目未列入商品和服务分类表的,应当附送对该商品或者服务的说明。

第3款:商标注册申请等有关文件,应当打字或者印刷。

第412-06条[商标注册申请的单一性]

商标注册申请人在不同类别的商品或者服务上申请注册同一商标的,应当按商品分类表分别提出商标注册申请。

第412-07条[另行注册申请]

商标权人需要在同一类的其他商品或者服务上使用其注册商标的,应当向商标局另行提出商标注册申请。

第 412-08 条[重新注册申请]

商标权人需要改变其注册商标构成要素或者图案的,应当向商标局重新提出商标注册申请。

第 412-09 条[变更注册申请]

第 1 款:商标权人需要变更其注册人的名义、地址或者其他注册事项的,应当向商标局提出变更申请。

第 2 款:变更商标注册人名义、地址或者其他注册事项的,应当向商标局提交变更申请书。商标局核准后,发给商标注册人相应证明,并予以公告;不予核准的,应当书面通知申请人并说明理由。

第 3 款:变更商标注册人名义的,还应当提交有关登记机关出具的变更证明文件。未提交变更证明文件的,可以自提出申请之日起 30 日内补交;期满不提交的,视为放弃变更申请,商标局应当书面通知申请人。

第 412-10 条[商标注册申请优先权]

第 1 款:商标注册申请人自其商标在其他国家或者地区第一次提出商标注册申请之日起六个月内,又在中国提出同样内容的商标注册申请的,依照该国家或者地区同中国签订的协议或者共同参加的国际条约,或者按照相互承认优先权的原则,可以享有优先权。

第 2 款:依照本条第 1 款规定要求优先权的,在中国提出商标注册申请的同时,申请人应当以书面形式提出要求优先权声明,并且在三个月内提交第一次提出的商标注册申请文件的副本。在中国提出商标注册申请的同时未以书面形式提出要求优先权声明或者逾期未提交商标注册申请文件副本的,视为未要求优先权。

第 3 款:本条第 1 款所称的"同样内容的商标注册申请",是指商标注册申请人在中国提出的商标注册申请中的申请注册的商标与其要求优先权的基础申请中的商标为相同商标,申请核定使用的商品或者服务为同一种商品或服务。

第 412-11 条[商标展览宽限期]

第 1 款:就在中国政府主办的或者承认的国际展览会上展出的商品上首次使用的商标向商标局提出商标注册申请的,自该商品展出之日起六个月内,申请人可以享有优先权。

第 2 款:依照本条第 1 款规定要求优先权的,申请人应当在提出商标注册申请时提出书面声明,并且在三个月内提交展出其商品的展览会名称、在展出商品上使用该商标的证据、展出日期等证明文件;未提出书面声明或者逾期未提交证明文件的,视为未要求优先权。

第 412-12 条[真实、准确与完整性要求]

第 1 款:为申请商标注册所申报的事项和所提供的材料应当真实、准确、完整。

第 2 款:不符合本条第 1 款规定,商标局认为能补正的,应当及时通知商标注册申请人在指定的时间内补正,并告诉其应补正的事项和材料。

第 3 款:商标注册申请人在商标局指定的期限内提交的商标局所要求的补正事项或者材料,且符合本法典规定的,商标局应当进行正常的审查程序;未在指定期限内提交商标局所要求的补正事项或者材料,视为申请人放弃该项注册申请;所补正的事项或者材料仍然不符合本法典规定的,商标局应当作出驳回其注册申请的决定,并通知申请人。

第 4 款:对商标局驳回其注册申请的决定不服的,自收到驳回通知之日起 15 日内,申请人可以向北京知识产权法院提起诉讼。进入诉讼程序后,该项申请是否驳回,以法院最后的生效裁定为准。

第 5 款:本条第 1 款所称的"真实",是指申请人向商标局所申报的事项和所提交的材料经核对而符合实际的情形。

第 6 款:本条第 1 款所称的"准确",是指申请人向商标局所申报的事项和所提交的材料经核实为正确的情形。

第 7 款:本条第 1 款所称的"完整",是指申请人向商标局所申报的事项和所提交的材料符合本法典的规定,没有遗漏的情形。

第 3 节　注册申请的审查和核准

第 413-01 条[即时审查原则]

第 1 款:商标局收到商标注册申请人提交的真实、准确、完整的申请文件和缴纳的注册申请费后 15 日之内,应当开始对该项商标注册申请审查的程序,但特殊情况除外。

第 2 款:本条第 1 款所称的"特殊情况",是指商标局无法预料、不可避免、不可克服的自然事件、政治事件或者其他灾难性事件。

第 413-02 条[初步审定并公告]

第 1 款:申请注册的商标,凡符合本法典有关规定的,由商标局初步审定,予以公告。

第 2 款:商标局对受理的商标注册申请,依照本法典的规定进行审查,对符合规定的或者在部分指定商品上使用商标的注册申请符合规定的,予以初步审定,并予以公告;对不符合规定或者在部分指定商品上使用商标的注册申请不符合规定的,予以驳回或者驳回在部分指定商品上使用商标的注册申请,书面通知申请人并说明理由。

第3款:商标局对在部分指定商品上使用商标的注册申请予以初步审定的,申请人可以在异议期满之日前,申请放弃在部分指定商品上使用商标的注册申请;申请人放弃在部分指定商品上使用商标的注册申请的,商标局应当撤回原初步审定,终止审查程序,并重新公告。

第413-03条[驳回申请的绝对理由]

第1款:以下商标不得予以注册:

1. 不符合本编第411-01条第1款规定的商标;

2. 缺乏显著性的商标;

3. 仅由在商业活动中可用于标明商品的种类、质量、数量、用途、价值、原产地商品的生产日期,或提供服务的时间的符号或标志组成的商标,或标明商品或服务的其他特征的符号标志组成的商标;

4. 仅由在习惯用语或善意和公认的商务实践中成为惯例的符号或标志组成的商标;

5. 仅由以下形状组成的标志:

(1) 由商品本身的特性决定的形状;或

(2) 获得一定技术效果所必需的商品形状;或

(3) 给商品带来实体价值的商品形状;

6. 违反公共秩序和善良风俗的商标;

7. 带有欺骗性质的,例如有关商品或服务的性质、质量或地理来源的商标;

8. 未经主管机关认可应按照巴黎公约第六条之三被拒绝注册的商标;

9. 虽非巴黎公约第六条之三所指的,但具有特殊公众利益的徽章、徽记或者纹章图案的商标,但有关当局同意其注册的除外;

10. 如葡萄酒和烈性酒的商标中含有或由用以识别葡萄酒和烈性酒的地理名称,而葡萄酒及烈性酒又不是出产于该地的。

第2款:要求注册的商标通过使用,在有关商品或服务上已具有显著性,第1款规定的第3、4和5项不应适用。

第413-04条[驳回注册的相对理由]

第1款:申请注册的商标,因在先商标所有人的异议,不得予以注册:

1. 申请注册的商标与在先的商标相同的以及申请注册的商标使用的商品或服务与在先的商标所保护的商品或服务相同的;

2. 由于申请注册的商标与在先的商标相同或近似以及申请注册的商标所使用的商品和提供的服务与在先的商标所保护的商品或服务相同或相类似而

容易在在先商标受到保护的公众中引起混淆的;这种容易引起混淆包括容易与在先商标相联系。

第 2 款:第 1 款所称的"在先商标",是指注册申请日(包括优先权日)早于该被审查之商标提出注册申请的日期的商标。

3. 商标所有人的代理人或代表人,未经该所有人的同意而以自己的名义申请商标注册的,在商标所有人的异议下,该商标不应予以注册,除非该代理人或代表人证明其行为是正当的。

第 413-05 条[商标注册申请的驳回]

申请注册的商标,属于本编第 413-03 条和第 413-04 条规定情形之一的,由商标局驳回申请,不予公告。

第 413-06 条[对冲突申请的初审公告原则]

第 1 款:两个或者两个以上的商标注册申请人,在同一种商品或者类似商品上,以相同或者近似的商标申请注册的,初步审定并公告申请在先的商标;同一天申请的,初步审定并公告使用在先的商标,驳回其他人的申请,不予公告。

第 2 款:两个或者两个以上的申请人,在同一种商品或者类似商品上,分别以相同或者近似的商标在同一天申请注册的,各申请人应当自收到商标局通知之日起 30 日内提交其申请注册前在先使用该商标的证据。期限届满后,商标局将依照下列情形处理该项冲突:

1. 期限届满未提交在先使用该商标证据的,视为该申请人申请注册的商标使用在后,初步审定并公告已提交在先使用证据的商标注册申请。

2. 两个或者两个以上的申请人或者申请人之全部在规定的期限内提交在先使用该商标的证据的,初步审定并公告被证明最先使用该商标的那份注册申请,驳回其他的商标注册申请,不予公告。

3. 在本款第 2 项规定情形下,有两个或者两个以上申请人申请注册的商标被证明在同日使用或者均未使用的,商标局将再通知此种情形的各申请人在自收到商标局通知之日起 30 日内自行协商,并将书面协议报送商标局。商标局将按全体申请人的协商意见对商标注册申请进行初步审定并公告。

4. 在本款第 3 项规定的情形下,申请人不愿协商或者协商不成的,商标局或者决定由全体申请人以共同商标注册人名义对该商标注册申请进行初步审定并公告,或者通知各申请人以抽签的方式确定一个申请人,驳回其他人的注册申请。

5. 在本款第 4 项规定的情形下,全体申请人愿意共有该项注册商标的,由商标局主持由全体申请人推举一位申请注册代表人,并以该全体申请人的名义重新提交商标注册申请,保留原商标注册申请日,进行以下的程序;全体申请不愿意共有该项注册商标的,由商标局通知全体申请人到场以抽签的方式确定一个申请人,驳回其他的商标注册申请。商标局已经通知但申请人未参加抽签的,视为放弃申请,商标局应当书面通知未参加抽签的申请人。

第 3 款:所有申请人都未在此期限内提交在先使用该商标的证据的,视为所有申请人同时放弃该项商标注册申请。

第 4 款:本条第 2 款第 2 项所称的"对商标的最先使用",是指在若干商标注册申请人申请注册的商标都已使用的情况下,对商标使用的日期最早的情形。

第 413-07 条[对初步审定并公告商标的异议]

第 1 款:对初步审定的商标,自公告之日起三个月内,任何人均可以提出异议。

第 2 款:对商标局初步审定予以公告的商标提出异议的,异议人应当向商标局提交商标异议书一式两份。商标异议书应当写明被异议商标刊登《商标公告》的期号及初步审定号。商标异议书应当有明确的请求和事实依据,并附送有关证据材料。

第 3 款:商标局应当将商标异议书副本及时送交被异议人,限其自收到商标异议书副本之日起 30 日内答辩。被异议人不答辩的,不影响商标局的异议裁定。

第 4 款:当事人需要在提出异议申请或者答辩后补充有关证据材料的,应当在申请书或者答辩书中声明,并自提交申请书或者答辩书之日起 3 个月内提交;期满未提交的,视为当事人放弃补充有关证据材料。

第 5 款:经商标局核实,裁定异议成立的,商标局将作出驳回该项商标注册申请的裁定,并通知异议人和被异议人。

第 6 款:自被异议人收到商标局的驳回其商标注册申请的通知之日起 15 日内,被异议人可以向北京知识产权法院起诉。进入诉讼程序后,该项异议的成立与否,以法院的最后生效裁定为准。

第 413-08 条[对在先权利的保护]

第 1 款:商标注册申请人申请商标注册,不得损害他人受法律保护的在先权利,也不得在同一种商品或者类似商品上申请注册他人正在使用但尚注册的商标。

第 2 款:本条第 1 款所称的"在先权利",是指在商标注册申请日前已经依法产生的一切民事权利。

第 3 款:商标注册申请人就他人正在使用但尚未注册的商标提出注册申请的,该商标使用人可以商标注册申请人违反《反不正当竞争法》实施不正当竞争行为为由请求商标局驳回该项注册申请;但商标注册申请人能证明该商标是由自己或者委托他人设计的,并且同时能证明自己在设计该商标并提出商标注册申请时确定不知道该商标已由他人在工商业活动中使用的除外。

第 4 款:正在使用但尚未注册商标的使用人对商标注册申请人向商标局提出的驳回注册申请时,应当提交其第一次使用商标的日期、使用商标的商品或者服务种类及名称、使用该商标的商品或者服务所覆盖的地域范围等材料。

第 413-09 条[注册申请的驳回]

对驳回申请、不予公告的商标,商标局应当书面通知商标注册申请人。商标注册申请人不服的,可以自收到驳回通知之日起 15 日内向北京知识产权法院提起诉讼。进入诉讼程序后,该项驳回决定是否成立,以法院的最后生效裁定为准。

第 413-10 条[对异议的核实裁定]

第 1 款:对初步审定、予以公告的商标提出异议的,商标局应当听取异议人和被异议人陈述事实和理由,经调查核实后,做出裁定并通知异议人和被异议人。

第 2 款:当事人对商标局的裁定不服的,可以自收到通知之日起 15 日内向北京知识产权法院提起诉讼。进入诉讼程序后,该项裁定是否成立,以法院的最后生效裁定为准。

第 3 款:当事人在法定期限内对商标局做出的裁定不向人民法院起诉的,裁定生效。

第 413-11 条[核准注册]

第 1 款:本法典规定的对初步审定并公告的申请注册商标的异议期满无异议的,商标局应当对该商标予以核准注册,发给商标注册证,并予公告。

第 2 款:在本法典规定的对初步审定并公告的申请注册商标的异议期内有异议,但经商标局核实,裁定异议不成立的,或者经裁定异议成立但知识产权法院裁定商标局的裁定不成立的,商标局应当对该商标予以核准注册,发给商标注册证,并予公告。

第 3 款:经裁定异议不能成立而核准注册的,商标注册申请人取得商标权的时间自初审公告三个月期满之日起计算。

第 413-12 条[对错误的更正]

第 1 款:商标注册申请人或者注册人发现商标申请文件或者注册文件有明显错误的,可以申请更正。商标局依法在其职权范围内作出更正,并通知当事人。

第 2 款:前款所称更正错误不涉及商标申请文件或者注册文件的实质性内容。

第 4 节　注册商标的期限与续展

第 414-01 条[注册商标的期限]

注册商标的有效期为十年,自核准注册之日起计算。

第 414-02 条[注册商标的续展]

第 1 款:注册商标有效期满,需要对其商标继续享有专用权的,商标权人应当在其注册商标的有效期满前六个月内向商标局提出续展注册申请;在此期间未能提出申请的,可以给予六个月的宽展期。宽展期满仍未提出申请的,由商标局注销其注册商标。

第 2 款:每次续展注册的有效期为十年,自上一有效期届满之日的第二天开始计算。

第 3 款:续展注册经核准后,予以公告。

第 414-03 条[商标权缓冲期]

第 1 款:自注册商标的有效期届满后第二天起算的六个月时间内,为商标权的缓冲期。

第 2 款:在商标权缓冲期内,商标权人享有以下各项临时权利:

1. 商标权人在法定的续展注册申请期限或者在续展注册申请的宽展期内提出续展注册申请的,享有排斥其他任何人提出同样内容的商标注册申请的权利;

2. 在商标权人在法定的续展注册申请期限或者在续展注册申请的宽展期内提出续展注册申请的情况下,其他任何人未经许可而在同一种商品或者类似商品上使用与其注册商标相同或者相近似的商标的,构成对商标权的侵犯,应当依法承担侵权责任。

第 3 款:在法定的续展期限或者续展注册申请的宽展期内,商标权人未提出续展注册申请的,缓冲期自动消失,其他人在缓冲期针对该项商标所为的行为是合法的。

第 5 节　商标权及其限制

第 415-01 条[商标权的范围]

注册商标的专用权,以核准注册的商标和核定使用的商品为限。

第 415-02 条[使用权与禁止权]

第 1 款:注册商标所有人依本法典规定对其注册商标享有专有使用权。商标权人有权阻止其他任何人未经许可在经营活动中实施下列行为:

1. 在与其注册商标核定使用的商品或服务相同或者相类似的商品或者服

务上使用与其注册商标相同的任何标志;

2. 在与其注册商标核定使用的商品或服务相同或者相类似的商品或者服务上使用与其注册商标相近似的任何标志,可能会在公众中引起混淆的;这种可能的混淆包括该标志和该商标之间可能引起的联系;

3. 对于一件已在相关公众中享有较高声誉,且在与其注册商标核定使用的商品或服务不相同也不相类似的商品或者服务上使用与其注册商标相同或者相近似的任何标志,可能给商标的显著性或者声誉造成损害或者不当影响的。

第 2 款:根据第 1 款,特别是下列情况,商标权人有权阻止其发生:

1. 在商品或商品包装上缀附该标志;

2. 提供带有该标志的商品,将其投入市场或为此目的持有或用该标志提供服务;

3. 进口或出口带有该标志的商品;

4. 在商业文书或广告上使用该标志。

第 3 款:在非核定使用的商品或者服务上使用其注册商标的,不得做注册标记。

第 415-03 条[许可权]

第 1 款:商标权人可以通过签订商标使用许可合同,许可他人使用其注册商标。

第 2 款:被许可人使用他人注册商标的,必须在使用该注册商标的商品上标明被许可人的姓名或名称以及商品生产地。

第 3 款:商标使用许可合同应当采用书面形式,经当事人双方签字盖章后生效。

第 4 款:在商标使用许可合同生效后三个月内,许可人和被许可人应当将商标使用许可合同报商标局备案。

第 415-04 条[转让权]

第 1 款:商标权人可以将其注册商标,就其核定使用的部分或全部商品或服务进行转让。

第 2 款:商标权人依据本条第 1 款规定进行注册商标转让的,不必与其使用该注册商标的企业一并转让,但当事人双方约定注册商标连同使用该注册商标的企业一并转让的除外。

第 3 款:注册商标的转让仅及于其被核定使用的部分商品或者服务的,由转让人与受让人对该件注册商标形成共有人。

第 4 款:整个企业的转让应包括该企业注册商标的转让,但根据有关转让的法律,有相反的协议或情况明显不同者除外。本规定适用转让企业的契约义务。

第5款:在不影响第3款的情况下,转让注册商标的,转让人和受让人应当签订书面转让协议,经双方当事人签字盖章后,共同向商标局提出核准申请。经商标局核准并公告后生效。但依法院判决而定的转让除外。

第6款:注册商标的转让对公众对于该注册商标核定使用的商品或服务的性质、质量或产地引起误导的,商标局对该转让不应予以核准,除非商标受让人同意将注册商标的使用限于不易引起误导的商品或服务。

第7款:注册商标转让合同未经商标局核准公告以前,商标受让人不得行使该商标产生的权利。

第8款:注册商标受让人自商标局对注册商标转让合同核准并公告之日起享有该项商标权。

第415-05条[防止注册商标通用化]①

将他人注册商标编入词典、百科全书或类似参考书以及某种数据库,给人的印象好像该注册商标是其核定使用的商品或服务的通用名称的,该类作品或者数据库的汇编者以及出版该类汇编作品或数据库的出版社应根据商标权人的要求,保证至少在最近再版时,注明该词为注册商标。

第415-06条[商标权的限制]②

注册商标所有人无权制止第三方在经营活动中使用:

1. 使用者自己的名称或地址;

2. 有关品质、质量、数量、用途、价值、产地名称、生产商品或提供服务的时间的标志,或有关商品或服务的其他特点的标志;

3. 需要用来表明商品或服务用途的标志,特别是用来表明商品零部件用途的商标;只要上述使用符合工商业务中的诚实惯例。

第415-07条[商标权的穷竭]

第1款:商标权人在中国领域内自己或者经其许可生产、制造或者进口的缀附有其注册商标的商品被投放市场后,商标权人不得禁止他人在该领域内对该缀附有其注册商标的商品进行销售或者使用。

第2款:自然人、法人或者其他组织需要从其他国家或者地区进口缀附有

---

① 商标是具有显著特征的标记,本商品或者服务的通用名称作商标使用的,不能被核准注册。反过来,一件具有显著特征的注册商标如果因不当使用而被相关公众理解为本商品或者服务的通用名称,它就要被撤销。因此,为了防止注册商标被通用化,商标权人有权保护其商标不被通用化,同时其他人也有义务不将他人的注册商标作通用名称使用,或者使用使人误作为商品或者服务通用名称的使用。一旦出现这样的使用,商标权人就可以行使禁止权。

② 本条之规定是商标的合理使用制度,我国商标法没有相应的规定。

在中国受法律保护之注册商标的商品的,应当经该注册商标专用权人许可,而不能其所打算或者已经进口的缀附有在中国受法律保护之注册商标的商品在出口国家或者地区是否合法生产、制造。[①]

第 3 款:商标权人有合法理由反对本条第 1 款所规定的商品继续销售的,尤其是商品在投放市场后,商品质量发生变化或损坏的,上述第 1 款不适用。

第 6 节 注册商标撤销

第 416-01 条[违法注册商标的撤销]

第 1 款:违反本法典第 411-08 条、第 411-09 条和第 411-10 条的规定或者是以欺骗手段或者其他不正当手段取得注册的商标,自商标局发布核准注册公告之日起,商标局可依职权随时撤销该注册商标,或者利害关系人可以向知识产权法院提起撤销注册商标的诉讼。

第 2 款:本条第 1 款所称的"利害关系人",包括商标侵权诉讼中的被告、注册商标使用许可合同中的被许可人、注册商标转让合同中的受让人或者与该注册商标有直接利害关系的其他人。

第 416-02 条[商标局进行的撤销程序]

第 1 款:商标局根据本编第 416-01 条第 1 款规定依职权撤销注册商标的,应当在其作出撤销注册商标决定前通知商标注册人进行辩解,并将其认为撤销其注册商标的理由告知商标注册人。

第 2 款:商标注册人自收到商标局撤销辩解通知之日起的 2 个月内向商标局提交辩解意见书。期满未提交书面辩解意见书的,视为放弃辩解权,商标局可依其认为的理由撤销该注册商标。

第 3 款:商标局作出撤销注册商标决定后,应当制作注册商标撤销决定书,并通知商标注册人。

第 4 款:商标注册人自收到商标局的撤销注册商标决定书之日起 3 个月内可以向北京知识产权法院提起诉讼。期满未提起诉讼的,商标局的撤销注册商标决定生效。商标注册人向知识产权法院起诉的,该项注册商标是否应被撤销,以法院的最后生效裁定为准。

第 416-03 条[注册商标撤销诉讼程序]

利害关系人向知识产权法院提起撤销注册商标诉讼的,应当根据《中华人

---

① 本款之规定是"商标权穷竭地域性"。作此规定的目的在于:我们是发展中国家,其他国家或者地区的经营者或者自然人、法人或者其他组织不再中国从事相应的生产、制造业务,仅从其他国家或者地区向中国出口。如果没有商标权穷竭的地域性限制,中国的商标权就没有足够的保障。但中国大陆应作为一个整体市场对待。

民共和国民事诉讼法》的相关规定进行。

第 416-04 条[侵权注册商标的撤销]①

第 1 款:违反本法典第 411-11 条、第 411-14 条、第 411-15 条和第 413-08 条规定侵犯他人商标权或者其他在先权利的,自商标局发布核准注册公告之日起 5 年内,商标权人或者利害关系人可以向知识产权法院提起撤销该注册商标的诉讼。对恶意注册的,驰名商标所有人不受 5 年的时间限制。

第 2 款:本条第 1 款所称的"利害关系人",是指被复制、模仿或者翻译之驰名商标所有人、以自己的名义抢注他人商标之代理人或代表人的被代理人或被代表人、在先权利的合法所有人等。

第 3 款:本条第 1 款所称的"恶意注册",是指商标注册人明知道他人的在先权利已经存在并且受法律保护,自己的注册申请可能或者已经构成了对他人在先权利的侵犯,而故意提出注册申请而获得的注册。

第 4 款:本条第 1 款所称的"驰名商标",是指以侵权为由被请求撤销的商标在提出注册申请时已经被认定或者可以依照本法典规定的程序被认定为驰名商标的商标,而不是在被请求撤销的商标注册后被认定或者可以依照本法典规定的程序认定为驰名商标的商标。

第 5 款:依本条规定,知识产权法院撤销的注册商标,视为自始不具有法律效力。

第 6 款:本条第 1 款规定的 5 年撤销请求期不得中止、中断、延长和变更。

第 416-05 条[驰名商标所有人的撤销请求]

依本法典第 416-04 条第 1 款规定,以驰名商标所有人名义向知识产权法院提出撤销之诉的,应当向受诉法院提交截止于被请求撤销的注册商标提出注册申请日期的证据,首先受诉知识产权法院对请求人所拥有的商标作驰名商标认定,然后再依认定结果决定是否进行撤销诉讼程序。

---

① 本条第 1 款与我国现行《商标法》第 41 条第 1 款的规定基本相同,作了适当的修改。第 2—4 款是对第 1 款规定的解释,有利于本条的实施。本条对驰名商标所作的例外规定有明显的漏洞,因为驰名商标采取的是个案认定和消极认定,需要有时间限制。例如,商标乙在申请注册时,商标甲虽然已经存在或者已经注册,但不是驰名商标,或者不能被认定为驰名商标。在此种情况下,商标权人甲只能享有 5 年的撤销请求期,而不是不受 5 年限制的撤销请求期。但是,如果对驰名商标不作时间限制,那么,过了 5 年后,该商标甲可以被认定为驰名商标了,于是,商标权人甲向知识产权法院提出撤销注册商标乙的诉讼,并请求认定为驰名商标。依此逻辑推理,在先注册商标权人很有可能享有无限期的撤销请求权。另一方面,法律作此规定的初衷显然是要保护商标乙在申请注册时已经驰名或者可以被认定为驰名的商标,而不是此后的驰名商标。因此,本条第 4 款对此作了明确规定。

第 416-06 条[不可撤销状态]①

第 1 款:在本法典第 416-04 条第 1 款规定的 5 年撤销请求期内未行使撤销请求权的,在先权利人不得再以其权利受侵害为由而请求知识产权法院撤销该项注册商标,但本法典另有规定的除外。

第 2 款:超过本法典第 416-04 条第 1 款规定的撤销请求期但未超过侵权诉讼时效期的,在先权人可以对侵犯其权利的注册商标权人提起侵权诉讼,请求损害赔偿,并与该注册商标权人签订商标使用许可协议,但不得请求撤销该项注册商标。

第 3 款:超过《民法典》规定的诉讼时效但尚未超过本条第 1 款规定的撤销请求期的,在先权人可以请求知识产权法院撤销该项注册商标,但不得提起侵权诉讼。

第 4 款:既超过本条第 1 款规定的撤销请求期,也超过《民法典》规定的诉讼时效期的,在先权人既不得提起侵权诉讼,也不得请求撤销其注册商标。

第 416-07 条[禁止重复原则]

对核准注册前已经提出异议并经裁定的商标,不得再以相同的事实和理由向知识产权法院提起撤销注册商标的诉讼。

第 416-08 条[撤销的效力]②

第 1 款:违法注册商标和侵权注册商标被撤销的,视为自始即不具有法律效力。

第 2 款:被撤销的注册商标,由商标局将其从注册簿上注销,并进行公告。

第 3 款:违法注册商标和侵权注册商标被撤销的,对在撤销前知识产权法院作出并已执行的商标侵权的判决、裁定,已经履行或者强制执行的商标侵权纠纷处理决定,以及已经履行的商标使用许可合同和商标权转让合同,不具有追溯力。但是因商标权人的恶意给他人造成的损失,应当给予赔偿。

---

① 作此规定的目的在于:1. 确保注册商标的稳定性。从侵权行为的角度考虑,现行的《民法通则》对诉讼时效有规定,但未规定取得时效,是不完善的民事法律体系的表现。在商标权领域,如果也只规定撤销请求期,不规定商标权的不可撤销性,那么商标权人的权利归属始终未明确。我的构想就是使其不可撤销性得以明确。2. 协调侵权诉讼与注册商标撤销请求之间的关系。我国商标法对此所作的规定不模糊的,或者说未作规定。既然注册商标侵犯了他人的在先权利,肯定涉及侵权诉讼和撤销注册两项行为,而且这两项行为可以同时进行,也可以分别进行。既在诉讼时效期内又在撤销请求期内,在先权人可以同时行使两项权利,向知识产权法院提起侵权之诉和撤销之诉。但是,仅在诉讼时效期而超过了撤销请求期的,或者仅在撤销请求期而超过了侵权诉讼期的,该如何处理呢?我认为应当作出明确规定。既超过了侵权诉讼时效期,又超过了撤销请求期的,从法律理论上讲,在先权人既不能提起侵权之诉,也不能提起撤销之诉,但法律仍然应当作出明确规定。基于此,我作了本条的规定。

② 本条的规定基本上是仿照我国《专利法》的规定。

第 4 款:依照前款规定,商标权人或者商标权转让人不向被许可人或者商标权受让人返还商标使用费或者商标权转让费,明显违反公平原则的,商标权人或者商标权转让人应当向被许可人或者受让人返还全部或者部分商标使用费或者商标权转让费。

第 416-09 条[滥用注册商标的撤销]①

第 1 款:商标权人使用其注册商标,有下列行为之一的,由商标局责令限期改正。商标权人在商标局指定的期限内未改正其不当使用行为的,由商标局撤销其注册商标:

1. 自行改变注册商标的;
2. 自行改变注册商标的注册人名义、地址或者其他注册事项的;
3. 自行转让注册商标的;
4. 连续三年停止使用的;
5. 使用其注册商标的商品粗制滥造,以次充好,欺骗消费者的。

第 2 款:商标局依本条第 1 款规定作出撤销注册商标决定前,应当给予商标权人辩解的机会。在商标局指定的辩解期限内,商标权人未提交辩解意见书的,视为放弃辩解权,商标局可以依其认定的事实和理由作出撤销该注册商标的决定,制作撤销决定书,并通知商标权人。商标局作出撤销注册商标的决定前未通知商标权人进行解释、说明或者辩解的,其决定无效。

第 3 款:商标权人自收到商标局的撤销决定书之日起的三个月内,可以向北京知识产权法院起诉。进入诉讼程序后,该项撤销是否成立,以法院的最后生效裁定为准。

第 4 款:商标权人在收到商标局的撤销决定书之日起满三个月后没有向北京知识产权法院起诉的,商标局的撤销决定开始生效。

第 5 款:商标局的撤销决定或者知识产权法院的撤销裁定生效后,由商标局依据其生效的撤销决定或者知识产权法院生效的撤销裁定将该项注册商标从注册簿上注销,并予以公告。

第 6 款:因滥用商标权而导致其注册商标被撤销的,其商标权自商标局公告之日起终止其法律效力。

第 416-10 条[注册禁止期]

第 1 款:依本法典第 414-01 条第 1 款被注销和第 416-07 条被撤销的注册

---

① 本人不主张行政权力对私权的过分干预,但考虑到中国的实际,因此,本条仍给商标局赋予了一定的管理权限,同时也是为商标权人的利益着想。另一方面,如果没有商标局的参与,商标权人滥用商标权的行为可能不容易监控。在商标局作出撤销注册商标决定前,必须给予商标权人解释、说明或者辩解的机会,否则其撤销决定无效。

商标,自撤销或者注销之日起1年内,任何人在同一种商品(服务)或者类似商品(服务)上就与该商标相同或者相近似的商标提出注册申请的,商标局不予核准。①

第2款:依本法典第414-01条第1款被注销和第416-07条被撤销的注册商标为驰名商标或者在相关公众中享有一定声誉的商标,自撤销或者注销之日起1年内,任何人在任何种类的商品或者服务上就与该商标相同或者相近似的商标申请注册的,商标局不予核准。②

第3款:在本条第1款或者第2款规定的情况下,申请人申请注册的商标在他人的注册商标被撤销或者被注销以前已经在工商业活动中使用,并能提供相应证据的,可依据本法典规定的商标注册程序获得注册。③

---

① 本款是我国现行《商标法》第46条规定之改进。我国现行《商标法》第46条的规定是:"注册商标被撤销的或者期满不再续展的,自撤销或者注销之日起一年内,商标局对与该商标相同或者近似的商标注册申请,不予核准。"该条的规定未考虑申请注册的商标所申请核定使用的商品或者服务。我认为该条的规定所禁止的范围明显过宽,因为在与注册商标不相同而且也不相类似的商品或者服务上使用相同或者相近似商标,并不违反商标法,但驰名商标除外。就一般注册商标而言,其权利范围不及于与其核定使用的商品或者服务不相同而且也不相类似的商品或者服务,为什么它被注销或者撤销后,法律要禁止与被注销或者撤销之注册商标之权利不发生冲突的商标注册呢?基于此种考虑,我对原规定作了改进,即:在注册禁止期内,只有申请人在同一种商品(服务)或者相类似的商品(服务)上就与被注销或者撤销的注册商标相同或者相近似的商标申请注册,才应当被驳回。

② 此款是我国《商标法》未作规定的内容。增加此款,主要从基于本条第1款对我国商标法第46条规定的改进而提出来的。一般注册商标的权利不及与其核定使用的商品(服务)相同或者相类似的商标,但驰名商标或者在相关公众中享有一定声誉的注册商标之权利可及于此,因此而提出本条第2款之规定。

③ 此款之规定基于以下一项原则,三个理由。一项原则是:商标使用人善意使用利益受保护原则。其含义是:自然人、法人或者其他组织在工商业活动中善意使用的商标,只要不是违反本法典第411-10条规定以绝对禁用标志为商标,都应当受保护,即禁止他人恶意抢注,同时自己享有在先使用人的地位,这也是国际商标制度和其他许多国家商标法遵循的原则。三个理由是:1. 在他人的注册商标被撤销或者注销以前已经使用,其应有的使用利益应当受保护,不因其他人的注册商标被撤销或者注销而影响到与它们毫不相干者的利益;2. 这样的商标既然在他有注册商标被撤销或者注销以前就已经在工商业活动中使用而且未被商标权人禁止或者指控,或者是这样的商标本来就与它们没有直接的利害冲突,可以各自独立存在,或者是这样的商标虽然与它们有一定的关系但可以共存。现在,他人的注册商标已经被注销或者被撤销了,这样的商标当然可以名正言顺地获得自己的注册;3. 即使是被申请注册的商标早就构成了对该被注销或者被撤销注册商标的侵权,但商标权人未行使其权利,或者虽然已经行使权利但尚未终结,那么,现在该注册商标已经不存在了,原来的使用人当然有权将自己的商标立即申请注册,这不存在搭便车的问题。本条第1款是我国商标法第46条规定的改进,第2款实际上是商标法第15条规定之意义的延伸。该两款规定之理该两款规定之理论依据是防止"混淆"或者"搭便车"。而本条第3款是前两款规定的例外,不致造成"混淆"或"搭便车"。

第 416-11 条[通用化商标的撤销]

第 1 款:注册商标被相关公众普遍认为是其所核定使用商品或者服务的通用名称的,利害关系人可以请求知识产权法院撤销该注册商标。

第 2 款:本条第 1 款所称的“利害关系人”与第 416-01 条第 2 款的规定相同。

第 3 款:利害关系人以注册商标已经通用化为由请求知识产权法院撤销该注册商标的,应当负举证责任。

第 4 款:本条第 1 款所称的“本商品或者服务的通用名称”,是指在工商业活动中,从事与注册商标核定使用商品或者服务相关的生产、制造、加工、拣选、经营或者提供服务的自然人、法人或者其他组织对该商品或者服务的称呼。

第 5 款:该注册商标被撤销所产生的法律后果与第 416-09 条的规定相同。

第 2 章　企业名称权

第 421-01 条[定义]

第 1 款:本法典所称的“企业”,是指企业依法成立时命名的、由国家各级工商行政管理机关审核并登记注册的企业名称。

第 2 款:本法典所称的“商号”,是指企业名称中具有显著性和典型个性特征的组成部分。

第 421-02 条[自然人、法人或者其他组织名称的结构]

第 1 款:企业名称应当由以下部分依次组成:字号(或者商号,下同)、行业或者经营特点、组织形式。

第 2 款:企业名称应当冠以企业所在地省(包括自治区、直辖市,下同)或者市(包括州,下同)或者县(包括市辖区,下同)行政区划名称。

第 3 款:经国家工商行政管理局核准,下列企业的企业名称可以不冠以企业所在地行政区划名称:

1. 本法典第 421-15 条所列企业;
2. 历史悠久、商号驰名的企业;
3. 外商投资企业。

第 421-03 条[企业名称的单一性]

第 1 款:一个企业只准登记并使用一个名称。

第 2 款:如确有特殊需要,经省级以上登记主管机关核准,企业可以在规定的范围内使用一个从属名称。

第 421-04 条[企业名称的构成]

第 1 款:企业名称应当使用汉字,民族自治地方的企业名称可以同时使用本民族自治地方通用的民族文字。

第 2 款:企业使用外文名称的,其外文名称应当与中文名称相一致,并报登记主管机关登记注册。

第 421-05 条[企业名称构成的禁用]

第 1 款:企业名称不得含有下列内容和文字:

1. 有损于国家、社会公共利益的;
2. 可能对公众造成欺骗或者误解的;
3. 外国国家(地区)名称、国际组织名称;
4. 政党名称、党政军机关名称、群众组织名称、社会团体名称及部队番号;
5. 汉语拼音字母(外文名称中使用的除外)、数字;
6. 其他法律、行政法规规定禁止的。

第 2 款:凡申请登记的企业名称中含有本条第 1 款所列禁止内容之一的,企业名称登记管理机关将不予办理登记。

第 421-06 条[企业名称登记]

第 1 款:企业名称在企业申请登记时,由企业名称登记主管机关核定并进行登记。

第 2 款:企业名称经核准登记注册后方可使用。

第 421-07 条[企业名称登记]

第 1 款:外国(地区)企业可以在中国境内申请企业名称登记注册。

第 2 款:外国(地区)企业应当向国家工商行政管理局提出企业名称登记注册的申请,并提交外国(地区)企业法定代表人签署的申请书、外国(地区)企业章程和企业所在国(地区)主管当局出具的合法开业证明。登记主管机关应当在收到外国(地区)企业申请名称登记注册的全部材料之日起 30 日内作出初步审查,通过初审的,予以公告。外国(地区)企业名称的公告期为 6 个月,在此期间无异议或者异议不成立的,予以核准登记注册,企业名称保留期为 5 年。登记主管机关核准登记注册外国(地区)企业名称后,应当核发《企业名称登记证书》。外国(地区)企业名称登记注册后需要变更或者保留期届满要求续展的,应当重新申请登记注册。

第 421-08 条[企业名称登记主管机关]

第 1 款:本法典第 421-06 条第 1 款所称的"企业名称登记主管机关",是指国家工商行政管理局以及地方各级工商行政管理机关。该机关负责核准或者驳回企业名称登记申请,监督管理企业名称的使用,保护企业名称专用权。

第 2 款:登记主管机关依照有关法律,对企业名称实行分级登记管理。外商投资企业名称由国家工商行政管理局核定。

第 3 款:登记主管机关有权纠正已登记注册的不适宜的企业名称,上级登记主管机关有权纠正下级登记主管机关已登记注册的不适宜的企业名称。

第 4 款:对已登记注册的不适宜的企业名称,任何单位和个人可以要求登记主管机关予以纠正。

第 421-09 条[企业登记原则]

第 1 款:企业名称采用先申请原则,以企业名称登记主管机关收到自然人、法人或者其他组织名称登记申请的日期为准。同日申请的,以申请的时间为准。

第 2 款:申请文件不符合有关规定,且在指定的期限内补正的,保留原申请及其申请时间。经补正仍不符合规定或者未在指定期限内补正的,不保留原申请时间。

第 421-10 条[企业名称登记的唯一性]

在企业名称登记主管机关所辖范围内,相同的企业名称或者商号相近似的企业名称不得由两个以上的不同企业登记。

第 421-11 条[冲突登记的撤销]

第 1 款:在同一个企业名称登记主管机关所辖范围内,相同的企业名称或者商号相近似的企业名称出现由两个以上的不同企业登记的,企业名称在先登记人可以请求企业名称登记主管机关撤销在后登记的企业名称。

第 2 款:当事人不服企业名称登记主管机关的撤销决定的,可以自收到撤销决定通知之日起的 15 日内请求上一级企业名称登记主管机关复审。

第 3 款:当事人对上级企业名称主管机关的复审决定不服的,可以向其所在地的知识产权法院起诉。进入诉讼程序后,有关登记是否撤销,以知识产权法院的最后生效裁定为准。

第 421-12 条[企业名称权]

企业对其经核准登记的企业名称,在核准登记主管机关所辖范畴内享有专用权。

第 421-13 条[商号]

第 1 款:企业可以将其经过登记的企业名称中具有显著性和典型个性特征的部分作为商号。字号应当由两个以上的文字组成。

第 2 款:私营企业可以使用投资人姓名作商号。

第 421-14 条[商号的登记]

第 1 款:自然人、法人或者其他组织可以在申请自然人、法人或者其他组织名称登记的同时或者异时将商号进行独立登记。

第 2 款:商号登记的主管机关与该商号所依附的企业名称的登记主管机关

是相同的。

第 3 款:经登记的商号享有独立于企业名称的权利,其效力范围与其所依附的企业名称权的相同。

第 421-15 条[特殊企业名称]

第 1 款:下列企业,可以申请在企业名称中使用“中国”、“中华”、或者冠以“国际”字词:

1. 全国性公司;
2. 国务院或其授权的机关批准的大型进出口企业;
3. 国务院或者授权的机关批准的大型企业集团;
4. 国家工商行政管理局规定的其他企业。

第 2 款:冠以本条第 1 款之字词的企业所使用的自然人、法人或者其他组织名称,由国家工商行政管理局进行登记。

第 421-16 条[自然人、法人或者其他组织的分支机构]

自然人、法人或者其他组织设立分支机构的,企业及其分支机构的企业名称应当符合下列规定:

1. 在企业名称中使用“总”字的,必须下设三个以上分支机构;
2. 不能独立承担民事责任的分支机构,其企业名称应当冠以其所从属企业的名称,缀以“分公司”、“分厂”、“分店”等字词,并标明该分支机构的行业和所在地行政区划名称或者地名,但其行业与其所从属的企业一致的,可以从略;
3. 能够独立承担民事责任的分支机构,应当使用独立的企业名称,并可以使用其所从属企业的企业名称中的字号;
4. 能够独立承担民事责任的分支机构再设立分支机构的,所设立的分支机构不得在其企业名称中使用总机构的名称。

第 421-17 条[联营企业]

联营企业的企业名称可以使用联营成员的商号,但不得使用联营成员的企业名称。联营企业应当在其企业名称中标明“联营”或者“联合”字词。

第 421-18 条[企业名称的预先登记]

第 1 款:企业有特殊原因的,可以在开业登记前预先单独申请企业名称登记注册。预先单独申请企业名称登记注册时,应当提交企业组建负责人签署的申请书、章程草案和主管部门或者审批机关的批准文件。

第 2 款:外商投资企业应当在项目建议书和可行性研究报告批准后,合同、章程批准之前,预先单独申请企业名称登记注册。外商投资企业预先单独申请企业名称登记注册时,应当提交企业组建负责人签署的申请书、项目建议书、可行性研究报告的批准文件,以及投资者所在国家(地区)主管当局出具的合法开业证明。

第 3 款:登记主管机关应当在收到企业提交的预先单独申请企业名称登记注册的全部材料之日起十日内作出核准或者驳回的决定。登记主管机关核准预先单独申请登记注册的企业名称后,核发《企业名称登记证书》。

第 4 款:预先单独申请登记注册的企业名称经核准后,保留期为一年。经批准有筹建期的,企业名称保留到筹建期终止。在保留期内不得用于从事生产经营活动。保留期届满不办理企业开业登记的,其企业名称自动失效,企业应当在期限届满之日起十日内将《企业名称登记证书》交回登记主管机关。

第 421-19 条[不予登记的企业名称]

申请登记注册的企业名称与下列情况的企业名称相同或者近似的,登记主管机关不予核准:

1. 企业被撤销未满三年的;
2. 企业营业执照被吊销未满三年的;
3. 企业因本条第 1、2 项所列情况以外的原因办理注销登记未满一年的。

第 421-20 条[变更限制]

企业名称经核准登记注册后,无特殊原因在一年内不得申请变更。

第 421-21 条[企业名称的转让]

第 1 款:企业名称可以随企业或者企业的一部分一并转让。

第 2 款:企业名称只能转让给一户企业。企业名称的转让方与受让方应当签订书面合同或者协议,报原登记管机关核准。

第 3 款:企业名称转让后,转让方不得继续使用已转让的企业名称。

第 421-22 条[滥用之处罚]

自然人、法人或者其他组织违反本法典规定实施下列行为的,由登记管理机关区别情节,予以处罚:

1. 使用未经核准登记注册的企业名称从事生产经营活动的,责令停止经营活动,没收非法所得或者处以两千元以上、两万元以下罚款,情节严重的,可以并处;
2. 擅自改变企业名称的,予以警告或者处以一千元以上、一万元以下罚款,并限期办理变更登记;
3. 擅自转让或者出租自己的企业名称的,没收非法所得并处以一千元以上、一万元以下罚款;
4. 使用保留期内的企业名称从事生产经营活动或者保留期届满不按期将《企业名称登记证书》交回登记主管机关的,予以警告或者处以五百元以上、五千元以下罚款;

第 3 章　地理标志权

第 431-01 条[定义]

第 1 款:本法典所称的“地理标志”,是指用于一个国家、地区或特定地域的地理名称指示一项产品源于该国家、地区或地域,且其质量或者其他某个特征完全或主要取决于该名称所指区域的地理环境,包括自然环境、人文环境或者两者兼有。

第 2 款:地理标志所涉及的产品是天然产品或者农产品、手工或工业产品。

第 431-02 条[地理标志的注册]

第 1 款:国家知识产权局负责地理标志注册申请的受理、审查和核准注册工作。

第 2 款:未注册的地理标志可适用反不正当竞争法的保护。

第 431-03 条[不受保护的地理名称]

以下地理名称不得作为地理标志受保护:

1. 不符合本法典第 431-01 条第 1 款规定的地理名称;

2. 违反公序良俗的地理名称,特别是容易在商品性质、来源、制造方法、质量、特征或用途等方面误导公众的地理名称;

3. 已成为普通名称的地理名称。

第 431-04 条[注册申请人]

以下自然人、法人或者其他组织有权向国家知识产权局就地理名称提出地理标志注册申请:

1. 在地理名称所指示的区域内生产特定产品的自然人、法人或者其他组织;

2. 消费者团体;

3. 地理名称所指示之地域范围内的地方政府主管部门。

第 431-05 条[申请书及其内容]

第 1 款:地理标志注册申请人应当向国家知识产权局提交注册申请书。

第 2 款:地理标志注册申请书应当包括以下内容:

1. 申请人姓名或名称、地址、国籍以及申请人与申请注册的地理标志所指示的地域所具有的关系;

2. 申请注册的地理名称及其所属之行政区域;

3. 申请注册的地理名称所适用的地理范围;

4. 详细说明使用该地理标志的产品所具有的典型特征以及该典型特征与

该地理标志所指示地域的地理环境所具有的关系；

5. 按照《国际注册用商品与服务分类表》分别填写使用该地理标志的产品所属类别。

第 431-06 条[申请在先原则]

第 1 款：两个以上的申请人就相同的地理名称申请地理标志注册的，地理标志权授予最先申请人。

第 2 款：以申请日确定申请的先后。

第 3 款：地理标志注册申请日是国家知识产权局收到注册申请文件的日期；申请人以邮寄方式递交注册申请文件的，以寄出的邮戳日为申请日；申请人以电子形式提交注册申请的，以发出电子申请文件的日期为申请日。

第 4 款：同日申请的，地理标志权授予最先使用者。以申请人提交的使用该地理标志的证明为依据确定使用的先后。同日使用或者都未使用的，由申请人共同注册，共享地理标志权。

第 431-07 条[申请的受理]

第 1 款：国家知识产权局收到地理标志注册申请文件的，应当在 5 个工作日内决定是否受理该申请。

第 2 款：国家知识产权局决定受理的，应当确定申请日、给予申请号，并进行申请登记，通知申请人，同时通知申请人在指定的期限内缴纳注册申请费。申请人未在指定的期限内缴纳申请费，视为该申请人放弃申请。

第 3 款：国家知识产权局决定不受理的，应当立即通知申请人，并说明理由。需要修改的，通知申请人对申请文件进行修改，并告知其应当如何修改。申请人未在指定期限内提交修改申请文件的，视为未提交申请；经修改仍不符合要求的，国家知识产权局作出不予受理的决定，并通知申请人。

第 4 款：申请人对国家知识产权局作出的不予受理的决定不服的，自收到不受理决定通知之日起 3 个月内，申请人可以向北京知识产权初审法院提起行政诉讼。

第 431-08 条[审查]

第 1 款：自申请人向国家知识产权局缴纳注册申请费之日起 6 个月内，国家知识产权局应当完成对该申请的审查。

第 2 款：国家知识产权局对申请的审查内容包括：

1. 申请人资格；

2. 申请文件是否符合本法典第 431-05 条规定的内容；

3. 申请注册的地理标志是否属于第 431-03 条规定的情形。

第 3 款：经过审查，认为符合本法典规定条件的，国家知识产权局应当作出准予登记注册的决定,并通知申请人在指定的期限内办理登记注册手续。

第 4 款:经过审查,认为不符合本法典条件的,国家知识产权局应当向申请人说明理由和法律依据,并通知申请人在指定的时间内陈述意见或修改。申请人未在指定的期限内陈述意见或者未提交修改文件的,视为申请人放弃该申请;申请人已陈述意见或者提交修改文件,国家知识产权局认为仍不符合本法典规定条件的,作出驳回申请的决定,并通知申请人。

第 5 款:申请人对国家知识产权局作出驳回其申请的决定不服的,自收到不受理决定通知之日起 3 个月内,申请人可以向北京知识产权法院提起行政诉讼。

第 431-09 条[地理标志权的取得]

第 1 款:申请人在国家知识产权局指定的期限内在国家知识产权局办理登记注册手续的,国家知识产权局登记并公告。

第 2 款:自国家知识产权局公告之日起,申请人取得地理标志权。

第 431-10 条[地理标志的使用]

第 1 款:只有在注册指定的地理区域内从事生产活动者,才能在具有注册指定的性质特征的产品上使用注册的地理标志。

第 2 款:在地理标志注册前,已为不属于前款规定范围内的生产者诚信使用的,他们可请求国家知识产权局给予其在指定期限内继续使用的许可,但不得超过自该地理名称注册之日起的两年。如无特殊理由,国家知识产权局应给予他们此等许可,并予以公告。

第 3 款:使用已注册地理标志的产品按前两款规定的条件投放市场后,任何人都有权对这些产品进行占有、使用和销售,而不构成对该地理标志的侵犯。

第 4 款:除前 3 款规定的情形外,其他人在经营活动中在注册指定的产品上,不得使用与该地理标志相同或者相似的地理名称。

第 431-11 条[地理标志权的保护]

第 1 款:地理标志注册人以及在注册指定地理区域内从事生产活动者,能够在具有注册指定性质特征的产品上使用该地理标志。

第 2 款:未经地理标志权人许可,其他自然人、法人或者其他组织不得在与注册指定的产品上使用与已注册地理标志相同或者相似的地理名称。

第 431-12 条[对地理理标志权的限制]

第 1 款:地理标志注册前,已为不属于本法典第 431-11 条第 1 款规定的自然人、法人或者其他组织善意使用的,使用者可以请求国家知识产权局给予其在指定期限内继续使用的许可,但不得超过自该地理标志注册之日起的两年。如无特殊情形,国家知识产权局应当给予该申请人此等许可并予以公告。

第2款:地理标志注册前,不属于本法典第431-11条第1款规定的自然人、法人或者其他组织善意使用与该地理标志相同或者相似的注册商标的,有权在原有范围内继续使用其注册商标。

第3款:地理标志注册前,已为不属于本法典第431-11条第1款规定的自然人、法人或者其他组织在其自然人、法人或者其他组织名称中善意使用与该地理标志相同或者相似的名称的,可以在原有范围内继续使用,但以不误导公众为限。

第431-13条[地理标志权的有效期、续展]

比照本法典第414-01条、第414-02条和第414-03条的规定。

第431-14条[地理标志权的转让]

第1款:地理标志权可以转让,但受让人必须符合本法典第431-04条的规定。

第2款:地理标志权的转让比照本法典第415-04条的规定。

第431-15条[地理标志权的许可]

第1款:地理标志权人可以通过许可合同许可他人在该地理标志所指示的地域范围内使用该地理标志。

第2款:地理标志权的使用许可比照本法典第415-03条的规定。

第4章　域　名　权

第441-01条[定义]

第1款:本法典所称的"域名",是指由若干个拉丁字母和数字组成的,以"."符号相分隔的,在国际互联网上的服务器或网络系统的名称。

第2款:域名由"http://www、个性符号或者名称以及顶级域名"三个部分组成。例如http://www.xxxx.com.cn.其中".cn"为顶级域名、".com"为二级域名、"xxxx"为三级域名。

第441-02条[域名注册]

第1款:经中国互联网络信息中心注册的域名即可使用。

第2款:已注册域名作为一种营业标记受本法典保护。

第441-03条[先到先注册原则]

域名注册实行先到先注册原则。

第441-04条[唯一性原则]

第1款:相同的域名只能进行一次注册,驳回其他的域名注册申请。

第2款:本条第1款所称的"相同的域名",是指各级域名都相同的域名,即顶级域名、二级域名和三级域名都相同的域名。

第441-05条[不得侵犯在先权原则]

第1款:申请注册的三级域名不得侵犯他人合法的在先权利。

第2款:本条第1款所称的“合法的在先权利”,是指在提出域名注册申请前依据法律规定取得并受保护的权利。

第441-06条[域名命名的限制]

对三级以下(含三级)域名命名作如下限制:

1. 未经中国互联网域名管理中心批准,不得使用含有“CHINA”、“CHINESE”、“CN”、“NATIONAL”等字样的域名;

2. 不得使用公众知晓的其他国家或者地区名称、外国地名、国际组织名称;

3. 未经各级地方政府批准,不得使用县级以上(含县级)行政区划名称的全称或者缩写;

4. 不得使用行业名称或者商品的通用名称;

5. 不得使用他人已在中国注册的自然人、法人或者其他组织名称或者商标名称;

6. 不得使用对国家、社会或者公共利益有损害的名称。

第441-07条[域名权的内容]

第1款:域名权受法律保护。

第2款:未经域名权人许可,任何自然人、法人或者其他组织不得以经营目的使用他人已注册的域名。

第3款:域名权人不得转让或者买卖域名。擅自转让或者买卖域名的,中国互联网络信息中心有权撤销该项注册。

第441-08条[域名注册的有效期]

注册域名实行年检制度,由各级域名管理单位负责实施。

第五编　其他权利[①]

第1章　传统知识保护

第2章　生物多样性保护

第3章　反不正当竞争

---

① 此编内容有很多问题没有定论,留待以后进行研究。

第六编　行政、司法与救济

第1章　知识产权法院

第611-01条[知识产权法院]

第1款:中华人民共和国知识产权法院负责全国范围内的知识产权案件审判工作。

第2款:本条第1款所称的“知识产权法院”,是指专门负责审理知识产权案件的人民法院。

第611-02条[知识产权法院系统]

中华人民共和国知识产权法院由以下各级法院组成:

1. 知识产权初审法院;
2. 知识产权上诉法院;
3. 知识产权终审法院,即最高人民法院。

第611-03条[知识产权初审法院]

第1款:中华人民共和国分别在北京、上海、沈阳、西安、武汉和广州各设立一个知识产权初审法院,负责相应区域范围内知识产权案件的初审。

第2款:北京知识产权初审法院负责北京市、天津市、河北省、山西省、内蒙古自治区内的一切知识产权民事、刑事和行政案件,以及对国家知识产权局就各种类知识产权申请、与申请有关的事项、权利以及与权利有关的事项的决定或裁定不服而发生的行政诉讼的初审。

第3款:沈阳知识产权初审法院负责黑龙江省、辽宁省、吉林省内的一切知识产权民事、刑事和行政案件的初审。

第4款:西安知识产权法院负责陕西省、新疆维吾尔自治区、青海省、甘肃省、西藏自治区、宁夏回族自治区、四川省、重庆市、贵州省内的一切知识产权民事、刑事和行政案件的初审。

第5款:上海知识产权法院负责上海市、江苏省、浙江省、安徽省、山东省和福建省内的一切知识产权民事、刑事和行政案件的初审。

第6款:武汉知识产权法院负责湖北省、湖南省、河南省、江西省内的一切知识产权民事、刑事和行政案件的初审。

第7款:广州知识产权法院负责广东省、广西壮族自治区、云南省和海南省内的一切知识产权民事、刑事和行政案件的初审。

第611-04条[知识产权上诉法院]

中华人民共和国在北京设立一个知识产权上诉法院,名称为北京知识产权上诉法院,负责全国范围内的知识产权案件的上诉审。

第 611-05 条[审判权独立]

第 1 款:知识产权初审法院和上诉法院直接隶属于最高人民法院领导,与地方各级法院没有隶属关系。

第 2 款:知识产权法院依照法律规定独立行使审判权,不受任何行政机关、社会团体和个人的干涉。

第 611-06 条[平等原则]

知识产权法院审判案件,对于一切自然人、法人或者其他组织,在适用法律上一律平等,不允许有任何特权和例外。

第 611-07 条[审判语言]

各民族公民都有用本民族语言文字进行诉讼的权利。知识产权法院对于不通晓当地通用的语言文字的当事人,应当为他们翻译。

第 611-08 条[公开审判原则]

知识产权法院审理案件,除涉及国家机密、商业秘密的案件外,一律公开进行审判。

第 611-09 条[合议原则]

第 1 款:知识产权法院审判案件,实行合议制。

第 2 款:知识产权法院审判初审案件,由审判员组成合议庭或者由审判员和人民陪审员组成合议庭进行;简单的民事案件、轻微的刑事案件和法律另有规定的案件,可以由审判员一人独任审判。

第 3 款:知识产权法院审判上诉和抗诉的案件,由审判员组成合议庭进行。

第 4 款:合议庭由院长或者庭长指定审判员一人担任审判长。院长或者庭长参加审判案件的时候,自己担任审判长。

第 611-10 条[三审终审原则]

第 1 款:知识产权法院审判案件,实行三审终审制。

第 2 款:知识产权初审法院作出的判决和裁定,当事人可以按照法律规定的程序向知识产权上诉法院提起上诉。

第 3 款:知识产权初审法院作出的判决和裁定,当事人在法律规定的上诉期间不上诉的,在上诉期间届满后即刻发生法律效力。

第 4 款:知识产权上诉法院作出的判决和裁定,当事人在法律规定的提起终审诉讼的期间未向最高人民法院提起终审诉讼的,在终审诉讼期间届满后即刻发生法律效力。

第 5 款:知识产权终审法院作出的判决和裁定,即刻发生法律效力。

第 611-11 条[错案纠正]

第 1 款:知识产权初审法院、上诉法院和终审法院院长对本院已经发生法律效力的判决和裁定,如果发现在认定事实上或者在适用法律上确有错误,必须另外组成合议庭重新审理,并终止原审判决或裁定的执行。

第2款:知识产权终审法院对初审法院、上诉法院已经发生法律效力的判决和裁定,如果发现确有错误,有权提审或者指令原审法院再审。

第611-12条[回避制度]

第1款:当事人认为审判人员对本案有利害关系或者其他关系不能公平审判的,有权请求审判人员回避。审判人员是否应当回避,由本院院长决定。

第2款:审判人员认为自己对本案有利害关系或者其他关系需要回避的,应当报告本院院长决定。

第611-13条[法院的组成]

第1款:知识产权初审法院、上诉法院由院长一人,副院长和审判员若干人组成。

第2款:知识产权初审法院、上诉法院可以设刑事审判庭、民事审判庭和行政审判庭;审判庭设庭长一人、副庭长一至二人。

第611-14条[知识产权初审法院院长]

第1款:知识产权初审法院院长,由最高人民法院院长提名,报请全国人民代表大会常务委员会审议通过后,由国家主席任命。

第2款:知识产权初审法院院长须具备以下条件:

1. 年满30岁的中国公民;
2. 大学本科以上学历;
3. 至少从事过5年以上知识产权教学、研究或者实务工作;
4. 未曾受过刑事处罚。

第611-15条[知识产权初审法院副院长]

第1款:知识产权初审法院副院长二人,由初审法院院长提名,报请全国人民代表大会常务委员会审议通过后,由国家主席任命。

第2款:知识产权法院副院长须具备以下条件:

1. 年满28岁的中国公民;
2. 大学本科以上学历;
3. 至少从事过3年以上知识产权教学、研究或者实务工作;
4. 未曾受过刑事处罚。

第611-16条[知识产权上诉法院院长]

第1款:知识产权上诉法院院长,由最高人民法院院长提名,报请全国人民代表大会常务委员会审议通过后,由国家主席任命。

第2款:知识产权上诉法院院长须具备以下条件:

1. 年满 35 岁的中国公民;
2. 大学本科以上学历;
3. 至少从事 10 年以上知识产权教学、研究或者实务工作;
4. 未曾受过刑事处罚。

第 611-17 条[知识产权上诉法院副院长]

第 1 款:知识产权上诉法院副院长二人,由上诉法院院长提名,报请全国人民代表大会常务委员会审议通过后,由国家主席任命。

第 2 款:知识产权上诉法院副院长须具备以下条件:
1. 年满 33 岁的中国公民;
2. 大学本科以上学历;
3. 至少从事过 8 年知识产权教学、研究或者实务工作;
4. 未曾受过刑事处罚。

第 611-18 条[正副院长的任期]

知识产权初审法院、上诉法院正副院长的任期为 5 年,可连任一届。

第 611-19 条[审判庭庭长]

第 1 款:知识产权法院审判庭庭长,由相应的法院院长提名,由最高人民法院院长任命。

第 2 款:知识产权法院审判庭庭长须具备以下条件:
1. 年满 25 岁的中国公民;
2. 大学本科以上学历;
3. 从事过 3 年以上知识产权教学、研究或者实务工作;
4. 未曾受过刑事处罚。

第 611-20 条[审判庭副庭长]

第 1 款:知识产权法院审判庭副庭长一名,由庭长提名,由本院院长任命。

第 2 款:知识产权审判庭副庭长须具备以下条件:
1. 年满 23 岁的中国公民;
2. 大学本科以上学历;
3. 至少从事 2 年以上知识产权教学、研究或者实务工作;
4. 未曾受过刑事处罚。

第 611-21 条[庭长、副庭长的任期]

知识产权法院审判庭庭长、副庭长的任期,不受时间限制,但不得超过 60 岁。

第 611-22 条[审判员]

第 1 款:知识产权法院审判员,由各法院院长任命。

第2款:知识产权法院审判员须具备以下条件:

1. 年满20岁的中国公民;

2. 大学本科以上学历;

3. 至少从事1年以上知识产权教学、研究或者实务工作;

4. 未曾受过刑事处罚。

第611-23条[审判]

第1款:知识产权法院审理知识产权案件,应当根据案件的性质,分别适用《中华人民共和国刑事诉讼法》、《中华人民共和国民事诉讼法》和《中华人民共和国行政诉讼法》。

第2款:知识产权法院的判决或裁定,由合议庭采用实名投票表决方式,每人一票,根据少数服从多数原则,以简单多数同意者为准。

第3款:知识产权法院作出的判决或裁定,应当按照规定的司法文书格式制作成规范的判决书或裁定书,并当庭宣布。

第2章　国家知识产权局

第621-01条[国家知识产权局]

为了实施和管理本法典宣布的国家知识产权战略和政策,依据精简、效率、合理原则,重组中华人民共和国国家知识产权局(以下简称"国家知识产权局"),负责全国范围内的知识产权事务。

第621-02条[国家知识产权局的职能]

国家知识产权局依法承担以下各项职能:

1. 制定版权政策,以及全国范围内与版权有关的事务;

2. 受理并审查发明专利申请、实用新型和外观设计登记申请,并授予发明专利权和实用新型、外观设计专有权;

3. 受理并审查商标、地理标志、集成电路布图设计注册申请,并给予核准注册,颁发注册证;

4. 促进专利信息作为技术开发工具加以利用;

5. 在其出版物上定期发布授予的专利权、实用新型和外观设计专有权,以及核准注册的商标、地理标志、集成电路布图设计、植物新品种和被登记的技术转让合同;

6. 制订国家知识产权政策和战略;

7. 协调与政府其他部门、私人组织的关系,以制定并实施在全国范围内加强知识产权保护的计划和政策。

第 621-03 条[文献资料]

国家知识产权局应当妥善保存人们向该局提交的与知识产权有关的全部记录、书籍、绘图、说明书以及其他文件和对象。

第 621-04 条[组织结构]

第 1 款:国家知识产权局实行局长负责制,由两名副局长协助局长工作。

第 2 款:国家知识产权局由七个分局组成。每个分局实行分局长负责制,由一名局长助理协助分局长工作。

第 3 款:国家知识产权局的七个分局是:

1. 版权局;
2. 专利局;
3. 商标局;
4. 法律事务局;
5. 文献、信息和技术转让局;
6. 管理信息系统和电子数据处理局;
7. 行政、财务和人事局。

第 621-05 条[局长等的任命]

第 1 款:国家知识产权局局长、副局长、各分局局长、局长助理由国务院总理提名,报请全国人民代表大会常务委员会批准,由国家主席任命。

第 2 款:国家知识产权局的其他官员和职员由国家知识产权局局长提名,由国务院总理任命。

第 3 款:国家知识产权局局长、副局长的任职条件:

1. 年满 35 岁的中国公民;
2. 具有大学本科以上学历;
3. 至少从事 10 年以上知识产权行政管理、教学研究或者实务工作;
4. 未曾受过刑事处罚。

第 4 款:局长、副局长的任期为 5 年,可连任一届。局长、副局长空缺时,继任者任满剩下的期限。

第 621-06 条[局长办公会议]

第 1 款:国家知识产权局局长办公会议,由局长、副局长、局长办公室主任和副主任组成。

第 2 款:局长办公会议是国家知识产权局的行政决策机构,对本局的日常工作享有独立的决策权。

第 621-07 条[版权局]

第 1 款:版权局负责对版权事务的管理;

第2款:为了协助国家知识产权局局长制订版权管理政策,进行版权研究。

第621-08条[专利局]

第1款:对专利申请进行检索和审查,决定是否授予专利权;

第2款:对实用新型、外观设计、植物新品种、集成电路布图设计进行登记;

第3款:为了协助国家知识产权局局长制订专利管理和审查政策,进行专利研究。

第621-09条[商标局]

第1款:对商标、地理标志和其他显著标志的注册申请进行检索和审查,颁发相应的注册证。

第2款:为了协助国家知识产权局局长制订商标注册管理和审查政策,进行商标研究。

第621-10条[定期刊物]

第1款:国家知识产权局的定期刊物为《国家知识产权局公报》,每月一期,于每月15日出版发行。

第2款:该公报所登载的内容如下:

1. 国家知识产权局授予的专利权、登记的专有权、核准注册的商标、地理标志和其他显著标志等;
2. 权利的变更、转让、许可、丧失、放弃、恢复、终止、撤销等;
3. 被知识产权法院宣告无效的权利;
4. 强制许可决定;
5. 发明专利申请的公布;
6. 国家知识产权局认为应当公告的内容。

第3款:经公告后,产生相应的法律效力。

第3章　知识产权侵权与救济

第1节　一般规定

第631-01条[知识产权侵权]

第1款:知识产权侵权行为,也称侵犯知识产权的行为,是指自然人、法人或者其他组织,未经知识产权所有人(以下简称"权利人")许可,擅自实施他人受知识产权保护的智慧创作物,依法应当承担法律责任的行为,但法律另有规定的除外。

第2款:知识产权侵权行为包括:

1. 著作权侵权行为;

2. 专利权侵权行为;
3. 商业标志权侵权行为;
4. 专有权侵权行为;
5. 其他侵权行为。

第 631-02 条[过错与侵权责任]

第 1 款:由于过错侵害他人知识产权的,应当承担侵权责任。

第 2 款:依照法律规定,推定当事人有过错的,受害人不必证明侵权人的过错;侵权人能够证明自己没有过错的,不承担侵权责任。

第 3 款:没有过错,但法律规定应当承担责任的,侵权人应当承担侵权责任。

第 631-03 条[共同侵权责任]

二人以上共同侵权造成他人损害的,应当承担连带责任。

第 631-04 条[承担责任的方式]

第 1 款:知识产权侵权行为人承担侵权责任的方式主要有:
1. 停止侵害;
2. 赔偿损失;
3. 赔礼道歉。

第 2 款:本条第 1 款规定的承担侵权责任的方式,可以考虑单独适用,也可以合并适用。

第 631-05 条[停止侵害责任方式的适用]

第 1 款:本法典所称的"停止侵害",是指侵权行为人停止正在实施的知识产权侵权行为。

第 2 款:知识产权所有人有权请求知识产权法院判决知识产权侵权行为人停止正在实施的侵权行为。

第 3 款:除非知识产权侵权行为人不停止正在实施的侵权行为,就可能给知识产权人造成无法弥补的损失,或者知识产权人与侵权行为人无法通过协商达成使用许可,或者由于其他原因没有达成使用许可协议的必要的,尤其是通过协商达成使用许可协议对当事人双方都有利益的,法院不得判决侵权人停止使用被侵害的智能创作物。

第 4 款:不论是否判决侵权人停止侵害,不影响侵权人应承担的损害赔偿责任。

第 631-06 条[赔偿损失责任方式的适用]

第 1 款:侵权行为人给知识产权所有人造成损害的,应当承担损害赔偿责任。

第 2 款:侵犯知识产权的赔偿数额,按照权利人因被侵权所受到的损失或者侵权人因侵权所获得的利益确定;被侵权人的损失或者侵权人获得的利益难以确定的,参照该知识产权许可使用费的倍数合理确定,但不得超过 50 万元。

第 631-07 条[赔礼道歉责任的适用]

第 1 款:侵权行为人给知识产权所有人造成名誉损害或者精神痛苦的,应当承担赔礼道歉的法律责任。

第 2 款:侵权行为人承担赔礼道歉责任时,可以采取口头形式向知识产权所有人当面道歉,也可以采取书面形式在媒体上公布,向知识产权所有人公开道歉,但都需要经知识产权法院的同意。

第 2 节　著作权侵权行为

第 632-01 条[侵犯发表权的行为]

未经著作权人许可,擅自将他人未发表作品公于之众的,是对他人发表权的侵犯,应当依法承担停止侵害、赔礼道歉等民事责任,但本法典另有规定的除外。

第 632-02 条[侵犯合作作品著作权的行为]

第 1 款:以下行为构成对合作作品著作权的侵犯:

1. 未经合作作者许可,擅自将与他人合作创作的作品当作自己单独创作的作品发表的行为。

2. 未经合作作者同意,擅自变更合作作者署名顺序的行为。

3. 未经合作作者同意,擅自修改合作作品给其他合作作者造成名誉损害的行为。

4. 未与合作作者协商,擅自对合作作品进行利用、处分等,给其他合作作者造成精神或者财产损害的其他行为。

第 2 款:实施以上行为者应当依法承担停止侵害、赔偿损失、赔礼道歉等民事责任。

第 632-03 条[非法署名的行为]

第 1 款:以下行为构成对作者身份权的侵犯:

1. 没有参加创作,为谋取个人名利,擅自在他人作品上以作者身份署名的行为。

2. 未经他人同意,擅自在自己创作的作品上署上该人姓名、笔名、化名或者其他标记,以表明被署名者为该作品之作者的行为。

第 2 款:实施上述行为者,应当依本法典规定承担停止侵害、赔礼道歉、消除影响等法律责任。

第 632-04 条[对保护作品完整权的侵犯]

第 1 款:歪曲、篡改他人版权作品,是对他人保护作品完整权的侵犯,行为人应当依本法典规定承担停止侵害、消除影响、赔礼道歉等法律责任。

第 2 款:本条第 1 款所称的“歪曲”,是指故意违背作者的本义或者作品所表达的原意,对作品作有损作者名誉、声誉或者形象的注解、诠释或评介,因此而减损作者社会评价的行为。

第 3 款:本条第 1 款所称的“篡改”,是指故意违背作者的本义或者作品的整体结构的有机关联性,对作品文字或者内容进行添加、扩张、删减、缩略或者其他形式的改变,误导公众对作者或者作品进行有损作者名誉、声誉或者形象的评价的行为。

第 632-05 条[剽窃行为]

第 1 款:将他人的作品原封不动或者稍加修改后当作自己的作品公开发表,是对他人作品的剽窃,行为人应当依本法典规定承担停止侵害、赔礼道歉、赔偿损失的法律责任。

第 2 款:判断剽窃行为是否成立时,应考虑以下因素:

1. 受指控作品与对比作品创作完成的时间或者发表的时间;
2. 受指控作品的作者是否可能接触过对比作品;
3. 受指控作品与对比作品相同部分或者相似部分所占整个作品的比例;
4. 受指控作品是否指明了所引用作品的出处;
5. 受指控作品是否包含了对比作品中独特的、独创性的、其他人不可获得的特殊资料和素材等;
6. 受指控作品作者所具有的创作能力。

第 632-06 条[对著作财产权的侵犯]

未经著作权人许可,以复制、发行、表演、放映、广播、汇编、通过信息网络向公众传播其作品,以展览、摄制电影和以类似摄制电影的方法使用作品,或者以改编、翻译、注释等方式使用作品,是对著作权的侵害,应当承担停止侵害、赔偿损失、赔礼道歉、消除影响等法律责任,但本法典另有规定的除外。

第 632-07 条[对获得报酬权的侵犯]

依据本法典规定,使用他人作品应当支付报酬而未支付的,构成对著作权人获得报酬权的侵犯,应当承担赔偿损失等法律责任。

第 632-08 条[对出租权的侵犯]

未经电影作品和以类似摄制电影的方法创作的作品、计算机软件、录音录像制品的著作权人或者与著作权有关的权利人许可,擅自出租其作品或者录音录像制品,是对著作权人依法享有的出租权的侵犯,应当依法承担停止侵害、赔偿损失等法律责任,但本法典另有规定的除外。

第 632-09 条[对版式设计权的侵犯]

未经出版者许可,擅自使用其出版的图书、期刊的版式设计,是对图书出版者版式设计权的侵犯,应当依本法典规定承担停止侵害、赔偿损失等法律责任。

第 632-10 条[对相关权的侵犯]

第 1 款:以下行为是对相关权的侵犯:

1. 未经表演者许可,从现场直播或者公开传送其现场表演,或者录制其表演的行为。

2. 未经表演者许可,复制、发行录有其表演的录音录像制品,或者通过信息网络向公众传播其表演的行为,本法典另有规定的除外。

3. 未经录音录像制作者许可,复制、发行、通过信息网络向公众传播其制作的录音录像制品的行为,本法典另有规定的除外。

4. 未经许可,播放或者复制广播、电视的行为,本法典另有规定的除外。

第 2 款:上述行为的实施者,应当依本法典规定承担停止侵害、赔偿损失、消除影响、赔礼道歉等法律责任;情节严重,构成犯罪的,行为人还应当承担相应的刑事责任。

第 632-11 条[规避技术措施的行为]

未经著作权人或者相关权人许可,故意避开或者破坏权利人为其作品、录音录像制品等采取的保护著作权或者相关权技术措施的,应当依本法典规定承担停止侵害、赔偿损失等法律责任;情节严重,构成犯罪的,行为人还应当承担相应的刑事责任;但法律、行政法规另有规定的除外。

第 632-12 条[权利管理电子信息]

未经著作权人或者相关权人许可,故意删除或者改变作品、录音录像制品等的权利管理电子信息的,应当依本法典规定承担停止侵害、赔偿损失等法律责任;情节严重,构成犯罪的,行为人还应当承担相应的刑事责任;但法律、行政法规另有规定的除外。

第 632-13 条[假冒署名行为]

未经他人许可,非法制作或者出售假冒该他人署名的作品的,应当依本法典规定承担停止侵害、赔偿损失、赔礼道歉、消除影响等法律责任;情节严重,构成犯罪的,行为人还应当承担相应的刑事责任;但法律、行政法规另有规定的除外。

第 3 节　专利侵权行为

第 633-01 条[定义]

第 1 款:本法典所称的"专利侵权行为",是指未经专利权人许可,以经营目的制造、使用、许诺销售、销售或者进口其专利产品,或者使用专利方法或者制造、使用、许诺销售、销售或者进口依据专利方法直接获得的产品的行为。

第2款:本法典所称的"专利产品",是指由国家知识产权局授予专利权并受本法典保护的产品,或者是依据专利方法直接获得的产品。

第3款:本法典所称的"专利方法",是指由国家知识产权授予专利权并受本法典保护的方法。

第633-02条[专利权的保护范围]

发明专利权的保护范围以其权利要求的内容为准,说明书及附图可以用于解释权利要求,但说明书及附图的内容不能引入权利要求。

第633-03条[确定保护范围的解释原则]

第1款:专利权有效原则,即原告请求保护的应当是一项受专利法保护的有效专利权,而不是正处于申请审查阶段的、或已过保护期的、或已撤销或宣告无效的或者已放弃专利权的发明。

第2款:以权利要求的内容为准的原则,即以说明书及附图解释权利要求应当采用折中解释原则,把对专利权人的合理正当的保护与对公众的法律稳定性及其合理利益结合起来。

第3款:将专利权利要求中记载的技术内容作为一个完整的技术方案看待的原则,即应当将专利独立权利要求中记载的全部技术特征所表达的技术内容作为一个整体看待,记载在前序部分的技术特征和记载在特征部分的技术特征,对于限定专利保护范围具有相同作用。

第4款:以专利权利要求书记载的技术内容为准,而不是以权利要求书的文字或措辞为准的原则,其技术内容应当通过参考和研究说明书及附图,在全面考虑发明的技术领域、申请日前的公知技术、技术解决方案、作用和效果的基础上加以确定。

第5款:公平原则,即既要充分考虑专利权人对现有技术所作的贡献,合理确定专利保护范围,保护专利权人的权益,又不得侵害公众利益,不应将公知技术"解释"为专利权的保护范围,也不应将专利技术"解释"为公知技术。

第633-04条[确定保护范围的解释方法]

第1款:确定专利权保护范围时,应当以国家知识产权局公告的权利要求书文本或者已发生法律效力的决定所确定的权利要求书文本为准。

第2款:专利说明书及附图可以用于对权利要求字面所限定的技术方案的保护范围作出公平的扩大或者缩小的解释,即把与必要技术特征等同的特征解释到专利权保护范围,或者以专利说明书及附图限定某些必要技术特征。

第3款:专利独立权利要求与专利说明书出现不一致或者相互矛盾,不符合本法典规定的,当事人应当通过专利无效程序解决。当事人不愿通过无效程序解决的,法院应当以专利权有效和权利要求优先原则,以权利要求限定的保护范围为准,而不能以说明书或者附图公开的内容,“纠正”权利要求记载的技术内容。

第4款:专利独立权利要求中记载的技术特征含糊不清的,可以结合从属权利要求或者说明书及附图对其作出澄清的解释。

第5款:从属权利要求中包含了本应记载在独立权利要求中的、解决发明技术问题必不可少的技术特征(缺少该技术特征,独立权利要求中记载的技术方案已不完整)的,当事人可以通过专利无效程序解决。当事人不愿通过无效程序解决的,法院可以根据当事人请求原则,在确定专利权保护范围时,以相应的从属权利要求限定专利权保护范围。

第6款:仅记载在专利说明书及附图中,而未反映在专利权利要求书中的技术方案,不能纳入专利权保护范围。即不能以说明书及附图为依据,确定专利权的保护范围。

第7款:专利独立权利要求及其从属权利要求中缺少解决发明或实用新型技术问题的必要技术特征,仅在专利说明书或附图中公开了该必要技术特征的,当事人应当通过专利无效程序解决。

第8款:当专利权利要求中引用了附图标记时,不应以附图中所反映出的具体结构来限定专利权利要求中的技术特征;专利保护的范围也不应完全受说明书中公开的具体实施例的限制。

第9款:摘要不能用于确定专利权的保护范围,也不能用于解释专利权利要求。

第10款:专利申请档案和专利复审、无效档案,在解释专利保护范围时,可以用于禁止专利权人反悔。

第11款:专利申请档案和专利复审、无效档案可以用于修正专利文件中的印刷错误。当专利文件中的印刷错误影响到专利保护范围的确定时,应当以专利档案中的原始文件为准。

第12款:专利权利要求或说明书中出现明显笔误,应依实际情况予以正确解释。

第633-05条[侵权判定的比较]

第1款:进行侵权判定,应当以专利权利要求中记载的技术方案的全部必要技术特征与被控侵权物(产品或方法)的全部技术特征逐一进行对应比较。

第2款:进行侵权判定,一般不以专利产品与侵权物品直接进行侵权对比。专利产品可以用于帮助理解有关技术特征与技术方案。

第3款:当原被告双方当事人均有专利权时,不能用双方专利产品或者双方专利的权利要求进行侵权对比,但本法典另有规定的除外。

第4款:对产品发明进行专利侵权判定比较,不考虑侵权物与专利技术是否为相同应用领域,但本法典另有规定的除外。

第633-06条[全面覆盖原则]

第1款:本法典所称的"全面覆盖",是指被控侵权物(产品或方法)将专利权利要求中记载的技术方案的必要技术特征全部再现,被控侵权物(产品或方法)与专利独立权利要求中记载的全部必要技术特征一一对应并且相同。

第2款:本法典所称的"全面覆盖原则",是指被控侵权物(产品或方法)的技术特征包含了权利要求中记载的全部必要技术特征,落入了专利权的保护范围。

第3款:专利独立权利要求中记载的必要技术特征采用的是上位概念特征,而被控侵权物(产品或方法)采用的是相应的下位概念特征的,被控侵权物(产品或方法)落入了专利权的保护范围。

第4款:被控侵权物(产品或方法)在利用专利权利要求中的全部必要技术特征的基础上,又增加了新的技术特征的,仍落入了专利权的保护范围。此时,不考虑被控侵权物(产品或方法)的技术效果与专利技术是否相同。

第5款:被控侵权物(产品或方法)对在先专利技术而言是改进的技术方案,并且获得了专利权,则属于从属专利。未经在先专利权人许可,实施从属专利也覆盖了在先专利权的保护范围。

第633-07条[等同原则]

第1款:适用本法典第633-06条规定的侵权判定原则,不构成专利侵权的,可以适用等同原则进行侵权判定。

第2款:本法典所称的"等同原则",是指被控侵权物(产品或方法)中有一个或者一个以上技术特征经与专利独立权利要求保护的技术特征相比,从字面上看不相同,但经过分析可以认定两者是相等同的技术特征。这种情况下,应当认定被控侵权物(产品或方法)落入了专利权的保护范围。

第3款:专利权的保护范围也包括与专利独立权利要求中必要技术特征相等同的技术特征所确定的范围。

第4款:等同特征又称等同物。被控侵权物(产品或方法)中,同时满足以下两个条件的技术特征,是专利权利要求中相应技术特征的等同物:

1. 被控侵权物中的技术特征与专利权利要求中的相应技术特征相比,以基本相同的手段,实现基本相同的功能,产生了基本相同的效果;

2. 对该专利所属领域普通技术人员来说,通过阅读专利权利要求和说明书,无需经过创造性劳动就能够联想到的技术特征。

第 5 款:等同物应当是具体技术特征之间的彼此替换,而不是完整技术方案之间的彼此替换。等同物代替包括对专利权利要求中区别技术特征的替换,也包括对专利权利要求中前序部分技术特征的替换。

第 6 款:判定被控侵权物(产品或方法)中的技术特征与专利独立权利要求中的技术特征是否等同,应当以侵权行为发生的时间为界限。

第 7 款:适用等同原则判定侵权,仅适用于被控侵权物(产品或方法)中的具体技术特征与专利独立权利要求中相应的必要技术特征是否等同,而不适用于被控侵权物(产品或方法)的整体技术方案与独立权利要求所限定的技术方案是否等同。

第 8 款:进行等同侵权判断,应当以该专利所属领域的普通技术人员的专业知识水平为准,而不应以所属领域的高级技术专家的专业知识水平为准。

第 9 款:进行等同侵权判断,对于开拓性的重大发明专利,确定等同保护的范围可以适当放宽;对于组合性发明或者选择性发明,确定等同保护的范围可以适当从严。

第 10 款:对于故意省略专利权利要求中个别必要技术特征,使其技术方案成为在性能和效果上均不如专利技术方案优越的变劣技术方案,而且这一变劣技术方案明显是由于省略该必要技术特征造成的,应当适用等同原则,认定构成侵犯专利权。

第 11 款:在专利侵权判定中,下列情况不应适用等同原则认定被控侵权物(产品或方法)落入专利权保护范围:

1. 被控侵权的技术方案属于申请日前的公知技术;

2. 被控侵权的技术方案属于抵触申请或在先申请专利;

3. 被控侵权物中的技术特征,属于专利权人在专利申请、授权审查以及维持专利权效力过程中明确排除专利保护的技术内容。

第 633-08 条[禁止反悔原则]

第 1 款:本法典所称的“禁止反悔原则”,是指在专利审批或无效诉讼中,专利权人为确定其专利具备新颖性和创造性,通过书面声明或者修改专利文件的方式,对专利权利要求的保护范围作了限制承诺或者部分地放弃了保护,并因此获得了专利权,而在专利侵权诉讼中,法院适用等同原则确定专利权的保护范围时,应当禁止专利权人将已被限制、排除或者已经放弃的内容重新纳入专利权保护范围。

第 2 款:当等同原则与禁止反悔原则在适用上发生冲突时,即原告主张适用等同原则判定被告侵犯其专利权,而被告主张适用禁止反悔原则判定自己不构成侵犯专利权的情况下,应当优先适用禁止反悔原则。

第 3 款:适用禁止反悔原则应当符合以下条件:

1. 专利权人对有关技术特征所作的限制承诺或者放弃必须是明示的,而且已经被记录在专利文档中;

2. 限制承诺或者放弃保护的技术内容,必须对专利权的授予或者维持专利权有效产生了实质性作用。

第 4 款:禁止反悔原则的适用应当以被告提出请求为前提,并由被告提供原告反悔的相应证据。

第 633-09 条[多余指定原则]

第 1 款:本法典所称的"多余指定原则",是指在专利侵权判定中,在解释专利独立权利要求和确定专利权保护范围时,将记载在专利独立权利要求中的明显附加技术特征(即多余特征)略去,仅以专利独立权利要求中的必要技术特征来确定专利权保护范围,判定被控侵权物(产品或方法)是否覆盖专利权保护范围的原则。

第 2 款:认定记载在专利独立权利要求中的某个技术特征是否属于附加技术特征,应当结合专利说明书及附图中记载的该技术特征在实现发明目的、解决技术问题的功能、效果,以及专利权人在专利审批、撤销或者无效审查程序中向中国专利局或者专利复审委员会所作出的涉及该技术特征的陈述,进行综合分析判定。

第 3 款:对于在专利独立权利要求中有明确记载,但在专利说明书中对其功能、作用未加以说明的技术特征,不应认定为附加技术特征。

第 4 款:适用多余指定原则认定附加技术特征,应当考虑以下因素:

1. 该技术特征是否属于区别专利技术方案与专利申请日前的已有技术方案所必需的,是否属于体现专利新颖性、创造性的技术特征,即专利权利要求中略去该技术特征,该专利是否还具有新颖性、创造性;

2. 该技术特征是否属于实现专利发明目的、解决发明技术问题、获得发明技术效果所必需的,即专利独立权利要求所描述的技术方案略去该技术特征,该专利是否仍然能够实现或基本实现发明目的、达到发明效果;

3. 该技术特征不得存在专利权人反悔的情形。

第 4 款:在被控侵权物(产品或方法)中,仅缺少独立权利要求中记载的对解决专利技术问题无关或者不起主要作用、不影响专利性的附加技术特征,使被控侵权物(产品或方法)的技术效果明显劣于专利技术,但又明显优于申请日前的公知技术,不应当适用多余指定原则,而应当适用等同原则,认定侵权物(产品或方法)落入了专利保护范围。

第 5 款:法院不应当主动适用多余指定原则,而应以原告提出请求和相应证据为条件。

第 6 款:适用多余指定原则时,应适当考虑专利权人的过错责任,并在赔偿损失时予以体现。

第 633-10 条[间接侵权]

第 1 款:本法典所称的“间接侵权”,是指行为人实施的行为并不构成对专利权的直接侵犯,但却故意诱导、怂恿、教唆第三人实施他人专利,发生直接的侵权行为,行为人在主观上有诱导或唆使第三人侵犯他人专利权的故意,客观上为别人实施直接侵权行为的发生提供了必要的条件。

第 2 款:间接侵权的对象仅限于专用品,而非共用品。本款所称的“专用品”,是指仅可用于实施他人产品的关键部件,或者方法专利的中间产品,构成实施他人专利技术(产品或方法)的一部分,并无其他用途。

第 3 款:对于一项产品专利而言,间接侵权是提供、出售或者进口用于制造该专利产品的原料或者零部件;对一项方法专利而言,间接侵权是提供、出售或者进口用于该专利方法的材料、器件或者专用设备。

第 4 款:间接侵权人在主观上应当有诱导、怂恿、教唆第三人直接侵犯他人专利权的故意。

第 5 款:行为人明知第三人准备实施侵犯专利权的行为,仍为其提供侵权条件的,构成间接侵权。

第 6 款:间接侵权一般应以直接侵权的发生为前提条件,没有直接侵权行为发生的情况下,不存在间接侵权。

第 7 款:发生下列依法对直接侵权行为不予追究或者不视为侵犯专利权的情况,也可以直接追究间接侵权行为人的侵权责任:

1. 该行为属于本法典第 633-14 条所述的不视为侵犯专利权的行为;

2. 该行为属于个人非营利目的的制造、使用专利产品或者使用专利方法的行为。

第 8 款:依照我国法律认定的直接侵权行为发生或者可能发生在境外的,可以直接追究间接侵权行为人的侵权责任。

第 633-11 条[假冒他人专利]

第 1 款:本法典所称的“假冒他人专利”,是指未经专利权人许可,擅自使用其专利标记的行为。包括:

1. 在其制造或者销售的产品、产品的包装上标注他人的专利号;

2. 在广告或者其他宣传材料中使用他人的专利号,使人将所涉及的技术误认为是他人的专利技术;

3. 在合同中使用他人的专利号,使人将合同涉及的技术误认为是他人的专利技术;

4. 伪造或者变造他人的专利证书、专利文件或者专利申请文件。

第 2 款:假冒他人专利行为应当同时具备以下条件:

1. 须有假冒行为,即在未经专利权人许可的情况下,以某种方式表明其产品为他人获得法律保护的专利产品,或者以某种方式表明其技术为他人获得法律保护的专利技术,从而产生误导公众的结果;

2. 被假冒对象须是他人已经取得的、实际存在的专利;

3. 行为人应具有主观故意。

第 3 款:假冒他人专利行为所侵害的客体是专利权人的专利标记权,因此,不以是否实施了他人的专利技术为要件。即行为人并不一定实施了他人的专利技术,假冒他人的产品可与专利产品不相同,其方法可与专利方法不相同。

第 4 款:依据专利许可合同实施的技术与许可方的专利技术内容不一致,但在产品包装上标注了专利权人的专利号的行为,属于未经专利权人许可的假冒他人专利行为。

第 5 款:各级知识产权局有权对假冒他人专利行为作出行政处罚。不论有关知识产权局对假冒他人专利行为人是否给予给予行政处罚,专利权人均有权向知识产权法院提起侵权诉讼,要求假冒他人专利行为人承担民事侵权责任。

第 6 款:对假冒他人专利行为,知识产权法院除可以根据专利权人请求令侵权行为人依法承担民事责任外,还可以依法对假冒他人专利行为人给予行政处罚。

第 7 款:对假冒他人专利涉嫌下列情形之一的直接责任人,应当告知权利人直接提起刑事自诉,也可以移送公安机关追究行为人的刑事责任:

(1) 违法所得数额在 10 万元以上的;

(2) 给专利权人造成直接经济损失数额在 50 万以上的;

(3) 因假冒他人专利受过行政处罚 2 次以上,又实施假冒他人专利行为的;

(4) 造成恶劣影响的。

第 633-12 条[滥用专利权抗辩]

第 1 款:在专利侵权诉讼中,被告可以原告滥用专利权进行抗辩。

第 2 款:被告以原告的专利权已经超过保护期、已经被权利人放弃、已经被宣告无效进行抗辩的,应当提供相应的证据。

第 3 款:被告以原告的专利权不符合专利性条件或者其他法律规定,应当被宣告无效的,应当在专利侵权诉讼审结前,向受理专利侵权诉讼的知识产权法院提起无效宣告反诉。

第 4 款:被告以原告恶意取得专利权,并滥用专利权进行侵权诉讼的,应当提供相关的证据。

之二:本款所称的“恶意取得专利权”,是指将明知不应当获得专利保护的发明创造,故意采取规避法律或者不正当手段获得了专利权,其目的在于获得不正当利益或制止他人的正当实施行为。

第 5 款:被告证明自己也获得与原告相同的有效专利权的,经过审理,当法院可以认定 2 个专利的技术内容相同时,应当根据保护在先权利的原则作出判决。

第 633-13 条[不侵权抗辩]

第 1 款:被控侵权物(产品或方法)缺少原告的权利要求中记载的必要技术特征,不构成侵犯专利权。

第 2 款:被控侵权物(产品或方法)的技术特征与原告权利要求中对应必要技术特征相比,有一项或者一项以上的技术特征有了本质区别,不构成侵犯专利权。

第 3 款:本条第 2 款所称的“本质区别”,是指:

1. 构成了一项新的技术方案的区别技术特征;或者

2. 使被控侵权物(产品或方法)采用的技术特征在功能、效果上明显优于独立权利要求中对应的必要技术特征,并且相同技术领域的普通技术人员认为这种变化具有实质性的改进,而不是显而易见的。

第 4 款:个人非经营目的的制造、使用行为,不构成侵犯专利权。但法人或者其他组织未经许可制造、使用他人专利产品的,不能以“非经营目的”进行侵权抗辩,而应当承担侵权责任。

第 633-14 条[不视为侵权的抗辩]

第 1 款:专利权人制造或者经专利权人许可制造的专利产品售出后,使用或者再销售该产品的行为,不视为侵犯专利权。包括:

1. 专利权人制造或者经专利权人许可制造的专利产品部件售出后,使用并销售该部件的行为,应当认为是得到了专利权人的默许;

2. 方法专利权人制造或者允许他人制造了专门用于实施该专利方法的设备售出后,使用该设备实施该制造方法专利的行为。

第 2 款:在专利申请日前已经制造相同产品、使用相同方法或者已经做好制造、使用的必要准备,并且仅在原有范围内继续制造、使用的行为,不视为侵犯专利权。先用权成立的条件是:

1. 做好了制造、使用的必要准备。此款所称的“必要准备”,是指已经完成

了产品图纸设计和工艺文件,已准备好专用设备和模具,或者完成了样品试制等项准备工作;

2. 仅在原有范围内继续制造、使用。此款所称的“原有范围”,是指专利申请日前所准备的专用生产设备的实际生产产量或者生产能力的范围。超出原有范围的制造、使用行为,构成侵犯专利权。

3. 在先制造产品或者使用的方法,应是先用权人自己独立研究完成或者以合法手段取得的,而不是在专利申请日前抄袭、窃取或者以其他不正当手段从专利权人那里获取的。

4. 先用权人对于自己在先实施的技术不能转让,除非连同所属企业一并转让。

之二:对依据先用权产生的产品的使用、销售,不视为侵犯专利权。

第3款:临时通过中国领土、领水、领空的外国运输工具,依照其所属国同中国签订的协议,或者共同参加的国际条约,或者依照互惠原则,为运输工具自身需要而在其装置和设备中使用有关专利的,不视为侵犯专利权。但不包括用交通运输工具对专利产品的“转运”,即从一个交通运输工具转到另一个交通运输工具上的行为。

第4款:专为科学研究和实验而使用有关专利的,不视为侵犯专利权。具体包括:

1. 专为科学研究和实验而使用有关专利中的使用,应当包括专为科学研究和实验而制造有关专利产品的行为。

2. 专为科学研究和实验而使用,是指以研究、验证、改进他人专利技术为目的,使用的结果是在已有专利技术的基础上产生新的技术成果。

3. 在科学研究和实验过程中制造、使用他人专利技术,其目的不是为研究、改进他人专利技术,其结果与专利技术没有直接关系,则构成侵犯专利权。

第5款:为生产经营目的,使用或者销售不知道是未经专利权人许可而制造并售出的专利产品,或者依照专利方法直接获得的产品的行为,属于侵犯专利权行为。但使用者或者销售者能证明其产品合法来源的,不承担赔偿责任,但应当承担停止侵权行为的法律责任。本款所称的“合法来源”,是指使用者或者销售者通过合法的进货渠道、正常的买卖合同和合理的价格从他人处购买的。

第633-15条[已有技术抗辩]

第1款:本法典所称的“已有技术抗辩”,是指在专利侵权诉讼中,被控侵权物(产品或方法)与权利要求所记载的专利技术方案等同的情况下,如果被告答辩并提供相应证据,证明被控侵权物(产品或方法)与一项已有技术等同,则被告的行为不构成侵犯原告的专利权。

第 2 款:用已有技术进行侵权抗辩时,该已有技术应当是一项在专利申请日前已有的、单独的技术方案,或者该领域普通技术人员认为是已有技术的显而易见的简单组合成的技术方案。

第 3 款:已有技术抗辩仅适用于等同专利侵权,不适用于相同专利侵权的情况。

第 4 款:当专利技术方案、被控侵权物(产品或方法)、被引证的已有技术方案三者明显相同时,被告不得依已有技术进行抗辩,而可以向专利复审委员会请求宣告该专利权无效。

第 633-16 条[合同抗辩]

第 1 款:本法典所称的"合同抗辩",是指专利侵权诉讼中的被告,以其实施的技术是通过技术转让合同从第三人处合法取得的为理由进行侵权抗辩。此抗辩理由不属于对抗侵犯专利权的理由,只是承担侵权责任的抗辩理由。

第 2 款:技术转让合同的受让方按照合同的约定实施受让技术,侵犯他人专利权的,合同的转让方与受让方构成共同侵权。在合同双方作为专利侵权诉讼的共同被告时,除合同另有约定外,在确定责任时,应当由转让方首先承担侵权责任,受让方承担一般连带责任。

第 3 款:专利侵权诉讼中的被告以合同抗辩的同时,要求追加合同的转让方为共同被告的,如果原告同意追加,则应当将合同的转让方追加为共同被告;如果原告坚持不同意追加,在合同的受让方承担侵权责任后,可以另行通过合同诉讼或仲裁解决合同纠纷。

第 633-17 条[诉讼时效抗辩]

第 1 款:侵犯专利权的诉讼时效为 2 年,自专利权人或者利害关系人得知或者应当得知侵权行为之日起计算。被告可以提出专利权人行使权利超过诉讼时效的抗辩。

第 2 款:被告基于连续并正在实施的专利侵权行为已超过诉讼时效进行抗辩的,法院可以根据原告的请求判令被控侵权人停止侵权,但侵权损害赔偿数额应当自原告向人民法院起诉之日起向前推算 2 年计算。

第 3 款:自侵权人实施侵权行为终了之日起过 2 年的,专利权人将失去胜诉权。

第 4 节　商标侵权行为

第 634-01 条[商标权效力范围]

注册商标的专用权,以核准注册的商标和核定使用的商品为限。

第 634-02 条[商标侵权行为]

第 1 款:有下列行为之一的,构成对注册商标专用权的侵犯:

1. 未经商标权人的许可,在与核定使用商品相同种类或者类似的商品上使用与其注册商标相同或者近似的商标的;

2. 销售侵犯注册商标专用权的商品的;

3. 伪造、擅自制造他人注册商标标识或者销售伪造、擅自制造的注册商标标识的;

4. 未经商标权人许可,擅自将其使用于核定使用商品上的注册商标予以剥离、更换、涂污、毁损、覆盖、隐形或者其他处理后继续投入市场销售的;

5. 给他人的注册商标专用权造成其他损害的。

第 2 款:本条第 1 款第 1 项所称的"与核定使用的商品相同种类的商品",是指对比商品与被对比商品同属于《商标注册用商品和服务国际分类表》的同一个类别,而且其商品通用名称相同、基本功能和用途相同的情形。

第 3 款:本条第 1 款第 1 项所称的"与核定使用的商品相类似的商品",是指对比商品与被对比商品同属于《商标注册用商品和服务国际分类表》的同一个类别,但其商品通用名称、基本功能和用途不相同或者不完全相同的情形。

第 4 款:本条第 1 款第 1 项所称的"与注册商标相同的商标",是指对比商标的构成要素与被对比的注册商标的构成要素完全相同或者基本相同且由此构成的商标图案完全相同或者基本相同的情形。

第 5 款:本条第 1 款第 1 项所称的"与注册商标相近似的商标",是指对比商标的构成要素与被对比的注册商标的构成要素在读音、形状或者含义等方面相同或者基本相同,且由此构成要素所构成的商标图案相近似,使消费者误认为对比商标就是注册商标或者与注册商标具有某种必然联系的情形。

第 6 款:本条第 1 款第 2 项所称的"侵犯注册商标专用权的商品",是指使用在某商品上的商标是对他人注册商标权构成侵犯的商标。

第 7 款:本条第 1 款第 5 项所称的"给他人的注册商标专用权造成其他损害的",包括:

1. 在同一种或者类似商品上,将与他人注册商标相同或者近似的标志作为商品名称或者商品装潢使用,误导公众的;

2. 故意为侵犯他人注册商标专用权行为提供仓储、运输、邮寄、隐匿等便利条件的;

3. 故意将他人的注册商标作为域名注册的;

4. 在经营活动中,故意对他人的注册商标进行贬损、诋毁、污蔑、诽谤或者其他不良评价的;

5. 故意将与他人注册商标相同的文字作为经营与其核定使用的商品相同或者相类似商品之企业的名称或者字号、商号使用，造成消费者误认的。

第 634-03 条[商标侵权的法律责任]

第 1 款:实施第 634-02 条规定的侵权行为者，依本法典规定应承担停止侵害、赔偿损失的民事责任。此外，知识产权法院裁决没收、销毁侵权商品和专门用于制造侵权商品、伪造注册商标标识的工具，并可处以罚款。

第 2 款:实施第 634-02 条规定的侵权行为，构成犯罪的，行为人应当依《中华人民共和国刑法》的有关规定，承担相应的刑事责任。

第 5 节　侵犯其他知识产权行为

第 635-01 条[参照执行]

自然人、法人或者其他组织违反本法典规定，未经其他知识产权人许可，擅自实施他人受本法典保护的其他知识产权的，参照本章第 2、3 和 4 节的规定承担相应的法律责任。

第七编　过 渡 规 定

第 711-01 条[本法典的生效]

本法典经中华人民共和国全国人民代表大会通过后，由中华人民共和国主席颁布，同时公告本法典的生效时间。

第 711-02 条[法律法规的废止]

自法典生效之日起，此前由中华人民共和国全国人民代表大会常务委员会通过的《著作权法》、《专利法》、《商标法》以及由国务院颁布的《植物新品种保护条例》等终止其效力。

第 711-03 条[本法典的效力空间]

本法典适用于中华人民共和国大陆地区，暂时不适用于香港特别行政区、澳门特别行政区和台湾地区。

第 711-04 条[本法典对人的效力]

本法典适用于一切在中华人民共和国大陆地区取得、行使、保护、实施知识产权的自然人、法人或者其他组织，包括本国国民、外国国民和无国籍人。

参考文献

1.〔澳〕布拉德·谢尔曼、〔英〕莱昂内尔·本特利:《现代知识产权法的演进(1760—1911 英国的历程)》,金海军译,北京大学出版社 2006 年版。

2.〔德〕K.茨威格特·H.克茨著:《比较法总论》,潘汉典等译,法律出版社 2003 年版。

3.〔德〕伯恩·魏得士:《法理学》,丁小春、吴越译,法律出版社 2003 年版。

4.〔德〕迪特尔·梅迪库斯:《德国民法总论》,邵建东译,法律出版社 2001 年版。

5.〔德〕弗里德里希·卡尔·冯·萨维尼:《论立法与法学的当代使命》,许章润译,中国法制出版社 2001 年版。

6.〔德〕黑格尔著:《法哲学原理》,范扬、张企泰译,商务印书馆 1979 年版。

7.〔德〕卡尔·拉伦茨:《德国民法通论》(上册),王晓晔等译,法律出版社 2003 年版。

8.〔德〕卡尔·拉伦茨:《法学方法论》,陈爱娥译,商务印书馆 2003 年版。

9.〔德〕克雷斯蒂安·冯·巴尔著:《欧洲比较侵权行为法》(上下册),张新宝、焦美华译,法律出版社 2001 年版。

10.〔德〕拉德布鲁赫著:《法学导论》,米健、朱林译,中国大百科全书出版社 1997 年版。

11.〔德〕马克斯·韦伯著:《新教伦理与资本主义精神》,于晓等译,三联出版社 1987 年版。

12.〔德〕马克斯·韦伯著:《论经济与社会中的法律》,张乃根译,中国大百科全书出版社 1998 年版。

13.〔法〕S.卡尔邦蒂埃:《法国的专利法及其演变》,载马耀扬编:《法国专利工作介绍》,专利文献出版社 1981 年版。

14.〔法〕勒内·达维德:《当代主要法律体系》,漆竹生译,上海译文出版社 1984 年版。

15.〔法〕卢梭著:《社会契约论》,何兆武译,商务印书馆 1980 年版。

16.〔法〕皮埃尔·费迪达等著:《科学与哲学的对话Ⅱ》,北京三联书店 2001 年版。

17.〔法〕雅克·盖斯旦、古勒·古博:《法国民法总论》,陈鹏等译,法律出版社 2004 年版。

18.〔古罗马〕西塞罗著:《论共和国　论法律》,王焕生译,中国政法大学出版社1997年版。

19.〔古罗马〕优士丁尼著:《法学总论——法学阶梯》,张企泰译,商务印书馆1989年版。

20.〔加〕贝塔朗菲:《一般系统论》,社会科学文献出版社1987年版。

21.〔美〕A. L. 科宾著:《科宾论合同》,王卫国、徐国栋、夏登峻译,中国大百科全书出版社1997年版。

22.〔美〕E. 博登海默著:《法理学:法律哲学与法律方法》,邓正来译,中国政法大学出版社1999年版。

23.〔美〕R. 科斯、A. 阿尔钦、D. 诺斯等著:《财产权利与制度变迁——产权学派与新制度学派译文集》,上海三联书店、上海人民出版社1994年版。

24.〔美〕T. S. 库恩:《科学革命的结构》,李宝恒、纪树立译,上海科学技术出版社1980年版。

25.〔美〕阿瑟·奥肯著:《平等与效率》,王奔洲译,华夏出版社1987年版。

26.〔美〕艾伦·沃森:《大陆法系的演变及形成》,李静冰、姚新华译,中国政法大学出版社1992年版。

27.〔美〕爱蒂斯·布朗·魏伊丝著:《公平地对待未来人类:国际法、共同遗产与世代间衡平》,汪劲等译,法律出版社2000年版。

28.〔美〕奥利弗·E. 威廉姆森著:《资本主义经济制度——论企业签约与市场签约》,商务印书馆2002年版。

29.〔美〕彼德·G. 伦斯特洛姆:《美国法律辞典》,贺卫方等译,中国政法大学出版社1998年版。

30.〔美〕波林·罗斯诺:《后现代主义与社会科学》,张国清译,上海译文出版社1998年版。

31.〔美〕格伦顿、戈登、奥萨魁著:《比较法律传统》,米健、贺卫方、高鸿钧译,中国政法大学出版社1993年版。

32.〔美〕哈罗德·J. 伯尔曼著:《法律与革命》,贺卫方、高鸿钧、张志铭、夏勇译,中国大百科全书出版社1993年版。

33.〔美〕杰里米·里夫金著:《生物技术世纪》,付立杰等译,上海科技教育出版社2000年版。

34.〔美〕肯尼斯 阿罗:《社会选择与个人价值》,陈志武、崔之元译,四川人民出版社1987年版。

35.〔美〕劳伦斯·M. 弗里德曼:《法律制度——从社会科学角度观察》,李琼英、林欣译,中国政法大学出版社2004年版。

36.〔美〕理查德·A. 波斯纳著:《法律的经济分析》(上下册),蒋兆康、林逸夫译,大百科全书出版社1997年版。

37.〔美〕理查德·T. 德·乔治著:《经济伦理学》,李布译,北京大学出版社2002

年版。
38.〔美〕罗伯特·考特、托马斯·尤伦著:《法和经济学》,张军译,上海人民出版社、上海三联书店 1994 年版。
39.〔美〕罗斯科·庞德:《法律史解释》,曹玉堂等译,华夏出版社 1989 年版。
40.〔美〕罗斯科·庞德:《普通法的精神》,唐前宏等译,法律出版社 2001 年版。
41.〔美〕孟罗·斯密著:《欧陆法律发达史》,姚梅镇译,中国政法大学出版社 1999 年版。
42.〔美〕约翰·罗尔克编著:《国际舞台上的国际政治》,宋伟等译,北京大学出版社 2005 年版。
43.〔美〕约翰·奈斯比特:《大趋势》,中国社会出版社 1984 年版。
44.〔美〕约翰·罗尔斯著:《正义论》,何怀宏等译,中国社会科学出版社 1988 年版。
45.〔挪威〕斯坦因·U. 拉尔森:《社会科学理论与研究方法》,任晓译,上海人民出版社 2002 年版。
46.〔葡〕叶士朋:《欧洲法学史导论》,吕平义、苏健译,中国政法大学出版社 1998 年版。
47.〔日〕大木雅夫:《比较法》,范愉译,法律出版社 1999 年版。
48.〔日〕富田彻男著:《市场竞争中的知识产权法》,廖正衡等译,商务印书馆 2000 年版。
49.〔日〕穗积陈重:《法律进化论(法源论)》,黄尊三等译,中国政法大学出版社 1997 年版。
50.〔日〕我妻荣著:《债权在近代民法中的优越地位》,王书江、张雷译,中国大百科全书出版社 1999 年版。
51.〔日〕小岛庸和:《无形财产权》,日本创成社 1998 年版。
52.〔日〕中山信宏著:《多媒体与著作权》,张玉瑞译,专利文献出版社 1997 年版。
53.〔斯里兰卡〕C. G. 威拉曼特里主编:《人权与科学技术发展》,张新宝等译,知识出版社 1997 年版。
54.〔古希腊〕亚里士多德:《政治学》,吴寿彭译,商务印书馆 1965 年版。
55.〔意〕彼德罗·彭梵得著:《罗马法教科书》,黄风译,中国政法大学出版社 1992 年版。
56.〔意〕孟德斯鸠著:《论法的精神》,张雁深译,商务印书馆 1982 年版。
57.〔意〕桑德罗·斯奇巴尼选编:《正义和法》,黄风译,中国政法大学出版社 1992 年版。
58.〔意〕朱塞佩·格罗索著:《罗马法史》,黄风译,中国政法大学出版社 1994 年版。
59.〔英〕A. J. M 米尔恩著:《人的权利与人的多样性》,夏勇等译,中国大百科全书出版社 1995 年版。

60. 〔英〕J. D. 贝尔著:《科学的社会功能》,陈体芳译,商务印书馆 1982 年版。
61. 〔英〕丹宁勋爵著:《法律的训诫》,杨百揆等译,法律出版社 1999 年版。
62. 〔英〕哈耶克著:《自由秩序原理》,邓正来译,北京三联书店 1997 年版。
63. 〔英〕罗素著:《西方哲学史》,何兆武、李约瑟译,商务印书馆 1963 年版。
64. 〔英〕梅因:《古代法》,沈景一译,商务印书馆 1959 年版。
65. 〔英〕休谟著:《人性论》,关文运译,商务印书馆 1980 年版。
66. 〔英〕亚当·斯密:《国富论》(上、下卷),杨敬平译,陕西人民出版社 2001 年版。
67. 曹新明:《中国知识产权制度法典化研究》,中国政法大学出版社 2005 年版。
68. 常士訚:《政治现代性的解构》,天津人民出版社 2001 年版,第 201 页。
69. 陈传夫:《高新技术与知识产权法》,武汉大学出版社 2000 年版。
70. 陈振明主编:《政策科学——公共政策分析导论》,中国人民大学出版社 2003 年版。
71. 成思危主编:《第二届软科学国际研讨会论文集》(2002),科学技术文献出版社 2002 年版。
72. 段瑞林:《知识产权法概议》,光明日报出版社 1998 年版。
73. 樊纲著:《现代三大经济理论体系的比较与综合》,上海三联书店 1989 年版。
74. 方福前:《公共选择理论——政治的经济学》,中国人民大学出版社 2000 年版。
75. 封丽霞:《法典编纂论——一个比较法的视角》,清华大学出版社 2002 年版。
76. 冯晓青:《知识产权法哲学》,中国人民公安大学出版社 2003 年版。
77. 古祖雪:《国际知识产权法》,法律出版社 2002 年版。
78. 郭强:《反思知识经济》,中国经济出版社 1999 年版。
79. 何佩群:《一种疯狂守护着思想:德里达访谈录》,上海人民出版社 1996 年版。
80. 何勤华、李秀清主编:《东南亚七国法律发达史》,法律出版社 2002 年版。
81. 黄晖译:《法国知识产权法典》,商务印书馆 1999 年版。
82. 黄茂荣:《法学方法与现代民法》,中国政法大学出版社 2001 年版。
83. 江平:《民法学》,中国政法大学出版社 2000 年版。
84. 江平主编:《民法教程》,中国政法大学出版社 1988 年版。
85. 蒋孟引主编:《英国史》,中国社会科学出版社 1988 年版。
86. 金海军:《知识产权私权论》,中国人民大学出版社 2004 年版。
87. 经济合作与发展组织:《以知识为基础的经济》,杨宏进、薛澜译,机械工业出版社 1997 年版。
88. 科普宁:《马克思主义认识论导论》,求实出版社 1982 年版。
89. 孔祥俊:《WTO 知识产权协定及其国内适用》,法律出版社 2002 年版。
90. 孔祥俊:《反不正当竞争法的适用与完善》,法律出版社 1998 年版。
91. 李琛:《论知识产权法的体系化》,北京大学出版社 2005 年版。
92. 李光、任定成主编:《交叉科学导论》,湖北人民出版社 1989 年版。
93. 李鸿禧主编《台湾法律史研究的方法》,学林文化事业公司 2000 年版。

94. 李晓明:《模糊性:人类认识之谜》,人民出版社 1985 年版。
95. 李杨等著:《知识产权基础理论和前沿问题》,法律出版社 2004 年版。
96. 厉以宁:《经济学的伦理问题》,上海三联书店 1995 年版。
97. 梁慧星:《民商法论丛》系列,法律出版社。
98. 林聚任主编:《社会科学研究方法》,山东人民出版社 2004 年版。
99. 刘涤源等主编:《当代西方经济学说》,武汉大学出版社 1999 年版。
100. 刘华:《知识产权制度的理性与绩效分析》,中国社会科学出版社 2004 年版。
101. 刘茂林:《知识产权法的经济分析》,法律出版社 1996 年版。
102. 刘旺洪:《法律意识论》,法律出版社 2001 年版。
103. 刘作翔:《法律文化理论》,商务印书馆 1999 年版。
104. 卢现祥主编:《新制度经济学》,武汉大学出版社 2004 年版。
105. 吕荣海:《从批判的可能性看法律客观性》,蔚理法律出版社 1987 年版。
106. 苗东升:《系统科学精要》,中国人民大学出版社 1998 年版。
107. 苗金春:《语境与工具——解读实用主义法学的进路》,山东人民出版社 2004 年版。
108. 彭德琳:《新制度经济学》,湖北人民出版社 2002 年版。
109. 钱纳里等著:《工业化和经济增长的比较研究》,上海三联书店 1989 年版。
110. 强赤华:《商标国际惯例》,贵州人民出版社 1994 年版。
111. 渠涛主编:《中日民商法研究》(第一卷),法律出版社 2003 年版。
112. 沈宗灵:《现代西方法律哲学》,法律出版社 1983 年版。
113. 史尚宽:《民法总论》,中国政法大学出版社 2000 年版。
114. 世界知识产权组织编:《世界各国版权法概论》,中国政法大学出版社 1990 年版。
115. 世界知识产权组织编:《知识产权纵横谈》,世界知识产权出版社 1992 年版。
116. 〔美〕斯蒂格利茨著:《经济学》,纪沫等译,中国人民大学出版社 1997 年版。
117. 宋则行、樊亢主编:《世界经济史》(上、中、下卷),人民出版社 1989 年版。
118. 苏永钦:《走入新世纪的私法自治》,中国政法大学出版社 2002 年版。
119. 孙宪忠:《德国当代物权法》,法律出版社 1997 年版。
120. 孙宪忠主编:《制定科学的民法典——中德民法典立法研讨会文集》,法律出版社 2003 年版。
121. 汤敏、茅于轼主编:《现代经济学前沿专题》(第一、二、三集),商务印书馆 1999 年版。
122. 汤宗舜:《知识产权的国际保护》,人民法院出版社 1999 年版。
123. 唐广良主编:《知识产权研究》(第十二卷),中国方正出版社 2002 年版。
124. 陶鑫良、袁真富:《知识产权法总论》,知识产权出版社 2005 年版。
125. 万鄂湘等著:《国际条约法》,武汉大学出版社 1998 年版。
126. 王利明:《民法总则研究》,中国人民大学出版社 2003 年版。

127. 王利明等:《民法新论》,中国政法大学出版社 1988 年版。
128. 王莲峰:《商标法通论》,郑州大学出版社 2003 年版。
129. 王书江译:《日本民法典》,中国法制出版社 2000 年版。
130. 王曙光、李维新:《公共政策学》,中国财政经济出版社 2004 年版。
131. 王太平:《知识产权法法律原则理论基础与具体构造》,法律出版社 2004 年版。
132. 王维藩、黄红英编译:《法国发明专利法》,中国对外翻译出版公司 1985 年版。
133. 王雨田主编:《控制论、信息论、系统科学与哲学》,中国人民大学出版社 1986 年版。
134. 王泽鉴:《民法学说与判例研究》(1—8 册),中国政法大学出版社 1998 年版。
135. 王哲:《西方政治法律学说史》,北京大学出版社 1998 年版。
136. 王治河:《扑朔迷离的游戏——后现代哲学思潮研究》,社会科学文献出版社 1998 年版。
137. 魏宏森、曾国屏著:《系统论——系统科学哲学》,清华大学出版社 1995 年版。
138. 吴汉东、胡开忠:《无形财产权制度研究》,法律出版社 2001 年版。
139. 吴汉东等著:《高科技发展与民法制度创新》,中国人民大学出版社 2005 年版。
140. 吴汉东等著:《西方诸国著作权制度研究》,中国政法大学出版社 1997 年版。
141. 吴汉东等著:《知识产权国际保护制度研究》,知识产权出版社 2007 年版。
142. 吴汉东等著:《走向知识经济时代的知识产权法》,法律出版社 2002 年版。
143. 吴汉东著:《知识产权基本问题研究》,中国人民大学出版社 2005 年版。
144. 吴汉东著:《著作权合理使用制度研究》,中国政法大学出版社 1997 年版。
145. 吴敬琏:《发展中国高新技术产业制度重于技术》,中国发展出版社 2002 年版。
146. 吴易风等著:《市场经济和政府干预》,商务印书馆 1998 年版。
147. 夏勇:《人权概念起源》,中国政法大学出版社 1992 年版。
148. 谢怀栻:《外国民商法精要》,法律出版社 2002 年版。
149. 谢识予编著:《经济博弈论》,复旦大学出版社 1997 年版。
150. 熊继宁:《系统法学导论》,知识产权出版社 2006 年版。
151. 徐国栋:《民法基本原则解释——成文法局限性之克服》,中国政法大学出版社 1992 年版。
152. 徐开墅等:《民法通则概论》,群众出版社 1988 年版。
153. 许国志主编:《系统科学》,上海科技教育出版社 2000 年版。
154. 许国志主编:《系统科学大词典》,云南科技出版社 1994 年版。
155. 严峰:《权力的眼睛:福柯访谈录》,上海人民出版社 1996 年版。
156. 杨崇林:《著作权法论丛》,台湾华欣文化事业中心 1983 年版。
157. 易继明:《技术理性、社会发展与自由》,北京大学出版社 2005 年版。
158. 殷生根译:《瑞士民法典》,法律出版社 1987 年版。
159. 余永定等主编:《西方经济学》,经济科学出版社 1997 年版。
160. 曾世雄:《损害赔偿法原理》,中国政法大学出版社 2001 年版。

161. 张汉林著:《经济全球化:世界贸易组织与中国》,北京大学出版社 1999 年版。
162. 张今:《知识产权新视野》,中国政法大学出版社 2000 年版。
163. 张俊浩主编:《民法学原理》,中国政法大学出版社 1997 年修订版。
164. 张乃根:《国际贸易中的知识产权法》,复旦大学出版社 1999 年版。
165. 张乃根编著:《美国专利法判例选析》,中国政法大学出版社 1995 年版。
166. 张乃根等主编:《克隆人:法律与社会》,复旦大学出版社 2002 年版。
167. 张田勘:《基因时代与基因经济》,民主与建设出版社 2001 年版。
168. 张维迎:《博弈论与信息经济学》,上海三联书店 1996 年版。
169. 张文显:《当代西方法学思潮》,辽宁人民出版社 1988 年版。
170. 张文显:《法哲学范畴研究》(修订版),中国政法大学出版社 2001 年版。
171. 张新宝:《隐私权的法律保护》,群众出版社 1997 年版。
172. 张新宝:《中国侵权行为法》,中国社会科学出版社 1998 年版。
173. 张玉敏主编:《知识产权与市场竞争》,法律出版社 2005 年版。
174. 张中秋:《中西法律文化比较研究》,南京大学出版社 1999 年修订本。
175. 赵德馨:《中华人民共和国经济史(1949—1966 年)》,河南人民出版社 1989 年版。
176. 赵德馨:《中华人民共和国经济史(1966—1984 年)》,河南人民出版社 1989 年版。
177. 赵德馨:《中华人民共和国经济史(1985—1991 年)》,河南人民出版社 1999 年版。
178. 郑成思:《WTO 知识产权协议逐条讲解》,中国方正出版社 2001 年版。
179. 郑成思:《版权法》,中国人民大学出版社 1990 年版。
180. 郑成思:《信息、新型技术与知识产权》,中国人民大学出版社 1986 年版。
181. 郑成思:《郑成思文选》,法律出版社 2003 年版。
182. 郑成思:《知识产权论》,法律出版社 2003 年版。
183. 郑成思:《知识产权——应用法学与基本理论》,人民出版社 2005 年版。
184. 郑成思主编:《知识产权文丛》第三卷、第四卷,中国政法大学出版社 2000 年版。
185. 郑冲、贾红梅译:《德国民法典》,法律出版社 1999 年版。
186. 郑永流主编:《法哲学与法社会学论丛(二)》,中国政法大学出版社 2000 年版。
187. 郑玉波:《民法总则》,三民书局 1979 年版。
188. 周枏:《罗马法原论》,商务印书馆 1994 年版。
189. 周树春、张世林主编:《世界最新科技》,光明日报出版社 2000 年版。
190. 周旺生:《立法学》,法律出版社 2000 年版。
191. 朱德生:《西方认识论史纲》,江苏人民出版社 1983 年版。
192. 邹珊刚等著:《系统科学》,上海人民出版社 1987 年版。

193. Oxford Latin Dictionary (P. G. W. Glare ed. 1982).

194. Postema GJ. Bentham and the Common Law Tradition. Oxford Clarendon Press, 1986.

195. Black's Law Dictionary. St Paul Minn: West Publishing Co. Fifth edition. 1979.

196. Varga Csaba: Codification as a socio-historical phenomenon, Akadémiai Kiadó, Budapest 1991.

197. Brad Sherman and Lionel Bently, The Making of Modern Intellectual Property Law, Cambridge University Press, 1999.

198. Stephen Stewart, Two Hundred Years of English Copyright Law, Two Hundred Years of English and American Patent, Trademark and Copyright Law, (American Bar Association), p. 88.

199. Elizabeth Armstrong, Before Copyright: The French Boo-Privilege System, 1498—1526, CUP, Cambridge 1990.

200. Joseph Lucien-brun, Les Marques de Fabrique et Commerce, Introduction (1985). Quoted in Benjamin G. Paster, note 31.

201. "Riding the Tides of Change", Philippines IPO Annual Report, Intellectual Property Office, 2000.

202. Susan K. Sell, Private Power, Public Law: The Globalization of Intellectual Property Rights (2003).